L'EURO

DU MÊME AUTEUR
AUX ÉDITIONS LES LIENS QUI LIBÈRENT

La grande fracture, 2015.
Le prix de l'inégalité, 2012.
Le rapport Stiglitz : pour une vraie réforme du système monétaire et financier international, 2010.
Le triomphe de la cupidité, 2010.

Joseph E. Stiglitz

L'EURO

Comment la monnaie unique menace l'avenir de l'Europe

TRADUIT DE L'AMÉRICAIN PAR
FRANÇOISE ET PAUL CHEMLA

LLL LES LIENS QUI LIBÈRENT

Titre original :
The Euro: How a Common Currency Threatens the Future of Europe

ISBN : 979-10-209-0406-5

Préface

Le monde est bombardé en permanence de terribles nouvelles d'Europe. La Grèce est en dépression, et la moitié de ses jeunes, au chômage. L'extrême droite a fait des progrès considérables en France. En Catalogne, la région de Barcelone, les indépendantistes, qui veulent rompre avec l'Espagne, ont eu la majorité au parlement régional. À l'heure où ce livre va sous presse, de nombreux pays européens arrivent au terme d'une décennie perdue : leur PIB par habitant est plus bas qu'avant la crise financière mondiale.

Même quand l'Europe fête un succès, c'est un échec. Le taux de chômage a baissé en Espagne : de 26 % en 2013 à 20 % au début de 2016! Mais près d'un jeune sur deux reste sans emploi[1], et le taux de chômage serait nettement plus élevé si tant de jeunes parmi les plus talentueux n'avaient pas quitté le pays pour chercher du travail ailleurs.

Que se passe-t-il? Avec les progrès de la science économique, ne sommes-nous pas censés savoir mieux gérer l'économie? Le prix Nobel Robert Lucas avait déclaré en 2003, dans son discours de président de l'American Economic Association : «Le problème crucial de la prévention des dépressions a été résolu[2].» Et avec toutes les améliorations sur les marchés, la gestion de l'économie ne devrait-elle pas être encore plus facile ? Le signe distinctif d'une économie qui fonctionne, c'est une croissance rapide, aux bénéfices largement partagés, et un chômage faible. Ce qui se passe en Europe, c'est l'inverse.

La clé de l'énigme ? Elle est simple. C'est une décision fatale, prise en 1992 : adopter une monnaie unique sans créer les institutions qui l'auraient fait fonctionner. Les bons systèmes monétaires ne peuvent garantir la prospérité, mais les mauvais peuvent conduire à des récessions et à des dépressions. Et parmi les systèmes monétaires qu'on associe de longue date aux récessions et aux dépressions, il y a les *currency pegs*, les « arrimages » ou « ancrages », où la valeur de la devise d'un pays est fixée à celle d'une autre monnaie ou d'un produit de base.

La dépression des États-Unis, à la fin du XIXe siècle, était liée à l'étalon-or. Chaque pays « arrimait » la valeur de sa monnaie à l'or, donc, implicitement, aux autres monnaies[3]. Mais puisqu'on ne faisait pas de nouvelles découvertes importantes d'or, il n'y en avait pas assez, et cela faisait baisser les prix des produits ordinaires exprimés en or – c'est ce que nous appelons aujourd'hui la « déflation ». En fait, la monnaie se revalorisait. Et les agriculteurs américains s'appauvrissaient, parce qu'ils avaient de plus en plus de mal à rembourser leurs dettes. Ce fut l'enjeu de l'élection de 1896, tel que l'a présenté le candidat démocrate William Jennings Bryan : l'Amérique allait-elle « crucifier l'humanité sur la croix de l'or[4] » ?

On accuse très souvent aussi l'étalon-or d'avoir exacerbé et prolongé la grande crise des années 1930. Les pays qui ont abandonné tôt l'étalon-or se sont relevés plus vite[5].

Malgré ces leçons de l'histoire, l'Europe a décidé d'arrimer ses pays les uns aux autres avec une monnaie unique. Autant dire qu'elle a créé dans l'espace européen le même type de rigidité que l'étalon-or avait infligé au monde. L'étalon-or a échoué et, à part une poignée d'inconditionnels de l'or – on les appelle les *gold bugs* (scarabées d'or) –, personne ne souhaite son retour.

Rien n'impose que l'Europe soit crucifiée sur la croix de l'euro : l'euro peut fonctionner. Les principales réformes nécessaires sont à entreprendre dans la structure même de l'union monétaire, pas dans les économies des pays membres. Mais y a-t-il assez de cohésion politique, assez de solidarité, pour qu'elles soient adoptées ? La question reste ouverte. Sans ces réformes, un divorce à l'amiable serait de loin préférable à l'actuelle navigation à vue. Je montrerai la meilleure façon de mener à bien cette séparation.

En 2015, l'Union européenne (UE) à vingt-huit était la deuxième économie du monde – avec une population estimée à 507,4 millions d'habitants et un PIB de 16 200 milliards de dollars, légèrement inférieur à celui des États-Unis[6]. (Les taux de change étant très variables, le poids relatif des pays peut changer aussi : en 2014, l'UE était la première économie.) Au sein de l'Union européenne, dix-neuf pays partagent une monnaie unique, l'euro. Cette « expérience » de partage d'une monnaie unique est assez récente : l'euro n'est entré en circulation qu'en 2002, même si la décision de le créer avait été prise dix ans plus tôt, avec le traité de Maastricht[7], et si les pays de la zone euro avaient verrouillé les valeurs de leurs devises les unes par rapport aux autres trois ans avant l'apparition des pièces et des billets. En 2008, la région a été précipitée, avec le reste du monde, dans la récession. Aujourd'hui, la reprise est bien engagée aux États-Unis – une reprise anémique et tardive, certes, mais incontestable. L'Europe, elle, reste enlisée dans la stagnation. Et tout particulièrement la zone euro.

Cet échec est grave pour le monde entier, pas seulement pour les pays qui font partie de cette zone monétaire. Il est particulièrement éprouvant, certes, pour les habitants des pays en crise, dont beaucoup sont toujours en dépression. Mais avec la mondialisation, ce qui crée la stagnation dans une partie si importante de l'économie mondiale nuit aux intérêts de tous.

De la démocratie en Amérique d'Alexis de Tocqueville en est un bel exemple : parfois, un observateur extérieur peut donner une analyse plus exacte et plus objective de la culture et de la politique que ceux qui sont directement mêlés aux événements en cours. Il en va de même, dans une certaine mesure, pour l'économie. Je me rends régulièrement en Europe depuis 1959 – ces dernières décennies, plusieurs fois par an – et j'y ai enseigné et étudié pendant six ans. J'ai coopéré de très près avec de nombreux gouvernements européens (en général avec des gouvernements de centre gauche, mais plusieurs fois aussi de centre droit). Pendant la montée des périls, puis l'éclatement de la crise financière mondiale de 2008 et de la crise de l'euro, j'étais en rapports étroits avec plusieurs pays en crise (j'étais membre d'un conseil consultatif auprès de l'ancien Premier ministre espagnol José Luis Rodríguez Zapatero, et je suis un vieil ami et conseiller de l'ancien Premier ministre grec Georges Papandréou). J'ai été un témoin direct de ce qui s'est passé dans les pays en crise, et dans les conseils de la zone euro qui élaboraient des politiques pour réagir à la situation.

Pour un économiste, l'expérience de l'euro est fascinante[8]. Les économistes ne peuvent pas faire d'expériences en laboratoire. Nous devons vérifier nos idées avec celles que nous apporte la nature – ou la politique. L'euro nous a appris beaucoup de choses. Il a été conçu avec un mélange de mauvaise science économique et d'idéologie perverse. C'était un système qui ne pouvait pas fonctionner longtemps. Au moment de la Grande Récession, ses défauts sont devenus flagrants aux yeux de tous. Pour qui voulait voir, ses faiblesses internes étaient à mon avis évidentes depuis le début. Elles ont contribué à faire grandir des déséquilibres qui jouent un rôle central dans les crises en cours et qu'il faudra des années pour surmonter.

Cette expérience a été particulièrement importante pour moi, car je réfléchis et j'écris sur l'intégration économique depuis des années, notamment depuis que j'ai présidé le comité des conseillers économiques du président Bill Clinton dans les années 1990. Nous avons œuvré à l'ouverture des frontières au commerce entre les États-Unis, le Canada et le Mexique, au titre de l'ALENA, l'Accord de libre-échange nord-américain. Nous avons aussi travaillé à la création de l'Organisation mondiale du commerce : instaurée en 1995, elle a marqué la naissance d'un état de droit international qui régit les échanges commerciaux. Inaugurée en 1994, l'ALENA n'était pas aussi ambitieuse que l'Union européenne, qui autorise la libre circulation transfrontière de la main-d'œuvre. Et elle l'était beaucoup moins que la zone euro : aucun des trois pays ne partage une monnaie avec un autre. Mais même cette intégration limitée a posé de multiples problèmes. Surtout, il s'est avéré que son nom, «Accord de libre-échange», relevait de la publicité mensongère : en réalité, c'était un accord de commerce dirigé, dirigé au profit spécial d'intérêts d'affaires particuliers, notamment aux États-Unis. C'est alors que j'ai commencé à être sensible aux effets de la discordance entre intégration économique et intégration politique, et aux conséquences d'accords internationaux conclus par des dirigeants – même bien intentionnés – dans un contexte où les processus démocratiques sont loin d'être parfaits.

Après avoir travaillé avec le président Clinton, j'ai servi à la Banque mondiale en tant qu'économiste en chef. J'y ai été confronté à un nouvel ensemble de problèmes d'intégration économique déconnectée de l'intégration politique. J'ai vu notre institution sœur, le Fonds monétaire international (FMI), essayer d'imposer aux pays qui avaient besoin de son aide ce qu'elle considérait (de même que d'autres donateurs) comme des politiques économiques saines. Ces théories étaient fausses – parfois archifausses – et les politiques imposées par le FMI ont souvent abouti à des récessions et à des dépressions. J'ai fait tous mes efforts pour tenter de comprendre ces échecs et les raisons qu'avait l'institution d'agir ainsi[9].

Comme je le soulignerai à plusieurs reprises dans ce livre, il y a d'étroites similitudes entre les programmes imposés à l'époque par le FMI (parfois avec la Banque mondiale) à des pays en développement et à des marchés émergents et ceux qui ont été imposés à la Grèce et aux autres pays en difficulté au lendemain de la Grande Récession. J'expliquerai aussi d'autres ressemblances très nettes entre ces programmes : les raisons pour lesquelles ils ne cessent de décevoir, et l'opposition publique massive qu'ils suscitent dans les pays où on les impose.

Aujourd'hui, le monde est assailli par de nouvelles initiatives qui visent à mettre la puissance de la mondialisation au service de quelques-uns. Ces accords de commerce transatlantique et transpacifique, le Partenariat transatlantique de commerce et d'investissement (TTIP ou TAFTA) et le Partenariat transpacifique (TPP), respectivement, sont élaborés à huis clos, une fois de plus, par les dirigeants politiques, avec les grandes entreprises autour de la table. Ils sont la preuve d'un désir persistant d'intégration économique désynchronisée de l'intégration politique. Un de leurs traits les plus controversés est d'autoriser les grandes entreprises à menacer les États de poursuites judiciaires quand une nouvelle réglementation modifie négativement les profits auxquels elles pouvaient s'attendre – ce qu'aucun gouvernement ne supporterait sur son territoire. Le droit de réglementer – et de changer de réglementation en fonction des circonstances – est un principe élémentaire du fonctionnement de l'État.

Cependant, le projet de la zone euro se distinguait de ces autres exemples sur un point fondamental : il était sous-tendu par la ferme intention d'aller vers l'intégration politique. Derrière les nouveaux accords de commerce, il n'y a pas la moindre volonté d'aboutir à des normes réglementaires harmonisées, que fixerait une institution parlementaire représentant les citoyens de tous les pays membres de la zone de libre-échange. La visée des grandes entreprises est simplement de donner un coup d'arrêt à la réglementation, ou, mieux encore, de la faire reculer.

Néanmoins, la conception du «projet de la monnaie unique» a été si influencée par l'idéologie et par les intérêts privés qu'il a échoué non seulement sur son objectif économique, apporter la prospérité, mais aussi dans son ambition de rapprocher les pays *politiquement*.

Donc, si ce livre entend traiter la question cruciale de l'euro, sa portée est plus générale : il montre que les efforts d'intégration économique, même bien intentionnés, peuvent être contre-productifs quand on met aux commandes des doctrines économiques contestables, inspirées par l'idéologie et par les intérêts particuliers plus que par les faits et par la science économique.

L'histoire que je raconte ici illustre avec éclat plusieurs thèmes qui m'ont préoccupé ces dernières années – et qui devraient avoir une résonance mondiale. Le premier est l'influence des idées, notamment des thèses sur l'efficacité et la stabilité des marchés libres et sans entrave (ensemble de théories parfois nommé «néolibéralisme») : elles ont modelé dans les quarante dernières années non seulement des politiques mais aussi des institutions. J'ai décrit ailleurs les politiques dites «du consensus de Washington», qui ont dominé le discours sur le développement et déterminé les conditions imposées aux pays en développement[10]. Ce livre montre que les mêmes idées ont modelé ce qui était alors perçu comme le pas suivant dans le projet primordial d'intégration européenne, l'instauration d'une monnaie commune – et l'ont fait dérailler.

Aujourd'hui, la même bataille d'idées se livre dans d'innombrables escarmouches. De fait, dans certains cas, les arguments et les preuves avancées sont fondamentalement identiques. La bataille de l'austérité en Europe ressemble étrangement à celle qui s'est engagée aux États-Unis lorsque les conservateurs ont tenté de restreindre les dépenses publiques, y compris pour les infrastructures les plus nécessaires, même en temps de chômage massif et de ressources inutilisées. Les combats sur le juste cadre budgétaire en Europe ressemblent étrangement à ceux que j'ai livrés avec le FMI quand j'étais à la Banque mondiale. En fait, ma compréhension de la portée mondiale de ces combats est une des raisons qui m'ont incité à écrire ce livre.

Les idées brandies dans ces affrontements ne sont pas seulement inspirées par les intérêts économiques. Le point de vue que j'adopte ici est plus large qu'un déterminisme économique au sens strict : pour expliquer les croyances d'un individu, il ne suffit pas de savoir *simplement* ce qui peut améliorer sa situation matérielle. Néanmoins, certaines idées servent bel et bien certains intérêts. Ne soyons donc pas surpris de constater que, dans l'ensemble, les politiques servent les intérêts de ceux qui les mènent, même s'ils recourent à des idées abstraites pour les justifier. Cette analyse conduit à une conclusion implacable : l'économie et la politique sont indissociables – même si certains économistes désirent vivement les dissocier. Si la mondialisation, dans les pays développés comme dans le monde en développement, a souvent été incapable d'apporter des avantages au plus grand nombre, une raison majeure est que la mondialisation économique est allée plus vite que la mondialisation politique ; et c'est aussi ce qui s'est passé pour l'euro.

Un autre thème est lié à mes recherches plus récentes sur l'inégalité[11]. Les économistes, et parfois même les politiques, se concentrent sur les *moyennes* : ce qui arrive au PIB, ou au PIB par habitant. Mais le PIB peut augmenter et la situation de la plupart des gens se dégrader. C'est ce qui se passe aux États-Unis depuis un quart de siècle, et des tendances de ce genre sont de plus en plus fréquentes ailleurs. Les économistes avaient autrefois coutume de soutenir que la façon dont on répartissait les fruits de l'économie n'avait pas d'importance – que ce résultat pouvait intéresser un politologue ou un sociologue, mais pas un économiste. Robert Lucas était allé jusqu'à dire : « Parmi les tendances qui nuisent à une saine pratique de la science économique, la plus séduisante, et à mon avis la plus toxique, est la concentration sur les questions de répartition[12]. »

Nous savons aujourd'hui que l'inégalité a une influence sur la performance économique – autant dire qu'on ne peut pas et qu'on ne doit pas mettre la question de côté[13]. Elle en a une aussi sur le fonctionnement de nos démocraties et de nos sociétés. Mais à mon sens, ce n'est pas seulement en raison de ces conséquences que nous devons nous soucier de l'inégalité : il y a des enjeux moraux fondamentaux.

L'euro a conduit à une aggravation de l'inégalité. C'est un argument central de ce livre : l'euro a creusé le fossé. Avec lui, les pays faibles sont devenus encore plus faibles et les pays forts encore plus forts : par exemple, le PIB de l'Allemagne représentait 10,4 fois celui de la Grèce en 2007, mais 15 fois en 2015. Cet écart entre les pays a aussi provoqué une augmentation de l'inégalité dans les pays de la zone euro, en particulier ceux qui sont en crise, et cela, même dans des pays européens qui étaient engagés dans une dynamique de réduction de l'inégalité avant l'avènement de l'euro.

Ce n'est pas une surprise : le chômage de masse frappe les plus modestes; le chômage de masse fait pression à la baisse sur les salaires; et l'austérité s'accompagne de coupes dans les dépenses publiques, dont souffrent particulièrement les personnes à revenus faibles et moyens qui dépendent des programmes de l'État. Nous avons là un autre thème omniprésent de notre époque. Le programme économique néolibéral n'est peut-être pas parvenu à faire monter les taux de croissance moyens, mais il a réussi, sans l'ombre d'un doute, à faire monter l'inégalité. L'euro permet de conduire une étude de cas détaillée sur la façon dont cela s'est passé.

Deux autres thèmes sont plus directement liés au travail que j'effectue depuis longtemps sur les systèmes économiques. Il est aujourd'hui largement admis (enfin!) que les marchés laissés à eux-mêmes ne sont pas efficaces[14]. Si la main invisible d'Adam Smith est invisible, c'est simplement parce qu'elle n'existe pas : rien n'impose que, cumulés, les actes individuels inspirés par l'intérêt personnel conduisent au bien-être de toute la société. Et on a été trop peu attentif à l'*instabilité* de l'économie de marché. Les crises font partie du capitalisme depuis ses débuts[15].

Le modèle standard qu'utilisent les économistes *suppose* simplement que l'économie est en équilibre, autrement dit qu'en cas de «creux» elle reviendra vite sur sa trajectoire normale[16]. Cette idée – après un bouleversement, l'économie *converge* rapidement vers l'équilibre – est capitale pour comprendre la construction de la zone euro. Mes propres recherches ont expliqué pourquoi il est fréquent que les économies ne convergent pas : ce qui s'est passé en Europe en est une merveilleuse et triste illustration.

Le rôle du système financier fait aussi partie intégrante de l'histoire que je vais relater ici. Les systèmes financiers sont évidemment une composante nécessaire d'une économie moderne. Mais j'ai montré dans un autre ouvrage que, s'ils ne sont pas soigneusement réglementés, ils peuvent conduire et conduisent effectivement à l'instabilité économique, à l'alternance entre booms et effondrements[17]. Les événements d'Europe en apportent une nouvelle illustration, et montrent que la conception de la zone euro et les politiques suivies en réaction à la crise ont exacerbé des problèmes qui sont omniprésents dans les économies de marché modernes.

Un dernier thème dont je me soucie depuis longtemps, mais que je ne peux qu'effleurer dans ce livre, porte sur les valeurs qui dépassent la science économique : (*a*) l'économie est, en principe, un moyen au service d'une fin, l'amélioration du bien-être des individus et de la société; (*b*) le bien-être individuel ne dépend pas seulement du PIB dans sa conception traditionnelle, ni même élargi à la sécurité économique, mais d'un ensemble de valeurs bien plus large, qui comprend la solidarité et la cohésion sociales, la confiance dans nos institutions sociales et politiques, et la participation démocratique; (*c*) et l'euro était, en principe, un moyen au service d'une fin, pas une fin en soi : il était censé renforcer la performance économique et la cohésion politique et sociale dans toute l'Europe. De cette manière, il devait aider à atteindre des objectifs plus généraux, notamment l'amélioration du bien-être et la promotion des valeurs fondamentales auxquelles j'ai fait allusion. Mais il est évident que tout a déraillé. Les moyens sont devenus des fins en soi, les objectifs ultimes ont été compromis. L'Europe a perdu sa boussole. Cela dit, cet égarement n'est pas un phénomène exclusivement européen. Il s'est produit si souvent et sous tant de cieux qu'on pourrait presque y voir une maladie mondiale de notre époque.

En un sens, donc, l'histoire de la zone euro est une leçon de morale : elle montre que des dirigeants ayant perdu tout contact avec leur électorat peuvent concevoir des systèmes qui ne sont pas bons pour les citoyens. Elle montre que les intérêts financiers l'ont trop souvent emporté dans les progrès de l'intégration économique, et que l'emballement démentiel de l'idéologie et des intérêts peut aboutir à des structures économiques peut-être lucratives pour quelques-uns, mais dangereuses pour de larges composantes de la population.

C'est aussi une histoire faite de platitudes énoncées par des politiciens qui n'ont aucune formation économique et qui créent leur propre réalité; une histoire faite de positions qu'on a prises pour des avantages politiques à court terme et qui ont d'énormes conséquences à long terme. On a tenu à ne pas organiser la zone euro comme un espace où les pays forts seraient censés aider ceux qui ont un problème temporaire. Ce choix a peut-être un certain attrait aux yeux d'électeurs égoïstes. Mais sans un minimum de partage des risques, aucune union monétaire n'a la moindre chance de fonctionner.

Pour la plupart des Européens, le projet européen, la poursuite de l'intégration des pays du continent, est l'événement politique le plus important des soixante dernières années. À leurs yeux, c'est presque une hérésie de prévoir l'échec de ce projet, ou de suggérer qu'il va peut-être échouer, ou qu'un de ses aspects – son système monétaire – risque d'échouer. Mais la réalité envoie parfois des messages douloureux : le mécanisme de l'euro est cassé ; si on ne le répare pas au plus vite, les coûts seront énormes. Même avec ses réformes récentes, le système actuel n'est pas viable à long terme sans que des coûts gigantesques soient imposés à un grand nombre de citoyens. Et ces coûts sont loin de se limiter au champ de l'économie : j'ai déjà évoqué les changements inquiétants dans la politique et la société, la montée de l'extrémisme et du populisme de droite. Si la faillite de l'euro n'est pas l'unique raison de ces évolutions de fond, j'estime que l'énorme tribut économique qu'on a fait payer à tant de citoyens européens en est une des causes principales, si ce n'est la principale.

Ces coûts sont particulièrement lourds pour la jeunesse européenne : son avenir est compromis, ses aspirations détruites. Peut-être ces jeunes ne comprennent-ils pas pleinement ce qui s'est passé, ne saisissent-ils pas complètement les mécanismes économiques qui sont à l'œuvre, mais ce qu'ils comprennent, c'est qu'on leur a menti. Ceux qui ont tout fait pour les persuader de soutenir la création de l'euro et l'entrée dans la zone euro leur ont menti. Ils leur avaient promis que la création de l'euro allait apporter une prospérité sans précédent. Ils leur avaient garanti que, si les pays respectaient des contraintes de base sur leur déficit et leur dette publique, s'ils les maintenaient à un niveau faible par rapport à leur PIB, les pays pauvres de la zone euro allaient converger avec les pays riches. Et voici qu'aujourd'hui les dirigeants politiques – ce sont souvent les mêmes, ou ils appartiennent aux mêmes partis – leur disent : « Faites-nous confiance ! Nous avons une recette, un ensemble de politiques. Elles sont peut-être un peu douloureuses à court terme, mais à long terme elles vont améliorer le sort de tous. »

Mon analyse aboutit à de sinistres conclusions sur ce qui va se passer si rien ne change dans la zone euro – ou, pire encore, si la zone euro change dans le sens que beaucoup préconisent aujourd'hui en Allemagne et ailleurs –, mais au bout du compte, ce livre est un livre d'espoir. C'est un message d'espoir qui est particulièrement important pour la jeunesse européenne et pour ceux qui croient au projet européen, qui pensent qu'une Europe plus intégrée politiquement peut être une Europe plus forte et plus prospère. Il existe une autre voie pour avancer, différente de celle que soutiennent aujourd'hui les dirigeants de l'Europe. En fait, il y en a plusieurs, dont chacune exige un degré différent de solidarité européenne.

L'Europe a fait une erreur simple et compréhensible : elle a cru que le meilleur moyen d'intégrer davantage le continent passait par l'union monétaire, le partage d'une monnaie unique. Pour sauver le projet européen, il faut réformer en profondeur la zone euro et l'euro – dans la structure comme dans les politiques suivies. C'est possible.

L'euro est une création humaine. Ses mécanismes ne résultent pas de lois inexorables de la nature. On peut reconfigurer les règles monétaires de l'Europe ; on peut même abandonner l'euro si c'est nécessaire. En Europe comme ailleurs, nous pouvons retrouver le cap, remettre le compteur à zéro, réécrire les règles de notre économie et de notre vie politique pour avoir une prospérité plus grande et mieux partagée, une démocratie plus solide et une cohésion sociale plus forte.

J'ai écrit ce livre en espérant qu'il donnera certaines orientations sur la façon dont l'Europe peut y parvenir – et une impulsion pour qu'elle mette en œuvre cet ambitieux programme dans un bref délai. L'Europe doit absolument retrouver son idéal, les nobles fins qu'elle se fixait à la naissance de l'Union européenne. Le projet européen est trop important pour qu'on laisse l'euro le détruire.

Remerciements

La crise de l'euro couve depuis des années, et, pendant ces années, j'ai accumulé de nombreuses dettes auprès de tous ceux avec qui j'ai participé à d'innombrables discussions sur l'avenir de cette monnaie : universitaires, dirigeants politiques, acteurs des marchés financiers et citoyens.

J'ai présenté certaines des idées essentielles lors d'un colloque organisé par l'International Economic Association à Buenos Aires les 13 et 14 août 2012 sur le thème «Les crises de la dette : comment les gérer, comment faire pour qu'il y ait une vie après la dette» [«Debt Crises : How to Manage Them, How to Ensure There Is Life after Debt»], et, le 6 mai 2014, dans la quatorzième conférence Angelo Costa à l'université LUISS Guido Carli à Rome[1]. Je tiens à remercier de leurs apports mes deux intervenants-commentateurs, Martin Guzman et Daniel Heymann, et les autres participants à ces événements.

Parmi les idées que contient le présent ouvrage, beaucoup ont été discutées ces dernières années dans des conférences parrainées par l'Initiative for Policy Dialogue (IPD), par la Fondation européenne d'études progressistes (Foundation for European Progressive Studies, FEPS) et par l'Initiative for New Economic Thinking (INET), ainsi que dans une multitude d'autres conférences où l'avenir de l'euro a été débattu, à Washington, Berlin, Bruxelles, Rome, Madrid, New York et ailleurs. J'ai particulièrement bénéficié des discussions du Symposium de Symi, organisé chaque été par la fondation Andréas G. Papandréou en Grèce, auquel j'ai régulièrement participé. La réunion de 2015 a été particulièrement précieuse pour son analyse de la crise en Grèce, avec des éclairages de Richard Parker, Robert Skidelsky, Nathan Gardels, Kemal Dervis, Leif Pagrotsky, Mats Karlsson et Mary Kaldor, entre autres.

Au fil des ans, avant comme après les crises et surtout pendant qu'elles étaient en cours, j'ai eu la chance d'en discuter avec un certain nombre de dirigeants européens, présidents, Premiers ministres, gouverneurs de banque centrale et ministres des Finances – avec certains, de façon vraiment approfondie –, non seulement dans les pays en crise (l'Irlande, le Portugal, l'Espagne et la Grèce – Chypre est le seul pays en crise où je n'ai pas eu l'occasion de me rendre), mais aussi dans ceux qui avaient des difficultés (l'Italie, la France, la Finlande) et dans certains pays apparemment forts (l'Allemagne, les Pays-Bas, la Belgique), ce qui m'a permis de mieux comprendre comment ils voyaient l'avenir de l'Europe et de l'euro. J'ai servi dans le comité consultatif d'intellectuels progressistes auprès de José Luis Rodríguez Zapatero (Premier ministre d'Espagne, 2004-2011). J'ai participé à des débats et discussions avec les Premiers ministres italiens Mario Monti (2011-2013) et Matteo Renzi (2014-) ; les présidents Nicolas Sarkozy (2007-2012) et François Hollande (2012-) en France ; Enda Kenny, taoiseach d'Irlande (2011-2016) ; José Sócrates et António Costa, Premiers ministres du Portugal (2005-2011 et 2015-, respectivement) ; et Alexis Tsipras, Premier ministre de Grèce (2015-), entre autres. Je dois mentionner tout particulièrement Yanis Varoufakis (ministre des Finances de la Grèce pendant une partie de l'année 2015) et James Galbraith pour des analyses particulièrement éclairées, au cours de l'été 2015, sur la période critique autour du Grexit potentiel ; et Georges Papandréou (Premier ministre de Grèce, 2009-2011, et organisateur du Symposium de Symi), dont les apports ont été inestimables, au sujet de la Grèce comme de toute la zone euro. Sa période d'enseignement à Columbia après la fin de ses fonctions publiques nous a donné l'occasion d'avoir des discussions encore plus approfondies. Son frère Nikos, ancien économiste de la Banque mondiale qui a été l'un de mes étudiants à Princeton, a apporté des perspectives précises sur l'interface entre économie et politique et sur l'oligarchie, depuis longtemps si influente en Grèce, qui tient à la fois les banques et les médias. Le FMI, un des membres de la Troïka qui formule les politiques de crise, s'est montré plus ouvert que par le passé et même prêt à l'autocritique, ce qui est rare, sur certains des programmes-pays, comme je le signale plus loin dans ce livre. J'ai énormément bénéficié de mes discussions avec de hauts responsables du FMI, et je tiens à reconnaître leur ouverture d'esprit et leur disposition à parler franchement des réalités économiques et politiques qui se trouvent derrière les programmes – même si je n'étais pas toujours d'accord avec leurs conclusions.

La crise financière mondiale de 2008 s'est métamorphosée, presque insensiblement, en crise de l'euro, et, tandis que s'amoncelaient les nuages de la tempête, le président de l'Assemblée générale des Nations unies m'a demandé de présider la Commission d'experts sur les réformes du système monétaire et financier international. Ses recommandations ont servi de base à une déclaration large et riche sur la crise économique et financière mondiale et son impact sur le développement, que les cent quatre-vingt-douze États membres ont adoptée par consensus le 26 juin 2009[2]. Je dois beaucoup aux membres et au personnel de la commission pour leurs éclairages sur les crises, leurs causes et leurs conséquences. Bien que nous nous soyons surtout concentrés sur les effets de la crise pour les marchés émergents et les pays en développement, une grande partie de ce que nous en avons dit s'est révélée applicable aussi à l'Europe.

L'euro est, bien sûr, un sujet fascinant pour les économistes. Parmi les nombreuses personnes dont j'ai énormément appris, trois méritent une mention spéciale : Martin Wolf, tant pour nos conversations que pour son livre *The Shifts and Shocks* (New York, Penguin Press, 2014) ; George Soros, que sa grande inquiétude pour les conséquences de la crise de l'euro et sa compréhension approfondie des marchés financiers ont conduit, inévitablement, à s'immerger dans cette crise – et, là encore, tant ses écrits sur le sujet que nos innombrables discussions m'ont beaucoup appris ; Rob Johnson, enfin, président de l'INET et mon ancien étudiant à Princeton, que je remercie d'avoir souvent discuté avec moi du sujet, et aussi d'avoir réuni des économistes d'Europe et d'Amérique qui ont tenté de parvenir à une interprétation commune des causes de la crise et des moyens d'y réagir.

Parmi les travaux les plus sérieux sur la crise de l'euro et la réforme de la zone euro, il y a les études produites par l'institut de réflexion Bruegel à Bruxelles, et j'ai trouvé ces articles, notamment ceux de Jean Pisani-Ferry, Paul De Grauwe et André Sapir, particulièrement utiles, enrichis par des discussions dans de multiples cadres. Au risque de commettre d'importantes omissions, je tiens aussi à remercier Jean-Paul Fitoussi, Maria João Rodrigues, Stephany Griffith-Jones, Daniel Gros, Daniel Cohen, Ernst Stetter, José Antonio Ocampo, Adair Turner, Paul Krugman, Nouriel Roubini, Peter Bofinger, Heiner Flassbeck, Richard Koo, Hans-Werner Sinn, Richard Portes, George de Menil, Dennis Snower, George Akerlof, Olivier Blanchard, Jeff Sachs, Nick Stern, Dominique Strauss-Kahn, Dani Rodrik et Thomas Piketty.

Comme je l'explique dans la préface, une des raisons pour lesquelles j'ai été si captivé par l'« expérience de l'euro » est qu'elle réunit quantité de fils conducteurs et de problèmes sur lesquels j'ai travaillé. L'intégration économique, qui est au cœur du sujet, joue aussi un rôle central dans la mondialisation, à laquelle j'ai consacré deux de mes premiers livres (*La Grande Désillusion* et *Un autre monde*). On y trouvera la liste des très nombreux collègues – de l'université et d'institutions internationales, tout particulièrement la Banque mondiale – auxquels je dois beaucoup. Ces deux livres, ainsi que *Le Triomphe de la cupidité* et *Quand le capitalisme perd la tête*, soulignent les dangers de l'adhésion à des idées simplistes sur le fonctionnement des marchés (le néolibéralisme, ou fondamentalisme du marché) – dangers dont j'ai été directement témoin dans l'administration Clinton et à la Banque mondiale. Le présent ouvrage prend appui sur ces analyses, donc mes dettes s'alourdissent. Mes idées sur les crises et leur gestion ont été façonnées par la crise asiatique, à laquelle j'ai été directement confronté en tant qu'économiste en chef de la Banque mondiale. (Même avant, quand je suis entré à la Banque mondiale, nous avons dû faire face aux suites de la crise mexicaine, qui avait commencé à l'extrême fin de 1995, tandis que je servais au comité des conseillers économiques du président Clinton.) Je ressens une gratitude particulière à l'égard de mes collègues de la Banque mondiale qui ont contribué à formuler nos politiques face à cette crise et à d'autres, et nos recommandations pour en prévenir de nouvelles – notamment Amar Bhattacharya, Ravi Kanbur, Masood Ahmad, Gerard Caprio, Patrick Honohan, Uri Dadush, Bill Easterly, Roumeen Islam, Anupam Khanna, Guillermo Perry, Boris Pleskovic, Ajay Chhibber, Stijn Claessens, Dennis de Tray, Ishac Diwan, Isabel Guerrero, Michael Walton, Danny Kaufmann, Danny Leipziger, Homi Kharas, Mustapha Kamel Nabli[3], Akbar Noman, John Page, Jean-Michel Severino (qui servait comme vice-président pour l'Asie orientale dans cette période critique), Marilou Uy[4], Jason Furman et Vinod Thomas. Je suis resté engagé à la Banque mondiale en servant dans un conseil consultatif auprès de l'économiste en chef. Inévitablement, nos discussions ont porté sur la crise mondiale et sur la crise de l'euro, et les analyses du conseil consultatif et du personnel de la Banque mondiale m'ont beaucoup aidé. En particulier, je remercie de nos discussions l'actuel économiste en chef, Kaushik Basu[5].

Depuis près de vingt ans, l'université Columbia est mon foyer intellectuel. Elle m'a donné la liberté de poursuivre mes recherches et m'a offert des étudiants brillants, enthousiastes, toujours en quête de défis, et de remarquables collègues qui m'ont tant appris. Parmi eux, beaucoup ont étudié la crise de l'euro ou les multiples autres crises qui ont frappé les économies de marché, notamment Patrick Bolton, Charles Calomiris, Glenn Hubbard, Frederic Mishkin et Tano Santos. Tano a apporté sa connaissance spéciale de la crise espagnole. La grande diversité des étudiants venus du monde entier – dont beaucoup s'intéressaient au plus haut point à l'avenir de l'euro – a multiplié les occasions de riches débats sur les sujets traités ici. Et surtout, les idées exprimées dans ce livre ont été modelées par de longues discussions avec mon ami et coauteur de longue date Bruce Greenwald. Nous analysons depuis des années la crise de l'euro dans le cours que nous donnons ensemble sur la mondialisation et les marchés, et ces idées ont été maintes fois éprouvées auprès des étudiants de ce cours.

Bien entendu, je dois formuler l'habituelle décharge : aucun de ceux qui m'ont fait part de leurs éclairages et de leurs idées n'est responsable de quelque propos que ce soit dans ce livre.

La production d'un ouvrage comme celui-ci exige l'effort concerté d'un grand nombre de personnes. Au fil des ans, plusieurs assistants de recherche m'ont aidé dans ce projet, et je voudrais les remercier tous : Sandesh Dhungana, Jun Huang, Leo Lijun Wang, Laurence Wilse-Samson, Ruoke Yang et Feiran Zhang. Je remercie particulièrement Hannah Assadi et Sarah Thomas pour leur soutien pendant la rédaction. Une fois de plus, j'ai eu la chance de travailler avec W. W. Norton et Penguin et de bénéficier des contributions éditoriales attentives de Drake McFeely, Stuart Proffitt et en particulier Brendan Curry. Debarati Ghosh et Eamon Kircher-Allen, à mon secrétariat, ont assuré le bon déroulement du projet, notamment en prenant en main les énormes tâches de collecte des données et de vérification des faits, et ils ont apporté aussi d'importantes contributions intellectuelles et éditoriales.

Enfin, comme toujours, c'est à mon épouse, Anya Schiffrin, que je dois le plus. Non seulement elle m'a aidé à metttre en forme le livre – et transformé ainsi ce qui aurait été un volume assez décousu en un ouvrage que j'espère très lisible –, mais elle m'a aussi constamment remis en mémoire l'importance du projet européen, et m'a rappelé que la question clé est l'effet de l'euro sur ce projet. Ce livre n'aurait pas été possible sans elle.

Première partie

L'Europe en crise

CHAPITRE 1

La crise de l'euro

L'Europe, source des Lumières, berceau de la science moderne, est en crise. La crise financière mondiale de 2008 s'est souplement métamorphosée en «crise de l'euro» de 2010. Cette région du monde, où a eu lieu la révolution industrielle qui a conduit à la montée sans précédent des niveaux de vie depuis deux siècles, vit une longue période de quasi-stagnation. Le PIB réel (ajusté en fonction de l'inflation) par habitant de la zone euro[1] – les dix-neuf pays d'Europe dont l'euro est la monnaie – a été à peine plus élevé en 2015 qu'en 2007[2]. Certains pays sont en dépression depuis des années[3].

Aux États-Unis, quand le taux de chômage a atteint 10 % en octobre 2009, la plupart des Américains ont jugé cette situation intolérable. Depuis, il a baissé à 5 %. Mais dans la zone euro, où le chômage est également monté à 10 % en 2009, il n'a jamais cessé depuis d'être à deux chiffres[4]. En moyenne, il touche plus d'un jeune sur cinq dans la population active, mais dans les pays en crise, les plus frappés, environ un jeune sur deux[5]. Derrière la sécheresse de ces chiffres sur le chômage des jeunes, il y a les rêves gâchés et les aspirations détruites de millions de jeunes Européens, dont beaucoup avaient travaillé et étudié avec ardeur. Ces statistiques nous parlent de familles déchirées, car ceux qui peuvent partir émigrent, quittent leur pays pour aller chercher du travail ailleurs. Elles annoncent une Europe future où la croissance sera plus faible et les niveaux de vie plus bas, peut-être pendant des décennies.

Ces réalités économiques ont de graves retombées politiques. L'Europe de l'après-guerre froide tremble sur ses bases. On voit monter des partis d'extrême droite, d'extrême gauche, et d'autres formations qui préconisent le démantèlement de leur État-nation, notamment en Espagne, mais même en Italie. Ce qui paraissait être une évolution historique inévitable – la constitution des États-nations au XIXe siècle – est désormais remis en cause. Et l'on s'interroge aussi sur la réalisation majeure de l'Europe après la Seconde Guerre mondiale : la création de l'Union européenne.

Les événements qui ont déclenché la crise aiguë de l'euro étaient des symptômes, et non les causes, des problèmes de fond inhérents à la structure de la zone euro. Les taux d'intérêt sur les bons d'État émis par la Grèce et plusieurs pays de la zone ont grimpé – pour la Grèce, jusqu'à 22,5 % en 2012[6]. Il y avait des moments où certains pays ne pouvaient plus du tout accéder aux financements, à aucune condition – ils ne pouvaient pas obtenir l'argent dont ils avaient besoin pour rembourser ce qu'ils devaient dans l'immédiat. L'Europe est venue à la rescousse, elle leur a fourni des fonds à court terme, assortis de dures conditions.

Après l'éclatement de la crise de l'euro, début 2010, les dirigeants de l'Europe ont pris successivement plusieurs initiatives, dont chacune a paru calmer les marchés pour un temps. À l'heure où ce livre va sous presse, même la crise grecque a glissé à l'arrière-plan, pour deux raisons : l'Europe espère que son tout dernier accord, celui de l'été 2015, va enfin fonctionner, et d'autres crises sont passées sur le devant de la scène. La crise des migrants a fait irruption au tout premier plan; la Grande-Bretagne risque de quitter l'Union européenne; avec les attentats de Paris et de Bruxelles, enfin, la menace terroriste est devenue parfaitement claire. L'euro était censé renforcer l'intégration économique et politique de l'Europe, pour qu'il lui soit plus facile de faire face aux défis auxquelles elle était confrontée. Comme on le verra au chapitre suivant, la réalité a été tout autre : *l'échec* de l'euro a rendu plus difficile à l'Europe d'affronter ces autres crises. Donc, si ce livre porte sur *l'économie* – les raisons économiques de l'échec de l'euro et ce qu'on pourrait faire à leur sujet –, l'économie est intimement liée à la politique. La politique fait obstacle à la création des dispositifs économiques qui permettraient à l'euro de fonctionner. Et l'échec de l'euro a lui-même de graves conséquences politiques.

Ce livre va expliquer clairement pourquoi les mesures prises jusqu'ici pour « résoudre » la crise de l'euro n'ont été que des palliatifs temporaires. Le prochain épisode de cette crise aura probablement lieu dans un avenir pas très éloigné.

LES THÈSES CENTRALES

Si de nombreux facteurs contribuent aux souffrances de l'Europe, ils sont sous-tendus par une seule *erreur* : la création de la monnaie unique, l'euro – ou, plus exactement, la création d'une monnaie unique sans mise en place d'un ensemble d'institutions qui permettrait à une région aussi diversifiée que l'Europe de fonctionner efficacement avec une monnaie unique.

La deuxième partie du livre (chapitres 4 à 6) précise quelles sont les conditions nécessaires au succès d'une union monétaire, ce que l'Europe a fait, et comment l'écart entre ce qui était nécessaire et ce qu'elle a fait a conduit aux échecs de l'euro, aux crises apparues peu après sa création et à la *divergence* : les riches s'enrichissent, les pauvres s'appauvrissent, donc le système de la monnaie unique a encore plus de mal à fonctionner. La troisième partie (chapitres 7 et 8) examine de près la façon dont la zone euro a réagi aux crises en se donnant l'air de venir « au secours », en mettant en place des programmes qui, de fait, ont aggravé et prolongé les récessions. La quatrième partie (chapitres 9 à 12) explique ce que l'on peut faire pour ramener l'Europe à la prospérité.

Note sur l'histoire de l'euro et les objectifs de ce livre

On ne trouvera dans ce livre ni une histoire détaillée de l'euro, ni une description détaillée de ses institutions. Mais, pour fixer les idées, il est utile de noter quelques faits sur la chronologie et la mise en place de l'euro. La monnaie unique a été une conséquence d'efforts entrepris au milieu du XXe siècle. L'Europe pansait alors ses plaies, après le carnage et les destructions de deux guerres mondiales, qui avaient fait près de 100 millions de morts. Ses dirigeants ont compris que, pour avoir un avenir plus pacifique, il fallait réorganiser de fond en comble la politique, l'économie et même les identités nationales du continent. En 1957, on a commencé à concrétiser cette vision par la signature du traité de Rome, qui a créé la Communauté économique européenne (CEE). Ses membres étaient la Belgique, la France, l'Italie, le Luxembourg, les Pays-Bas et l'Allemagne de l'Ouest. Au fil des décennies suivantes, dominées par la guerre froide, plusieurs autres pays d'Europe occidentale sont entrés dans la CEE. Pas à pas, les restrictions sur le travail, sur la circulation des personnes et sur le commerce ont été assouplies entre les États membres, de plus en plus nombreux.

Mais ce n'est qu'avec la fin de la guerre froide que l'intégration européenne a vraiment décollé. La chute du mur de Berlin en 1989 a montré que l'heure de resserrer et de renforcer les liens entre pays européens avait sonné. Les espoirs d'un avenir de paix et de prospérité étaient plus forts que jamais, chez les dirigeants comme chez les citoyens. Tout cela a conduit à la signature, en 1992, du traité de Maastricht, qui a fondé officiellement l'Union européenne et créé une grande partie de sa structure et de ses institutions économiques – notamment en lançant le processus d'adoption d'une monnaie commune, qu'on appellerait l'euro.

Il y avait néanmoins des désaccords sur la façon de s'unifier davantage. Aujourd'hui, l'histoire officielle de l'Union européenne peut se lire comme une énumération d'événements menant inévitablement à la création et à l'expansion constante d'un marché commun et d'une zone monétaire commune, la zone euro. Mais, en réalité, la formation de ces institutions a été le fruit de nombreuses années de négociations, marquées par de profondes dissensions sur l'envergure et sur la forme de l'intégration européenne. Les résultats n'ont été possibles que grâce aux marchandages et compromis des dirigeants européens. Dans le cas de l'euro, on dit que le chancelier allemand Helmut Kohl a consenti à sa création en échange de l'acceptation par le président français François Mitterrand de la réunification de l'Allemagne. Le rôle des deux hommes a été déterminant : ils ont éminemment contribué à promouvoir l'idée de l'intégration – et à concevoir nombre des politiques que j'évoque dans ce livre.

Toute cette histoire est importante, mais pour l'essentiel extérieure à la mission que nous nous fixons dans cet ouvrage. Je m'en tiendrai à une idée, à laquelle je ne cesserai de revenir : l'euro était un projet politique et, dans tout projet politique, la politique compte.

Les personnalités politiques comptent aussi – on pense, par exemple, à Jacques Delors, dont la commission a élaboré le plan de création de l'euro en 1989 –, bien qu'elles ne soient pas ici, elles non plus, mon centre d'intérêt principal. Quand j'explique la création de l'euro, je ne suis pas pleinement conscient de ce qu'avaient à l'esprit ses fondateurs. Ils pensaient que le système fonctionnerait, c'est clair, sans quoi ils n'auraient pas donné leur accord. S'ils se disaient que ses problèmes n'apparaîtraient jamais au grand jour, ils étaient bien naïfs ; ils estimaient plutôt, je présume, que les problèmes de ce genre pouvaient être résolus, et qu'ils le seraient. Ils croyaient fermement que la monnaie unique, l'euro, et les institutions qui la soutenaient, notamment la Banque centrale européenne (BCE), resteraient un trait permanent de l'Union européenne. Mais ce livre ne porte ni sur cette histoire, ni sur la vision personnelle que les fondateurs du nouveau système avaient de ses mécanismes.

Ce qui m'intéresse, ce sont les *résultats* de cette histoire : ce que nous pouvons lire en eux et ce que nous pouvons faire à leur sujet. Ce livre porte sur l'économie, sur les idéologies économiques et sur leurs interactions avec la politique : c'est une étude de cas qui montre que, même avec les meilleures intentions, lorsqu'on fonde des institutions et politiques nouvelles sur une vision simpliste du fonctionnement des économies, les résultats peuvent être non seulement décevants, mais même désastreux.

Viciée dès sa naissance

La zone euro était viciée dès sa naissance. C'est sa structure – les règles, réglementations et institutions qui la régissent – qui est responsable des mauvais résultats de la région, notamment de ses multiples crises. La diversité de l'Europe avait fait sa force. Mais il n'est pas facile de faire fonctionner une monnaie unique dans une région où la diversité *économique et politique* est énorme. Une monnaie unique, c'est un taux de change *fixe* entre les pays et un taux d'intérêt unique. Même si ces taux sont fixés en fonction de la situation dans la majorité des pays membres, il est nécessaire, en raison de la diversité économique, de prévoir une série d'institutions capables d'aider les pays pour lesquels les politiques suivies sont inadaptées. Ces institutions, l'Europe ne les a pas créées.

De plus, les règles doivent avoir assez de flexibilité pour permettre leur adaptation aux différences de situations, de convictions et de valeurs. Globalement, l'Europe a entériné cet impératif dans son principe de *subsidiarité* : il pose que la responsabilité de la politique publique sera déléguée au niveau *national*, et non européen, pour une gamme de décisions la plus large possible[7]. De fait, le budget de l'Union européenne ne représente qu'environ 1 % de son PIB[8] (contrairement à ce qui se passe aux États-Unis, où les dépenses fédérales représentent plus de 20 % du PIB[9]), donc peu de dépenses ont lieu au niveau européen. Mais, dans un domaine d'une importance capitale pour le bien-être individuel des citoyens – la politique monétaire, qui joue un rôle crucial pour déterminer le niveau du chômage et les bases des moyens d'existence de chacun –, le pouvoir a été centralisé dans la Banque centrale européenne (BCE), créée en 1998. Et, puisque de fortes contraintes s'exercent sur la dépense de déficit, la flexibilité dont jouissent les États dans la gestion de leur politique budgétaire (leurs décisions sur les recettes fiscales et sur les dépenses publiques) est insuffisante pour permettre à un pays en situation difficile d'éviter une dure récession[10].

Il y a pire : certaines idées sur les conditions nécessaires au succès économique ont été intégrées à la structure même de la zone euro. On a décidé, par exemple, que la banque centrale se concentrerait sur l'inflation, contrairement à la Federal Reserve américaine qui a pour mission de s'occuper également du chômage, de la croissance et de la stabilité[11]. La question n'est pas seulement que la zone euro n'a pas été structurée de façon à pouvoir s'adapter à la diversité économique de l'Europe ; c'est que la structure de la zone euro, ses règles et ses réglementations n'ont pas été conçues pour assurer la croissance, l'emploi et la stabilité.

Les problèmes que pose la *structure* de la zone euro ont été aggravés par les *politiques* qu'a suivies la région, notamment aux lendemains de la crise et dans les pays en crise. Même dans le cadre de la structure défectueuse de la zone, il y avait des choix à faire. L'Europe a fait les mauvais. Elle a imposé l'austérité – des coupes excessives dans les dépenses publiques. Elle a exigé certaines « réformes structurelles », des changements dans la façon dont les pays en difficulté géraient leur marché du travail et les retraites, par exemple. Mais, dans l'ensemble, elle ne s'est pas concentrée sur des réformes vraiment susceptibles de mettre fin aux récessions profondes que subissaient ces pays. Même si elles avaient été parfaitement mises en œuvre, les politiques imposées aux pays en crise n'auraient rendu la santé ni à ces pays ni à la zone euro.

Le plus urgent est donc de réformer la structure de la zone euro elle-même, pas chaque pays, et quelques mesures, hésitantes, ont été prises dans ce sens. Mais elles ont été trop rares et trop lentes. L'Allemagne et d'autres pays ont cherché à accuser les victimes, les pays qui souffraient à cause des mauvaises politiques et de la mauvaise structure de la zone euro. Néanmoins, si l'on ne réforme pas comme il faut et en profondeur cette structure, l'Europe ne pourra pas retrouver la croissance.

Poussons plus loin : pourquoi cette structure et ces politiques défectueuses ?

Pourquoi des dirigeants bien intentionnés, qui s'efforçaient de forger une Europe plus forte, plus unie, ont-ils créé quelque chose qui a eu l'effet opposé ? Ce livre ne porte pas seulement sur l'événement majeur qui transforme aujourd'hui l'Europe – la crise de l'euro –, et sur les mécanismes *économiques* qui le sous-tendent. Il porte sur l'enchevêtrement de la politique et de l'économie, et sur le rôle des *idées* et des *croyances*.

L'euro était un projet politique, mais la cohésion politique – notamment autour de l'idée de délégation des pouvoirs des pays souverains à l'Union européenne – n'était pas assez forte pour créer les institutions économiques qui auraient pu lui donner une chance de succès.

En outre, les fondateurs de l'euro ont été guidés par un ensemble d'idées, de notions sur le fonctionnement des économies, qui faisaient fureur à l'époque mais qui étaient fausses, purement et simplement[12]. Ils faisaient confiance aux marchés, sans comprendre leurs limites, ni ce qu'il faut faire pour qu'ils fonctionnent. Pour désigner cette foi inébranlable dans les marchés, on parle parfois de « fondamentalisme du marché », parfois de « néolibéralisme »[13]. Ces fanatiques du marché étaient convaincus, par exemple, que, si l'État faisait en sorte que l'inflation soit faible et stable, les marchés garantiraient la croissance et la prospérité pour tous. Bien que le fondamentalisme du marché ait perdu tout crédit pratiquement partout dans le monde, notamment au lendemain de la crise financière mondiale de 2008, ces idées survivent et sont florissantes en Allemagne, la puissance dominante de la zone euro. On les professe avec une telle conviction, une telle certitude, en restant imperméable à toute nouvelle preuve du contraire, qu'on peut à bon droit voir dans ces croyances une *idéologie*. On a vu le résultat d'idées semblables prêchées dans le monde entier par le FMI et la Banque mondiale : un quart de siècle perdu en Afrique, une décennie perdue en Amérique latine et une transition du communisme à l'économie de marché en ex-Union soviétique et en Europe de l'Est qui a été, pour ne pas dire plus, décevante.

Les défauts de la zone euro, dans sa structure comme dans ses politiques, sont donc en grande partie attribuables à la conjonction de deux facteurs : une idéologie économique erronée, qui dominait à l'époque de la construction de l'euro, et l'absence de solidarité politique profonde. Cette conjonction a conduit à créer l'euro d'une façon qui portait en germe son autodestruction.

Idées fausses sur le processus de changement économique et politique

Des croyances erronées sur le processus de réforme y ont aussi contribué. Les dirigeants savaient que le projet de la zone euro était incomplet. Mais ils le voyaient comme un élément d'un processus de longue durée. La dynamique impulsée par l'euro contraindrait à créer les institutions nécessaires qui manquaient. Et ce succès ferait avancer l'intégration politique et économique.

Lorsque j'étais économiste en chef à la Banque mondiale, j'ai appris qu'on doit être extrêmement attentif au calendrier et au rythme des réformes[14]. Un échec initial accroît la résistance à de nouvelles réformes. C'est l'histoire de l'euro.

Pour en sortir

Les partisans des politiques actuelles dans la zone euro, l'Allemagne en tête, disent, au fond : « Il n'y a pas d'autre option » que la structure actuelle (mis à part les petites modifications qu'ils ont bien voulu accepter) et les politiques qu'elle a imposées. La phrase a été assenée si souvent qu'on lui a fait l'honneur douteux de la désigner par un sigle : TINA (*There is no alternative*). La quatrième partie (chapitres 9 à 12) montre qu'il y a d'autres options que l'approche en vigueur : des réformes qui feraient vraiment fonctionner l'euro (chapitre 9), un divorce à l'amiable (chapitre 10) et un système intermédiaire, mais nettement différent de celui qui existe aujourd'hui (chapitre 11) et susceptible de se transformer aisément en monnaie unique au cas où l'on aurait assez de détermination pour la faire fonctionner. Quant au système actuel, celui du « milieu du gué » – une monnaie unique dénuée des institutions minimales qu'exige une zone monétaire commune –, il n'a pas marché et, selon toute probabilité, il ne marchera pas. Il faut soit « plus », soit « moins » d'Europe.

PIRE QU'UNE DÉCENNIE PERDUE ?

De temps à autre – quand des crises frappent –, les économies mettent des années à retrouver leurs niveaux antérieurs de croissance et d'emploi. Ce qui attend l'Europe est pire : il est pratiquement certain que dans la plupart des pays européens le bien-être ne parviendra *jamais* au niveau qu'il aurait atteint si la crise de l'euro n'avait pas eu lieu – ou avait été mieux gérée. Mais l'échec de l'euro est encore plus grave.

Les partisans de la monnaie unique font valoir, très justement, que l'euro n'était pas *seulement* un projet économique qui visait à améliorer les niveaux de vie par divers moyens : en rendant plus efficaces les allocations de ressources, en appliquant les principes de l'avantage comparatif, en renforçant la concurrence, en profitant des économies d'échelle et en fortifiant la stabilité économique. C'était surtout un projet politique : il devait stimuler l'intégration politique de l'Europe, en rapprochant davantage les peuples et les pays européens et en assurant leur coexistence pacifique.

L'euro n'a atteint aucun de ses deux grands objectifs – ni la prospérité, ni l'intégration politique. Nous en sommes plus loin à présent qu'avant la création de la zone euro. Ce n'est pas dans la paix et l'harmonie, mais avec méfiance et colère que les pays européens se regardent entre eux aujourd'hui. Les vieux clichés reprennent vie lorsque l'Europe du Nord fustige le Sud en le disant paresseux, peu fiable, et que les souvenirs du comportement de l'Allemagne dans les guerres mondiales resurgissent.

Mauvais résultats économiques

Les résultats économiques des pays de la zone euro ont été décevants. Fondamentalement, la zone euro est en stagnation, et ses résultats ont été particulièrement lamentables depuis la crise financière mondiale. Ceux qui restaient sceptiques face à l'euro le disaient depuis toujours : son heure de vérité sonnerait lorsque les pays de la zone euro subiraient un choc asymétrique, un changement qui frapperait différemment certains pays par rapport aux autres. Au lendemain de la crise mondiale de 2008, leurs craintes se sont concrétisées, et au-delà : les économies de la zone euro ont fait encore pire que les censeurs les plus sévères de l'euro ne l'avaient prédit. La crise a commencé aux États-Unis, mais les États-Unis ont eu une reprise (certes faible), puisque leur PIB réel[15] en 2015 a été supérieur d'environ 10 % à celui de 2007. Le PIB de la zone euro[16] n'a pratiquement pas bougé depuis 2007. De fait, on l'a dit, il y a eu baisse du revenu réel par habitant. La zone a même subi une récession à double creux. Certains pays extérieurs à la zone euro, comme la Suède et la Norvège, s'en sont très bien sortis. Un seul facteur, massif, explique les mauvais résultats de la zone euro : l'euro.

Même l'Allemagne est un échec

L'Allemagne se présente comme un succès, un exemple à suivre pour les autres pays. Son économie a enregistré une croissance de 6,8 % depuis 2007, ce qui signifie que son taux de croissance moyen[17] n'a été que de 0,8 % par an – chiffre qui, en temps normal, serait jugé proche de l'échec[18]. Il est utile également de noter que les évolutions survenues en Allemagne *avant* la crise, dans les années 2000 – quand ce pays a adopté les réformes qui ont terriblement réduit sa sécurité sociale –, se sont produites aux dépens des travailleurs ordinaires, notamment des plus modestes. Si les salaires réels ont stagné (ou, selon certaines analyses, baissé), l'écart entre les plus bas et les moyens s'est creusé – d'environ 9 % dans cette brève période de moins d'une décennie. Et, dans les premières années du siècle, la pauvreté et l'inégalité se sont accrues, elles aussi[19]. On ne peut présenter l'Allemagne comme un « succès » que par comparaison avec les autres pays de la zone euro.

Comment l'euro a créé *la crise de l'euro*

Les partisans de l'euro répliquent que l'euro a *bel et bien* fonctionné, même s'il ne l'a fait qu'au cours d'une brève période. De 1999 à 2007[20], la *convergence* a eu lieu : les pays faibles ont connu une croissance rapide et les taux d'intérêt que devaient payer les États et les entreprises quand ils empruntaient ont diminué. L'euro a réussi à promouvoir l'intégration économique, puisque les capitaux ont afflué vers les pays les plus pauvres. Pour ceux qui tiennent ce discours, l'euro a été victime d'un désastre fortuit : une tempête venue d'outre-Atlantique, un ouragan comme on en voit une fois par siècle. Si l'ouragan a tout détruit, il ne faut pas en accuser l'euro : les bons systèmes économiques sont faits pour résister aux tempêtes normales ; même les mieux conçus ne peuvent tenir le choc de ce type d'événement rare. Voilà la thèse de la défense.

Il est vrai que la crise financière mondiale a mis à nu le point faible de l'euro : il entrave les ajustements aux chocs qui touchent diverses régions de la zone euro différemment. Mais l'euro n'était pas l'innocente victime d'une crise créée ailleurs. Les marchés, toujours enclins à l'exubérance et au pessimisme irrationnels, avaient présumé, à tort, contre toute logique, qu'élimination du risque de change voulait dire élimination du risque souverain ; autrement dit, ils s'étaient imaginé que, puisque avec la monnaie unique il n'y avait plus aucun risque de voir changer, par exemple, la valeur de la lire italienne par rapport à celle de la peseta espagnole, le risque de voir un État être incapable de rembourser ce qu'il devait avait disparu. Les marchés ont partagé l'euphorie de la création de l'euro, et, comme les responsables politiques qui y avaient contribué, ils n'ont pas beaucoup réfléchi aux ressorts économiques de ce qu'on créait. Ils n'ont pas compris que la façon dont on avait créé l'euro avait en fait accru le risque souverain.

Quand l'euro a été créé en 1999, les capitaux ont afflué dans les pays périphériques (les petits pays, comme la Grèce, l'Espagne, le Portugal et l'Irlande, qui entourent le « noyau dur » de l'Europe : la France, l'Allemagne et le Royaume-Uni) et les taux d'intérêt ont baissé. Après quoi le scénario constaté dans le monde entier, partout où l'on avait libéralisé les marchés, s'est répété : l'entrée massive des capitaux dans un pays a été suivie par leur sortie massive, quand les marchés ont soudain compris qu'ils avaient été beaucoup trop euphoriques. En l'occurrence, l'événement catalyseur a été la crise financière mondiale : la Grèce, l'Espagne, le Portugal et l'Irlande se sont soudain trouvés sans accès au crédit, plongés dans une crise pour laquelle les fondateurs de la zone euro n'avaient rien prévu. Dix ans plus tôt, dans la crise asiatique, quand le changement d'humeur brutal des investisseurs avait inversé les flux de capitaux, les taux de change s'étaient effondrés dans les pays frappés, ce qui avait aidé ces pays à s'ajuster. Dans les pays périphériques de l'euro, c'était impossible[21]. Les dirigeants de la zone euro n'avaient pas anticipé cet événement, et ils n'avaient donc aucun plan.

LA CRÉATION D'UNE ZONE EURO DIVERGENTE

Quelles sont les conditions nécessaires pour qu'un groupe de pays ait la même monnaie et jouisse d'une prospérité commune[22] ? Cette question a inspiré une vaste littérature économique. Et il y a eu consensus entre économistes sur la réponse : pour que la monnaie unique fonctionne, il faut qu'il y ait une ressemblance *suffisante* entre les pays.

Quel genre de ressemblance ? On peut en discuter, mais limitons-nous ici à tirer cette conclusion : les conditions que beaucoup d'Européens (notamment les Allemands) jugeaient requises – tous devaient s'orienter vers une politique budgétaire « prudente », comme on dit, avec peu de déficit et peu de dette – n'étaient pas *suffisantes* pour garantir que l'euro fonctionnerait, et peut-être même pas nécessaires.

On a donné tant d'importance à ces préoccupations budgétaires qu'on les a finalement baptisées les *critères de convergence*. Mais la façon dont on avait conçu l'euro menait à la *divergence* : quand certains pays subissaient un « choc » négatif, les pays forts y gagnaient, aux dépens des faibles. Les contraintes budgétaires imposées par les critères de convergence – les limites sur les déficits et les dettes en pourcentage du PIB – contribuaient elles-mêmes à la divergence.

Le chapitre 5, en particulier, expliquera que la structure de la zone euro a conduit les capitaux et les personnes – notamment les plus talentueuses et les mieux instruites – à quitter les pays pauvres qui fonctionnent mal pour gagner les pays riches, qui fonctionnent bien. Ces États riches et performants pouvaient investir dans de meilleures écoles, de meilleures infrastructures. Leurs banques pouvaient prêter davantage, et il était donc plus facile aux entrepreneurs de lancer de nouvelles affaires. Et il y avait plus grave encore : les contraintes de l'Union européenne interdisaient aux pays en retard de suivre certaines politiques qui auraient pu leur permettre de rattraper les pays avancés.

Toute rhétorique sur la solidarité mise à part, quelle est la réalité ? Une Europe plus divisée, et moins capable de mener le type de politique susceptible de rétablir la prospérité dans la région.

LE COUPABLE, C'EST LA VICTIME !

Les effets négatifs de cette structure de la zone euro qui mène presque inévitablement à la divergence ont été aggravés par les *politiques* que cette zone a choisi de suivre, notamment dans ses réactions à la crise de l'euro. Même en respectant les contraintes de la zone euro, on aurait pu mettre en œuvre d'autres politiques que celles-là. On ne l'a pas fait, et ce n'est pas une surprise. Le même état d'esprit qui a inspiré une structure désastreuse a conduit aussi à des politiques désastreuses – c'est un thème majeur de ce livre.

Il est peut-être naturel que les dirigeants de la zone euro tiennent tant à blâmer la victime, à accuser les pays en récession ou en dépression d'avoir provoqué cette situation. Ils ne veulent pas se blâmer eux-mêmes, ni fustiger les grandes institutions qu'ils ont aidé à créer et qu'ils dirigent aujourd'hui. Accuser la victime ne résoudra pas le problème de l'euro – et, dans une large mesure, c'est injuste. De plus, avec une telle mentalité, avec tout ce qui se dit sur le thème « Le coupable, c'est la victime ! », ne nous étonnons pas que la solidarité se soit affaiblie.

Quand la Grèce est entrée en crise, c'était une cible facile à blâmer. Elle n'a qu'à se réformer, a-t-on dit. Respecter les règles, moins emprunter, restructurer complètement ses systèmes de protection sociale, de retraite et de santé ! Mais qu'elle le fasse donc ! Elle sera prospère, et tous ses problèmes seront résolus sans difficulté ! Certes, les politiques et les institutions de la Grèce laissaient beaucoup à désirer. Selon la plupart des analyses, son économie était dominée par des oligarques (un groupe assez restreint de familles extrêmement fortunées qui exercent une énorme influence sur l'économie en dominant certains secteurs cruciaux, notamment la banque et les médias). Les gouvernements successifs avaient eu des déficits déraisonnables, d'autant plus que la perception des impôts était peut-être encore moins efficace que dans d'autres pays où les petites entreprises jouent un grand rôle. Il n'est pas question de dire que la Grèce était parfaite. Mais ces problèmes l'accablaient déjà même à l'époque où la croissance y était plus rapide que dans le reste de l'Europe. Ils étaient là quand l'Europe avait décidé de l'admettre dans l'Union européenne et dans la zone euro. Quel rôle ont-ils joué dans la *crise*? Telle est la vraie question. L'analyse selon laquelle ce sont ces dysfonctionnements en Grèce qui ont provoqué la crise de l'euro *pourrait* être convaincante si la Grèce était le seul pays de la zone euro à avoir des ennuis. Mais ce n'est pas le cas. L'Irlande, l'Espagne, le Portugal, Chypre et à présent même la Finlande, la France et l'Italie font face à de graves difficultés. Lorsqu'on voit que tant de pays sont touchés, on ne peut s'empêcher de se dire que le problème est ailleurs.

Il est dommage que le premier pays à entrer en crise ait été la Grèce, car sa situation particulière a permis à l'Allemagne et à d'autres de braquer les projecteurs sur les défaillances qu'on prêtait à ce pays, notamment sa prodigalité budgétaire, en ignorant les problèmes que connaissaient d'autres pays qui n'avaient ni lourdes dettes ni déficits élevés (du moins avant la crise). L'Espagne et l'Irlande avaient un excédent budgétaire avant la crise – les recettes de l'État y étaient supérieures à ses dépenses –, et, dans les deux pays, le rapport «dette sur PIB» était faible. Si la théorie de l'Allemagne était juste, si les causes des crises étaient bien les déficits et les dettes – ce qui implique que la meilleure politique de prévention des crises est d'imposer des contraintes rigoureuses sur les déficits et les dettes –, l'Espagne et l'Irlande n'auraient jamais dû avoir de problèmes. Certes, au lendemain de la crise financière mondiale de 2008, les deux pays ont vu grimper leur dette publique et leur déficit budgétaire. Mais c'est la gravité de la crise et sa durée qui ont provoqué les dettes et les déficits et non l'inverse.

HERBERT HOOVER ÉCHOUE ENCORE !

La critique de l'euro s'est concentrée sur les « programmes » imposés aux pays en crise qui avaient besoin d'aide – le Portugal, l'Irlande, la Grèce, l'Espagne et, plus tard, Chypre. Conçus par la Troïka, triumvirat que composent le Fonds monétaire international, la Banque centrale européenne et la Commission européenne, ces programmes exigeaient en fait des pays en crise de vastes abandons de souveraineté économique à leurs « partenaires » en échange de leur aide. L'argent est prêté aux pays en crise (il est rarement donné), mais à des conditions très dures. Ce qu'on appelle le *programme*, c'est le prêt avec les conditions qui l'accompagnent et le calendrier que le pays doit respecter pour les satisfaire.

Dans les prêts traditionnels, les prêteurs ajoutent en général des conditions qui visent à leur donner plus de chances d'être remboursés. Ici, c'est très différent : les conditions imposées par la zone euro pénètrent dans des domaines qui ne sont pas directement liés au remboursement du prêt. Elles s'efforcent d'aligner les pratiques économiques du pays sur ce que les ministres des Finances des États de la zone euro (dominés en particulier par l'Allemagne) pensent que le pays *devrait* faire. Et cette coercition a eu le résultat contraire : les conditions imposées par les programmes ont souvent conduit à une contraction de l'économie, donc réduit la probabilité d'un remboursement des sommes empruntées.

Ces programmes ont bien sauvé les banques et les marchés financiers, mais pour le reste ils ont été un échec : ce qui devrait diminuer augmente et ce qui devrait augmenter diminue. La dette augmente, tant en chiffres absolus qu'en proportion du PIB : elle est donc moins soutenable. Dans de nombreux pays en crise, l'inégalité augmente, ainsi que les suicides[23] et la souffrance collective, et les revenus diminuent. À l'heure où ce livre va sous presse, *un seul* des pays en crise (l'Irlande) est revenu à ses niveaux de PIB d'avant la crise. Les prévisions de la Troïka ont toujours été démenties par les faits, et de très loin. Elle avait prédit que la croissance reviendrait *vite* dans les pays en crise. La gravité et la durée des récessions ont été infiniment supérieures à ce que ses modèles avaient anticipé.

L'austérité

Chacun de ces programmes comportait deux éléments essentiels : des mesures macroéconomiques, à base de coupes dans les dépenses publiques, et des réformes structurelles.

Les puissances dominantes de la zone euro ne croyaient pas seulement (bien à tort) qu'en maintenant le déficit et la dette à bas niveau, on *empêche* les crises de se produire. Elles étaient aussi persuadées que la meilleure façon de ramener à la santé un pays en récession est une forte dose d'austérité – des coupes dans les dépenses publiques pour réduire son déficit. Herbert Hoover était président des États-Unis à l'époque du krach boursier de 1929; ses mesures d'austérité ont transformé ce krach en Grande Dépression. Depuis Hoover, ces politiques ont fait l'objet d'expériences répétées. Elles ont abouti à des échecs répétés. Récemment encore, le FMI les a essayées en Argentine et en Asie orientale. Le chapitre 7 expliquera plus complètement pourquoi elles ont échoué là-bas – et pourquoi elles ont échoué en Europe. Elles n'arrivent pas à rétablir la prospérité, et elles font même pire : elles aggravent la récession. Toujours et partout, l'austérité a eu les effets récessionnistes qu'on observe en Europe : plus il y a d'austérité, plus l'économie se contracte. On se demande bien pourquoi la Troïka a pu penser que cette fois, en Europe, ce serait différent.

Les réformes structurelles

La seconde composante de chaque programme était un pot-pourri de changements des « règles du jeu » économiques et juridiques : les « réformes structurelles ». Si la Troïka estimait que des dépenses excessives étaient à l'origine de la crise, elle voyait tout de même le problème que posait la rigidité de l'euro.

Les pays en crise ne pouvaient pas réduire leur taux de change, ce qui aurait rendu leurs exportations moins chères et par conséquent aurait stimulé leur commerce extérieur. Donc, du point de vue de la Troïka, pour redevenir « compétitifs », ils devaient baisser les salaires et les prix et *restructurer* leurs économies afin d'être plus efficaces, par exemple en se débarrassant de monopoles. Malheureusement, dans sa recherche des réformes structurelles indispensables, la Troïka a fait un travail exécrable. Certaines de ses réformes se concentraient sur des détails triviaux; d'autres étaient peut-être susceptibles d'avoir d'importants effets à long terme sur les niveaux de vie, mais elles avaient peu d'effets immédiats sur le déficit des comptes courants[24]. On montrera qu'il y avait même des réformes contre-productives, au moins à court terme, s'il s'agissait de rendre la santé aux économies.

Évidemment, certaines réformes de la Troïka visaient à réduire les salaires, soit directement (en affaiblissant les droits de négociation des travailleurs), soit indirectement (en faisant monter le chômage). Elle espérait qu'une baisse des salaires ferait baisser les prix des produits exportés, donc permettrait d'exporter plus. Mais, la plupart du temps, la hausse des exportations a été décevante.

La zone euro aurait pu, bien sûr, procéder autrement pour réaliser l'ajustement. Si les salaires et les prix avaient augmenté en Allemagne, la valeur de l'euro aurait baissé, et les pays en crise seraient donc devenus plus compétitifs au niveau mondial. Cette méthode d'ajustement aurait été beaucoup plus efficace : les coûts supportés par l'Allemagne auraient été faibles par rapport à ceux qui sont aujourd'hui imposés aux pays en crise. Mais cette solution aurait fait peser, un peu, le fardeau de l'ajustement sur l'Allemagne, et elle ne voulait en avoir aucune part. Elle était devenue le pays dominant de la zone euro, et à ce titre elle pouvait faire en sorte que la totalité du fardeau de l'ajustement pèse sur ses « partenaires » plus pauvres, les pays en crise.

Donc, ni l'austérité ni les réformes structurelles n'ont ramené les pays en crise à la prospérité. En blâmant les pays et en se concentrant sur les déficits budgétaires, l'Allemagne et d'autres acteurs dans la zone euro ont mal diagnostiqué la source du problème. Ce qu'il faut faire, ce ne sont pas des réformes structurelles dans les pays, notamment quand elles sont si souvent mal conçues, appliquées au mauvais moment et même contre-productives; c'est une réforme structurelle de la zone euro. Certes, tout pays a besoin de réformes structurelles. Aux États-Unis, nous ferions bien de réformer la santé, l'éducation, l'énergie, la propriété intellectuelle et les transports. Les pays qui ne font pas ce genre de changements à temps subiront une baisse de leur niveau de vie. Il est probable que de telles réformes sont particulièrement pertinentes pour les pays pauvres – comme la Grèce. Il est clair que quelque chose entrave leurs progrès. Le problème n'est pas la désirabilité de réformes de ce type. Mais pour qu'elles réussissent, on doit procéder par étapes bien pensées, à un rythme judicieux et avec le soutien des citoyens – il faut qu'ils puissent voir les bénéfices des politiques mises en œuvre. Rien ne sert de leur dire qu'à long terme ces mesures vont améliorer les choses[25].

Ces réformes structurelles qu'elle tentait d'imposer, la Troïka a été incroyablement mauvaise pour les expliquer aux citoyens des pays en crise. Une des raisons est que leur calendrier et leur enchaînement étaient mal conçus. Une autre, que beaucoup de ces réformes étaient, au mieux, contestables. Aucun vendeur, fût-il le plus talentueux, n'aurait pu les « vendre ». Nous en verrons de multiples preuves.

L'énigme des politiques contre-productives

Dans le cas des programmes des pays en crise, une question s'impose : pourquoi les prêteurs (la Troïka) ont-ils imposé des conditions contre-productives, qui ont diminué leurs chances d'obtenir un remboursement ? Est-ce parce qu'ils pensaient vraiment que leurs programmes allaient rétablir promptement la prospérité ? Le fait que leurs prévisions étaient fausses, et continuellement, et de très loin, est compatible avec cette hypothèse. Mais, au vu de la longue histoire des échecs des programmes d'austérité, il faut bien se demander pourquoi il s'est trouvé des gens pour croire qu'ils allaient fonctionner en Europe alors qu'ils échouaient ailleurs.

J'ai déjà suggéré un élément de réponse : l'idéologie, les convictions sur la façon dont l'économie fonctionne, auxquelles on croit dur comme fer et qui changent peu, voire pas du tout, quand les preuves s'accumulent contre elles. Même les « modélisateurs », plus tournés vers la technique, qui fournissent les prévisions numériques sur l'économie, sont peu ou prou influencés par ces croyances[26].

Mais cela n'explique peut-être pas tout. Une autre possibilité est la présence d'une visée politique : faire tomber des gouvernements de gauche, apprendre aux électorats d'autres pays à quoi on s'expose quand on élit ce genre de gouvernement, et accroître ainsi les chances de voir un programme économique et social conservateur s'imposer globalement en Europe. Mes discussions avec certains dirigeants européens, acteurs directs dans la crise de l'euro, me donnent l'impression que cette visée politique a joué un certain rôle[27].

De plus, les États sont des institutions complexes. On sait que le «modèle social européen» – le système économique de l'Europe – associe une économie de marché à de puissants dispositifs de protection sociale, et souvent à une participation plus active des travailleurs à la prise de décision économique que dans le «capitalisme d'actionnaires» qui est typique des États-Unis[28]. Or, dans chaque pays, le ministère des Finances est souvent le plus réticent à soutenir les mécanismes qui sous-tendent ce «modèle social». Peut-être les ministères des Finances, qui sont les véritables architectes des programmes imposés aux pays en crise, voient-ils là une occasion de faire ailleurs ce qu'ils ne peuvent pas faire chez eux.

Enfin, beaucoup ont soutenu qu'il y a un élément de vengeance, presque de colère, au moins dans les conditions imposées à la Grèce, face à l'attitude de défi manifeste de ses gouvernants – par exemple quand ils ont organisé un référendum pour évaluer le soutien populaire aux programmes qu'on leur imposait. On a du mal à croire que des dirigeants responsables de la zone euro feraient souffrir toute une nation pour l'unique raison qu'ils ne sont pas d'accord avec le choix qu'elle a fait quand elle a élu ses gouvernants, ou qu'ils imposeraient par pure animosité des conditions qu'ils jugent eux-mêmes, peut-être, contraires à l'intérêt du pays. Néanmoins, le ton de certaines discussions donne l'impression que c'est bien ce qui s'est passé.

SOLIDARITÉ ET VISIONS COMMUNES DE L'ÉCONOMIE

Quand un groupe de pays a la même monnaie, de bonnes institutions ne suffisent pas au succès de l'expérience. (La nature de ces institutions sera longuement analysée par la suite.) Pour que les réformes fonctionnent, il y aura des décisions à prendre, et ces décisions refléteront les visions et les valeurs de ceux qui les prendront. Il faut qu'il y ait un certain consensus sur ce qui fait le succès d'une économie, et un minimum de «solidarité», ou de cohésion sociale – les pays qui sont en position de force doivent aider ceux qui sont dans le besoin.

Aujourd'hui, cette vision commune n'existe pas, et il n'y a pas non plus de vrai sentiment de solidarité. L'Allemagne ne cesse de dire et de répéter que la zone euro n'est pas une «union de transfert» – c'est-à-dire un regroupement économique au sein duquel un pays transfère des ressources à un autre, même temporairement en période difficile. En fait, les années écoulées depuis le début de la crise n'ont pas seulement conduit à une divergence économique entre États membres; elles ont aussi conduit à une divergence des *convictions.*

Certes, les dirigeants de la zone euro soulignent leurs «succès» répétés dans l'art de conclure des accords difficiles. Le compromis est l'essence de la démocratie, font-ils valoir fort justement, et ce processus est lent. Mais les compromis peuvent parfois être désastreux, car ils manquent du minimum de cohérence nécessaire au succès économique. Cette méthode dont les dirigeants de la zone euro se félicitent s'appelle plus couramment «navigation à vue». Peut-être pourront-ils continuer à suivre ce chemin du compromis, au moins quelques années. À chaque instant, le pays en crise peut se dire : «Après tout ce que nous avons investi pour rester dans l'euro, il est sûrement payant pour nous de faire le petit pas de plus qu'on nous demande – même s'il va prolonger et aggraver la dépression.» En raisonnant ainsi, les dirigeants de ce pays bafouent un principe de base de l'économie : le passé est le passé[29]. Ils aggravent leurs erreurs d'hier par de nouvelles. Chacune des deux parties s'accroche aux signes les plus fugitifs pour y voir une confirmation du succès du programme[30].

Les gouvernants des pays en crise ne veulent pas dire à leurs concitoyens : vous avez souffert en vain. Ceux qui sont aux affaires quand il faut décider de sortir de l'euro le savent : s'ils le font, ce sera la tourmente; au cours des événements qui suivront, ils risquent fort de perdre le pouvoir; et quel que soit le vrai responsable, ce sont eux qui essuieront le feu des critiques si les choses tournent mal. Donc, de tous côtés, il y a des incitations fortes pour continuer de naviguer à vue, et aussi pour proclamer la victoire sur la base de la plus fragile des preuves ; une baisse minuscule du chômage, une légère hausse des exportations : le moindre signe de vie dans l'économie sert aujourd'hui d'argument pour clamer que les programmes d'austérité, ça marche.

Et finalement, les récessions vont se terminer. Elles le font toujours. Mais le succès d'une politique économique se juge à ce qui s'est passé avant la reprise : la gravité et la durée des récessions, l'ampleur des souffrances qu'elles ont infligées, la force de leurs effets négatifs sur le dynamisme futur de l'économie. De ce point de vue, les dirigeants de l'Europe auront beau peindre en rose la politique qu'ils ont imposée aux pays en crise, *c'est un échec.*

Il y a eu quelques réformes dans la zone euro, et elles sont célébrées à juste titre. Le Mécanisme européen de stabilité, nouvelle institution de l'Union européenne, financée par des ventes d'obligations[31] et par des capitaux des pays de la zone euro, prête aux pays en difficulté, et il a aidé à recapitaliser les banques espagnoles. Mais, à certains égards, ce sur quoi on s'est mis d'accord jusqu'ici constitue une autre solution du «milieu du gué», et la mettre en œuvre pourrait être pire que ne rien faire du tout. Nous expliquerons au chapitre 8 que les réformes en cours dans le système bancaire risquent en fait d'aggraver le problème de divergence économique que nous avons souligné.

Le problème de fond : le fondamentalisme du marché – l'idéologie règne

Le problème n'est pas seulement l'absence d'un large consensus sur ce qu'il faut faire pour assurer le bon fonctionnement d'une économie et de la zone euro. Le problème est que l'Allemagne utilise sa domination économique pour imposer ses propres vues, et que ces vues sont rejetées non seulement par de vastes composantes de la zone euro, mais aussi par la majorité des économistes. Certes, il y a eu des tâches – voir venir la crise de 2008, par exemple

– dans lesquelles la majorité des économistes n'ont guère brillé. Mais, dans la suite de ce livre, j'expliquerai pourquoi ils voient *particulièrement* juste sur les effets de l'austérité[32].

Le fondamentalisme du marché, que nous avons évoqué plus haut, postule que les marchés, laissés à eux-mêmes, sont efficaces et stables. Adam Smith, souvent perçu comme le père de cette vision des choses, soutenait en fait le contraire : que l'État avait un rôle important à jouer. Et la recherche en science économique, depuis un demi-siècle, a montré qu'il existe, effectivement, une présomption en sens inverse : les marchés *ne sont pas* efficaces, ni stables; non seulement elle l'a montré, mais elle a aussi expliqué pourquoi, et ce que l'État peut faire pour améliorer le bien-être de la société[33].

Aujourd'hui, même les fondamentalistes du marché (qu'on appelle aussi parfois les «néolibéraux») reconnaissent que l'intervention de l'État est nécessaire pour maintenir la macrostabilité – bien qu'ils veuillent en général la limiter à une politique monétaire fondée sur des règles et concentrée sur la stabilité des prix – et pour garantir les droits de propriété et le respect des contrats. Pour le reste, ils estiment que les réglementations et restrictions doivent être démantelées. Il n'y a aucun raisonnement économique à l'appui de cette conclusion – et elle contredit de front un corpus gigantesque de travaux de recherche qui prouvent qu'il faut élargir le rôle de l'État.

Le monde a payé au prix fort sa dévotion à la religion néolibérale, au culte fondamentaliste du marché, et aujourd'hui c'est au tour de l'Europe. Dans les chapitres qui suivent, nous verrons le rôle qu'ont joué ces idées fausses dans la création de la structure de la zone euro, puis dans la conception des politiques de réaction à la crise au cours de son évolution et aux déséquilibres et distorsions qui s'étaient constitués avant 2008. La zone euro a gravé nombre de ces idées néolibérales dans la «constitution» de sa monnaie – sans prévoir assez de flexibilité pour réagir aux changements de situation ou aux révisions des analyses sur le fonctionnement des économies. C'est pour cela que la Banque centrale européenne se concentre *exclusivement* sur l'inflation – même en temps de chômage massif.

La croyance à l'efficacité et à la stabilité des marchés a eu une autre conséquence : la BCE et les banques centrales de chacun des pays membres ont soigneusement évité de faire quoi que ce soit contre les bulles immobilières qui grossissaient dans plusieurs de ces pays au début et au milieu des années 2000. De fait, un principe de base de la zone euro était la libre circulation des capitaux : l'argent pouvait franchir facilement les frontières – même quand c'était pour créer des bulles de l'immobilier. Mais dans l'idéologie du fondamentalisme du marché, bien sûr, les marchés ne créent pas de bulles.

Alors que la bulle immobilière espagnole – dont l'existence aurait dû être claire pour tout le monde – était en plein essor, j'ai suggéré à de hauts responsables de la Banque centrale d'Espagne de prendre des mesures pour tenter de l'atténuer. Comme c'est aujourd'hui évident, les risques que l'éclatement de cette bulle faisait courir à l'économie étaient énormes. Leur réaction a frisé la perplexité : insinuais-je que l'État était plus intelligent que le marché ?

Les banquiers centraux qui croyaient fermement aux marchés libres avaient un refrain commun, inspiré par la théorie de l'efficacité et de la stabilité des marchés : on ne peut jamais être sûr qu'il y a une bulle. Et même s'il y en avait une, les instruments dont ils disposaient ne permettaient pas, selon eux, d'y changer grand-chose, ou ils créeraient des distorsions dans l'économie. Mieux valait réparer les dégâts après l'éclatement d'une bulle qu'introduire des distorsions dans l'économie parce qu'on craignait qu'il y ait *peut-être* une bulle.

C'étaient les croyances dominantes, même si la crise asiatique des années 1990 avait montré que l'inconduite du secteur privé – pas celle de l'État – pouvait provoquer une crise économique.

Les croyances sur la façon dont fonctionne l'économie sont très importantes, et il ne faut pas s'étonner qu'un projet économique influencé à ce point par des concepts erronés ait des résultats décevants. Malgré ses défauts originels, l'euro aurait pu fonctionner si l'on avait fixé judicieusement certains détails. Mais même ce manque d'attention aux détails peut s'expliquer en partie par l'idéologie. Elle soutenait que les forces du marché *régnaient*, qu'elles l'emporteraient, quels que soient les dispositifs institutionnels : il suffisait de laisser aux marchés la liberté de déployer leur magie. L'idéologie a fait croire qu'avec la libre circulation de la main-d'œuvre et des capitaux, l'efficacité économique serait assurée. Nous verrons plus loin pourquoi, sans une garantie commune des dépôts dans le système bancaire (par une entité unique dans toute la zone euro) et sans un système quelconque d'emprunt commun, la libre mobilité du travail et du capital garantit l'*inefficacité* économique.

Indices d'un déficit démocratique

Si, comme nous l'avons relevé, les idées néolibérales dominaient souvent les ministères des Finances et les banques centrales, elles étaient loin d'être universellement partagées, même dans les pays où le ministère des Finances était sous leur emprise. Dans tous les pays, il y a des divergences de vues sur la façon dont fonctionne l'économie, et la cote du néolibéralisme est au plus haut aux ministères des Finances et du Trésor, mais au plus bas aux ministères de l'Éducation et du Travail. De fait, le modèle social européen, avec ses puissants systèmes de protection sociale, est bien accepté dans toute la région.

Dans les démocraties, la perspective particulière des ministères des Finances et des banques centrales doit être contrée et tempérée ; et, en général, elle l'est. Mais, étant donné la structure de prise de décision dans les instances supranationales, comme l'Union européenne et la zone euro, cette atténuation y est bien moins présente. Dans l'organisation actuelle de la zone euro et de l'Union européenne, notamment dans une période où le pouvoir des pays en crise sur leur prise de décision *économique* est de plus en plus limité et délégué à la Troïka, l'optique des ministères des Finances et de la BCE a pris le dessus.

Tant les réformes structurelles que les ajustements macroéconomiques ont été considérés comme des programmes *économiques*, qui devaient être élaborés par des *experts* venus des ministères des Finances et de la BCE. Mais ces programmes touchaient pratiquement à tous les aspects de la vie sociale, et sur des points fondamentaux. Souvent, par exemple, pendant la conception des programmes de la Grèce et des autres pays en crise, les ministères du Travail n'ont pas été associés sérieusement à la formulation des dispositions sur les marchés du travail ou les syndicats. L'Europe peut toujours prétendre qu'en fin de compte tout le monde a été consulté ; après tout, le programme n'entrait en vigueur que s'il était approuvé par le parlement du pays concerné. Mais c'était une approbation donnée avec un pistolet sur la tempe. Il fallait dire oui ou non, généralement à bref délai, avec en arrière-plan cette réalité menaçante : un vote négatif plongerait le pays dans une crise terrible.

Théories de la réforme

Une des erreurs liées au néolibéralisme est ce *postulat* : puisque le modèle des marchés parfaits est l'idéal auquel il faut aspirer, toutes les « réformes » qui nous rapprochent de ce modèle sont souhaitables. Mais cela fait plus d'un demi-siècle que cette idée a été réfutée par la théorie dite « de l'optimum de second rang », dont les pionniers ont été le prix Nobel d'économie James Meade, mon collègue de l'université Columbia Kelvin Lancaster et Richard Lipsey[34]. Ils ont montré que supprimer une distorsion alors que d'autres distorsions restent présentes pouvait dégrader la situation économique. Par exemple, s'il n'y a pas de bon marché du risque (où l'on peut acheter une assurance à des prix raisonnables contre tous les risques auxquels on est confronté), réduire les entraves au commerce conduit souvent à aggraver le risque ; cette montée des risques incite alors les entreprises à transférer leur production vers des activités moins rentables mais plus sûres. L'effet net est que *tout le monde* peut y perdre, ce qui ne serait pas du tout le cas dans une situation où les marchés du risque seraient parfaits[35].

D'autres cas qui illustrent la théorie de l'optimum de second rang ont joué un rôle important dans l'échec de l'Europe. La libre circulation des capitaux pourrait être judicieuse s'il y avait une information parfaite. L'argent passerait alors des usages peu rentables à ceux qui ont un rendement élevé. Lorsqu'un pays entrerait en récession, l'argent y affluerait pour l'aider à s'en sortir. Les flux de capitaux seraient anticycliques – ils augmenteraient dans les temps difficiles, diminueraient aux époques fastes, contrebalanceraient le cycle des affaires et aideraient à stabiliser l'économie. Ce que l'on constate en réalité, c'est l'inverse. Et la raison en est claire : les marchés des capitaux regorgent d'imperfections. Tout banquier sait qu'on ne prête pas à quelqu'un qui a besoin d'argent. C'est pourquoi l'intégration des marchés des capitaux s'est souvent accompagnée d'une aggravation de l'instabilité économique : les flux sont procycliques, ils exacerbent les fluctuations de l'économie. Globalement, au niveau mondial, les capitaux passent des pays pauvres, où ils sont rares, aux pays riches, direction radicalement opposée à celle que prédisent les théories néolibérales. Au chapitre 5, nous examinerons d'autres raisons pour lesquelles la libre circulation des capitaux – dans notre monde d'optimum de second rang – a contribué à la divergence à l'intérieur de l'Europe, à l'enrichissement de ses pays riches aux dépens de ses pays pauvres.

UN AUTRE MONDE EST POSSIBLE

L'Europe doit choisir. Elle a d'autres options que les structures et les politiques actuelles. Elle pourrait appliquer à la structure et aux politiques de la zone euro les réformes suggérées dans ce chapitre (et développées plus loin), ce qui donnerait à l'euro une vraie chance de fonctionner.

Ces réformes partent du principe que l'euro est un projet d'envergure européenne, et qu'il exige des changements fondamentaux dans la structure et les politiques de la zone euro. Les problèmes ont été créés *collectivement*. La seule solution possible est collective.

Ce sont des réformes fondées sur des analyses économiques différentes de celles qui sous-tendent aujourd'hui la structure de la zone euro. Elles sont conçues pour promouvoir la convergence, et elles comprennent un système commun de garantie des dépôts bancaires dans toute la zone euro et une forme d'emprunt commun, par exemple l'Eurobond, l'euro-obligation.

Faire ces réformes, c'est reconnaître que l'austérité, en soi, n'apporte pas la croissance ; c'est reconnaître qu'il existe des politiques qui pourraient le faire et le feraient plus vite, qui ramèneraient à la prospérité par des moyens moins douloureux les pays frappés par la crise. L'adoption de ces politiques exige que les pays de la zone euro fassent preuve d'un minimum de solidarité.

Une autre solution possible est une abolition, bien pensée, de la monnaie unique : on mettrait fin à l'euro tel qu'il existe aujourd'hui, peut-être par sortie de quelques pays, peut-être par éclatement de la zone euro en deux ou plusieurs zones monétaires. Se séparer sera très coûteux. Mais rester ensemble aussi – si l'on ne fait pas les réformes nécessaires. Les coûts de la stratégie actuelle, la navigation à vue, sont énormes. Aucune de ces options n'est agréable.

On présente souvent l'euro comme un mauvais mariage, et, dans divers passages du livre, j'utiliserai cette métaphore. Un mauvais mariage, ce sont deux personnes qui n'auraient jamais dû s'unir et qui ont prononcé des vœux en principe indissolubles. L'euro, c'est plus compliqué : c'est une union entre dix-neuf pays nettement différents qui se sont ligotés ensemble. Quand un couple en difficulté s'adresse à lui, un conseiller conjugal à l'ancienne essaie de trouver comment faire fonctionner le mariage, mais un conseiller «moderne» commence par poser la question : ce mariage vaut-il d'être sauvé?

Les coûts du divorce – tant financiers qu'affectifs – peuvent être très élevés. Mais rester ensemble peut être encore plus onéreux. Une des premières leçons de la science économique est : le passé est le passé. La bonne question à poser est toujours : au point où nous en sommes, que faut-il faire? Lorsqu'on se demande ce que doit faire l'Europe, rien ne sert de dire : «Ils n'auraient jamais dû se marier.» On aurait tort aussi d'ignorer les liens affectifs qui se sont créés pendant les années de vie commune. Mais malgré tout il y a des circonstances où, compte tenu de l'histoire, mieux vaut se séparer.

Beaucoup craignent que la fin de l'euro ne sème le chaos en Europe et sur les marchés financiers mondiaux, n'exacerbe les problèmes que l'Europe affronte déjà. C'est possible, effectivement, mais pas fatal : il existe des façons de procéder pour mettre fin à ce mariage en douceur, sans traumatisme, et j'en expose une au chapitre 10.

Si la zone euro choisit de s'engager dans cette voie, ou si elle y est conduite, la dissolution n'exige pas de revenir à une Europe où chaque pays a sa propre monnaie. Plusieurs peuvent partager la même devise – les pays de l'Europe du Nord, éventuellement, ou ceux de l'Europe du Sud. Mais peut-être le moment est-il venu de ne voir dans la zone euro à dix-neuf, qui prévoit de s'élargir encore plus, qu'une expérience intéressante – comme tant d'autres expériences d'accords monétaires, par exemple le mécanisme de change européen (MCE) qui l'a précédée de 1979 à 1999, et qui tentait de maintenir dans une bande étroite les taux de change entre les devises de ses membres[36].

Il y a encore une autre possibilité, l'*euro flexible*, un système monétaire où chaque pays continue à commercer en euros mais où un euro grec ne s'échange pas à parité avec un euro chypriote ni avec un euro allemand. Pour ceux qui tiennent absolument à maintenir en vie la flamme de l'union monétaire, l'euro flexible est un bon moyen d'avancer. Instaurer l'euro flexible revient à reconnaître qu'actuellement il n'y a pas assez de solidarité politique, et pas assez de consensus sur les principes fondamentaux de l'économie, pour entreprendre les réformes nécessaires au bon fonctionnement d'une monnaie unique ; mais qu'il y a assez d'analyses communes et trop de solidarité politique pour laisser l'idée de monnaie unique disparaître purement et simplement. L'euro flexible utilise les réalisations et les succès de la zone euro, mais sa base, c'est la réalité.

Sans utiliser ces termes, et sans avoir pleinement conscience des conséquences de ses actes, l'Europe a déjà créé en partie un tel système (temporairement) à Chypre et en Grèce.

L'ambition à long terme de l'euro flexible (ou du système de taux de change européens multiples évoqué plus haut) peut être de créer *finalement* une monnaie unique, une union monétaire complète. Mais le respect des étapes et le rythme sont essentiels. Dans les premiers stades de l'intégration, l'Europe semblait l'avoir compris : la Communauté européenne du charbon et de l'acier (fondée en 1952) n'est devenue l'Union européenne que par évolution graduelle.

L'Europe est passée trop vite à l'union monétaire complète, sans s'assurer que les changements nécessaires au succès d'une union monétaire avaient été effectués. Si elle tient vraiment à l'intégration monétaire, elle pourra réaliser ces changements, mais il lui faudra probablement des années ou des décennies. L'euro flexible maintient au cœur du système le concept de monnaie unique, mais il crée un cadre suffisamment souple pour qu'elle ait des chances de *fonctionner réellement* – autrement dit de rétablir le plein emploi[37] et la croissance forte au lieu d'aboutir à des dépressions comme le régime actuel. Lorsque la solidarité entre les partenaires européens sera plus forte et que les autres institutions et conditions nécessaires pour faire fonctionner un système de monnaie unique auront été mises en place, les bandes au sein desquelles fluctuent les différents euros pourront être progressivement rétrécies – jusqu'au moment où il n'y aura plus qu'une monnaie.

Il y a urgence

Il ne suffira pas de dire : «Oui, nous savons qu'il nous faut une union bancaire (une réforme importante dont nous parlerons plus loin dans ce livre), mais nous devons la construire avec soin, et cela prendra des années.» Ce sont des années où s'amplifieront les souffrances, des années où se produiront des dommages irréversibles, des années où les promesses du projet européen seront encore plus bafouées. À mes yeux, les conséquences de cette ligne de conduite sont à peine distinguables de celles de la navigation à vue : elle maintient l'espoir d'une future réforme pour faire en sorte que l'euro ne s'effondre pas, mais par des moyens qui infligent des épreuves déraisonnables aux citoyens des pays en difficulté.

Bref, l'Europe doit avancer dans une de deux directions : il faut qu'il y ait soit «plus d'Europe», soit «moins d'Europe». Elle doit choisir. Soit (a) elle met en œuvre les réformes qui feraient fonctionner l'euro *pour toute l'Europe*. Cela exige non seulement de changer *la façon* dont fonctionne la zone euro mais aussi de pousser plus loin l'intégration économique – par exemple de créer un mécanisme commun de garantie des dépôts pour l'ensemble de l'Europe. Ces changements n'ont rien de révolutionnaire – ils ont fonctionné ailleurs, hors d'Europe – et le rôle de l'autorité « centrale » pourrait malgré tout être très inférieur à ce qu'il est outre-Atlantique, aux États-Unis ; mais il serait bien supérieur à ce qu'il est aujourd'hui dans la zone euro. Soit (b) elle rétrécit le projet monétaire. Cela pourrait se faire de diverses façons, qui seront exposées dans des chapitres ultérieurs. On pourrait y parvenir, par exemple, par la sortie de quelques pays seulement – j'expliquerai plus loin pourquoi le moyen le plus simple et le moins coûteux serait une sortie de l'Allemagne. Ou alors – et là, le coût sera plus lourd –, on pourrait y arriver par le départ de certains pays de la « périphérie ». Une troisième possibilité serait la constitution de deux blocs, l'un utilisant un euro du Nord, l'autre, un euro du Sud. Une quatrième approche est l'euro flexible, que je suggère au chapitre 11. Mais la solution actuelle du « milieu du gué » est insoutenable, et tenter de la prolonger vaille que vaille finira par imposer des coûts économiques, sociaux et politiques incalculables.

On peut montrer par des arguments convaincants que le meilleur cap, *d'un point de vue purement économique/technocratique*, est le premier : créer une zone euro qui fonctionne. En tant que prévisionniste politique, toutefois, je parierais sur la navigation à vue : on fera l'ensemble minimal de réformes nécessaires pour que l'euro ne s'effondre pas, sans permettre une véritable reprise, du moins dans un avenir prévisible. On pourrait appeler cette ligne de conduite la stratégie du bord du gouffre : donner aux pays juste assez d'aide pour qu'ils gardent espoir, pas pour soutenir une reprise robuste. Mais le danger des stratégies du bord du gouffre, c'est qu'on tombe parfois dans le gouffre.

Si mon analyse dans ce livre est juste, la crise de l'euro est loin d'être terminée. La Grèce restera dans la dépression. Elle ne pourra pas rembourser sa dette. L'Allemagne prétendra peut-être le contraire, en disant qu'il suffit de « réaménager » les dettes – c'est-à-dire d'en étaler le remboursement sur des décennies. Mais les mascarades de ce genre ne sont pas plus saines que les autres formes d'hypocrisie. La zone euro sera frappée par d'autres chocs, et les pays faibles seront à nouveau précipités dans la crise – tout simplement parce qu'il n'y a pas assez de flexibilité dans la zone euro, telle qu'elle est actuellement constituée, pour qu'elle serve correctement les faibles. Et la zone euro elle-même connaîtra probablement, au mieux, une croissance très lente.

L'euro a toujours été un moyen au service d'une fin, pas une fin en soi. Les systèmes monétaires naissent et meurent. La grande réalisation de l'après-guerre, le système monétaire de Bretton Woods, a duré moins de trois décennies. Nous devons penser d'abord et avant tout aux objectifs ultimes : la prospérité commune en Europe et le resserrement de l'intégration économique *et* politique. L'union monétaire apparaît de plus en plus comme un détour, certes bien intentionné, dans la marche en direction de ces nobles objectifs.

Pour encourager l'intégration politique européenne, il y a d'autres moyens, et de meilleurs, que l'union monétaire, dont l'effet réel, si elle en a eu un, a été de miner le projet européen tout entier. Pour avancer, le meilleur chemin est la création d'une compréhension commune des bases de l'économie. Elle doit laisser derrière elle le fondamentalisme du marché, qui jusqu'ici a configuré le projet de la zone euro. Elle exigera davantage de solidarité – d'un tout autre type qu'un engagement commun à suivre aveuglément des règles mal conçues, dont l'effet presque garanti est la dépression et la divergence.

Il faut bien voir que le cap actuel est inacceptable. Pour sauver le projet européen, si important pour l'Europe et aussi pour le monde entier – la poursuite de l'intégration du continent –, s'il n'est pas nécessaire d'abandonner l'euro, il est indispensable d'opérer, au minimum, des changements plus radicaux et plus profonds que ceux qui sont en discussion aujourd'hui. Mais si ces réformes profondes sont irréalisables, si elles paraissent politiquement infaisables, faute de solidarité et/ou de consensus sur ce qu'exige le bon fonctionnement d'une monnaie unique, il faudra réexaminer la question fondamentale de l'existence même de l'euro.

CHAPITRE 2

L'euro : espoirs et réalité

On a créé l'euro avec trois espoirs : (1) il allait unir l'Europe de plus en plus, et constituer l'étape suivante de l'intégration européenne ; (2) ces progrès de l'intégration *économique* allaient accélérer la croissance ; et (3) cette intégration économique accrue et l'intégration politique plus forte qui en résulterait allaient assurer la paix en Europe.

Les fondateurs de l'euro étaient des visionnaires qui tentaient de créer une Europe nouvelle. C'étaient des argonautes partis sur des mers inconnues, où nul n'avait encore navigué. Personne n'avait jamais tenté une union monétaire à une telle échelle, entre tant de pays aussi disparates. Il n'est donc peut-être pas surprenant que les choses aient tourné si différemment de ce qu'avaient prévu ces visionnaires.

Voici ce que je soutiendrai dans ce chapitre : même avec le projet d'euro le mieux conçu, les avantages d'une monnaie unique auraient été plus limités que ne le proclamaient ses partisans ; l'effet de cette monnaie sur l'intégration économique aurait été vraisemblablement ambigu ; et il fallait s'attendre à voir l'euro diviser plus qu'unifier – donc retarder l'intégration politique. La raison pour laquelle l'euro était un projet incomplet était aussi celle qui laissait prévoir qu'il allait diviser. On aurait dû le comprendre : loin d'être une étape décisive dans la création d'une Europe unie qui jouerait un rôle déterminant dans l'économie mondiale d'aujourd'hui, l'instauration de l'euro allait avoir l'effet opposé.

L'intégration politique, comme l'intégration économique, n'était pas une fin en soi mais un moyen d'atteindre des objectifs sociaux d'ordre général – notamment le renforcement de la démocratie et des idéaux démocratiques dans toute l'Europe. Je conclurai ce chapitre en observant que l'euro a aggravé, au contraire, le déficit démocratique ressenti en Europe, l'écart entre ce que l'Europe *fait* et ce que veulent ses citoyens.

Nous avons maintes fois évoqué le lien entre politique et économie. Nous avons dit que l'intégration économique est allée plus vite que l'intégration politique, et que c'était une des raisons de l'échec de la zone euro. On espérait que la politique rattraperait l'économie. Mais, puisque la division et le déficit démocratique se sont aggravés, la probabilité que ce scénario se réalise a diminué.

À sa naissance, l'euro inspirait de grands espoirs. La réalité s'est révélée bien différente.

L'ARGUMENTAIRE EN FAVEUR DE L'EURO

Les partisans déterminés de l'euro avancent quelques arguments précis – des idées que je n'ai cessé d'entendre au fil des années où j'ai travaillé avec des gouvernants, des élus et des économistes européens.

Une Europe unie serait plus influente sur la scène mondiale

Les partisans de l'euro observent que les grandes puissances, comme les États-Unis, ont une seule monnaie. Par conséquent, raisonnent-ils, si l'Europe veut jouer sur la scène mondiale un rôle comparable à celui des États-Unis, elle aussi doit avoir une monnaie commune. Pourrait-on imaginer l'Amérique avec plusieurs monnaies ? Beaucoup d'Européens font valoir que, si les pays d'Europe s'unissaient, l'Europe serait une des deux plus grandes économies[1]. Ils constatent avec inquiétude qu'elle ne pèse pas autant qu'elle le devrait dans l'économie mondiale, simplement parce qu'elle est divisée politiquement.

Mais cette analyse pose plusieurs questions capitales. Quelles sont les conditions nécessaires pour jouer le type de rôle que jouent les États-Unis dans le monde? Avec une union monétaire, l'Europe sera-t-elle plus près de réunir ces conditions? Est-il *nécessaire* d'avoir une union monétaire pour atteindre cet objectif? Et jusqu'à quel point est-il important pour l'Europe de jouer ce rôle-là?

L'antithèse

Aux siècles précédents, pouvoir exercer sa «puissance» sur la scène mondiale était d'une extrême importance. La richesse des nations dépendait dans une large mesure de leur force militaire. C'est par la conquête de colonies qu'une île relativement petite, la Grande-Bretagne, a pu devenir une puissance mondiale hégémonique. Heureusement, nous avons un nouvel équilibre du pouvoir qui circonscrit considérablement l'exercice de la force armée. Même quand un pays gagne une guerre, sa capacité de s'assurer le butin est limitée. Par exemple, les compagnies pétrolières américaines peuvent jouir d'un accès légèrement plus favorable en Irak à cause de la guerre, mais le coût du conflit a dépassé de très loin tout bénéfice possible[2].

Même les États-Unis, dont les dépenses militaires sont d'un ordre de grandeur sans équivalent dans le monde, ne peuvent pas imposer leur volonté aux autres dans le cadre des nouvelles règles du jeu. Leur tentative de le faire en Irak, contre des ennemis qui n'avaient qu'une petite fraction de la population et des ressources de l'Amérique, a été repoussée. Ils n'ont pas pu arrêter les agressions de la Russie contre l'Ukraine. Une Europe unie aurait-elle beaucoup changé cette situation? C'est discutable – et, au minimum, si l'Europe voulait s'assurer ce type d'influence, il faudrait qu'elle augmente massivement ses dépenses militaires.

• S'il y a un consensus européen, l'influence de l'Europe se fera sentir – même sans union monétaire

Inversement, supposons qu'il y ait augmentation massive des dépenses militaires et consensus sur des objectifs militaires : même sans unité politique complète, le poids de l'Europe serait alors plus grand, mais, comme celui des États-Unis, nullement décisif. Le problème est plutôt qu'il est difficile d'atteindre un consensus sur des objectifs militaires : encore un effet de la diversité en Europe. Puisque l'Allemagne dépend lourdement du gaz russe, on peut attendre plus de réticence de sa part à soutenir des mesures fortes contre la Russie[3].

Le monde ne se serait pas mieux porté si le Royaume-Uni, la Pologne et les autres pays qui sont entrés dans la «coalition des volontaires» pour soutenir la guerre américaine contre l'Irak, en violation du droit international, avaient eu assez d'influence dans une Europe «unie» pour forcer toute l'Europe à se joindre à cette guerre[4]. S'il y avait eu unanimité des pays européens, leur point de vue unitaire aurait évidemment retenti plus fort. Mais le fond du problème n'est pas l'absence d'intégration politique : c'est l'absence de consensus. S'il y avait eu consensus, l'Europe a déjà les institutions qui lui auraient permis de mener une action concertée et de faire entendre sa «voix» avec efficacité et dans l'harmonie.

Vue sous cet angle, l'influence de l'Europe peut être et sera entendue dans les domaines où il existe un consensus européen[5]. La tâche principale pour renforcer l'influence de l'Europe, c'est d'affermir des positions communes : si, comme le soutient ce livre, l'euro sème la division, l'euro est à cet égard contre-productif.

Le rôle des règles

Les décisions que pourrait prendre une Europe unie dépendent bien sûr des règles politiques qui définissent l'union. Si l'unanimité des pays d'Europe est requise, le résultat probable, en l'absence d'un consensus sur les politiques à suivre, est la paralysie. Si le système politique donne un pouvoir démesuré aux intérêts des grandes entreprises européennes, les objectifs que «négociera» l'Europe dans les traités de commerce seront des règles favorables à ces entreprises. Elles aimeraient beaucoup avoir une Europe plus unie, plus puissante, mais il n'est pas évident que les résultats potentiels serviraient convenablement les intérêts des citoyens.

Plus de pouvoir pour une Europe unie signifierait plus de bien-être pour les citoyens européens dans un seul cas : si le système politique était vraiment démocratique. Sur ce point, il y a de bonnes raisons d'être inquiet, au vu de la structure politique actuelle de l'Europe.

L'euro et la paix

Le second argument en faveur d'une intégration politique plus forte est le rôle qu'a joué l'Union européenne pour maintenir la paix au cœur de l'Europe. Au vu des destructions des deux guerres mondiales du siècle précédent, on comprend fort bien pourquoi cette considération est primordiale. Certains soulignent qu'il n'y a pas eu de guerre dans les pays centraux de l'Europe depuis soixante-dix ans, et en attribuent le mérite à l'Union européenne. C'est fort possible, bien que beaucoup d'autres changements aient eu lieu aussi – la création de l'ONU, la dissuasion nucléaire, l'évolution des esprits à l'égard de la guerre. Mais la question que nous nous posons ici est plus limitée : rien ne prouve que l'instauration d'une monnaie unique, ou l'intégration plus étroite qui résulte de la mise en circulation d'une monnaie unique (en supposant qu'elle se produise réellement), réduise les risques de conflit ; rien ne permet d'affirmer qu'elle ait un effet décisif, directement ou indirectement. Même si l'on suppose qu'adopter une monnaie commune fait progresser l'intégration, il n'est pas certain que, lorsque intégration économique et paix durable coïncident, la première soit la cause de la seconde. Ce livre soutiendra que l'union monétaire peut en fait contrarier la poursuite de l'intégration économique[6].

L'euro et la création d'une identité européenne

Il existe en faveur de la monnaie unique un ensemble d'arguments tout à fait différents, et peut-être plus révélateurs de l'impulsion politique qui l'anime : chaque jour, quand des gens utilisent cette monnaie, elle leur rappelle leur identité d'Européens. En alimentant et en fortifiant ainsi cette identité, l'euro permettra peut-être de pousser plus loin l'intégration politique et économique. L'importance de cet effet s'est sûrement estompée quand nous sommes passés à la monnaie électronique et aux cartes de paiement et de crédit. Les jeunes utilisent rarement ces drôles de bouts de papier que nous appelons « l'argent liquide ».

Mais il aurait dû être clair d'emblée que ces avantages psychologiques, en supposant qu'ils existent, seraient balayés si l'euro ne tenait pas sa promesse *principale* : stimuler la prospérité. Si son résultat réel était une dégradation de la situation économique, on pouvait prévoir un choc en retour, pas seulement contre l'euro mais contre le projet européen tout entier.

L'INTÉGRATION ÉCONOMIQUE

La section précédente a montré que les arguments simplistes en faveur de l'euro – il crée une Europe plus puissante et plus influente parce qu'elle est plus unie, et facilite le maintien de la paix – ne sont pas convaincants. Ici, je vais examiner l'intégration économique d'un point de vue très général. J'expliquerai pourquoi il était peu probable que l'euro (en soi) encourage le type d'intégration économique qui aurait stimulé la croissance et amélioré le bien-être de la société. Et je montrerai pourquoi on aurait dû comprendre qu'il risquait en réalité d'entraver la poursuite de l'intégration économique et politique.

Les arguments traditionnels sur les bienfaits de l'intégration économique

Un vieil argument affirme qu'une intégration économique plus étroite accélère la croissance économique, parce que des marchés plus vastes font monter les niveaux de vie en permettant de faire des économies d'échelle (les coûts unitaires de production diminuent quand l'échelle de la production augmente) et de profiter des avantages comparatifs (il y a des gains d'efficacité quand chaque pays se spécialise dans ses points forts *relatifs*).

Ces idées datent de la fin du XVIIIe et du début du XIXe siècle : elles proviennent des œuvres de deux grands économistes classiques,

Adam Smith[7] et David Ricardo[8]. Mais appliquer à l'Europe du début du XXIe siècle les analyses qu'ont effectuées Smith et Ricardo sur les économies principalement agraires du XVIIIe et du début du XIXe siècle pose plusieurs problèmes. Le premier est que les barrières douanières et autres obstacles au commerce extérieur sont déjà faibles; la loi des rendements décroissants suggère que les avantages relatifs de les réduire encore plus risquent fort d'être tout petits. Et surtout, la libre circulation des marchandises, de la main-d'œuvre et des capitaux existe déjà au sein de l'Union européenne : l'euro n'apporte absolument rien de ce point de vue.

Deuxième problème : Smith et Ricardo ont ignoré les avantages de l'adaptation des politiques – notamment les réglementations et la fourniture des biens publics[9] – aux différences locales de goûts et de préférences. Certaines sociétés peuvent préférer plus de stabilité et de meilleurs systèmes de protection sociale, plus de dépenses pour l'éducation et la santé publique; d'autres peuvent être plus résolues à maintenir les inégalités existantes.

Lorsqu'on accroît l'intégration économique – je devrais dire : certaines formes d'intégration économique –, on risque, comme nous le verrons, d'entraver l'aptitude de ces pays différents à assurer le bien-être de leur société en concrétisant leurs propres idées sur ce que l'État doit faire et sur les moyens qu'il doit employer[10]. Au temps d'Adam Smith et de David Ricardo, le rôle économique de l'État était très limité; aujourd'hui, il est infiniment plus important, parce qu'il y a eu des changements dans la structure même de l'économie et parce qu'avec la hausse des niveaux de vie certaines sociétés exigent à présent davantage de biens *collectifs* fournis par l'État.

En fait, la source principale des progrès de niveau de vie est la création d'une société apprenante[11], où progressent les techniques et le savoir – qui sont eux-mêmes, par nature, des biens publics, des biens qu'il faut fournir collectivement : tout le monde peut bénéficier de ces évolutions[12]. Laissés à eux-mêmes, les marchés n'aboutiront pas à des niveaux d'investissement efficaces dans la recherche et dans l'apprentissage; ils risquent même de ne pas orienter ces efforts dans la bonne direction. Il y aura trop peu de recherche fondamentale et trop de recherche pour trouver moyen d'accroître son pouvoir de marché, y compris celui que donnent les brevets.

Une des raisons pour lesquelles j'insiste sur ces changements dans notre économie et dans notre analyse économique, c'est qu'ils touchent à la racine même de l'échec de l'euro : cette expérience monétaire a été influencée par des idées sur le fonctionnement de l'économie qui, au moment même où l'on a conçu l'euro, étaient tout à fait obsolètes et en voie d'être réfutées. Dans le monde de Smith et Ricardo, l'État ne jouait guère de rôle – même si Smith, je l'ai dit, lui faisait une bien plus large place que ses admirateurs actuels. Dans leur univers, où le besoin d'action collective était réduit, cela n'aurait pas changé grand-chose d'effectuer au niveau de l'État-nation ou au niveau de toute l'Europe le peu d'action collective qu'il y avait. Quant aux diverses manières d'envisager ce que l'État doit faire et les moyens qu'il doit employer, ces divergences, elles non plus, n'auraient guère eu d'importance. Aujourd'hui, elles comptent énormément. C'est pour cela qu'actuellement les habitants d'une région de la zone euro comme la Grèce sont si mécontents que d'autres, qui voient tout autrement la nature de la société et le rôle de l'État, leur dictent ce qu'il faut faire. Et lorsque l'intégration économique est forte, ils peuvent même être sérieusement touchés par les actes des gouvernements d'autres pays de la zone euro – notamment quand les décisions de certains États, comme l'Allemagne, ont des conséquences majeures pour les petits pays. Comme nous le verrons au fil des chapitres suivants, la décision de l'Allemagne de limiter les salaires a été une forme de dévaluation compétitive qui a désavantagé d'autres pays dans la zone euro, notamment ceux où les travailleurs sont moins dociles.

Coûts et avantages de l'intégration avec l'action collective

Si l'action collective est aujourd'hui plus importante, et de loin, qu'à l'époque de Smith et de Ricardo, les différences de *visions* sur ce que doit faire l'État peuvent être aussi d'une extrême importance. Cette réalité a deux grandes conséquences – l'une que l'Europe a comprise, l'autre qu'elle n'a pas comprise. La première est le *principe de subsidiarité* évoqué plus haut : les décisions publiques doivent être prises par le niveau d'autorité le plus bas possible. Sur la voirie locale, les écoles locales, la police et les pompiers locaux, et même l'environnement local, c'est aux collectivités locales de décider, pas aux autorités nationales ou supranationales. Le problème est que l'action d'une collectivité locale (ou d'un gouvernement national) a souvent des retombées sur d'autres, auquel cas on a besoin que des autorités de niveau supérieur coordonnent les prises de décision et interviennent, au moins dans une certaine mesure.

Lors de la création de l'euro, on pouvait craindre qu'avec lui il y aurait des externalités importantes – notamment des situations où l'action d'un pays aurait des effets négatifs sur d'autres. En fixant les règles et réglementations régissant l'euro, ses créateurs pensaient avoir ciblé et limité les retombées les plus graves. Ce n'était pas le cas.

Les externalités sur lesquelles s'étaient concentrés les inventeurs de l'euro apparaissent quand les pays empruntent exagérément. Si leurs emprunts sont « monétisés » (convertis en monnaie par la banque centrale), il y aura de l'inflation. Or, de longue date, l'Allemagne redoutait l'inflation. À cet égard, elle était fière du succès de la Bundesbank (sa banque centrale), qui avait strictement contenu sa masse monétaire : pendant des décennies, l'Allemagne n'avait pas connu d'inflation forte[13]. Maintenant qu'elle abandonnait sa banque centrale pour se joindre aux autres pays, dont certains n'avaient pas fait preuve d'une telle discipline, elle craignait que ce ne soit plus le cas. C'est pourquoi les pays appartenant à la zone euro ont dû s'engager à maintenir leurs déficits et leurs dettes à bas niveau.

Mais l'obsession des déficits relevait surtout de la pure idéologie : on n'a guère de preuves, voire aucune, que ces déficits et ces dettes (du moins à des niveaux modérés – qui n'en sont pas moins nettement supérieurs à la limite de 3 % du PIB fixée aux déficits par les accords européens) auraient d'importantes retombées sur d'*autres.*

En revanche, des politiques salariales comme celles de l'Allemagne, où récemment encore il n'y avait pas de salaire minimum et où il y a eu dans les années 1990 un effort concerté pour abaisser le niveau des salaires afin de rendre l'économie «plus compétitive», ont bel et bien, elles, d'importantes retombées. Ces mesures, comme je l'explique au chapitre 4, sont une autre version des politiques de dévaluation compétitive, dites «dépouille ton prochain», qui ont joué un rôle si désastreux dans la grande crise des années 1930. Avec le «taux de change fixe» de l'euro, l'Allemagne ne pouvait pas réduire la valeur de sa monnaie. Mais elle pouvait réduire ses coûts de production, en appliquant des politiques qui faisaient baisser les salaires. Pour diverses raisons, c'étaient des mesures que l'Allemagne pouvait mettre en œuvre beaucoup plus facilement que d'autres pays de la zone euro, ce qui les a rendues particulièrement attrayantes pour les gouvernants allemands : ils y ont vu un instrument pour s'assurer un avantage sur leurs voisins. Malheureusement, les créateurs de l'euro n'ont pas prêté la moindre attention à cette externalité-là, qui était infiniment plus grave.

L'importance qu'ont aujourd'hui l'action collective et les divergences de vues à son sujet a une deuxième conséquence : s'il existe entre les pays de fortes différences de structures économiques, de valeurs, ou de visions du fonctionnement de l'économie, les possibilités d'action collective améliorant le bien-être au niveau de l'ensemble de l'Europe seront limitées. Prenons la mission la plus simple d'une banque centrale : fixer les taux d'intérêt de façon à équilibrer les risques d'inflation et de chômage. Si les pays qu'a en charge la banque centrale sont dans des situations différentes, une politique qui pourrait être appropriée pour l'un d'eux, en lutte contre l'inflation, sera totalement inappropriée pour un autre, où la grande préoccupation est le chômage. Dans ces conditions, avoir une monnaie et une banque centrale communes – un bien public partagé – peut être un désastre. Un compromis démocratique risque d'être mauvais pour les deux : il y aura une inflation inacceptable dans un pays et un chômage inacceptable dans l'autre.

Mais même si les structures économiques des pays sont identiques, les idées sur l'orientation convenable de la politique économique peuvent être différentes, en l'absence d'un consensus sur la façon dont l'économie fonctionne. Les habitants d'un pays croiront peut-être que, si le taux de chômage descend au-dessous d'un certain seuil, l'inflation va exploser. Ce pays-là va souhaiter qu'on fasse baisser le chômage jusqu'à ce seuil, mais pas plus loin. D'autres pays diront qu'on peut fort bien réduire davantage le taux de chômage, que ce «plancher» appliqué au chômage impose des coûts inacceptables aux travailleurs. Forcer des pays qui ont ces points de vue différents à accepter la même politique serait insensé. Et, là encore, un compromis ne satisferait personne.

Enfin, même si les structures économiques étaient semblables et les analyses du comportement de l'économie identiques aussi, des pays différents, on l'a vu, peuvent avoir des valeurs différentes. L'un peut être plus préoccupé par l'inflation et ses effets sur les détenteurs d'obligations, l'autre par le chômage et ses conséquences pour les travailleurs. Ces systèmes de valeurs différents impliquent des politiques monétaires tout à fait différentes.

Dans chacun de ces cas, sauf si l'on peut avancer une puissante raison pour que les pays suivent la *même* politique – aient la même monnaie –, il semble que faire ce choix n'a guère de sens. Il y a des coûts importants, et ces coûts sont à comparer aux avantages.

Les multiples aspects de l'intégration économique

Les avantages de l'intégration dépendent de la forme de l'intégration – et il existe de nombreuses formes différentes d'intégration politique et économique. Cette multiplicité est déjà évidente en Europe. La liberté de migration existe entre de nombreux pays européens, mais pas tous. Au sein de l'espace Schengen, les personnes peuvent circuler librement, pratiquement comme si les frontières n'existaient pas du tout[14]. L'espace Schengen comprend la plupart des pays de l'Union européenne, mais pas le Royaume-Uni ni l'Irlande, et englobe aussi des pays qui n'appartiennent pas à l'Union européenne : l'Islande, la Norvège et la Suisse[15]. Avec la crise migratoire, un débat s'est ouvert au sujet des frontières à travers lesquelles il faut autoriser la liberté de migration – et même sur ce qu'il faut entendre par «liberté de migration».

Il y a une zone de libre-échange. La Suisse, la Norvège, le Lichtenstein et l'Islande appartiennent à l'Association européenne de libre-échange, mais pas à l'Union européenne. Il existe un tribunal qui règle les différends, disons, entre l'Islande et des membres de l'Union européenne (comme les Pays-Bas et le Royaume-Uni). Ce tribunal, la Cour de justice des États de l'Association européenne de libre-échange, a jugé que l'Islande n'était pas tenue d'indemniser, au-delà du montant dont disposait le fonds de garantie des dépôts, les épargnants britanniques et néerlandais après la faillite des banques islandaises où ils avaient placé leur argent. Il existe aussi des tribunaux qui tranchent sur les problèmes de droits de l'homme partout en Europe (par exemple la Cour européenne des droits de l'homme). L'Union européenne est un cas inhabituel : elle a poussé très loin certaines formes d'intégration, mais elle va lentement sur d'autres. Nous avons noté, par exemple, que son budget central – analogue au budget fédéral des États-Unis – est *très* limité, il représente environ 1 % seulement du PIB de l'Union ; sa dépense la plus importante est le versement des subventions agricoles[16].

Il existe un large éventail de programmes qui pourraient renforcer l'intégration économique et politique. Le programme Erasmus, grâce auquel les étudiants peuvent aller étudier dans d'autres pays européens, est un exemple d'initiative qui renforce l'identité et l'intégration du continent. L'instauration d'une taxe sur les hauts revenus à l'échelon européen, qui servirait à la redistribution, serait un autre pas important pour pousser plus loin l'intégration économique et améliorer la performance économique de l'Union européenne en s'attaquant à la montée de l'inégalité dans la région. (Nous examinerons ce point de plus près ultérieurement.)

Dans le projet d'intégration européenne, on a compris que l'intégration se faisait pas à pas, graduellement, sur une longue période. Ce livre ne porte que sur un de ces pas – que j'ai décrit comme un faux pas : la création de l'euro, monnaie unique, effectuée prématurément, avant que les conditions requises ne soient satisfaites, et d'une façon qui a déchiré l'Europe.

LE PARTAGE D'UNE MÊME MONNAIE AMÉLIORE-T-IL LE BIEN-ÊTRE ET FAIT-IL PROGRESSER L'INTÉGRATION ?

La section précédente a montré qu'il existe de nombreuses formes différentes d'intégration économique et que, dans certains cas, pousser plus loin l'intégration, du moins sous certaines formes, n'est pas forcément souhaitable.

On peut parvenir à une étroite intégration économique sans avoir la même monnaie. Les États-Unis et le Canada ont un accord de libre-échange depuis 1988. Et il a été avantageux pour le Canada, j'en suis sûr, de ne pas avoir une monnaie commune avec son voisin du sud. La flexibilité de sa devise a renforcé son aptitude à s'adapter à la multitude de chocs qu'une économie fondée sur les ressources naturelles affronte inévitablement. Elle a joué un rôle important en permettant aux exportations de se substituer aux dépenses publiques quand le Canada, au début des années 1990, a entrepris d'assainir son budget.

Certains pays de l'Union européenne sont membres de la zone euro, mais beaucoup ne le sont pas (le Danemark, la Suède, le Royaume-Uni, la Bulgarie, la Croatie, la République tchèque, la Hongrie, la Pologne et la Roumanie). La Suède, par exemple, a eu une croissance plus rapide que presque tous les pays de la zone euro, et je soutiendrai dans les pages à venir que son succès est dû au fait qu'elle est *en dehors* de la zone euro. Le chapitre suivant montrera que la zone euro, globalement, s'est moins bien comportée que les pays de l'Union européenne qui n'en font pas partie – et je suis persuadé qu'une des grandes raisons de cette différence est la monnaie unique.

Comment l'euro peut entraver directement la diversification économique

Si les architectes de l'euro pensaient que l'existence d'une monnaie commune allait faire avancer l'intégration économique à tous points de vue, il est clair que ce n'était chez eux qu'une *présomption.* Les partisans de l'union monétaire ne disposaient d'aucune théorie générale dont ils auraient pu s'inspirer, ni même d'épisodes historiques qu'ils auraient pu citer. Jamais on n'avait tenté une expérience vraiment comparable à celle-ci.

Une monnaie unique élimine une source majeure de risque économique – le risque des modifications de taux de change[17]. Le risque de change est un des risques principaux auxquels les entreprises doivent faire face. La façon dont elles l'anticipent – à la fois par des décisions prises sur les marchés financiers et par d'autres qui concernent la structure de leur production – peut avoir, en théorie, d'importants effets sur l'envergure de l'intégration économique *réelle*, notamment sur la diversification de la production dans l'ensemble de la région. Il s'avère que la création d'une zone monétaire (comme la zone euro) *peut* conduire en réalité à concentrer encore plus la production économique dans quelques pays de la zone. Ce n'est évidemment pas ce qu'on espérait : on croyait qu'avec la disparition d'une source importante de risque, les entreprises seraient *plus* disposées à produire dans des pays différents.

Pour comprendre les effets des changements dans un régime de taux de change, il faut connaître les divers moyens par lesquels les entreprises font face aux risques de change. Une de leurs méthodes pour limiter ces risques à court terme consiste à acheter ou à vendre d'avance des devises étrangères, par des transactions sur les marchés à terme, qui «verrouillent» le taux de change au niveau qu'il a quand s'effectue la transaction. Par exemple, si une entreprise des États-Unis produit des gadgets qu'elle compte exporter au Canada six mois plus tard, elle ne sait pas combien vaudra le dollar canadien (par rapport au dollar américain) *à ce moment-là*. Mais elle n'a pas vraiment à se faire du souci : elle peut signer un contrat de livraison des produits dans six mois contre paiement en dollars canadiens et changer dès maintenant ses *futurs* dollars canadiens en dollars américains. Cette transaction financière (qu'on peut voir comme une forme d'assurance contre les fluctuations de taux de change) a bien sûr un coût. Cependant, sur des marchés qui fonctionnent bien, le coût de cette assurance est assez faible.

Mais ces mécanismes ne sont pas très efficaces pour les investissements à long terme, notamment parce que les marchés nécessaires n'existent pas ou parce que les coûts de transaction sont élevés.

Il y a un autre moyen de limiter ce type de risques : diversifier la production dans tous les marchés où l'on fait des affaires, où l'on achète et où l'on vend. L'entreprise américaine pourrait installer une partie de son processus de production au Canada ; et si elle le fait, l'économie réelle des États-Unis et celle du Canada s'intégreront davantage. Quand une entreprise prend une telle décision, la variabilité de ses coûts de production et de ses profits se réduit.

Mais une fois qu'il y a une union monétaire, cette raison de diversifier la production ne joue plus. S'il est avantageux de la regrouper dans un seul site ou un petit nombre de sites, comme c'est souvent le cas, la production deviendra plus concentrée. Elle sera peut-être transférée, par exemple, dans un pays qui a de meilleures infrastructures. Le pays riche qui a ces infrastructures plus performantes pourra donc capter une part croissante de la production, ce qui renforcera sa base fiscale et lui permettra d'investir dans des infrastructures meilleures encore.

L'incohérence intellectuelle au cœur du projet européen

Quand on analyse les avantages d'une monnaie unique, une incohérence fondamentale saute aux yeux dans le projet européen. Tel qu'il a été conçu, l'euro repose sur la croyance au bon fonctionnement des marchés. Mais avec des marchés qui fonctionnent, les coûts de gestion des risques de change devraient être faibles. Avec des marchés qui fonctionnent, les réalignements de taux de change ne refléteraient que des changements dans l'information fondamentale, information qui, en général, se révèle graduellement. Les ajustements de taux de change seraient donc lents et progressifs. De plus, ces ajustements de taux de change (de prix) sont un important mécanisme grâce auquel les économies qui fonctionnent bien s'adaptent à des événements qui peuvent toucher différemment divers pays (les économistes appellent ces événements des « chocs », ce qui ne signifie nullement qu'ils soient de nature cataclysmique). Par exemple, si en Chine la demande augmente pour les biens que produit l'Allemagne et diminue pour ceux que produit l'Italie, on peut aisément régler le problème en relevant le taux de change de l'Allemagne et en abaissant celui de l'Italie. Cette opération permettra à l'Italie de vendre davantage, ce qui stimulera son économie.

Donc le retrait de ces mécanismes d'ajustement par les prix rend un système économique moins performant. Il y a une présomption forte en faveur de cette conclusion. Quand des pays décident d'avoir une monnaie unique, ils *fixent* de fait leur taux de change. Ils suppriment ce mécanisme d'ajustement. La conséquence devrait être une économie moins performante.

On *aurait dû* fonder l'euro sur d'autres bases. On aurait dû reconnaître les échecs et les imperfections du marché. On aurait dû admettre que le modèle compétitif standard – celui que nous avons évoqué plus haut et qui a joué un si grand rôle dans la « conception » de l'euro – n'est pas « robuste » : avec des marchés comportant de légères imperfections, le système se comporte tout autrement qu'avec des « marchés parfaits ». On aurait dû comprendre la théorie de l'optimum de second rang, dont il a été question au chapitre précédent. La grande instabilité que nous observons dans les taux de change est, dans une large mesure, une manifestation de l'irrationalité et des imperfections du marché. À un moment donné, il peut y avoir une vague d'euphorie sur les perspectives, disons, de l'économie américaine, et peu après le sentiment du marché change.

Si les pionniers de l'euro avaient compris les limites des marchés, peut-être auraient-ils été plus prudents quand ils ont créé cette monnaie, plus attentifs aux détails, et plus soucieux de s'assurer que les institutions qui lui auraient permis de fonctionner soient mises en place simultanément.

L'euro : certains avantages même sur des marchés qui fonctionnent, mais un risque majeur

La monnaie unique avait, bien sûr, un certain attrait pour la population. Les gens allaient pouvoir voyager d'un pays à l'autre sans changer de devise. Le change était fastidieux – et souvent coûteux. Le fait même qu'il coûtait cher aurait dû faire réfléchir sur le fonctionnement des marchés financiers : changer une devise contre une autre aurait dû avoir un coût extrêmement faible s'il était vrai que les marchés fonctionnaient efficacement, comme le supposaient les modèles standard.

Mais si ces coûts de transaction ennuient aujourd'hui les touristes, ils n'ont pas d'importance économique. La plupart des transactions (en nombre comme en valeur) passent par un support électronique – transferts bancaires et cartes de paiement et de crédit. Les coûts informatiques du passage d'une devise à une autre sont insignifiants. (Les prix facturés par les banques peuvent être beaucoup plus élevés, ce qui prouve à nouveau l'omniprésence des échecs du marché dans le système financier. Mais la réaction qui convient n'est pas de reconfigurer l'ensemble de l'architecture de la monnaie : c'est de réglementer et de réformer le secteur financier.)

Il y a un autre type de coûts de transaction que le partage d'une monnaie peut réduire : le risque de change futur des investissements à long terme, que nous avons évoqué plus haut. Mais ces coûts ont eu, au mieux, une influence secondaire dans les décisions majeures sur la production et sur les chaînes logistiques. La Chine, par exemple, a été totalement intégrée à la chaîne logistique mondiale malgré le risque de change – et aussi malgré les risques politiques et les incertitudes d'approvisionnement. Évidemment, si les avantages de l'intégration étaient faibles, ces coûts pourraient être une entrave; mais dans ce cas, les pertes de bien-être que provoquerait l'absence d'intégration (à cause, par exemple, de coûts de production plus élevés) seraient très probablement faibles aussi.

Un seul et unique risque économique submerge totalement ces petits avantages. Les taux de change flexibles – que leur flottement soit libre ou « dirigé » – peuvent être réalignés quand la situation évolue. Les ajustements se produisent chaque jour, ou heure par heure, ou moins souvent. Mais ils ont lieu, en général ils sont minimes, et les entreprises comme les particuliers ont appris à vivre avec eux sans problème – parfois avec l'aide des marchés financiers.

En revanche, *en l'absence* de ces ajustements, le taux de change finit par s'éloigner tellement de l'alignement qu'il ne peut pas fonctionner[18]. Dans le cas de l'Argentine, qui avait arrimé son taux de change au dollar en 1990, le désalignement est devenu intolérable en 2001 – il y a eu une crise monétaire, une crise financière et une crise de la dette, liées entre elles, qui ont été très coûteuses ; mais quand ce pays a abandonné l'ancrage au dollar, laissé son taux de change chuter d'environ 75 % et cessé de rembourser la dette qui s'était accumulée à l'époque de la surévaluation de sa devise, il a connu une croissance impressionnante : le taux le plus rapide du monde après la Chine[19]. Jusqu'à présent, tous les pays qui sont dans l'euro y sont restés, mais en payant le prix fort.

Bref, l'argumentation *économique* en faveur de la monnaie unique est loin d'être convaincante. Ce qu'on épargne en coûts de transaction n'est probablement pas bien important. Les pays européens, dotés de devises différentes, avaient déjà connu une importante intégration économique avec la formation de l'Union européenne ; nous avons vu qu'une monnaie unique peut même, à certains égards, entraver l'intégration, par exemple celle de la production sur toute la région. Les modestes avantages, certes effectifs, sont submergés par les coûts des crises qui éclatent si fréquemment quand apparaissent des désalignements des taux de change *réels*.

L'INTÉGRATION ÉCONOMIQUE VA PLUS VITE QUE L'INTÉGRATION POLITIQUE

Hors d'Europe, l'« expérience » de l'intégration européenne a vivement intéressé. Le succès initial de l'Europe dans l'élimination des entraves à la circulation des biens, des services et des capitaux a servi d'exemple ; ses problèmes actuels, qui viennent de l'euro, servent de mise en garde contre une intégration qui tourne mal. Plus largement, l'intégration de l'Europe apporte des éclairages sur la mondialisation en général. La mondialisation n'est rien d'autre que l'intégration plus étroite des pays du monde – et nulle part cette intégration n'a été poussée plus loin qu'en Europe. Un débat est en cours : quelles sont les conditions requises pour que la mondialisation réussisse ? Que se passe-t-il si la mondialisation ne fonctionne pas correctement ? Quels sont les avantages et les coûts, et à qui vont ces avantages ? Qui supporte les coûts ? On perçoit les succès et les échecs de l'Europe comme des leçons, à la fois pour l'intégration régionale et pour la mondialisation. Les problèmes que rencontre l'Europe pour mettre en place une union monétaire qui fonctionne ont refroidi les ardeurs pour cette forme d'intégration économique dans d'autres régions du monde, par exemple en Afrique et en Asie.

L'idée fondamentale à retenir, c'est que l'intégration économique – la mondialisation – va échouer si elle va plus vite que l'intégration politique. La raison est simple : plus les pays s'intègrent, plus ils deviennent dépendants les uns des autres. Quand des pays deviennent plus interdépendants, les actes d'un pays ont des effets sur les autres. Par conséquent, le besoin d'action collective est plus grand – pour faire en sorte que chaque pays agisse davantage dans un sens qui profite aux autres pays de l'union et moins dans un sens qui leur est nuisible.

De plus, la plupart des politiques ont des effets ambigus : elles améliorent les choses pour certains, les dégradent pour d'autres. Avec une intégration politique suffisante, on pourra transférer aux perdants une partie des gains des gagnants, afin que la situation s'améliore pour tout le monde, ou du moins ne se dégrade trop pour personne. Avec une intégration politique suffisante, ceux qui perdent à une réforme pourront se dire qu'ils gagneront à la suivante, et de cette façon, à long terme, tout le monde vivra mieux.

Il y a donc deux problèmes : sans intégration politique suffisante, une union économique n'a pas les institutions qui lui permettraient d'entreprendre l'action collective nécessaire pour que l'intégration fonctionne au bénéfice de tous ; et sans solidarité suffisante, il est pratiquement sûr que certaines catégories se retrouveront en situation plus défavorable que s'il n'y avait pas eu d'intégration. C'est d'ailleurs l'une des objections faites à la mondialisation : dans certains pays, elle a aggravé la situation de la grande majorité des citoyens, même si elle a amélioré la performance globale mesurée par le PIB[20].

Au chapitre 4, nous expliquerons quelles sont les conditions économiques requises pour qu'une union monétaire fonctionne.

Mais en se concentrant sur les *conditions économiques*, les économistes ont négligé la question bien plus importante des conditions politiques et sociales nécessaires au succès. Nous constatons qu'on n'a pas mis en place les institutions qui auraient permis à l'union monétaire de fonctionner. Ce n'est pas par hasard qu'on n'a pas créé ces institutions. C'est parce qu'il n'y avait pas d'attachement politique suffisant au projet européen. Sans la solidarité, il est difficile d'avoir l'intégration politique, justement parce que personne n'a confiance : personne n'est sûr que le système va travailler en sa faveur.

Inversement, quand la solidarité est forte, on fera plus confiance à la prise de décision collective. Avec cette solidarité plus affirmée, on sera disposé à céder davantage de souveraineté politique et à accepter davantage d'intégration politique. On sera plus enclin à consentir à perdre soi-même quelque chose si cela contribue, d'une façon ou d'une autre, au bien-être général.

Dans la liste des conditions économiques nécessaires au succès d'une union monétaire, la plus importante, peut-être, est qu'il y ait une ressemblance économique suffisante entre les pays. Quand les pays sont *économiquement* très semblables, il est vrai aussi que les différences politiques seront probablement plus limitées et que les politiques suivies auront un effet similaire sur tous. Dans ces conditions, la création d'institutions politiques communes – l'intégration politique – est plus facile[21]. Mais lorsque les situations économiques sont nettement différentes – quand certains pays sont débiteurs et d'autres créanciers –, il devient plus difficile de procéder à l'intégration politique, même pour créer les institutions politiques nécessaires au fonctionnement de l'intégration économique.

La ressemblance des structures économiques rend peut-être plus *probable* que deux pays aient des convictions communes, mais ne le garantit nullement. Nous en avons d'amples témoignages : des pays aux systèmes économiques semblables et aux niveaux de vie semblables, du moins aujourd'hui, peuvent avoir des croyances tout à fait divergentes (bien que de nombreux historiens de l'économie expliquent ces désaccords par les différences de structures économiques à des époques antérieures). Il est indispensable de comprendre la nature de ces divergences pour déterminer le type d'intégration économique et politique qui est souhaitable, ou même réalisable.

Donc, la condition requise n'est pas seulement la ressemblance des structures économiques, mais aussi celle des *systèmes de croyances* – des convictions sur la justice sociale et sur la façon dont fonctionne le système économique.

Dans l'analyse des chapitres suivants, plusieurs ensembles de croyances vont jouer un rôle important – notamment certaines convictions sur ce qui constitue une bonne économie.

Les conceptions du mode de fonctionnement de l'économie

Une fédération économique aura du mal à fonctionner si ses membres ont des points de vue différents sur les lois de l'économie. Or il existe entre les pays de la zone euro des différences fondamentales de conception sur les ressorts de l'économie – elles existaient même à l'époque de la création de l'euro, mais on les avait alors camouflées. En raison de ces divergences, non seulement on n'a pas pu formuler de programmes appropriés pour réagir à la crise de l'euro, mais les programmes conçus par (ou acceptables pour) l'Allemagne, pays qui est devenu la puissance dominante dans la zone euro, ont souvent été perçus comme *imposés* à ceux qui les acceptent.

Certes, le pays en crise en a « volontairement » accepté les termes, mais, s'il l'a fait, ce n'est pas parce qu'il croit que le « programme » va résoudre les problèmes. C'est parce que *ne pas* les accepter aurait eu des conséquences intolérables – peut-être même la sortie de la zone euro. Et les membres de la zone euro, ainsi que de nombreux commentateurs économiques, ont réussi à convaincre les pays en crise que sortir de l'euro serait extraordinairement coûteux.

Donc, dans les pays en crise, on ne croit pas à la théorie économique qui sous-tend les programmes « volontaires », ce qui a deux conséquences : il est peu probable que ces programmes seront mis en œuvre avec efficacité, et il est probable qu'ils ne sont pas soutenables politiquement – notamment s'ils réussissent moins bien que promis. Au chapitre 3, nous montrerons que c'est ce qui s'est passé : non seulement ils ont réussi moins bien que promis, mais ils ont même été pires que ce qu'avaient prédit certains des censeurs les plus durs de l'euro.

L'exemple le plus évident de ces visions divergentes du fonctionnement de l'économie est peut-être l'« austérité ». Ses partisans croient qu'en réduisant les dépenses publiques ou en augmentant les impôts, un pays en récession qui a un déficit budgétaire (plus de dépenses que de recettes) peut retrouver la santé. L'économie scientifique moderne a réfuté l'économie hoovérienne que j'ai évoquée au chapitre précédent. Mais l'idée que j'avance ici est différente. Il est difficile pour un groupe de pays de partager une monnaie et de travailler ensemble quand il y a de telles discordances dans les conceptions des lois de l'économie. Ils vont devoir prendre des décisions en réaction à d'innombrables circonstances imprévues. Il n'y aura jamais unanimité, mais, en présence de divergences fortes, toute décision qui sera prise suscitera inévitablement un mécontentement considérable.

Les différences de conception du fonctionnement de l'économie se manifestent sur d'innombrables questions de détail, et pas seulement sur les enjeux macroéconomiques de l'austérité et de l'inflation que nous avons évoqués. Un des aspects du programme néolibéral est la privatisation. Il y a des arguments forts pour que les États concentrent leur attention sur les domaines où ils ont un avantage comparatif et laissent le secteur privé gérer le reste. Même si ce principe est judicieux en théorie, il est difficile, en pratique, de déterminer où l'État a un avantage comparatif.

Les expériences menées dans le monde ont abouti aux résultats les plus divers. Les firmes sidérurgiques les plus efficaces du monde dans les années 1990 étaient peut-être les entreprises publiques de Corée du Sud et de Taïwan, et rien n'indique que la privatisation de la compagnie coréenne, POSCO (exigée par le FMI dans le cadre de son renflouement financier de 1997), ait amélioré son efficacité. Au Canada, on n'a guère de preuves que la principale société nationale de chemins de fer privée soit plus efficace que la grande compagnie ferroviaire publique. Au Chili, rien ne prouve que les mines de cuivre privées soient plus efficaces que les mines publiques. En Amérique latine, la privatisation des télécommunications n'a pas amélioré la productivité, du moins quand les investissements des compagnies publiques n'avaient pas été exagérément comprimés par les contraintes budgétaires de l'État[22].

Les entreprises publiques se trouvent souvent dans des secteurs où il y a des *monopoles naturels* (par exemple, parce que les économies d'échelle sont si importantes qu'il ne doit y avoir qu'une seule entreprise), et, avec ce type de monopole, on ne se demande pas si l'intervention de l'État aura lieu ou non, mais quelle forme elle prendra. Tant en théorie qu'en pratique, des monopoles publics bien gérés peuvent être tout aussi efficaces que des monopoles privés réglementés par l'État[23].

Donc, quand la Troïka exige la privatisation de certains actifs possédés par l'État grec, cette exigence est dictée par l'idéologie plus que par l'expérience et la théorie.

Répétons-le, l'idée que j'exprime ici est simple : il y a en Europe des divisions profondes sur la façon de créer une économie fonctionnelle. Tant que chaque pays a le droit de choisir lui-même, pas de problème. Mais si l'intégration économique conduit à donner à un pays (ou à un groupe de pays) le pouvoir de dicter aux autres ce qu'ils doivent faire, ça ne va plus. C'est ce qui s'est passé dans la zone euro, sur des questions d'ordre macroéconomique et microéconomique, et en particulier dans les pays qui sont en crise. Cela devient particulièrement problématique quand les politiques imposées à un pays ne fonctionnent pas – pour les raisons mêmes qu'avaient en tête les citoyens du pays; les coûts de l'erreur sont évidemment supportés par le pays auquel ces politiques sont imposées, pas par ceux qui les imposent. C'est toute l'histoire de la zone euro.

Des chapitres ultérieurs expliqueront pourquoi les politiques que la Troïka impose à ces autres pays sont erronées, inspirées par une mauvaise interprétation de l'économie. Mais même si elles étaient justes, il faudrait se poser cette question : les gains qu'apporte cet aspect de l'intégration économique, l'euro, sont-ils assez importants pour justifier la perte de l'autodétermination ? Ce chapitre a soutenu que les avantages sont *au mieux* contestables, et, si c'est le cas, lorsqu'on se demande si les avantages de l'euro valent ou non ses coûts, la réponse est sans ambiguïté.

Les valeurs : la justice sociale et l'importance de l'action collective

Certaines privatisations, comme celles qui portent sur des services fondamentaux, posent des problèmes de valeurs : une société peut estimer qu'un accès minimal à l'eau ou à l'électricité est un droit fondamental ; ces droits et ces valeurs risquent fort d'être bafoués par un monopoliste qui cherche à maximiser ses profits.

Les droits syndicaux et les dispositifs de protection des travailleurs illustrent d'autres aspects de l'affrontement sur les valeurs. Certains se sont demandé si les programmes qui ont été imposés aux pays en crise n'allaient pas au-delà des mesures conçues pour accroître la performance économique. Il paraît clair que la Troïka, non contente de la baisse d'environ un cinquième des coûts de main-d'œuvre en Grèce[24], veut affaiblir les droits des travailleurs dans les négociations, ce qui conduirait à des salaires encore plus bas. La formulation de ses programmes est parfois ambiguë, et peut obscurcir ce que la Troïka demande vraiment dans les négociations[25]. Il est à craindre que ce qui a été demandé, par exemple à la Grèce, viole les normes du travail fondamentales de l'Organisation internationale du travail, acceptées par la quasi-totalité des pays du monde[26]. Mais, puisqu'il est prouvé que la syndicalisation peut en réalité améliorer la productivité, il est à craindre aussi que ces mesures soient contre-productives[27].

Des sociétés différentes ont des valeurs différentes, des idées différentes des mécanismes de l'économie et même, d'ailleurs, des conceptions différentes de la démocratie et de la nature d'une société fonctionnelle. Le ministre allemand des Finances, Wolfgang Schäuble, a maintes fois souligné l'importance des *règles*, et s'il y a des règles, il faut leur obéir. Évidemment, nombre des crimes les plus abominables ont été commis par des gens qui ont dit qu'ils n'avaient fait qu'obéir aux règles. Si l'on veut qu'une société fonctionne bien, elle doit avoir les bonnes règles, et assez de flexibilité pour s'écarter des règles quand il le faut. Notre savoir étant limité, nous ne pourrons jamais être sûrs de la justesse de notre modèle de l'économie; il est toujours possible que des règles qui auraient pu être judicieuses si notre modèle était juste soient très mauvaises parce que notre modèle est faux. Et quand nous découvrons que notre modèle est faux – ou même qu'il est *possible* qu'il soit faux –, peut-être parce que le monde lui-même a changé, nous devons avoir la flexibilité nécessaire pour changer ce que nous faisons. Des sociétés différentes peuvent, bien sûr, parvenir à des visions différentes du juste équilibre à trouver entre les règles et la marge de liberté[28].

Là encore, le problème essentiel est clair : c'est le degré auquel l'intégration économique implique l'abandon par un pays, sur des points importants, de sa capacité de décider lui-même. S'il y a un consensus sur ces questions de valeur, les divergences sur les politiques à suivre seront peut-être réduites. Mais quand certains pays estiment qu'un accès minimal à l'eau ou à l'électricité est un droit fondamental, ou que les travailleurs doivent avoir certains droits élémentaires à l'action collective, ils seront très mécontents si on leur impose des politiques en sens contraire – et ils auront raison.

UN DÉFICIT DÉMOCRATIQUE

Le projet européen avait l'ambition de rassembler les pays, mais de les rassembler dans une union politique qui refléterait les valeurs européennes fondamentales. Il est évident, toutefois, que certaines de ces valeurs ne sont pas acceptées ni respectées universellement, notamment dans certains pays, ou dans certaines composantes de certains pays. Le respect d'une pluralité d'opinions est une valeur libérale primordiale. Il y aura, et il doit y avoir, moins de tolérance pour les opinions qui ne respectent pas certaines valeurs fondamentales. Mais le droit d'un pays d'imposer ses valeurs aux autres est beaucoup plus contestable. Agir ainsi peut compromettre une autre valeur européenne primordiale, la démocratie – et cela devient particulièrement préoccupant quand l'ingérence touche aux principes élémentaires de la justice sociale. Parmi les valeurs essentielles, il y a les normes fondamentales du travail – qui selon certains, on l'a dit, sont violées dans un des programmes au moins de la Troïka. Là encore, il faut se poser la question : les avantages de cet aspect de l'intégration économique et monétaire valent-ils ses coûts ? Et cette fois l'enjeu ne se limite pas à des jugements sur le comportement de l'économie ; il porte sur des questions cruciales de justice sociale et de démocratie.

Dès le tout début, le projet européen a souffert d'un déficit démocratique. C'était un projet venu d'en haut, conçu par des dirigeants visionnaires, mais qui se montrés moins brillants quand il s'est agi de « vendre » leurs idées. Dans certains pays – notamment ceux qui sortaient du fascisme et du communisme –, il y avait un enthousiasme pour l'adhésion à l'Europe. De fait, la perspective d'entrer dans l'Union européenne a donné une impulsion majeure à des réformes institutionnelles qui ont joué un rôle important dans le succès des pays d'Europe centrale et orientale lorsqu'ils ont effectué leur transition du communisme à l'économie de marché[29]. Mais à de multiples reprises, quand divers aspects du projet européen ont été soumis à référendum – les référendums sur l'euro au Danemark et en Suède, sur la constitution européenne en France et aux Pays-Bas, sur l'adhésion à l'Union européenne en Norvège –, les sentiments hostiles à l'Union européenne l'ont emporté[30]. Même quand les forces qui lui étaient favorables ont gagné, l'autre camp a obtenu un nombre considérable de suffrages.

Cela s'explique en partie par la construction de l'Union européenne elle-même : les lois et les réglementations sont promulguées par une commission qui n'est pas élue *au suffrage direct*. Même le président de la Commission européenne ne l'est pas. Inévitablement, le résultat de l'élaboration de règles et réglementations applicables à la totalité d'une région aussi diversifiée, c'est la complexité. L'Europe l'a compris, bien sûr, et elle évolue, lentement mais régulièrement, vers plus de responsabilité démocratique – sauf sur un front : l'union monétaire.

Pour que l'euro réussisse, il doit être un projet économique compatible avec les autres valeurs fondamentales. Il doit même les renforcer. Il doit affermir la démocratie. Mais l'euro a fait l'inverse.

La plus puissante institution de la zone euro est la Banque centrale européenne, qui a été conçue pour être indépendante : elle n'a aucun compte à rendre aux dirigeants élus et ceux-ci n'ont aucune directive à lui donner – autre idée néolibérale qui était à la mode à l'époque où l'on a créé l'euro. Bien qu'elle reste en vogue dans certains milieux, cette théorie est de plus en plus contestée. En effet, les pays qui se sont le mieux comportés pendant la crise financière mondiale ont été ceux dont les banques centrales avaient plus de comptes à rendre aux élus.

Les actes de toute banque centrale ont d'importantes conséquences sur la politique et sur la répartition – comme on le voit très clairement en temps de crise. Les banques centrales sont douées pour camoufler leurs décisions dans un jargon qui suggère qu'elles ne font qu'exercer leur mandat. Mais elles ont des choix à faire dans la façon de s'acquitter de ce mandat. Même s'il est à peu près sûr qu'elle le niera, la décision de la BCE de couper les vivres au système bancaire grec à l'été 2015 a été un acte éminemment politique.

Quand on leur en a donné l'occasion, les pays d'Europe ont maintes fois rejeté les politiques qu'on leur impose : c'est une des manifestations les plus éclatantes du déficit démocratique. En 2015, en Grèce, 61 % des électeurs ont voté pour le rejet des conditions imposées, et au Portugal et en Espagne des pourcentages comparables ont soutenu les candidats hostiles à l'austérité. Mais l'opposition a été claire aussi dans beaucoup d'autres élections, y compris en Italie, où les électeurs ont chassé le parti qui soutenait l'austérité; ils ont voté pour des partis qui préconisaient de suivre un autre cap.

Malgré ces élections, les politiques sont restées de fait inchangées. Au Portugal, on a même vu pire : le président a refusé au départ de confier le gouvernement du pays à la coalition anti-austérité, au motif qu'elle contenait des partis hostiles à l'euro, alors que cette coalition, qui avait obtenu 62 % des voix, était majoritaire au parlement.

Dans tous les pays, les autorités européennes ont signifié de fait aux gouvernements fraîchement élus qu'ils n'avaient pas le choix : acceptez les conditions ou votre système bancaire sera détruit, votre économie, ravagée, et il vous faudra sortir de l'euro. Qu'est-ce qu'être une démocratie quand, de toute évidence, les citoyens n'ont pas leur mot à dire sur les problèmes qui les préoccupent le plus, ou sur la façon dont leur économie est gérée? Ce déficit de démocratie détruit la confiance dans les processus démocratiques – et encourage l'ascension de partis extrémistes qui promettent de changer de cap.

Mais le manque d'attachement à la démocratie est devenu de plus en plus flagrant avec le déroulement des programmes qu'on a imposés aux pays en détresse. On l'a vu avec une parfaite clarté en Grèce. Au départ, il a été question, sur la suggestion de l'Allemagne, que la Grèce renonce à son droit de vote en tant que membre de la zone euro jusqu'au moment où elle aurait été réhabilitée, où elle serait sortie du «programme». Cela rappelle certaines pratiques des États-Unis, inhabituelles dans les démocraties : dans la plupart des États américains, les détenus ne peuvent pas voter et, dans certains, ceux qui ont été condamnés une fois pour crime ou délit sérieux perdent leur droit de vote pour toujours. Assurément, aux yeux de l'Allemagne, la Grèce avait commis le crime de se surendetter; et, si on ne lui a pas demandé d'abandonner définitivement son droit de vote, on a bel et bien suggéré qu'elle en soit privée jusqu'au moment où sa dette serait redescendue à un niveau tel qu'elle pourrait y faire face seule.

Les programmes imposés à la Grèce ont donné d'autres illustrations de ce manque profond d'attachement à la démocratie. On a exigé, notamment, que la Grèce ne soumette aucun projet de loi à la concertation publique avant son examen critique par la Troïka.

Quand Georges Papandréou, Premier ministre de Grèce, a annoncé en 2011 qu'il allait organiser un référendum pour obtenir le soutien de son peuple au programme qu'on exigeait de lui, les dirigeants de la Troïka ont été sincèrement scandalisés. Ils ont agi comme s'ils se sentaient trahis. Quoi! Demander au peuple? Ironie de la situation : Papandréou pensait qu'il allait gagner le soutien de la population au programme – les Grecs étaient si attachés à l'euro qu'ils accepteraient de subir douleurs et indignités pour rester dans l'Europe. Il se disait qu'avec ce vote affirmatif, il y aurait plus d'«appropriation nationale» du programme, et qu'avec cet engagement plus fort il serait plus facile de le mettre en œuvre efficacement. J'étais d'accord. Lorsque j'étais économiste en chef de la Banque mondiale, j'avais vu la différence que faisait l'« appropriation nationale », et à la Banque, nous avions beaucoup œuvré dans ce sens quand j'y travaillais. Nous dialoguions avec la société civile, nous expliquions les stratégies de développement, nous tenions des séminaires. En revanche, quand le programme est perçu comme imposé de l'extérieur, on tente massivement de le contourner.

On a vu le pire exemple, peut-être, de ce parti pris de « non-démocratie » après l'élection en Grèce, en janvier 2015, d'un gouvernement de gauche dirigé par Alexis Tsipras, 41 ans, qui avait fait campagne sur un programme antiaustérité. Ce n'était pas une surprise après cinq ans d'échec des programmes précédents, qui avaient réduit le PIB d'un quart et fait grimper le chômage des jeunes au-dessus de 60 %. Aussitôt, l'Europe a retiré les conditions et les termes qui avaient été proposés au gouvernement de centre droit précédent, celui d'Antonis Samaras (du parti Nouvelle Démocratie, étroitement lié aux oligarques, parti qui s'était livré à certaines des pratiques budgétaires trompeuses à l'origine de la crise grecque). Des conditions plus dures ont été imposées. Quand ils ont vu monter le soutien à Tsipras et à son ministre des Finances non conventionnel, Yanis Varoufakis (qui est un excellent économiste, et occupait un poste d'enseignement à l'université du Texas à Austin), les négociateurs de la zone euro ont encore durci leur position. Varoufakis était probablement le seul économiste parmi les ministres des Finances avec lesquels il était censé « négocier », ce qui n'a peut-être pas facilité les choses.

Finalement, la Grèce a cédé. L'Allemagne a refusé de restructurer la dette grecque – même après que le FMI a déclaré qu'il était impératif de le faire. Elle a refusé d'assouplir ses exigences sur les objectifs budgétaires de la Grèce pour 2018 : un excédent primaire de 3,5 % du PIB (les recettes devront être supérieures aux dépenses, hors paiements des intérêts de la dette, de ce montant). Avec ce chiffre, il est pratiquement certain que la dépression continuera[31].

Le peuple grec voulait deux choses, qu'il ne pouvait avoir simultanément : d'une part, la fin de l'austérité, le retour de la croissance et de la prospérité, et, d'autre part, son maintien dans la zone euro. Tsipras savait que le second objectif était, dans l'immédiat, plus important que le premier, et c'est celui qu'il a choisi quand il a accepté les exigences de la Troïka. Pour le moment, les Grecs sont restés dans la zone euro, et la zone euro est restée entière – mais au prix fort pour la démocratie européenne (sans parler du prix à payer par le peuple grec, que nous analyserons plus longuement dans la suite du livre).

Quand il s'est tourné à nouveau vers le peuple grec pour lui demander son approbation, les Grecs lui ont à nouveau accordé un soutien retentissant. Ils avaient encore survécu à un assaut de Berlin, mais le gouvernement et le peuple grecs avaient dû sacrifier leur programme économique. Comme je l'ai dit et répété, rien n'est plus important pour une nation et pour son peuple que la conduite de sa politique économique.

On pensait que, dans l'Union européenne et dans la zone euro, les États avaient conservé de vastes espaces de souveraineté. Ce qui s'est passé en Grèce et ce qui se passe ailleurs dans la zone euro prouve qu'il n'en est rien. Dans certaines circonstances au moins, il y a eu abandon de la souveraineté économique. Dans d'autres, on en a cédé des éléments cruciaux.

Les institutions de la zone euro – comme la BCE, à laquelle on a cédé cette souveraineté économique – sont très loin d'être démocratiques. Le déficit démocratique, déjà visible à la naissance de la zone euro, n'a cessé de s'aggraver. Les grands espoirs qu'on avait mis dans l'euro – il apporterait une intégration politique plus solide fondée sur un renforcement des valeurs démocratiques – ne sont encore que cela : des espoirs. La réalité est tout autre.

Les coûts politiques et sociaux de l'euro sont flagrants. Reste la question : quels sont ses avantages ? Les statistiques présentées au chapitre suivant montrent que le projet européen a été une déception économique.

CHAPITRE 3

Les lamentables résultats économiques de l'Europe

Il est trop tôt pour dire si les espoirs et les rêves des fondateurs de l'euro *finiront* par se concrétiser. Mais aujourd'hui, il est flagrant que l'Europe – ou plus exactement la zone euro – a des résultats économiques déplorables.

Rien ne fait mieux comprendre à quel point tout va mal en Europe que ce qui donne à ses dirigeants l'impression que les choses vont bien. Les signes les plus infimes de croissance, la moindre décrue du chômage sont claironnés comme l'annonce de la reprise tant attendue – enthousiasme régulièrement suivi par la déception, car l'économie stagne. C'est bien, que le chômage en Espagne ait baissé de 26 % en 2013 à 20 % au début de 2016. Mais même cette «amélioration» est en partie due au fait que tant de jeunes Espagnols ont quitté le pays; et, malgré la croissance qu'on prête à l'Espagne, le PIB par habitant y est toujours inférieur de 5,7 % à son sommet de 2007.

La crise de la zone euro dure maintenant depuis huit ans, et il est improbable que l'Europe reviendra à une croissance robuste dans un avenir prévisible. S'il est déjà clair qu'elle va enregistrer une décennie perdue, le risque est grand que, dans quelques années, nous parlions du quart de siècle perdu de l'Europe. Voici ce qui est déjà une certitude : la production de la zone euro sera inférieure *pour toujours* à ce qu'elle aurait été sans la crise, inférieure *pour toujours* à ce qu'elle aurait été si la crise avait été mieux gérée. Et ses taux de croissance futurs seront plus faibles qu'ils ne l'auraient été sans la crise, plus faibles que si la crise avait été mieux gérée.

Quand les Irlandais, par exemple, célèbrent le retour de la croissance (en 2015, leur économie a eu la croissance la plus rapide d'Europe[1]), ils devraient se souvenir que toute économie (ou presque) finit par se relever d'une récession. Donc le critère d'une bonne politique n'est pas : va-t-il y avoir ou non, finalement, une reprise? Le succès d'une politique économique, nous l'avons dit, se juge à la gravité et à la durée de la récession qui a précédé la reprise, à l'ampleur des souffrances qu'elle a infligées et à la force de ses effets négatifs sur la performance économique future. Le grand succès de l'économie keynésienne est d'avoir permis que les récessions soient *beaucoup plus courtes* (et les expansions plus longues) qu'à l'époque prékeynésienne. Avec une économie en berne depuis près d'une décennie – où le PIB de la plupart des pays en crise est voué à être plus bas en 2017 que dix ans plus tôt –, la gestion de cette crise ne peut sûrement pas être qualifiée de succès. Certains, comme l'Irlande, se félicitent de mieux réussir que d'autres, comme le Portugal et la Grèce. Mais, sauf quand on le compare à ses pairs en perdition, chaque pays est, à la façon qui lui est propre, un échec lamentable.

Le PIB est la mesure habituelle de la performance économique[2], mais il y a d'autres indicateurs, et, pratiquement dans chacun d'eux, la performance globale de la zone euro est déplorable et celle des pays en crise, désastreuse : le chômage est très élevé, le chômage des jeunes, ultra-élevé, et la production par habitant, plus faible qu'avant la crise pour la zone euro prise en bloc et beaucoup plus faible pour certains des pays en crise.

Si, dans les pays en crise, la baisse du PIB par habitant ou celle du travail était répartie à égalité dans la population, ce serait une chose. Mais ce n'est pas le cas. Quand le taux de chômage grimpe, certains ne peuvent pas trouver d'emploi alors que d'autres gardent le leur. Évidemment, l'inégalité aussi a augmenté, notamment dans les pays en crise.

Sur tous les plans, les résultats de la zone euro ont été pires que ceux des pays européens qui n'en font pas partie, et pires que ceux des États-Unis – le pays où la crise financière mondiale a éclaté et qui, en toute logique, aurait donc dû en souffrir le plus.

Dans ce chapitre, nous présentons quelques statistiques essentielles, en espérant qu'elles feront comprendre clairement à quel point les résultats de la zone euro ont été mauvais. De fait, comme nous l'avons dit au chapitre 1, même ceux de l'Allemagne, souvent tenue pour le paradigme du succès, sont mauvais.

Ces chiffres parlent d'eux-mêmes. Ils montrent à quel point tout va mal dans la zone euro. L'ampleur de son échec par rapport à d'autres pays, y compris certains pays qui apparemment lui ressemblent, suggère qu'il y a une cause commune aux terribles épreuves de la zone euro : l'euro lui-même. Le reste du livre se propose, pour l'essentiel, de lier la performance lamentable de la zone euro à l'euro et à la structure même de sa zone. La dernière section de ce chapitre expliquera brièvement pourquoi il faut conclure que le grand responsable des mauvais résultats de la zone euro, c'est l'euro.

LA ZONE EURO ET LA CRISE

Nous commençons notre analyse en présentant la situation économique actuelle dans la zone euro, et ce qui s'est passé depuis le début de la crise[3]. Nous avons signalé au chapitre 1 une inquiétude largement répandue : l'euro serait vraiment mis à l'épreuve quand la zone euro affronterait un choc, puisque ce choc toucherait ses divers pays différemment. Les rigidités de l'euro et les règles de la zone euro, se disait-on, n'allaient pas permettre à la région de réagir. Ces craintes se sont révélées justifiées.

La stagnation du PIB

Le PIB réel de la zone euro – ajusté pour tenir compte de l'inflation – stagne à présent depuis près de dix ans. En 2015, il n'a été supérieur que de 0,6 % à son niveau de 2007 (figure 1)[4].

Figure 1. – PIB réel de la zone euro

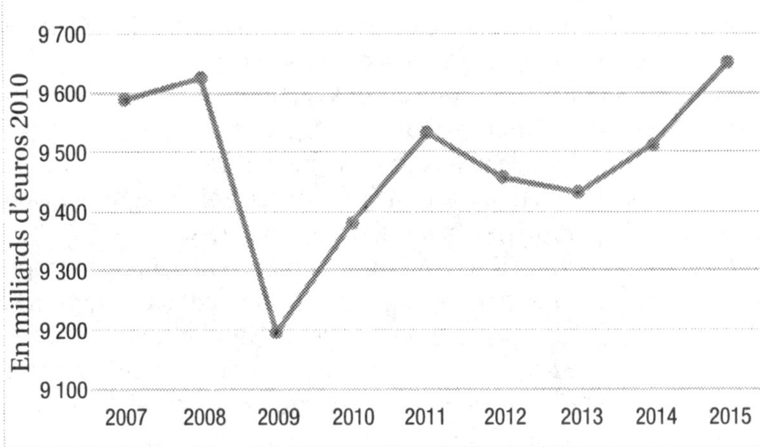

Mais regardons à l'intérieur de la zone euro : nous verrons la divergence annoncée au chapitre 1. Si, en moyenne, les pays de la zone euro ont eu de mauvais résultats, certains ont connu une croissance modeste tandis que d'autres, comme la Grèce, ont fait une chute catastrophique (figure 2). L'Allemagne, qui passe pour la championne, a eu une croissance de 6,8 % sur la période de huit ans écoulée depuis 2007, mais cela fait un taux annuel moyen (en termes réels) de 0,8 % seulement – taux qu'en temps normal on aurait présenté comme une *quasi-stagnation.* Il ne paraît bon que par comparaison avec ceux de ses voisins dans la zone euro.

Comparaison avec la crise des années 1930

Les récessions que connaissent certains des pays de la zone euro sont comparables à celles de la Grande Dépression, ou encore plus graves. La figure 3 compare la crise actuelle à celle des années 1930 pour plusieurs pays.

Figure 2. – Croissance cumulée du PIB réel de 2007 à 2015

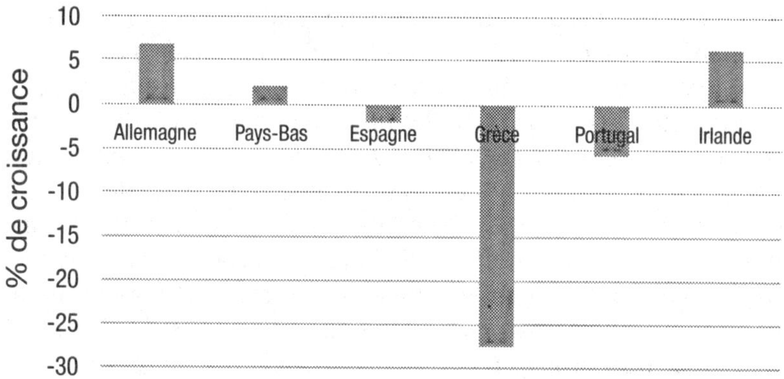

Figure 3. – Comparaison des contractions du PIB réel de certains pays de la zone euro[5]

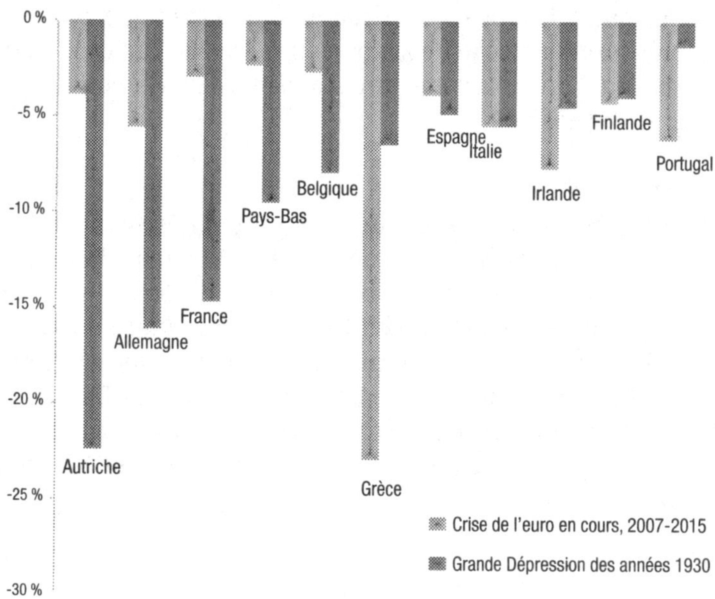

Comparaison avec les pays européens hors zone euro[6]

La structure et les politiques de la zone euro ont eu un effet particulièrement négatif en empêchant l'ajustement aux chocs – notamment à celui de la crise financière mondiale. Nous pouvons le voir en comparant la croissance dans la zone euro et dans l'Europe hors zone euro (sauf les pays en transition d'Europe centrale et orientale). En 2015, le PIB de l'Europe hors zone euro était supérieur d'environ 8,1 % à son niveau de 2007 ; celui de la zone euro, supérieur de 0,6 % à ce qu'il était alors[7]. Et si nous examinons certains pays en transition d'Europe centrale et orientale qui n'ont pas « subi » l'euro, l'écart est encore plus net : aucun pays utilisant l'euro n'a approché, même de loin, le brillant résultat de la Pologne (une croissance de 28 %) ou celui de la Roumanie (une croissance de 12 %).

Comparaison avec les États-Unis

La crise a évidemment commencé aux États-Unis, et pourtant, nous l'avons dit, la reprise américaine, certes anémique, est beaucoup plus forte que celle de la zone euro. De 2007 à 2015, tandis que la production de la zone euro stagnait, celle des États-Unis a augmenté de près de 10 %.

Le niveau de vie

C'est un critère, admis de longue date, du progrès économique : les niveaux de vie doivent augmenter chaque année. Puisque le nombre d'habitants change à des rythmes différents selon les pays, on appréhende mieux les niveaux de vie en examinant les PIB *par habitant* que les PIB tout court. La figure 4 indique l'évolution du PIB par habitant entre 2007 et 2015 pour les États-Unis, l'Union européenne, la zone euro et les pays européens hors zone euro : il a augmenté de plus de 3 % aux États-Unis et baissé de 1,8 % dans la zone euro.

Figure 4. – Croissance du PIB réel par habitant de 2007 à 2015

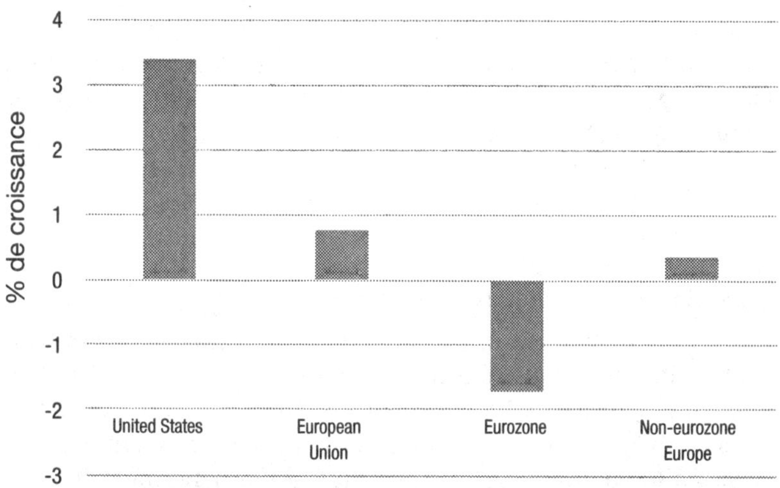

« Union européenne » désigne ici l'ensemble des membres de l'Union européenne en 2007, soit vingt-sept pays au total ; « zone euro », les treize pays qui utilisaient l'euro en 2007 ; « Europe hors zone euro », la Norvège, la Suède, la Suisse et le Royaume-Uni. Dans tous les cas, « croissance » signifie « augmentation du PIB réel par habitant », calculée en utilisant, pour l'inflation, le propre déflateur de chaque pays.

Aussi mauvais soient-ils, ces chiffres ne traduisent pas pleinement l'ampleur de la baisse des niveaux de vie dans les pays en crise, et ce, pour plusieurs raisons. La sécurité économique est une composante importante du bien-être, et les pays en crise ont vécu une forte montée de l'insécurité, que reflètent les hausses ahurissantes du chômage et les coupes effroyables dans les systèmes de protection sociale.

Un autre aspect important du bien-être est le « relationnel », notamment les liens avec les membres de sa famille. Là encore, la souffrance est très forte dans les pays les plus touchés, puisqu'un très grand nombre de jeunes ont dû émigrer à Londres, Berlin ou Sydney pour trouver du travail. L'Irlande a connu une hausse de près de 75 % des effectifs des « émigrants de longue durée » de 2007 à 2013. Des centaines de milliers de Grecs ont émigré depuis le début de la crise ; le nombre annuel d'émigrants a été multiplié par plus de 2,5 de 2008 à 2013[8]. Beaucoup, probablement, ne reviendront jamais. En partie à cause de l'émigration, la population totale de la Grèce a diminué[9]. Nul n'en sera surpris : les émigrants sont surtout des personnes en âge de travailler, et beaucoup comptent parmi les éléments les plus talentueux de Grèce – ce qui signifie, selon toute vraisemblance, que la croissance future sera plus faible et la capacité de rembourser les dettes aussi[10].

Les dépenses publiques et l'austérité

Dans les pays en crise, et particulièrement en Grèce, il y a eu une source supplémentaire d'érosion des niveaux de vie : la Troïka a imposé de grosses réductions des dépenses de l'État, y compris dans les programmes publics assurant l'éducation et d'autres services fondamentaux. Les coupes dans les programmes sociaux ont intensifié l'insécurité. En Grèce, par exemple, les dépenses publiques ont baissé d'environ 22 % entre 2007 et 2015[11]. Cette chute a été particulièrement douloureuse pour les Grecs qui ont des revenus faibles et moyens.

La productivité

Comme on l'a vu, l'Union européenne et la zone euro, en créant une monnaie unique et en instaurant la libre circulation de la main-d'œuvre et des capitaux, étaient *censées* créer une Europe plus productive. De même, les réformes structurelles imposées à la Grèce, à l'Espagne et aux autres pays en crise étaient censées accroître la productivité.

Puisque la population en âge de travailler (les 15-64 ans) a évolué à des rythmes différents selon les pays – au Japon elle a diminué d'environ 1 % par an, aux États-Unis elle a augmenté de 0,7 % par an, en Allemagne elle a baissé de 0,3 % par an[12] –, il est peut-être plus judicieux de comparer les taux de croissance du PIB réel par personne en âge de travailler que les PIB tout court. Il faut *s'attendre* à ce que la croissance du Japon soit plus faible que celle des États-Unis, simplement parce qu'il y a de moins en moins de travailleurs. Si la croissance *par personne en âge de travailler* est plus élevée au Japon qu'aux États-Unis, cela nous apprend quelque chose d'important : soit le Japon trouve davantage d'emplois pour ses habitants en âge de travailler, soit il accroît leur productivité.

Examinée de ce point de vue, la zone euro n'est pas brillante – dans l'ensemble de la zone, le PIB par personne en âge de travailler a augmenté de 0,6 % seulement dans la période 2007-2015, alors que, dans les pays européens hors zone euro, il a augmenté de 3,9 %[13]. La comparaison avec les États-Unis paraît encore plus défavorable : dès 2011, la croissance américaine par personne en âge de travailler avait retrouvé son niveau d'avant la crise, alors que la zone euro se situait nettement plus bas – bien au-dessous à cet égard non seulement des États-Unis, mais aussi du monde et des pays à revenus élevés[14].

Comme on pouvait s'y attendre, c'est encore pire dans les pays en crise. S'il y a eu la moindre hausse de la productivité, son effet a été submergé par la montée du chômage. En Grèce, la production par personne en âge de travailler a diminué d'environ 23 % depuis 2007. Évidemment, si le chiffre de la Grèce a été aussi mauvais, une des raisons en est le niveau très élevé du chômage. Il est donc utile d'examiner ce qui est arrivé à la production par travailleur *employé*. De ce point de vue, même les pays les plus performants de la zone euro n'ont pas des résultats très reluisants. Si la productivité de la Grèce (la production par travailleur *employé*) a baissé de 6,5 % entre 2007 et 2015, même celle de l'Allemagne a diminué (de 0,7 %), tandis que celle des États-Unis s'est accrue de 7,9 % pendant la même période[15].

Le chômage

Le chômage est important à deux titres. Il représente d'abord un gaspillage de ressources, l'inefficacité la plus importante, peut-être, de l'économie de marché : des millions de personnes qui souhaitent travailler dans un emploi rémunéré ne peuvent le faire. Mais il y a aussi la souffrance qu'il inflige aux sans-emploi et à leurs familles. L'assurance-chômage est censée aider les chômeurs, mais elle ne constitue qu'un palliatif partiel.

Le chômage est un domaine où les résultats de la zone euro ont été particulièrement déplorables : le taux de chômage moyen frisait les 11 % en 2015, presque son record. Dans les pays en crise, c'était le double : la Grèce a atteint son pourcentage record, 27,8 % de sans-emploi, en 2013, et en 2015 il n'était redescendu de ces sommets que faiblement[16].

Le chômage des jeunes

La montée du chômage des jeunes est encore plus perturbante : son taux est le double du taux de chômage général. La persistance du chômage massif, notamment chez les jeunes, aura des effets durables : ces jeunes n'obtiendront jamais les revenus qu'ils auraient eus si les perspectives d'emploi avaient été meilleures quand ils ont fini leurs études[17].

Le nombre d'heures travaillées

Dans la zone euro, la moyenne générale des heures travaillées par actif employé a baissé – ce qui signifie que les résultats réels sont encore pires : moins de gens travaillent et ceux qui travaillent font moins d'heures. Même chez la prétendue championne de la performance, l'Allemagne, le nombre d'heures travaillées par actif employé a baissé de près de 4 % de 2007 à 2014. (Il est utile de noter qu'en 2014, les Grecs, qu'on dit paresseux, ont effectué un nombre d'heures de travail supérieur de près de 50 % à celui des Allemands, qui passent pour des travailleurs acharnés[18].)

L'inégalité

Nous nous sommes concentrés jusqu'ici sur la performance économique *globale*. Mais les crises sont particulièrement dures pour ceux qui se trouvent au milieu et en bas de l'échelle économique. Ils sont confrontés à un risque élevé de chômage. Beaucoup risquent de perdre leur maison. Quand le taux de chômage augmente, les salaires baissent, ou du moins n'augmentent pas comme ils l'auraient fait dans d'autres circonstances. Le nombre d'heures travaillées se réduit. De plus, nous l'avons dit, ces éléments du milieu et d'en bas dépendent davantage des services publics, et, dans les pays les plus éprouvés en particulier (mais même dans ceux qui ne sont pas en crise), les dépenses publiques ont subi d'énormes coupes.

Nous n'avons pas de chiffres significatifs sur la manière dont ces citoyens s'en sortent, mais, pour quelques pays, nous avons des chiffres sur ce qui arrive à l'inégalité. Ils suggèrent qu'effectivement, beaucoup de gens vivent de dures épreuves. En Espagne, par exemple, l'inégalité diminuait dans les années qui ont précédé la crise, mais en 2014 le coefficient de Gini, mesure standard de l'inégalité des revenus, se situait environ 9 % plus haut qu'en 2007. Dans le cas de la Grèce, le coefficient de Gini a augmenté de 5 % dans la brève période 2010-2014. D'habitude, il faut à ce coefficient de longues années pour se modifier de quelques points de pourcentage.

Les statistiques de la pauvreté confirment notre hypothèse : les éléments situés au milieu et en bas de l'échelle ont bel et bien souffert particulièrement de la crise. Pratiquement dans tous les pays de la zone euro, il y a eu montée de la pauvreté, en particulier de la pauvreté des enfants. En 2012, selon Oxfam, un tiers des Grecs se trouvaient sous le seuil de pauvreté, et 17,5 % de la population âgée de 18 à 60 ans, plus d'un million de personnes, vivait dans des ménages sans aucun revenu[19]. De 2008 à 2012, selon les statistiques de l'UNICEF, la proportion des enfants grecs pauvres est passée de 23 % à 40,5 %[20].

L'EURO, LA CRISE DE L'EURO ET LE COMPORTEMENT DE L'ÉCONOMIE À LONG TERME

C'est à présent parfaitement clair : l'économie de l'Europe ne va pas bien – et elle se comporte mal au moins depuis le début de la crise. Mais comment se comportait-elle *avant* la crise, et quelles sont ses perspectives ?

Pour répondre à cette question, la figure 5 retrace la croissance de la zone euro pendant les deux décennies qui ont précédé la création de la monnaie unique, le 1er janvier 1999, et extrapole cette croissance dans les années suivantes (c'est la ligne pleine sur la figure). Pour la période 1999-2008, cette extrapolation représente une estimation de ce qui se serait passé *s'il n'y avait pas eu l'euro.* Après 2008, elle représente une estimation de ce qui se serait passé *s'il n'y avait eu ni l'euro ni la crise financière.* La figure indique aussi le produit réel : c'est la ligne pointillée. Avant l'euro, il y a eu des périodes où le produit a été légèrement supérieur à la tendance longue, d'autres où il a été légèrement inférieur, mais ces déviations sont assez réduites. En comparant la ligne pleine à la ligne pointillée, nous pouvons voir comment l'économie s'est comportée par rapport à la simple extrapolation.

Figure 5. – Analyse tendancielle du PIB de la zone euro[21]

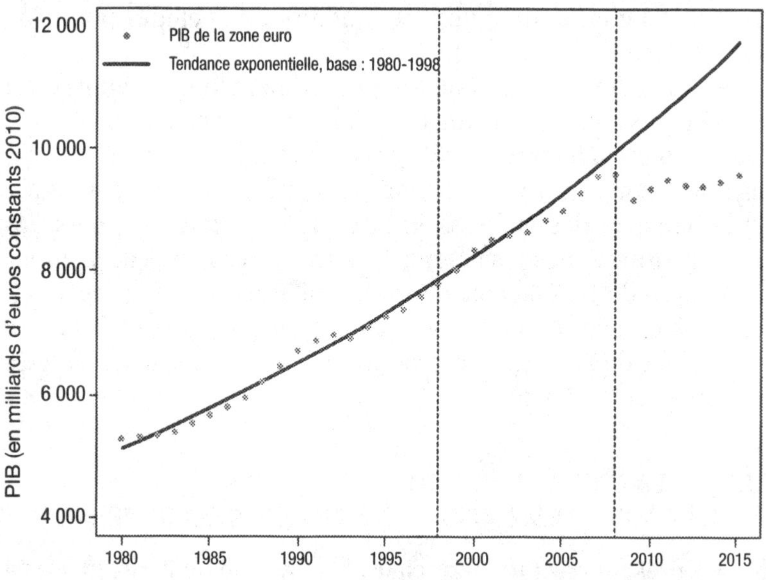

Il y a trois informations frappantes. Premièrement, *il n'y a même pas eu de poussée générale de croissance dans l'espace de l'euro après la formation de la zone euro.* L'euro a peut-être contribué à créer des bulles en Espagne et en Irlande, mais il ne semble pas avoir accéléré la croissance de la zone euro dans son ensemble.

Deuxièmement, les revenus sont aujourd'hui très inférieurs à la tendance longue que suivait le PIB avant l'euro. À la fin de l'année 2015, l'écart entre ce chiffre et le PIB réel de la zone euro était de 18 % – soit une perte d'environ 2 100 milliards d'euros (2 300 milliards de dollars au taux de change moyen de 2015, qui est de 1,1 dollar pour 1 euro). Si nous ajoutons les écarts année par année, la perte cumulée en 2015 dépassait 11 000 milliards d'euros, soit 12 100 milliards de dollars.

Troisièmement, l'écart s'accroît toujours – et je suis persuadé qu'il continuera à le faire tant que la zone euro maintiendra ses politiques actuelles. Mais supposons, en étant résolument optimistes, que la zone euro parvienne, on ne sait comment, à ramener la *croissance* à son taux antérieur (hypothèse invraisemblable, dans le meilleur des scénarios, pour les raisons que j'ai déjà exposées). La valeur totale de la production perdue serait alors de l'ordre de 200 000 milliards d'euros (220 000 milliards de dollars)[22].

Si l'on estime que ce résultat est dû, même en partie, à l'introduction de l'euro, les partisans de la monnaie unique auront bien du mal à prouver que ses avantages économiques et politiques valent plus que ces chiffres écrasants.

L'EURO ET LES RÉSULTATS INDIVIDUELS DES PAYS

L'Allemagne et les États qui réussissent aujourd'hui relativement bien expliquent la crise par des vices fondamentaux dans la structure des pays en difficulté. Ces pays ont des marchés du travail rigides, ils s'adonnent à la corruption, ils sont peuplés d'adeptes de l'évasion fiscale et de fainéants dépensiers. Si l'on ne peut pas changer grand-chose à leur culture, on peut au moins agir sur la structure de leur économie en affaiblissant leurs syndicats, en changeant leur Code du travail et leur législation fiscale, et ainsi de suite. Ces « réformes » leur permettront de renouer avec la croissance. L'hypothèse de ce livre est tout à fait différente, et elle est simple : c'est l'euro qui a entravé l'ajustement de ces pays aux changements intervenus dans l'économie mondiale, notamment la crise financière mondiale de 2008 et l'ascension de la Chine. Ni leur tempérament national ni leurs cadres institutionnels et juridiques n'ont changé en 2008, donc, s'ils étaient vraiment à l'origine des problèmes actuels, l'économie de ces pays aurait été constamment lamentable, avant comme après 2008. La figure 6 indique les taux de croissance de la Finlande et des cinq pays en crise avant (croissance moyenne du PIB réel, 2000-2007) et après (2007-2015). Elle montre que dans la première période ils ont tous eu des résultats remarquables – parfois meilleurs que la moyenne de la zone euro. C'est clair : il n'y a rien dans la structure de ces économies qui empêche la croissance. Ces chiffres sont cohérents avec notre hypothèse : il y a quelque chose qui empêche l'ajustement – l'euro. (Bien qu'elle ne soit pas en crise, la Finlande, comme nous l'expliquerons plus loin, a été frappée par plusieurs chocs négatifs importants.)

Figure 6. – Taux de croissance moyen du PIB réel pour certains pays de la zone euro en difficulté

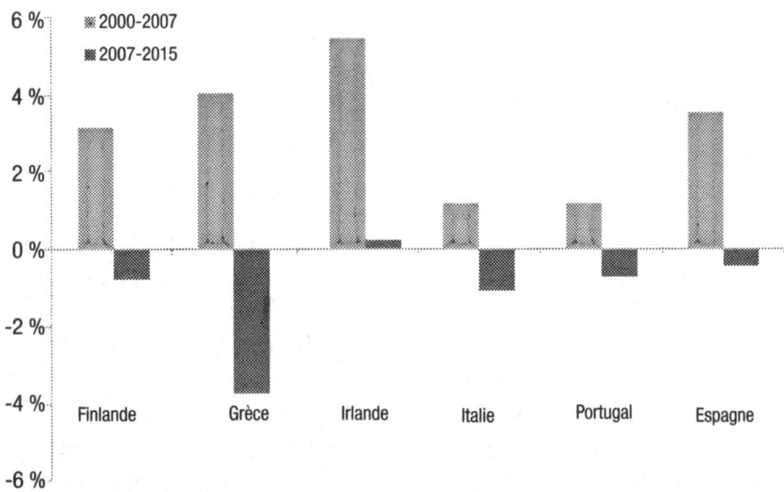

Certes, on l'a vu, de nombreuses différences, comme les niveaux d'éducation, la localisation, l'investissement antérieur, etc., pourraient expliquer que chaque pays ait un niveau de vie différent. Mais, comme nous l'avons déjà relevé, certains des stéréotypes culturels ne sont même pas soutenus par les chiffres.

PERSPECTIVES

Quand il y a un fléchissement bref et peu prononcé de l'économie, on la voit souvent rebondir et rattraper le temps perdu. Après les récessions de 1980-1981 aux États-Unis, il y a eu une forte reprise, avec une croissance de plus de 7 % en 1984. La production des années suivantes a été malgré tout inférieure au niveau qu'elle aurait atteint sans la récession, mais le rebond a été net.

Au contraire, quand les crises durent, le rebond est faible ou inexistant. La récession finit par se terminer, mais la croissance qui suit la reprise ne rattrape pas le terrain perdu dans l'intervalle. En fait, selon toutes probabilités, les taux de croissance futurs seront inférieurs à la normale. Le *capital humain, physique et intellectuel* du pays est détruit ou, au minimum, ne s'accroît pas autant qu'il l'aurait fait dans d'autres circonstances. Bien évidemment, il en résulte que la production, la production horaire (la productivité) et le taux de croissance de la productivité sont plus faibles qu'ils ne l'auraient été sans la récession. Les chiffres présentés plus haut dans ce chapitre correspondent à ce profil-là : la crise de l'euro a été dure et longue, elle aura des conséquences graves et durables.

Toutefois, il reste un mystère à éclaircir. Puisque l'investissement est plus faible pendant une récession ou une crise, il est normal que la productivité (la production par travailleur) soit plus faible après la récession. Mais la baisse de la productivité *dépasse* le chiffre que nous pourrions facilement expliquer. Pour n'importe quel niveau d'intrants, nous obtenons moins de produit, même si nous prenons en compte, par exemple, que le stock de capital est plus réduit[23]. Nous pouvons estimer l'effet prévisible de cette réduction du capital et d'autres intrants observables sur la productivité. La différence entre ce chiffre estimé et la baisse réellement constatée de la productivité résulte d'une « matière noire » qui n'est plus là. Un élément *difficile à observer* manque à l'appel.

Même si nous ne pouvons pas ventiler avec précision les composantes de cette matière noire, elle est bien réelle, et il faut la prendre en compte. Ce capital manquant a de nombreuses composantes. Entre vingt et trente ans, on acquiert des compétences qui renforceront sa productivité pendant toute sa vie. Mais on le fait essentiellement en se formant dans l'emploi. Quand il n'y a pas d'emploi – et, dans les pays les plus durement touchés, le chômage des jeunes dépasse 50 % –, l'apprentissage dans l'emploi disparaît. En fait, il y a même un étiolement des compétences (y compris des compétences minimales qui permettent d'être un membre productif de la population active).

Les microdonnées confirment ces observations. Ceux qui entrent dans la population active lors d'une mauvaise année (pendant une récession) auront toute leur vie un revenu nettement plus bas, tout particulièrement s'ils connaissent de longues périodes de chômage. Nous savons aussi que ceux qui perdent leur emploi pendant une récession subiront des pertes importantes de revenu futur, surtout s'ils subissent un chômage de longue durée.

De même, les entreprises améliorent leur productivité au fil du temps, à la fois en apprenant au cours du processus de production (c'est ce qu'on appelle l'« apprentissage par la pratique[24] ») et en faisant des dépenses de recherche-développement. Mais quand l'économie entre dans une récession, même modérée, il y a réduction de la production, donc on apprend moins ; et quand il s'agit d'une récession grave, les entreprises, en général, sont confrontées à de dures contraintes budgétaires. Elles font alors des économies où elles peuvent, et même si ce n'est pas bon pour leurs perspectives à long terme. Les dépenses de recherche-développement comptent en général parmi celles qu'on réduit le plus. Et les coupes dans ces dépenses se sont encore aggravées quand les marchés se sont mis à insister de plus en plus sur les rendements trimestriels : le court-termisme s'est alors déchaîné sans retenue[25]. De même, les entreprises ont tendance à sabrer d'autres types d'investissements à long terme. Elles licencient des salariés pour améliorer leur cash-flow, mais fragilisent ainsi la loyauté du personnel. Les faillites se multiplient, et quand des entreprises font faillite, leur capital organisationnel et informationnel interne est détruit.

Il y a eu destruction de capital social, phénomène mal reflété par notre métrique habituelle, qui se concentre sur le capital *physique*, comme les machines et les équipements. C'est particulièrement flagrant en Grèce, le pays qui a subi la dépression la plus profonde. La Troïka l'a obligé à déchirer le contrat social, les liens qui existaient entre les membres de la société. Par exemple, ceux qui avaient travaillé dur en supposant qu'ils auraient une pension de retraite modeste, mais permettant de vivre, apprennent aujourd'hui qu'on va la réduire, qu'elle va passer au-dessous du niveau de subsistance. Inévitablement, une telle destruction de capital social aura d'importantes conséquences, non seulement pour le fonctionnement de la société mais aussi pour l'économie.

Cette analyse donne des orientations claires sur la politique à suivre : le choix de ne pas mettre en œuvre des politiques anticycliques fortes pour garantir un prompt retour de l'économie au plein emploi a d'importantes conséquences *à long terme.* Lorsqu'on intègre ces effets à long terme, le bilan de la zone euro depuis la création de l'euro est encore pire : il y a eu *destruction* de « capital » humain et organisationnel, et, au minimum, le capital humain et le capital-savoir n'ont pas augmenté autant qu'ils l'auraient fait dans des conditions normales.

L'ALLEMAGNE

On présente parfois l'Allemagne comme un contre-exemple à la crise qui afflige le reste de la zone euro. Ses dirigeants semblent soutenir que les autres devraient l'imiter : si vous respectez les règles, si vous maintenez les déficits et les dettes à bas niveau, vous serez prospères.

Mais l'Allemagne ne paraît brillante que par comparaison avec les autres membres de la zone euro. Si nous ne notions pas par la méthode de la « courbe de notation » – si nous ne jugions pas sur la base de la réussite *relative* –, l'Allemagne mériterait peut-être 6 sur 20.

Comme nous l'avons dit, l'Allemagne a eu un taux de croissance réel annuel moyen de 0,8 % seulement de 2007 à 2015, à peu près le même que celui du Japon dans la décennie 2001-2010, quand il était encore plongé dans son célèbre « malaise » de vingt ans. Ce résultat est particulièrement faible, et plus encore lorsqu'on prend en compte le taux de croissance de sa population en âge de travailler, qui, on l'a vu, diminuait à un rythme de 0,3 % par an seulement, contre 1 % par an au Japon.

Mais, comme l'a souligné la Commission internationale sur la mesure de la performance économique et du progrès social, le PIB est une mesure inadéquate de la performance économique globale. Il n'intègre pas, par exemple, la répartition des bénéfices de la croissance : même en Allemagne, des composantes de la population ont vu leurs revenus stagner ou même baisser[26]. De 1992 à 2010, la part des revenus du 1 % supérieur a augmenté d'environ 24 %[27] ; et, du milieu des années 1980 au milieu des années 2000, le coefficient de Gini et le taux de pauvreté ont grimpé à bon rythme – le second a fini par dépasser la moyenne des pays de l'OCDE[28]. Si l'Allemagne a réussi à devenir compétitive, elle l'a fait en partie aux dépens de ses habitants les plus pauvres, même si elle leur assure une bien meilleure protection que les États-Unis[29].

L'Allemagne n'est absolument pas l'éclatant succès qu'elle prétend être, et sa modeste réussite ne peut même pas servir de modèle aux autres. Sa croissance repose en partie sur de puissants excédents commerciaux, qui ne sont pas réalisables pour tous les pays. Il existe à cet égard une identité fondamentale : en matière de commerce extérieur, la somme des déficits est égale à celle des excédents. Si un pays a un excédent commercial, un autre pays *doit* avoir un déficit commercial.

CONCLUSION

La monnaie unique était censée améliorer fortement les résultats économiques des membres de la zone euro. Dans les années d'avant la crise, on a du mal à en détecter le moindre effet bénéfique. Les sceptiques disaient que l'heure de vérité viendrait quand éclaterait une crise : il y aurait alors de grosses pertes, parce que l'euro empêchait l'ajustement. Et les sceptiques avaient raison – ce chapitre en a présenté des preuves écrasantes. Sur tous les critères ordinaires de mesure du succès économique, la zone euro a échoué. Elle a fait moins bien que les États-Unis, pays d'origine de la crise, et moins bien que l'Europe hors zone euro. Même l'Allemagne n'a pu échapper à l'échec.

Scénarios contrefactuels

Les partisans de l'euro ne peuvent nier ces statistiques. Ils peuvent seulement les interpréter autrement. Certains diront : la situation est mauvaise, oui, mais sans l'euro elle aurait été pire. Les économistes appellent ces expériences de pensée – l'analyse de ce qu'aurait été le monde s'il avait été différent sur un point précis – des scénarios *contrefactuels*.

Ici, la théorie et les données sont totalement du côté de ceux qui critiquent l'euro – et la suite de ce livre va expliquer pourquoi. Mais l'idée fondamentale est simple. Si la Grèce, par exemple, n'avait pas été enchaînée à l'euro, elle aurait pu dévaluer sa monnaie quand la crise a frappé. Les touristes, au moment de décider de leur lieu de vacances, auraient constaté que la Grèce était devenue beaucoup moins chère, et seraient venus en masse dans ce pays. Ses revenus auraient donc augmenté, ce qui l'aurait aidé à se rétablir rapidement. De plus, sa banque centrale, consciente de la gravité de la récession, aurait donné à son économie une stimulation supplémentaire en réduisant au plus vite les taux d'intérêt – contrairement à la BCE, qui les a même relevés en 2011. Au moment où la crise a éclaté, la Grèce souffrait d'un problème de balance des paiements – elle importait plus qu'elle n'exportait. Les ajustements de taux de change, là aussi, auraient beaucoup aidé à corriger ce déséquilibre, en décourageant les importations et en encourageant les exportations et le tourisme. On pourrait faire des scénarios encore plus convaincants sur les autres pays en crise.

Les partisans de l'euro répondront peut-être que, *si* la Grèce devait de l'argent, disons, à l'Allemagne en monnaie allemande, l'affaiblissement de son taux de change allait accroître son endettement *réel*. C'est vrai – mais c'est précisément ce qui se passe aujourd'hui, puisque les politiques de la Troïka ont réduit les revenus grecs de plus du quart. Et surtout, la Grèce n'aurait probablement pas emprunté en monnaie allemande, justement parce qu'elle aurait été consciente (et les prêteurs aussi, je présume) du risque que cela représentait[30].

Corrélation et lien de cause à effet

Les mauvais résultats de la zone euro, pris dans l'absolu et comparés à ceux de pays extérieurs, pourraient, bien sûr, être dus à un autre facteur que l'euro. Il y a eu dans l'économie mondiale des changements qui ont touché la zone euro et, en particulier, un groupe de pays en son sein par rapport à ses autres membres. C'est pourquoi, lorsque l'Allemagne laisse entendre que les échecs de certains pays de la zone euro sont dus à leur prodigalité, sa suggestion paraît si déconnectée de la réalité économique, si révélatrice d'une absence totale d'analyse. Seule la Grèce, nous l'avons dit, pourrait être accusée de prodigalité. La Finlande a eu de piètres résultats ces dernières années : ses revenus sont inférieurs de 5 % à leur niveau de 2007. Parce qu'elle a trop dépensé ? Non, parce qu'elle a subi trois coups du sort : sa principale compagnie, Nokia, a perdu du terrain face à d'autres sociétés technologiques comme Apple ; un autre secteur très important, l'industrie du bois, a été frappé par une baisse de la demande ; et un partenaire commercial majeur, la Russie, est entré en récession (à cause de la baisse des prix du pétrole), puis a été frappé par des sanctions occidentales. Même quand l'Allemagne affirme que son succès résulte de ses propres efforts, ce n'est pas évident : elle a eu la chance, pendant des années, de produire des biens très demandés par la Chine, moteur de la croissance économique mondiale, alors que certains autres pays de la zone euro, qui réussissent moins bien qu'elle, produisaient des biens qui étaient en concurrence avec les produits chinois.

Les chapitres qui suivent montreront clairement le lien entre l'euro et les mauvais résultats économiques de la zone euro : le moment où s'est produit cet affaiblissement de la zone euro n'a rien d'une coïncidence. C'est un lien de cause à effet, pas une simple corrélation. L'analyse qui précède a montré que l'euro a entravé l'ajustement. Mais l'euro a aussi contribué directement à la crise, puisqu'il a facilité les déficits commerciaux en Grèce, en Espagne et dans d'autres pays frappés, et que ces déséquilibres ont fait monter les prix dans ces pays par rapport à leur niveau en Allemagne. Ces déséquilibres étaient intenables – et ils n'ont pas tenu. Mais les défaire et traiter leurs conséquences s'est révélé extraordinairement douloureux. Et les coûts ont été de loin supérieurs aux avantages minuscules dont avaient bénéficié les pays concernés dans la courte période où ces déséquilibres avaient grandi.

Les coûts réels de l'euro

Aucun économiste ne possède une boule de cristal infaillible. Les partisans de l'euro peuvent clamer que l'euro va permettre un redressement puissant. L'argument aurait peut-être porté il y a quelques années. Maintenant que la crise, la récession et la quasi-récession se prolongent alors qu'ailleurs des reprises robustes sont bien parties, il est clair que c'est l'inverse qui est vrai : la zone euro est bonne pour une décennie perdue – au mieux. J'ai expliqué pourquoi même le taux de croissance du PIB sera probablement plus faible demain que par le passé.

Mais les froides statistiques économiques de ce chapitre ne prennent pas la vraie mesure de l'échec de la zone euro. D'autres chiffres – la forte augmentation des suicides[31] – font peut-être mieux toucher du doigt l'angoisse ressentie par ses habitants. Des articles de presse ont décrit en termes saisissants les *coûts sociaux* de la crise : tous ceux qui font les poubelles ou mendient, les commerces qui ferment, les troubles sociaux qui explosent en manifestations violentes. Ce sont ces effets de l'euro et de la zone euro sur la vie des citoyens européens, notamment ceux des pays en crise, qu'il nous faudra garder à l'esprit quand nous analyserons, au fil des chapitres suivants, les enjeux parfois complexes des mécanismes monétaires et leurs effets sur le comportement de l'économie. Ne l'oublions jamais : un système monétaire est un moyen au service d'une fin, pas une fin en soi.

DEUXIÈME PARTIE

Malfaçons au départ

CHAPITRE 4

Quand une monnaie unique a-t-elle une *chance* de fonctionner ?

A. E. : «Avant l'euro». C'était une époque où l'on voyageait d'un pays européen à un autre, de France en Allemagne puis aux Pays-Bas, en changeant constamment de devise – en passant du franc au deutschemark puis au florin. L'arrivée de l'euro a facilité la vie au voyageur. Elle a remplacé dix-neuf devises différentes dans dix-neuf pays différents par une monnaie unique[1].

Mais la création d'une monnaie unique n'était pas un simple changement des bouts de papier qui servent à acheter des produits. Elle signifiait la création d'une banque centrale, la Banque centrale européenne, pour la zone euro tout entière. La BCE détermine les taux d'intérêt qui s'appliquent dans l'ensemble de la zone, et elle fait office de prêteur de dernier ressort pour les banques de la zone euro, en leur fournissant l'argent dont elles peuvent avoir besoin – parce que les déposants retirent leurs fonds, par exemple –, *même quand personne d'autre ne veut leur fournir cet argent.* La banque centrale fixe les taux d'intérêt et peut acheter et vendre des devises étrangères. Ces deux activités influencent le taux de change entre l'euro et les autres monnaies, comme le dollar[2]. (Le taux de change spécifie le nombre d'unités d'une devise qui s'échangent contre une autre. Par exemple, début 2016, le taux de change dollar/euro était de 0,92. Cela signifie qu'à cette date, si un Américain arrivait en Europe avec 100 dollars, on lui remettait 92 euros.) Lorsque le taux d'intérêt monte, la demande d'euros augmente, donc le taux de change monte. Dans la boîte à outils économique d'un État, la politique monétaire est un des instruments les plus importants. Quand la banque centrale veut stimuler l'économie, elle réduit les taux d'intérêt et accroît l'offre de crédit[3]. Et la baisse des taux d'intérêt fait baisser les taux de change, ce qui rend les exportations plus compétitives et décourage les importations. Sur les deux plans, l'économie est fortifiée.

Laissés à eux-mêmes, les marchés ne garantissent ni le plein emploi ni la stabilité financière et économique. Tous les pays pratiquent une certaine forme d'action publique : ils interviennent sur le marché pour promouvoir la macrostabilité. Aujourd'hui, sauf dans une frange d'extrémistes cinglés, on ne se demande pas *s'il faut ou non* une intervention de l'État mais comment et où l'État doit agir, *en prenant en compte les imperfections du marché.*

Quand deux pays (ou dix-neuf) se rassemblent dans une union de monnaie unique, chacun d'eux cède le contrôle de ses taux d'intérêt. Puisqu'ils utilisent la *même* devise, il n'y a *aucun* taux de change, donc aucun moyen pour eux de rendre leurs produits moins chers et plus attrayants en ajustant leur taux de change. Et comme les ajustements de taux d'intérêt et de taux de change comptent parmi les principaux moyens d'adaptation des économies pour maintenir le plein emploi, la création de l'euro a retiré deux des instruments les plus importants pour le garantir.

En adhérant à une monnaie commune, un pays avait perdu la capacité d'utiliser le taux de change pour ajuster ses exportations et ses importations. Le symptôme évident qui montrait que quelque chose ne tournait pas rond – qu'un ajustement qui *aurait dû* se produire n'avait pas lieu – était donc un déséquilibre persistant entre les importations et les exportations de ce pays. Normalement, quand on importe trop, le taux de change diminue, ce qui rend les importations plus coûteuses et les exportations plus attrayantes. Si la Grèce, par exemple, importait plus qu'elle n'exportait, on pourrait corriger ce déséquilibre, et on le ferait, en réduisant la valeur de sa monnaie; cela donnerait plus d'attrait à ses exportations et moins à ses importations. Avec des taux de change fixes, ce scénario est impossible. Un excédent d'importation doit être financé, et si le pays en déficit commercial ne peut pas emprunter l'argent nécessaire pour le financer, il y a un problème.

Abandonner le contrôle du taux de change et des taux d'intérêt peut être *très* coûteux pour un pays. Il y aura d'énormes problèmes, sauf si on met « autre chose » à la place de ces instruments. L'envergure des coûts et la nature de ce substitut dépendent de plusieurs facteurs, dont le plus important est le degré de ressemblance entre les pays. Étant donné la diversité de l'Europe, ce qu'elle aurait dû faire était bien supérieur à ce qu'elle a fait *ou à ce qu'on peut vraisemblablement attendre d'elle.*

Si les pays qui ont la même monnaie se ressemblent suffisamment, bien sûr, ils seront tous frappés de la même façon par les mêmes chocs – une hausse ou une baisse de la demande de leurs produits en Chine, par exemple. Donc les réactions appropriées pour un pays le seront pour tous. Dans ces conditions, former une union monétaire ne sera pas très coûteux. À quelles conditions un groupe de pays peut-il facilement partager une monnaie unique? L'économiste Robert Mundell, mon collègue, a reçu le prix Nobel pour s'être posé la question et avoir donné la réponse[4]. Son analyse montre clairement que les pays de la zone euro sont trop différents pour partager aisément une monnaie unique.

Ces différences avaient paru préoccupantes aux fondateurs de la zone euro. Le traité de Maastricht de 1992, qui a créé l'euro, a exigé des pays entrant dans la zone qu'ils satisfassent des *critères de convergence* – dont l'objectif était de garantir que ces pays allaient réellement converger. Les États qui rejoignaient la zone euro devaient limiter leur déficit (le montant annuel de l'écart entre leurs recettes et leurs dépenses, plus élevées) et leur endettement (le montant cumulé de ce qu'ils devaient). Ils étaient tenus d'avoir des déficits inférieurs à 3 % de leur PIB et un endettement inférieur à 60 % de leur PIB[5]. Par la suite, tous les pays de l'Union européenne (pas seulement ceux qui appartiennent à la zone euro) ont confirmé leur engagement à respecter ces contraintes sur le déficit et sur la dette[6], dans un accord intitulé « Pacte de stabilité et de croissance ».

Les pays de la zone euro avaient raison de craindre d'être trop disparates. Ils comprenaient que des discordances excessives allaient créer des tensions sur l'euro : une région pourrait être confrontée à une grave récession, une autre à l'inflation; une région pouvait avoir un gros excédent commercial, une autre un gros déficit commercial. Tout taux d'intérêt qui fonctionnerait pour une région exacerberait alors les problèmes de l'autre. On ne sait pourquoi, ils ont cru, semble-t-il, qu'en l'absence de déficits publics exagérés et de dettes publiques excessives, ces disparités, par miracle, n'allaient pas se manifester et que la croissance et la stabilité régneraient partout dans la zone euro. Ils ont cru, on ne sait pourquoi, que les déséquilibres commerciaux ne seraient pas un problème s'il n'y avait pas de déséquilibres des comptes publics.

Aujourd'hui, nous ne savons que trop ce qu'il en est. Même les pays qui n'avaient aucun déficit budgétaire et une dette publique faible (comme l'Espagne et l'Irlande) ont eu des crises. De nombreux pays qui n'avaient ni déficits budgétaires importants ni dette massive ont eu de gros déficits commerciaux. Nombre de pays de la zone euro ne s'étaient pas – et ne se sont toujours pas – ajustés correctement au choc de la crise financière mondiale de 2008 et à ses suites. Il n'y a eu ni croissance ni stabilité, et les pays de la zone euro ont *divergé* et non convergé.

Le chapitre précédent a montré que l'euro n'a pas tenu sa promesse de créer la prospérité en Europe. Ce chapitre commence à expliquer pourquoi. Après avoir précisé pour quelles raisons, aux États-Unis, cinquante États hétéroclites peuvent avoir la même monnaie, je prouve que les *conditions nécessaires* pour y parvenir – en ce qui concerne les dispositions et dispositifs institutionnels – n'existaient pas en Europe. J'explique aussi pourquoi il est si difficile de partager une monnaie : je montre qu'en l'absence des institutions requises, une monnaie unique peut conduire à un chômage durablement élevé, à des déficits des comptes courants (les pays important en permanence plus qu'ils n'exportent) et, pire encore, à des crises. Ce ne sont pas de simples éventualités théoriques : ces craintes se sont concrétisées effroyablement en Europe.

Une question vient naturellement à l'esprit : pour réussir la convergence, les créateurs de l'euro auraient-ils dû imposer d'autres conditions – par exemple, pas seulement sur les déficits budgétaires, mais aussi sur les déficits des comptes courants ? Ces conditions auraient-elles assuré la croissance et la stabilité ? Dans la suite de ce chapitre, nous expliquerons pourquoi la contrainte supplémentaire la plus évidente – sur les déficits des comptes courants – serait tout simplement inopérante. Il existe un ensemble de règles pour les pays, associé à un ensemble d'institutions pour la zone euro, qui pourrait faire fonctionner une monnaie unique même pour un groupe diversifié d'États. Au chapitre 9, je présenterai un jeu de règles de ce genre, qui ne s'appliqueraient pas seulement aux pays qui ont un déficit commercial mais aussi à ceux qui ont un excédent. Comme nous le verrons, ces règles et ces institutions sont nettement différentes de celles qui sont aujourd'hui en vigueur dans la zone euro.

Ce livre, je l'ai dit, ne porte pas seulement sur des *événements*, sur ce qui s'est passé en Europe, mais aussi sur des *idées* : le rôle de l'idéologie, la façon dont elle a modelé la construction de la zone euro. Les fondateurs de l'euro étaient convaincus, semble-t-il, que, pour assurer la viabilité de l'euro, l'essentiel était de respecter les critères de convergence. Manifestement, ils se trompaient. Dans ce chapitre, je tente aussi d'expliquer comment le néolibéralisme (le fondamentalisme du marché) les a égarés.

LES ÉTATS-UNIS COMME ZONE MONÉTAIRE

Beaucoup d'Européens regardent les États-Unis et se disent : si les cinquante États américains peuvent partager le dollar, pourquoi les dix-neuf États de la zone euro ne pourraient-ils pas avoir la même monnaie ? Nous avons déjà dit que, si les États membres se ressemblaient suffisamment, toute politique monétaire qui serait adaptée à l'un fonctionnerait aussi pour les autres. Mais les États américains sont très différents : certains sont agricoles, d'autres industriels ; lorsque les cours du pétrole chutent, certains sont soulagés, d'autres durement frappés; il y a ceux qui sont des emprunteurs chroniques auprès des autres et ceux qui sont des prêteurs nets. Ces différences suscitent des divergences majeures de point de vue sur la politique économique. Les États débiteurs nets, où l'industrie est importante, plaident en général pour de faibles taux d'intérêt, tandis que les États créanciers, où le secteur financier pèse lourd, préconisent des taux d'intérêt élevés. La distinction entre Wall Street et Main Street ne date pas d'hier. Autant dire que, si la ressemblance est peut-être une condition suffisante au succès d'une zone monétaire, elle n'est nullement une condition nécessaire.

Trois importants mécanismes d'ajustement à l'intérieur des États-Unis permettent au système de monnaie unique de fonctionner. Malheureusement, nous le verrons, aucun des trois n'est présent à l'intérieur de l'Europe – du moins avec une force suffisante pour faire fonctionner la zone euro.

Quand le Dakota du Sud, par exemple, subit un choc négatif, les gens s'en vont. Puisque l'anglais est la langue commune du pays et que de nombreux programmes très importants, comme la Social Security et Medicare, sont d'envergure nationale, la migration intérieure est assez facile. Se réinstaller dans un autre État a un coût, bien sûr, et dans certains métiers, comme les professions juridiques, les licences donnant le droit d'exercer sont une entrave. Néanmoins, il n'y a aucune comparaison possible avec l'Europe : si, en théorie, la liberté de migration est totale dans l'Union européenne, les barrières culturelles et linguistiques restent fortes, et il y a même des différences entre les permis d'exercer. Les Américains ont l'habitude de passer d'une région à une autre, pas les Européens.

Il y a un autre problème : si le Dakota du Sud se dépeuple, peu d'Américains des autres États vont s'en inquiéter[7]. Mais si la plupart des Grecs, ou même la plupart des jeunes Grecs très qualifiés, quittent leur pays, la Grèce s'en inquiétera vivement, et à juste titre. Aux États-Unis, que les gens aillent vers les emplois ou les emplois vers les gens, cela ne change pas grand-chose au panorama général[8]. En Europe, les Grecs et les Estoniens veulent être sûrs qu'un nombre suffisant d'emplois viendront dans leur pays pour que leur économie, leur culture et leur identité soient préservées[9].

Autre grande différence : les habitants du Dakota du Sud se sentent d'abord et avant tout américains, et cette identité ne change pas lorsqu'ils se déplacent. Un habitant du Dakota du Sud qui s'installe en Californie n'est pas là en « invité » mais de droit – un droit dont la révocation serait inimaginable. Après une très brève période, il jouit intégralement du droit de vote et du droit à toutes les prestations dont bénéficient ceux qui vivent en Californie. Il n'y a aucune distinction entre un Californien de naissance et un « migrant » venu du Dakota du Sud. Tous deux sont « californiens ». Les récents débats européens sur le nombre d'années qu'un « migrant » doit avoir passées dans son nouveau pays avant d'obtenir certains droits sociaux montrent qu'il n'en va pas de même en Europe. Bien qu'il lui soit facile de travailler dans son nouveau lieu de résidence, un Polonais en Irlande reste fondamentalement un étranger « invité ». Il est d'ailleurs plus que probable que son identité politique et culturelle restera polonaise – et ses espoirs d'avenir aussi.

Un second mécanisme d'ajustement important existe aux États-Unis : après un choc, le Dakota du Sud recevra, de diverses façons, un soutien financier de l'État fédéral. Ce soutien est en partie automatique : lorsqu'il y a une récession économique, beaucoup de gens sollicitent davantage les programmes sociaux nationaux, comme Medicaid (le programme national qui prend en charge les soins médicaux aux indigents, administré localement mais surtout financé par des fonds fédéraux), Medicare (le programme national de santé destiné aux personnes âgées), la Social Security (le programme national de retraite des personnes âgées), le Supplemental Nutrition Assistance Program (le SNAP, le programme national qui fournit une aide alimentaire aux pauvres), etc. Dans les récessions graves, l'État fédéral règle en grande partie la facture de l'assurance-chômage. En Europe, tous ces programmes sont financés par les États ; donc, si la Grèce a une crise, c'est l'État grec qui doit financer l'augmentation des paiements en prestations sociales – juste au moment où les recettes publiques s'effondrent.

Au-delà de ces programmes automatiques, l'État fédéral peut user de ses pouvoirs discrétionnaires pour soutenir les États en difficulté. Si la Californie est en récession, il peut dépenser une plus grande partie du budget militaire dans cet État pour tenter de la ressusciter. Mais le budget « fédéral » de l'Europe est, nous l'avons vu, minuscule. Il y a très peu de fonds discrétionnaires utilisables à des fins anticycliques.

Aux États-Unis, il existe une troisième source de soutien collectif en cas de choc négatif : le système bancaire est, dans une large mesure, *national*. Lorsqu'une banque, quelle qu'elle soit, a de graves difficultés (comme plus d'une en a eu en 2008), elle n'est pas renflouée par l'État où elle se trouve mais par une administration fédérale (la Federal Deposit Insurance Corporation, la FDIC). Si l'État du Washington avait été contraint de renflouer Washington Mutual, la plus grande banque du pays à avoir sombré dans la crise financière, il n'aurait pas pu le faire – il se serait trouvé dans la même situation que l'Islande s'efforçant de renflouer des banques dix fois plus grosses que le PIB du pays[10]. De même, la Californie aurait peut-être eu du mal à traiter les problèmes posés par la faillite de Countrywide Financial (la plus grande compagnie de prêts hypothécaires autre que Fannie Mae et Freddie Mac).

Là encore – jusqu'à présent –, chaque pays membre de l'Europe est responsable de ses propres banques. Et, comme nous l'expliquerons au chapitre suivant, cela contribue à un cercle vicieux, à une spirale de l'effondrement : la faiblesse des banques dégrade la situation budgétaire de l'État, ce qui affaiblit encore plus les banques.

Certaines réformes de la structure de la zone euro que nous suggérons plus loin se proposent de faire avancer l'Europe *vers* le modèle américain, vers un système où le taux d'intérêt unique et le taux de change unique sont compatibles avec une prospérité partagée, de déplacer *suffisamment* la zone euro dans ce sens-là pour donner à l'euro des chances raisonnables de fonctionner.

POURQUOI L'EXISTENCE D'UNE MONNAIE COMMUNE DANS DES PAYS TRÈS DIFFÉRENTS POSE UN PROBLÈME ET EN QUOI LA ZONE EURO N'A PAS FAIT LE NÉCESSAIRE

Dès la création de l'euro, la plupart de ses fondateurs comprenaient qu'il y avait de grandes différences entre les pays de la zone et que l'union monétaire n'avait pas le type de dispositifs institutionnels qui permettrait à des entités économiques disparates de partager une monnaie unique. Il y avait des écarts énormes dès le début : le PIB par habitant du Portugal représentait environ 57 % de celui de l'Allemagne, ce qui est du même ordre que les différences entre les États américains – le PIB par habitant du Mississippi pèse 48 % de celui du Connecticut. Mais parmi les pays qui sont entrés ensuite dans la zone euro, certains étaient beaucoup plus pauvres : le PIB par habitant de la Lettonie, qui a rejoint la zone euro en 2014, ne représente que 31 % de celui de l'Allemagne[11].

L'espoir était que les pays pourraient converger, qu'avec le temps ils pourraient acquérir *davantage* de ressemblance, et qu'avec une convergence suffisante la zone euro pourrait devenir une zone monétaire fonctionnant relativement bien. Dans bien des cas cet espoir ne s'est pas concrétisé. En 2015, le Portugal et l'Allemagne, par exemple, loin d'avoir convergé, avaient accru leur écart – selon les estimations, le PIB par habitant du Portugal ne représente plus aujourd'hui que 49 % de celui de l'Allemagne. Mais de toute manière, comme notre analyse des États-Unis l'a clairement montré, « davantage de ressemblance » ne suffit pas : même si la convergence réussit, il restera suffisamment de différences pour qu'il soit utile de mettre en place des institutions *supplémentaires*, comme le système bancaire commun en Amérique. Manifestement, beaucoup ne l'ont pas compris, et ceux qui l'ont compris se sont dit que ces institutions apparaîtraient quand la nécessité s'en ferait sentir. La zone euro fournirait les institutions indispensables quand on les réclamerait. La dynamique politique créée par l'euro, espérait-on, serait assez puissante pour qu'on fasse le nécessaire.

Pour faire fonctionner une zone de monnaie unique (comme la zone euro), il fallait résoudre deux problèmes primordiaux :

faire en sorte que *tous* les pays puissent maintenir le plein emploi et qu'*aucun* pays n'ait un déséquilibre commercial persistant, avec des importations supérieures aux exportations année après année ?

La difficulté que créent un taux d'intérêt commun et un taux de change commun est simple : quand des pays se trouvent dans des situations différentes, ils souhaitent, dans l'idéal, des taux d'intérêt différents pour maintenir leur équilibre macroéconomique et des taux de change différents pour équilibrer leur balance commerciale. Si l'Allemagne est en surchauffe et court un risque d'inflation, elle veut un relèvement des taux d'intérêt ; mais si la Grèce est confrontée à la récession et au chômage massif, elle veut une réduction de ces taux. Avec l'union monétaire, une hausse en Allemagne et une baisse en Grèce, c'est impossible. (Nous avons vu dans le cas des États-Unis que, *si* l'on a suffisamment d'*autres* mécanismes d'ajustement, suffisamment d'*autres* institutions qui peuvent aider dans une telle situation, l'inconvénient de ne pas pouvoir fixer des taux d'intérêt différents peut être surmonté. C'est le cœur du problème : l'Europe n'a pas prêté attention aux institutions complémentaires indispensables.)

Il devrait être évident pour tout le monde qu'il existe d'innombrables chocs qui auront des effets différents sur des pays différents. Un pays qui importe davantage de pétrole sera plus durement touché par une hausse du cours du brut. Un pays qui importe davantage de gaz russe sera plus durement touché si la Russie décide de faire payer son gaz plus cher. Ces différences résultent de la *structure de l'économie* dans chaque pays. Quelle que soit la convergence de ces pays en matière de déficit et d'endettement, ils resteront très dissemblables dans leurs structures.

Les différences dans les dettes et les déficits comptent aussi, bien sûr. Mais les déficits et les dettes des entreprises et des ménages comptent autant que ceux de l'État. Un pays où les ménages et les entreprises empruntent massivement à l'étranger souffrira d'une hausse des taux d'intérêt mondiaux et, inversement, un pays qui prête en bénéficiera. Les effets seront plus limités quand l'endettement a pris la forme d'obligations à long terme : les paiements à effectuer n'augmenteront que progressivement, au fur et à mesure que les anciennes obligations seront remplacées par de nouvelles. Quand il a emprunté à court terme, le débiteur peut avoir un problème immédiat. Si c'est l'État, il est confronté à un déficit budgétaire, car le taux d'intérêt qu'il doit payer pour obtenir des fonds augmente aussitôt. Les ménages et les entreprises très endettés risquent de faire faillite, car ils ne peuvent pas s'acquitter de leurs obligations de débiteur.

Les pays européens étaient différents sur tous ces plans et sur d'autres. Il était donc pratiquement impossible que tous atteignent le plein emploi et l'équilibre extérieur simultanément, en l'absence d'autres dispositifs institutionnels comme ceux qu'on trouve aux États-Unis. La zone euro n'a pas mis en place ces dispositifs institutionnels.

LE MAINTIEN DU PLEIN EMPLOI

Une économie confrontée à une récession économique dispose de trois mécanismes principaux pour rétablir le plein emploi : baisser les taux d'intérêt pour stimuler la consommation et l'investissement ; baisser les taux de change pour stimuler les exportations ; ou utiliser la politique budgétaire – augmenter les dépenses ou réduire les impôts. La *monnaie unique* a éliminé les deux premiers mécanismes, mais ensuite les critères de convergence ont éliminé, de fait, le recours aux politiques budgétaires. Ils font même pire : dans de nombreux pays, ils obligent les États à agir dans le sens diamétralement opposé, à réduire les dépenses publiques et à augmenter les impôts pendant une récession, juste au moment où il faudrait augmenter les dépenses publiques et réduire les impôts.

Dans une crise économique comme celle de 2008-2009, les recettes fiscales se sont effondrées et les dépenses publiques en indemnités de chômage et en prestations sociales sont montées en flèche, donc les déficits ont gonflé. Les critères de convergence, nous l'avons dit, exigent des pays qu'ils limitent leurs déficits à 3 % de leur PIB, et presque tous les pays de la zone euro ont franchi ce plafond à un moment ou à un autre, quand ils sont entrés en récession. Dans la période 2009-2014, par exemple, tous les pays sauf le Luxembourg ont violé au moins une fois la limite des 3 % sur leur déficit[12]. Les pays qui la dépassaient étaient tenus d'augmenter les impôts ou de diminuer les dépenses publiques, ce qui réduisait la demande globale. Ces politiques d'*austérité* ont affaibli encore plus les économies européennes.

La « théorie » de la zone euro

Ce que je viens d'exposer est la théorie keynésienne bien connue des récessions économiques. Manifestement, la zone euro a été fondée en partant d'autres hypothèses sur la façon dont une économie en proie au chômage de masse peut revenir à la prospérité *sans* augmentation des dépenses publiques et sans la flexibilité dont on jouit lorsqu'on a ses propres taux de change et ses propres taux d'intérêt : (*a*) la réduction des déficits publics rétablit la confiance, ce qui accroît l'investissement ; et (*b*) les marchés s'ajustent tout seuls pour rétablir le plein emploi.

La théorie de la confiance remonte à Herbert Hoover et à son secrétaire au Trésor, Andrew Mellon, et elle est devenue le pain quotidien des financiers. On n'a jamais expliqué comment elle fonctionne. Dans le monde réel, à de multiples reprises, on a expérimenté la théorie de la confiance et elle a échoué. C'est pourquoi Paul Krugman l'a baptisée le « conte de fées de la confiance » – *confidence fairy* et non *theory*.

Quand Hoover a tenté de réduire le déficit budgétaire dans les années qui ont suivi le krach boursier de 1929, il n'a pas rétabli la confiance ; il a seulement transformé un krach boursier en Grande Dépression. Quand le FMI a obligé, sous la contrainte, les pays soumis à ses programmes – en Asie orientale, en Amérique latine et en Afrique – à réduire leur déficit, lui aussi a transformé des baisses de régime de l'économie en récessions et des récessions en dépressions.

Aucun modèle macroéconomique sérieux, pas même ceux qu'emploient la plupart des banques centrales néolibérales, ne se fie à la théorie de la confiance pour prédire l'évolution du PIB.

Quelques économistes n'en ont pas moins avancé le concept apparemment contradictoire de « contraction expansionniste ». Un examen plus attentif des exemples allégués révèle ce qui s'est passé : quelques pays ont eu une chance extraordinaire. Au moment même où ils réduisaient les dépenses de l'État, leurs voisins sont entrés en pleine expansion, donc la hausse de leurs exportations vers leurs voisins a plus que comblé le vide creusé par la réduction de leurs dépenses publiques. Le Canada du début des années 1990 en est une belle illustration. Aujourd'hui, même le FMI reconnaît que l'austérité matraque l'économie – et, ce faisant, elle matraque aussi la confiance[13].

J'ai souvent qualifié de «fétichisme du déficit» cette obsession de la dette et des déficits. Je ne veux pas dire que les États peuvent avoir un déficit ou un endettement aussi massif qu'il leur plaira. Je veux seulement dire que les règles simplistes comme celles que traduisent les critères de convergence sont effectivement simplistes, et ne peuvent servir de base à une bonne politique. Il peut être nécessaire d'imposer certaines contraintes, mais ces contraintes doivent être conçues avec beaucoup d'attention et de réflexion – il faut notamment prendre en compte la phase du cycle des affaires où l'on se trouve et l'usage qui est fait de l'argent. Par exemple, au lieu de se focaliser sur le déficit, ceux qui ont conçu l'euro auraient mieux fait de se concentrer sur le déficit structurel – le déficit qu'il y aurait eu si le pays avait été au plein emploi.

Tels qu'ils sont, les critères de convergence n'ont pas seulement empêché les pays de réagir à une récession : ils ont créé et intégré dans le système un mécanisme qui l'aggrave. Quand un pays a un PIB qui diminue, parce que, disons, ses marchés d'exportation rétrécissent, ses recettes fiscales baissent. S'il doit respecter les critères de convergence, il est alors contraint soit de réduire ses dépenses publiques, soit d'augmenter ses taux d'imposition, donc, dans les deux cas, d'affaiblir encore davantage son économie. Les économistes appellent les dispositions de ce genre des «déstabilisateurs automatiques». Les systèmes économiques bien pensés ont des stabilisateurs automatiques, pas des déstabilisateurs.

Une des victoires économiques de l'administration Clinton, dans laquelle j'ai servi au comité des conseillers économiques, a porté précisément sur ce problème. Les républicains voulaient faire voter un amendement constitutionnel qui aurait limité les déficits, exactement comme les critères de convergence. Nous étions alors en pleine croissance, si dynamique que l'État fédéral a fini par se retrouver en excédent –, mais nous savions combien les économies de marché sont instables. En cas d'accident de parcours, et il y en a eu un gros en 2008, il serait important d'avoir les moyens de stimuler l'économie. Nous avons estimé à juste titre que d'autres mécanismes, comme la politique monétaire, ne suffiraient pas. Si cet amendement constitutionnel avait été voté, la récession en 2009 aurait été *beaucoup* plus grave.

La situation ne manque pas d'ironie : les critères de convergence ont été conçus pour aider les pays à converger, l'austérité a été imposée pour réduire le déficit budgétaire, et, très généralement, ils ont eu l'effet diamétralement opposé. Dans le meilleur des cas, la réduction du déficit a été bien inférieure à celle qu'on espérait, pour la simple raison qu'en sabrant les dépenses on ralentissait l'économie – ce qui faisait baisser les recettes fiscales et augmenter les dépenses liées aux allocations de chômage et aux prestations sociales.

Le mandat de la BCE exacerbe les problèmes : c'est une distorsion qui favorise le chômage

Dans l'analyse qui précède, j'ai expliqué que, même si les taux d'intérêt sont fixés par la BCE dans l'intérêt de l'ensemble de la zone euro, les économies les plus faibles se retrouveraient face à des taux de chômage inacceptables. S'ils n'avaient pas fait partie de la zone euro, ces pays auraient pu réduire leurs taux d'intérêt.

Cela dit, on a vu au chapitre 1 que la Banque centrale européenne a pour mission de se concentrer sur l'inflation, pas sur le chômage. Du moment qu'il y a de l'inflation en Europe en général, et tout particulièrement en Allemagne, la BCE n'est guère attentive, non seulement aux souffrances des pays qui subissent un chômage massif, mais même au taux de chômage *moyen*. Ce chiffre peut être élevé, auquel cas la zone euro aurait besoin d'une baisse des taux d'intérêt pour ramener le taux de chômage moyen à un niveau raisonnable, et pourtant, dans le cadre du mandat de la BCE, elle n'en aura pas. De fait, nous l'avons dit, deux fois au cours de l'année 2011 (en avril *et* en juillet), la banque centrale a relevé les taux d'intérêt malgré la crise de l'euro.

DÉVALUATIONS INTERNES ET DÉSÉQUILIBRES EXTÉRIEURS

Le second problème que pose une zone de monnaie unique est lié aux *déséquilibres extérieurs* – les situations où les importations sont régulièrement supérieures aux exportations, ce qui oblige le pays à emprunter pour financer la différence. Cet endettement, nous le verrons, est souvent un problème, il expose les pays au risque de crise. Quand les taux de change peuvent s'ajuster, une dévaluation (réduction de la valeur d'une devise par rapport à une autre) rend moins chers les biens produits dans le pays et plus coûteux les biens importés, ce qui diminue les importations et augmente les exportations. C'est le mécanisme de marché qui corrige les déséquilibres extérieurs. Dans une zone monétaire, ce mécanisme est court-circuité.

Nous avons déjà souligné que, lorsque deux pays décident d'utiliser la même monnaie, l'un ne peut pas accroître la compétitivité *relative* de ses produits par rapport à ceux de l'autre en ajustant le taux de change. Mais si, dans le premier pays, les prix baissent par rapport à leur niveau dans l'autre, c'est le taux de change *réel* qui est modifié, et ses produits deviennent plus compétitifs face à ceux de tous les autres pays, tant dans la zone euro que dans le monde[14]. On appelle cet autre mécanisme d'ajustement la « dévaluation interne » – et ceux qui croient à l'euro ont tout misé sur ce système. De fait, on peut interpréter les mesures d'austérité comme des politiques qui *facilitent* ce processus d'ajustement. Plus l'économie est affaiblie, plus la demande globale est insuffisante, plus il y a de pression à la baisse sur les prix, donc plus les forces de l'ajustement sont puissantes. Les partisans de l'euro pensaient que ce serait ce mécanisme-là qui éliminerait les déséquilibres extérieurs – pourvu que l'État ne le court-circuite pas en maintenant une économie trop forte.

Aussi curieux que cela puisse paraître, les défenseurs néolibéraux de l'euro se disaient que, dans un sens, le chômage était une bonne chose. Prenons un pays exportateur de chaussures, qui constate soudain que la demande pour ses produits a diminué (à cause de la concurrence chinoise, par exemple). Il a simultanément un problème de chômage et un problème de balance commerciale. L'idée était que, si on laissait la nature suivre son cours, les deux allaient se résoudre d'eux-mêmes. Le chômage ferait baisser les salaires, cette baisse des salaires conduirait à une baisse des prix, donc les exportations augmenteraient et les importations diminueraient, jusqu'au moment où importations et exportations seraient à nouveau en équilibre. Parallèlement,l'augmentation de la demande pour les exportations aiderait à ramener l'économie au plein emploi. Certes, le processus d'ajustement serait peut-être douloureux – aucun de ces phénomènes ne se produirait du jour au lendemain. Dans l'intervalle, des familles souffriraient du chômage, des vies d'enfant seraient ruinées, par insuffisance nutritionnelle ou par manque d'accès à la santé. Les versions humanitaires de ces politiques «dures» soulignaient l'importance d'un filet de sécurité; mais, évidemment, les critères de convergence – et l'absence de toute aide des autres pays d'Europe – signifiaient que tout crédit supplémentaire consacré à ce type d'assistance devait être prélevé sur un autre poste du budget, par exemple l'investissement public, ce qui nuirait à la croissance future du pays. En pratique, les filets de sécurité se sont toujours révélés inadéquats et, comme nous le verrons dans d'autres chapitres, la souffrance a été énorme.

Néanmoins, les champions néolibéraux de l'euro diront que la persévérance finit par payer : il y a là de la rédemption par la douleur. Interférer avec ce processus naturel du marché, selon eux, réduirait peut-être le chômage aujourd'hui, mais ne ferait que prolonger la période d'ajustement.

La dévaluation interne n'a pas fonctionné

Il y a eu une dévaluation interne considérable dans les pays européens. Les prix dans les pays en crise ont moins augmenté, en moyenne, que presque partout ailleurs dans la zone euro[15]. Mais cette dévaluation interne n'a pas fonctionné – ou du moins pas assez vite pour ramener promptement les économies au plein emploi. Dans certains pays, comme la Finlande, la faiblesse de l'inflation n'a même pas suffi à faire remonter les exportations de biens et services à leur niveau d'avant la crise. Dans certains pays en crise, les politiques de la Troïka ont peut-être eu des effets négatifs non seulement sur la demande mais même sur l'offre. Dans d'autres pays, les exportations n'ont pas augmenté dans les proportions qu'on avait espérées – leur croissance a été insuffisante pour compenser les pertes infligées au secteur des «biens non échangés», hors commerce international[16].

Si les exportations avaient affiché une santé de fer, leur taux de croissance plus dynamique aurait stimulé l'économie et aidé à rétablir le plein emploi. Mais il existe une autre façon, plus malsaine, de réduire un déficit commercial. Quand les revenus s'effondrent, les importations chutent : on peut remettre en équilibre la balance des comptes courants en étranglant l'économie. Et c'est cela, pas la dévaluation interne, qui a été au cœur du succès de la zone euro quand elle a rééquilibré sa balance commerciale. Même la Grèce a presque atteint l'équilibre dans ses échanges extérieurs en 2015. Mais l'essentiel de la réduction du déficit commercial est venu d'une baisse des importations[17].

Pourquoi il ne fallait pas s'attendre au succès de la dévaluation interne

Si la dévaluation interne était un substitut efficace à l'ajustement des taux de change, l'étalon-or n'aurait pas été un problème pendant la crise des années 1930. La plupart des spécialistes estiment pourtant que c'était un problème majeur – certains vont même jusqu'à faire de l'étalon-or le grand responsable de la Grande Dépression[18]. De même, si la dévaluation interne était un substitut efficace aux ajustements de taux de change, la décision de l'Argentine d'arrimer sa devise au dollar avant 2001 n'aurait pas été un problème. Quand le chômage a grimpé dans ce pays – au-dessus de 20 % –, les prix sur son territoire ont effectivement chuté, mais, là encore, pas assez pour ramener le pays au plein emploi, d'autant plus que pendant cette période le dollar montait.

Explication de l'échec de la dévaluation interne

Les dévaluations internes peuvent être inopérantes pour plusieurs raisons : il est possible que les salaires ne baissent pas ; il est possible que leur baisse ne fasse pas baisser les prix des biens exportés

– ou le fasse insuffisamment; et il est possible que la baisse des prix ne fasse pas augmenter les exportations – ou le fasse insuffisamment. Chacun de ces éléments a joué dans la crise de l'euro.

La lenteur des ajustements de salaires : le coupable, c'est la victime!

Beaucoup en Europe (parmi lesquels Jean-Claude Trichet, président de la BCE de 2003 à 2011, qui se trouvait donc aux commandes pendant la marche à la crise et les premières années de récession) estiment que l'échec du mécanisme de dévaluation interne est dû aux rigidités salariales : même en présence d'un chômage massif, les salaires ne baissent pas. Ceux qui voient les choses ainsi sont persuadés que les marchés, si on les laissait faire, s'il n'y avait ni syndicats ni interventions de l'État, se montreraient flexibles. Prompts à blâmer la victime – à reprocher aux travailleurs d'être responsables de leur propre chômage parce qu'ils exigent des salaires trop élevés et trop de protections de leur emploi –, ces accusateurs braquent les projecteurs sur les contraintes imposées par l'État et par les syndicats. Mais en Europe, et dans le monde entier, on peut constater qu'il y a des taux de chômage élevés et fort peu d'ajustement des salaires dans des économies où les syndicats sont faibles et les contraintes de l'État inexistantes.

Les rigidités du marché

Pourquoi, dans les économies de marché, est-il fréquent que les salaires ne baissent pas même lorsque le chômage est élevé? Cette «énigme» m'a incité, avec beaucoup d'autres, à effectuer des recherches sur les rigidités salariales. La théorie que j'ai développée, dite «théorie du salaire d'efficacité», s'est concentrée sur un phénomène bien établi : les baisses de salaire réduisent la productivité des travailleurs. Elles nuisent à leur moral, notamment quand ils commencent à craindre de ne pas pouvoir garder leur maison. Elles affaiblissent leur loyauté à l'égard de l'entreprise. Les employeurs craignent que leurs salariés ne se mettent à chercher des emplois mieux payés, ce qui alourdirait leurs coûts de rotation du personnel. Les baisses de salaires réduisent la capacité des entreprises à recruter des salariés particulièrement talentueux. Enfin, elles affaiblissent les incitations des travailleurs[19]. Étant donné l'extrême importance de ces effets, ce qui m'a plutôt étonné a été l'ampleur des baisses de salaires constatées, notamment en Grèce, et je n'ai pas été surpris des chutes de productivité, signalées au chapitre 3, qui les ont contrebalancées[20].

Pourquoi les dévaluations internes provoquent souvent de fortes baisses du PIB

Dans l'esprit de leurs partisans, nous l'avons dit, les dévaluations internes devaient servir à la fois à corriger un déséquilibre extérieur et à soutenir une macroéconomie déprimée : quand les exportations augmenteraient, l'économie entrerait en croissance. La Troïka a été régulièrement déçue : la croissance des exportations a été plus faible qu'elle ne s'y attendait (comme nous venons de le voir), mais la baisse du PIB a été *beaucoup* plus importante que prévu – plus forte, même, que la performance décevante des exportations ne peut l'expliquer.

La Troïka a fait dans ses analyses deux erreurs cruciales. D'abord, elle n'a pas été assez attentive à ce qui allait arriver à un secteur très vaste et important : celui des « biens non échangés », hors commerce international, qui comprend quantité de professions, des restaurateurs aux coiffeurs et des médecins aux enseignants, et représente en général environ les deux tiers du PIB. (Les produits manufacturés, comme les textiles et les automobiles, sont quant à eux qualifiés de « biens échangés »). La contraction de la demande et de la production dans les activités « non échangées » est allée plus vite que la lente réaction du secteur exportateur ; ceci explique la forte chute du PIB.

Quand des pays (ou des entreprises et des ménages dans un pays) sont endettés en euros (ou dans une devise étrangère), une dévaluation interne accroît le « levier », c'est-à-dire le rapport entre ce que doivent les ménages, les entreprises ou même les États et leur revenu (nominal). Il est largement admis que le haut niveau du « levier » a joué un rôle primordial dans le déclenchement de la Grande Récession. La dévaluation interne aggrave la fragilité de l'économie en mettant plus de ménages et d'entreprises au bord de la faillite. Inévitablement, ils réduisent leurs dépenses sur *tout*. La réduction des dépenses sur les produits importés a été l'une des raisons pour lesquelles la balance commerciale s'est améliorée ; la réduction des dépenses sur les produits nationaux a été l'une des raisons pour lesquelles le PIB a tant baissé.

Les multiples conséquences et manifestations de cette fragilité ont été parfaitement claires dans la crise asiatique. Quand le taux de change de leur monnaie a chuté, beaucoup d'entreprises et de ménages se sont trouvés dans l'impossibilité absolue de rembourser leurs dettes libellées en devises étrangères. Le nombre de défauts de paiement et de faillites a monté en flèche. Le problème a été aggravé encore plus par les défauts de paiement stratégiques de ménages et d'entreprises qui, au prix de gros sacrifices, auraient pu rembourser ce qu'ils devaient. Ils ont profité de la confusion ambiante, créée par la vague massive de faillites et de saisies, pour tenter de renégocier leurs propres dettes.

Tout cela a eu des effets sur la suite des événements. D'abord, les prêteurs ont souffert. Leurs bilans se sont dégradés avec la montée des défauts de paiement. Ils sont devenus moins capables et moins désireux de prêter. Dans le tumulte économique créé par les réductions de salaires et les autres changements économiques liés aux crises, le risque s'est intensifié, ce qui a aussi contribué à décourager le crédit[21].

Dans la crise de l'euro, le taux de change (d'un pays membre de la zone euro par rapport aux autres) ne pouvait pas bouger, mais la dévaluation interne, la tentative d'effectuer une dévaluation *réelle*, a eu exactement les mêmes effets, avec toutes les conséquences relevées ici.

Une des conséquences a été l'effet sur le système bancaire. La Troïka ne l'a pas pris en compte suffisamment, et c'est la seconde raison majeure qui l'a conduite à sous-estimer l'ampleur des retombées négatives de la dévaluation interne. De plus, elle aurait dû prévoir que ces retombées-là seraient probablement pires en Europe qu'elles ne l'avaient été en Asie orientale : quand les banques allaient ployer sous les défauts de paiement et les faillites, l'argent pourrait facilement passer de celles des pays faibles à celles des pays forts *au sein même de la zone euro.* Ce mécanisme aggraverait alors encore davantage la réduction du crédit et la baisse du PIB.

Explication des résultats décevants des exportations

Tout cela contribue à expliquer pourquoi les exportations ont été décevantes. D'abord, même quand les salaires ont baissé, les entreprises se sont souvent abstenues de répercuter ces baisses de salaires sur leurs prix. Elles étaient inquiètes. Elles savaient que, si elles avaient besoin d'argent, elles ne pourraient pas se tourner vers les banques. Il devenait impératif pour elles de raffermir leur bilan – et, pour nombre d'entre elles, la crise elle-même avait porté de rudes coups à leur valeur nette. Les entreprises qui opéraient à la fois dans les deux secteurs – les biens « échangés » et les biens « non échangés » – ont peut-être été particulièrement touchées, puisque, même si leurs exportations étaient restées solides, leurs ventes intérieures avaient baissé. Un des rares moyens dont disposent les entreprises pour raffermir leur bilan est de ne pas baisser les prix. Certes, le maintien de prix élevés a des coûts à long terme. Mais ses avantages à court terme, dans ce monde de l'austérité et de l'étranglement du crédit qu'avait créé la zone euro dans les pays en crise, pesaient bien plus lourd que ces coûts. Cette réticence à traduire les réductions de salaire en baisses de prix apparaît avec éclat dans les statistiques. Si les réductions de salaires avaient été pleinement répercutées, les salaires réels (ajustés en fonction de l'inflation) seraient restés constants ; les prix auraient baissé de la même façon que les coûts de main-d'œuvre. En fait, nous l'avons vu, les coûts unitaires de la main-d'œuvre ont baissé d'environ 16 % en Grèce de 2008 à 2014. Or, pendant que les salaires nominaux et le coût du travail ont subi cette chute, les prix ont continué à augmenter, même s'ils l'ont fait plus lentement que dans le reste de la zone euro.

Ce phénomène n'a pas été le seul effet non voulu mais important que le choix de la zone euro de jouer la carte de la dévaluation interne a eu *sur l'offre.* J'ai évoqué plus haut ses conséquences sur le système financier. Un des principaux coûts des entreprises est le coût du capital. Tout en prêchant l'importance de rétablir la *compétitivité* dans les pays en crise, les dirigeants de la zone euro minaient en réalité la compétitivité : tant la structure de la zone euro que ses politiques faisaient monter le coût du capital pour les entreprises des pays en crise, puisque leurs banques s'affaiblissaient et que l'argent fuyait leur pays.

Ironie de l'histoire : alors que ce « qui aime bien châtie bien » – en partie inhérent à la structure de la zone euro, en partie lié aux choix politiques – était *conçu* pour stimuler les exportations (en faisant baisser les salaires), il leur a porté encore un autre coup. Puisque les petites entreprises risquaient de plus en plus de faire faillite, les étrangers qui auraient pu acheter leurs produits ont pris peur et ne l'ont pas fait. Et si elles ne pouvaient pas livrer les produits le moment venu ? Et si, avant même la date de livraison, elles étaient contraintes de déposer le bilan ? Un détaillant doit être sûr que les articles seront bien dans son magasin à temps pour Noël. Une livraison manquée peut signifier une perte massive de profits. Donc, là encore, la demande et l'offre étaient indissociablement liées[22]. En ne garantissant pas un accès suffisant au capital et en laissant monter le risque de faillite, on avait accru la difficulté d'exporter pour les pays en crise.

La structure et la politique de la zone euro n'étaient pas seulement mauvaises dans l'immédiat, elles l'étaient aussi pour le long terme. L'intensification du risque signifiait que les entreprises étaient moins disposées à faire des investissements, ou même à embaucher, *quel que soit le taux d'intérêt.*

Donc, répétons-le, la dévaluation interne, dont l'objectif était d'accroître la compétitivité, de rétablir l'équilibre extérieur et de promouvoir l'emploi, a eu l'effet diamétralement opposé – pas seulement à court terme mais même à long terme.

Les déséquilibres intra-européens : les dévaluations compétitives

Puisque les pays de la zone euro avaient des degrés différents de flexibilité des salaires, laisser aux seuls marchés le soin d'effectuer l'ajustement signifiait que les déséquilibres commerciaux, au moins à court terme, pouvaient encore s'aggraver. Ceux qui avaient des salaires et des prix plus flexibles disposaient d'un avantage compétitif sur leurs voisins. L'Allemagne avait même réussi à faire accepter par ses travailleurs une baisse des salaires et des prestations sociales dans les années 1990. Mais l'important, dans la plupart des cas, est l'efficacité avec laquelle les syndicats parviennent à tenir simplement le rythme de l'inflation et à obtenir une part des gains de productivité. Les écarts sur ce point sont dus à des dispositifs institutionnels (par exemple la façon dont se négocient les salaires – dans certains pays, c'est au niveau national, dans d'autres au niveau du secteur d'activité, dans d'autres au niveau de l'entreprise ou même de l'unité de production), à des différences culturelles (les travailleurs allemands ont paru plus disposés à accepter des réductions de salaires que ceux d'autres pays) et à des différences structurelles (les ménages étaient moins endettés en Allemagne que dans d'autres pays, donc les effets négatifs de la hausse du levier que leur imposait la baisse des salaires étaient beaucoup plus faibles).

Certes, ces dissemblances n'auraient pas eu grande importance si ces pays n'avaient pas décidé de se rassembler et d'utiliser une monnaie commune. Dans le cas contraire, ceux qui avaient des salaires plus rigides auraient pu les compenser en réduisant leur taux de change. Ils auraient pu soutenir leur économie en baissant les taux d'intérêt. En rejoignant la zone euro, ils avaient renoncé à ces options.

Dans un monde où les pays peuvent fixer leur taux de change (la valeur de leur devise par rapport au dollar, par exemple), lorsqu'un pays réduit le sien pour obtenir un avantage compétitif sur les autres – par exemple, pour aider à ramener son économie au plein emploi –, nous disons qu'il effectue une *dévaluation compétitive*. C'est une forme de politique du type « dépouille ton prochain », où un seul pays est gagnant, aux dépens de ses partenaires commerciaux. Les politiques « dépouille ton prochain » ont été caractéristiques de la crise des années 1930, et le Fonds monétaire international a été en partie créé pour décourager ces dévaluations compétitives. Au sein d'une zone monétaire, comme la zone euro, il va de soi que les pays ne peuvent pas mettre en œuvre la forme traditionnelle de la dévaluation compétitive. Mais ce que nous venons de décrire est une autre forme de dévaluation compétitive – on fait pression sur les salaires pour faire baisser son *taux de change réel* au-dessous de celui de ses voisins. Cette forme de dévaluation compétitive relève tout autant du principe « dépouille ton prochain », mais le fardeau qu'elle impose est encore plus lourd : on fait supporter tout le poids de cette politique injuste aux travailleurs du pays qui la mène.

Une distorsion qui favorise le chômage

Un autre aspect de l'organisation de la zone euro a encore aggravé les choses. Comme on l'a vu au chapitre 1, la Banque centrale européenne est tenue de se concentrer sur l'inflation. De fait, la zone euro, par sa construction même, a été *distordue* dans le sens d'un chômage plus élevé – vouée à avoir une macroéconomie moins performante en *moyenne* qu'elle ne l'aurait été si la banque centrale avait eu un mandat plus équilibré, comme aux États-Unis. Et ce biais a exacerbé le problème du chômage dans les pays en crise.

La limite inférieure zéro

Mais ensuite, même les pays forts ont été touchés. L'Union européenne avait réussi à faire progresser l'intégration économique de l'Europe. Un gros pourcentage du commerce extérieur de chaque pays s'effectue avec d'autres pays européens (en valeur, près des deux tiers des biens et services exportés vont vers d'autres États membres de l'Union européenne)[23]. La faiblesse de certaines économies, pas seulement dans les pays en crise mais aussi en France et en Italie, frappe par ricochet les pays forts, d'autant plus que certains d'entre eux – comme l'Allemagne – souffrent du fétichisme du déficit, donc maintiennent l'austérité, même quand ils peuvent accéder aux fonds facilement. Les « anciennes » théories disaient : « Pas d'inquiétude ! Même si un pays ne peut pas recourir à la politique budgétaire, la politique monétaire est capable de stimuler l'économie. » S'il y avait une baisse de dynamisme en Allemagne, la BCE, c'était clair, viendrait à la rescousse en baissant les taux d'intérêt.

Mais au moment où l'on a construit la zone euro, personne n'imaginait que les taux d'intérêt atteindraient un jour le point où l'on ne pourrait plus les réduire – qu'ils descendraient jusqu'à la limite inférieure zéro[24]. Quand c'est arrivé, il n'a plus été possible de compenser par la politique monétaire les effets négatifs du ralentissement de ses voisins. Ne soyons pas surpris que la croissance allemande ait été si anémique, comme nous l'avons vu au chapitre 3.

Les déficits jumeaux

L'analyse de cette section – et plus encore de la suivante, où j'explique comment les déficits commerciaux persistants conduisent souvent à des crises – aboutit à une question qui laisse perplexe. En retirant la capacité d'ajuster les taux de change, on aurait dû s'y attendre : on aurait des déficits commerciaux, et ces déficits commerciaux allaient menacer la stabilité de la zone euro ! Pourquoi les créateurs de cette zone ne se sont-ils pas concentrés sur ces déficits commerciaux? Ils ont consacré toute leur attention aux *déficits budgétaires.*

Pour comprendre ce qui a pu les pousser à agir ainsi, il faut remonter le temps. L'idée selon laquelle le déficit de l'État et le déficit commercial sont étroitement liés était très populaire au début des années 1990, au moment de la fondation de la zone euro. Elle s'était même insinuée dans les manuels courants, avec l'expression « les déficits jumeaux ». Le raisonnement était simple. Si l'État augmente ses dépenses *et que rien d'autre ne change*, la demande globale va s'accroître. *Si l'économie est au plein emploi*, cette hausse de la demande globale ne pourra être satisfaite que par l'augmentation des importations. *Si les exportations ne changent pas* (par exemple, parce que le taux de change reste le même), il y aura nécessairement augmentation du déficit commercial. Les expressions que j'ai mises en italique révèlent les postulats cruciaux du raisonnement, et les recherches qui ont suivi ont montré que ces postulats, souvent, ne sont pas vérifiés.

Aujourd'hui, nous comprenons que les déficits commerciaux sont fréquemment provoqués, non par la prodigalité de l'État, mais par des excès du secteur privé, et que, par conséquent, freiner la prodigalité de l'État – comme s'efforcent de le faire les critères de convergence – n'empêchera pas nécessairement des déficits commerciaux massifs et persistants.

Aux États-Unis, par exemple, le déficit budgétaire de l'État a diminué de façon spectaculaire sous l'administration Clinton – quand elle a pris fin, le budget était en excédent –, mais le déficit commercial, lui, a continué à grandir. L'investissement s'était accru, et il remplaçait les dépenses publiques.

En fait, même *le sens de la relation de cause à effet* entre le déficit commercial et les dépenses publiques, en supposant qu'il y en ait une, a été contesté. Quand un pays entre en déficit commercial, peut-être parce que ses exportations ont soudain chuté en raison d'une récession chez un partenaire, il est normal que le chômage augmente, puisque la demande globale s'est affaiblie. Mais, depuis Keynes, les États démocratiques réagissent souvent aux montées du chômage en augmentant les dépenses publiques. Donc, ce n'est pas la hausse des dépenses publiques qui a provoqué l'augmentation du déficit commercial ; c'est l'augmentation du déficit commercial qui a provoqué la hausse des dépenses publiques[25].

Ce qui s'est passé en Europe sous l'euro a confirmé cette analyse. La Grèce a été le seul cas où les dépenses publiques ont constitué une source importante du déficit commercial du pays.

Il y avait une autre raison qui incitait nombre des fondateurs de la zone euro à moins s'inquiéter de déficits commerciaux causés par le secteur privé. Ils étaient persuadés que, si jamais il y en avait, ce ne serait pas un problème. Dans leur idéologie, le secteur privé ne pouvait faire aucun mal. Donc, s'il y avait un déficit commercial de son fait, c'était une bonne chose. Cela signifiait, par exemple, que les entreprises empruntaient pour faire des investissements productifs, dont le rendement serait plus que suffisant pour contrebalancer la dette nécessaire à leur financement.

Cette conviction était une preuve de leur *foi* dans les marchés : l'histoire des excès des marchés est fort longue, et les bulles immobilières de l'Espagne et de l'Irlande (pour ne rien dire de celle des États-Unis) ne font que lui ajouter de nouveaux exemples.

Pouvait-on faire autrement ?

Si certains en Europe, notamment en Allemagne, sont dans le déni – ils persistent à croire, malgré les preuves écrasantes du contraire, que si l'on contient les déficits publics, on peut maîtriser les déficits commerciaux –, d'autres sont plus réalistes. Ils estiment qu'il faut attaquer de front le problème des déficits commerciaux, et ils exigent des contraintes macroéconomiques encore plus fortes : non seulement la discipline budgétaire, mais aussi d'autres conditions, portant par exemple sur les déficits des comptes courants (les écarts entre importations et exportations).

Ces propositions d'allonger la liste des exigences posent un problème (outre le problème politique évident : comment amener la zone euro à convenir d'une expansion de son système de règles ?). Toute contrainte de ce genre irait à l'encontre de l'architecture néolibérale de l'euro. Comment va-t-on distinguer le « bon » déficit commercial – celui qui est la conséquence naturelle des forces économiques – du « mauvais » ? Après coup, il est clair que les déficits espagnols étaient « mauvais ». Les fonds qui affluaient dans le pays ont servi à financer une bulle de l'immobilier. C'était une erreur. Mais c'était une erreur du secteur privé, tout comme la bulle technologique et la bulle immobilière aux États-Unis ont été des erreurs du secteur privé. Sur le moment, au contraire, il est difficile de distinguer les bons investissements de ceux qui s'inscrivent dans une vague d'exubérance irrationnelle. Jamais les fondamentalistes du marché ne toléreraient la moindre tentative de l'État d'établir une telle distinction. Cela supposerait de faire prévaloir le jugement d'un quarteron de fonctionnaires sur celui d'un homme d'affaires, dont on présume qu'il joue son argent personnel et celui de ses investisseurs. De fait, même à un moment où il paraissait évident que le marché avait totalement déraillé, avec les bulles immobilières en Espagne et en Irlande, les dirigeants économiques néolibéraux de la zone euro chantaient avec lyrisme les merveilles du marché. Quand je disais que l'État devrait peut-être envisager de dompter ce type d'excès, mes interlocuteurs étaient horrifiés : voulais-je dire que des fonctionnaires étaient plus sages que le secteur privé ?

Donc, l'euro est pris entre le marteau et l'enclume. Laissés à eux-mêmes, les marchés ne peuvent pas faire les ajustements nécessaires pour garantir le plein emploi et l'équilibre extérieur. Les dévaluations internes ne marchent pas. Et se contenter de réglementer les déficits budgétaires ne suffira pas non plus : cela rend *plus* difficile d'assurer le plein emploi et ne fait pas grand-chose pour garantir l'équilibre du commerce extérieur. Réglementer l'économie par d'autres moyens pour garantir que les importations restent au niveau des exportations exigerait d'intervenir dans l'économie de marché, ce qui serait intolérable, du moins du point de vue de l'idéologie néolibérale qui sous-tend l'euro. D'autres innovations institutionnelles, qui supposent de pousser plus loin l'intégration économique – d'avancer dans les directions qui ont permis à une monnaie unique de fonctionner sur le territoire diversifié des États-Unis –, pourraient permettre à l'euro de fonctionner. Nous en parlerons plus loin dans le livre. Mais nous devons d'abord mieux comprendre en quoi il est dangereux de *ne pas* corriger les déficits des comptes courants.

POURQUOI LES ZONES MONÉTAIRES SONT SUJETTES AUX CRISES

Les pays qui essaient de maintenir leur taux de change fixe par rapport à d'autres subissent de longues périodes de chômage, parce qu'ils n'ont pas les instruments nécessaires pour revenir au plein emploi quand ils sont frappés par un choc négatif, et ils connaissent aussi des crises fréquentes. Il en va de même des pays membres d'une zone monétaire ; eux non plus ne peuvent pas ajuster leur taux de change. Les coûts économiques de ces crises sont énormes ; ils ne se manifestent pas seulement par le chômage massif et la production perdue d'aujourd'hui, mais aussi par une croissance plus faible pendant des années – parfois des décennies.

Des crises de ce genre, il y en a eu beaucoup : la crise de l'euro n'en est que l'exemple le plus récent et le plus grave. Au chapitre 2, par exemple, j'ai évoqué la crise argentine de 2001-2002.

Il est facile de comprendre pourquoi ces crises sont si courantes lorsqu'un pays « arrime » sa devise. Si, pour une raison quelconque, le taux de change devient trop élevé, il y aura un déficit commercial : les importations seront supérieures aux exportations. Ce déficit doit être financé, d'une façon ou d'une autre : il est compensé par ce qu'on appelle des *flux entrants de capitaux*. Ces flux peuvent prendre deux formes : des prêts ou des investissements directs. Les problèmes posés par les prêts sont les plus évidents : la dette finit par atteindre un tel niveau que l'état d'esprit des créanciers change. Ils craignent de ne pas être remboursés. Ces revirements peuvent se produire progressivement ou rapidement. Curieusement – encore une preuve de l'irrationalité des marchés –, ils sont souvent soudains, et sans lien avec des « nouvelles » précises. Souvent, ce qui paraît incompréhensible n'est pas que les créanciers soient pessimistes, mais pourquoi ils ne l'ont pas été davantage plus tôt. Ces changements d'humeur ont été baptisés[26] les *sudden stops* (arrêts brutaux). Les flux de capitaux qui entraient dans un pays cessent brusquement et le pays est précipité dans une crise.

C'est quand l'humeur change rapidement qu'une *crise de la dette* devient probable, car les prêteurs refusent de reconduire la dette quand elle arrive à échéance et le pays ne peut trouver *personne* qui veuille bien lui prêter. Ses options sont alors limitées : soit il se déclare en défaut de paiement, soit il s'adresse au FMI pour un plan de renflouement et accepte la perte de sa souveraineté économique, avec un prêt accompagné de conditions rigoureuses[27].

En général, quand il y a des excès privés qui conduisent à un déficit commercial, les emprunts que les ménages ou les entreprises effectuent à l'étranger passent par l'intermédiaire des banques nationales, qui empruntent, par exemple, des dollars à l'étranger et les prêtent, disons, aux consommateurs pour acheter des voitures (comme en Islande) ou d'autres biens de consommation. Si les prêteurs étrangers exigent d'être remboursés par ces banques et qu'elles ne peuvent pas remettre l'argent, nous avons une *crise financière*[28].

Le déficit commercial lui-même crée un autre problème. Les importations massives affaiblissent la demande globale intérieure. S'il n'y a pas un boom de l'investissement – une bulle de l'immobilier, par exemple – pour soutenir le plein emploi, l'État doit accroître ses dépenses[29]. Dans ce cas, les flux entrants de capitaux vont financer la dette publique qui en résulte. Mais – sauf si l'État dépense l'argent judicieusement, par exemple pour des investissements publics qui améliorent la productivité et la production du pays – l'état d'esprit des créanciers finira par changer.

Là encore, il y aura une crise de la dette : l'État ne pourra pas refinancer sa dette si elle est à court terme. Mais même s'il n'y a pas de problème de refinancement parce que la dette est à long terme, le pays peut soudain se trouver incapable de financer son déficit *budgétaire*. S'il ne veut pas financer ses dépenses en imprimant de la monnaie, avec l'inflation qui pourrait résulter de cette méthode, il doit alors les réduire, ce qui plonge l'économie dans une récession[30].

En règle générale, les crises bancaires et financières s'accompagnent de *crises économiques*, puisque la demande globale et la production chutent et que le chômage grimpe. Dans le cas d'une crise financière ou d'une crise de la dette, les banques ne peuvent plus prêter; les entreprises et les ménages doivent donc réduire leurs dépenses si elles dépendent de l'emprunt.

Dans le cas de l'euro, bien sûr, l'option de réduire le taux de change, disons, de la Grèce ou de l'Espagne *pour corriger* un déséquilibre commercial n'existait pas. C'est ce qui a rendu la crise *économique*, la crise *financière* et la crise *de la dette* encore plus graves. Comme nous le verrons, pour rétablir un semblant d'« équilibre », on a sacrifié les habitants des pays en crise. Avec une récession ou une dépression d'une envergure suffisante, les importations s'alignent sur les exportations.

Dans chaque cas où une crise a éclaté, on pourrait se dire : pourquoi les prêteurs n'ont-ils pas vu que le pays se surendettait ? Comment ont-ils pu laisser se créer cette situation ? Il y a deux réponses. La première est que les marchés financiers ont la vue courte. Ils sont souvent incapables de voir ou de comprendre ce qui se passe sous leur nez, comme l'a démontré la crise financière de 2008 aux États-Unis. Voir et comprendre ce qui se passe ailleurs est encore plus difficile. Les marchés se laissent emporter par des engouements, suivent des modes – prêter à l'Amérique latine dans les années 1970 et à l'Asie orientale au début des années 1990, par exemple, ce qui a eu pour résultat les crises latino-américaine et asiatique.

Évidemment, les banquiers n'aiment pas battre leur coulpe; ils accusent l'emprunteur. Mais ces prêts sont des transactions volontaires. S'il y a un emprunteur irresponsable, cela veut dire, au minimum, qu'il y a un prêteur irresponsable, qui n'a pas procédé aux vérifications préalables. En fait, c'est pire. Les prêteurs sont censés être des experts en gestion du risque. Et, dans bien des cas, ils profitent de problèmes inhérents à la vie politique[31] : il est facile d'inciter des gouvernements à trop emprunter. C'est le gouvernement en place qui bénéficie de la hausse des dépenses, et de la prospérité qui en résulte; c'est un gouvernement futur qui en supportera les coûts.

L'interaction entre des marchés financiers à courte vue – dont les structures d'incitation encouragent le crédit imprudent – et des gouvernements à courte vue crée un mélange potentiellement explosif, qui, si on l'associe à des taux de change fixes, va presque à coup sûr exploser. Ces problèmes se posent avec des gouvernements honnêtes, qui obéissent simplement à des incitations naturelles. Mais la corruption peut évidemment aggraver les choses, car un secteur financier corrompu paiera, sous une forme ou sous une autre, des pots-de-vin à des politiciens corrompus ou à leurs partis politiques.

La seconde raison pour laquelle les pays se surendettent est que les prêteurs sont régulièrement renfloués – par le FMI, par la Banque centrale européenne et par les États. Puisque les pertes sont socialisées, des incitations particulièrement perverses poussent les banques à prêter exagérément à l'étranger. Ce qui s'est passé dans la zone euro, répétons-le, n'est que le plus récent d'une longue série de renflouements du même genre. (Ces renflouements portent généralement des noms de pays : on les appelle, par exemple, le renflouement du Mexique, de la Corée du Sud, de l'Argentine, du Brésil, de l'Indonésie, de la Thaïlande. Mais, dans chaque cas, il s'agit en réalité d'un renflouement des banques occidentales.)

Évidemment, en Europe, certains observateurs l'ont compris. C'est pourquoi ils ont exigé ce qu'on appelle par euphémisme une *participation du secteur privé* (elle a son propre sigle : le PSI – *private sector involvement*) ou un *renflouement interne*. Les prêteurs du secteur privé doivent eux aussi subir des pertes. Mais, bien souvent, ces exigences arrivent trop tard : l'argent malin à court terme a déjà eu la possibilité de s'éclipser. Donc le fardeau retombe sur ceux qui ont consenti des prêts à long terme. (Certes, ils ont été *en partie* responsables de la crise, puisqu'ils ont trop prêté ; mais les prêteurs à court terme l'étaient tout autant – et dans certains cas davantage. Les prêts à long terme ont pu être accordés à une époque où les perspectives du pays paraissaient brillantes. Les problèmes en cours auraient dû apparaître plus clairement aux prêteurs à court terme.) Enfin, les exigences de « renflouement interne » sont souvent imposées aux mauvaises parties. En 2012-2013, l'Europe a exigé qu'à Chypre, les déposants ordinaires subissent un *haircut*, un prélèvement – une réduction de la valeur de leurs dépôts. Les autorités de la zone euro se sont dit qu'en obligeant les déposants à supporter de plus lourdes pertes, elles réduiraient la somme qu'elles auraient elles-mêmes à fournir[32]. Jusqu'alors, on postulait que, lorsqu'il y aurait des restructurations de banques, on protégerait les déposants. La possibilité d'une mise à contribution des déposants a miné la confiance dans les banques de tous les pays faibles de la zone euro et incité l'argent à sortir de ces banques ; elle a ainsi contribué à la stagnation de l'Europe[33].

Le rôle des marchés – et de l'euro – dans les désalignements des taux de change

Le rôle de la monnaie unique dans la création des crises est plus important que ne le suggère cette analyse. Nous sommes partis du postulat que, pour une raison quelconque, les taux de change se sont désalignés – certains pays ont eu un taux de change trop élevé. Quand les pays sont entrés dans la zone euro, on a tenté de vérifier que le taux de change était « le bon » – autrement dit, que la conversion de l'ancienne monnaie à l'euro se faisait correctement.

Mais même quand ses créateurs ont bien évalué la situation initiale, l'euro lui-même a conduit au désalignement – à un taux de change réel (prenant en compte les prix *locaux*) qui était trop élevé dans plusieurs pays, si bien que leurs importations ont été systématiquement supérieures à leurs exportations. Par exemple, les capitaux ont afflué en Espagne et en Irlande dans les années qui ont suivi la naissance de l'euro en 1999, et particulièrement dans celles qui ont précédé la crise de 2008. Les prêteurs, on ne sait pourquoi, pensaient qu'élimination du risque de change signifiait élimination de tous les risques. Les faibles taux d'intérêt que ces pays devaient payer pour emprunter reflétaient cette conviction. En 2005, la prime de risque sur les bons d'État grecs (par rapport aux bons d'État allemands – c'est-à-dire le *supplément* à payer pour compenser la perception, chez les acteurs du marché, d'un risque plus élevé sur les bons d'État grecs) avait chuté à un pourcentage minuscule : 0,2 % ; sur les bons d'État italiens, elle s'était aussi réduite à 0,2 % ; sur les bons d'État espagnols, à 0,001 %[34].

La faiblesse des taux d'intérêt auxquels l'argent était disponible en Espagne (associée à l'euro-euphorie, la croyance dans une ère nouvelle de prospérité et de stabilité ouverte par l'euro) a contribué à créer une bulle de l'immobilier ; dans les années qui ont précédé la crise de 2008, on a construit plus de logements en Espagne qu'en France, en Allemagne et en Irlande réunies[35]. La bulle de l'immobilier a distordu l'économie espagnole. C'est l'exubérance irrationnelle du secteur privé, et non la dépense publique, qui a fait dérailler l'Espagne. D'ailleurs, certains membres du gouvernement s'en inquiétaient et ils travaillaient dur pour diversifier l'économie : de cette façon, s'il s'avérait qu'il y avait une bulle de l'immobilier, d'autres secteurs pourraient prendre le relais quand elle éclaterait (en Espagne, il s'agissait par exemple de l'énergie verte et des nouveaux secteurs du savoir). La bulle a crevé avant que ces efforts n'aient pleinement abouti.

Sans la zone euro, un pays submergé par des capitaux spéculatifs aurait pu relever les taux d'intérêt pour freiner la bulle. Mais l'appartenance à la zone euro rendait cette réaction impossible. Confronté à une bulle de l'immobilier, un pays comme l'Espagne ou l'Irlande aurait pu et dû imposer des taxes sur les plus-values ou des restrictions sur les prêts consentis par les banques locales. Mais l'idéologie dominante de la zone euro, le fondamentalisme du marché, excluait de telles mesures.

Ou alors l'État aurait pu réduire ses propres dépenses, et laisser un investissement privé stérile évincer des investissements publics plus productifs. Mais les gouvernements espagnol et irlandais, croulant sous les recettes fiscales engendrées par le boom, ne ressentaient nul besoin de le faire. Les deux pays étaient en excédent. Faire face à l'inflation était le travail de la BCE, pas le leur. Leur travail consistait à respecter les contraintes budgétaires imposées par le traité de Maastricht et à bien dépenser l'argent ; et c'est ce qu'ils faisaient. D'après les critères de convergence – et l'idéologie de l'époque –, tout allait bien. Bref, les contraintes imposées par la zone euro, associées à des marchés irrationnels et au cadre de pensée de l'idéologie néolibérale, ont *créé* le taux de change surévalué de l'euro, qui lui-même a conduit aux crises.

L'emprunt dans une devise étrangère

L'euro a suscité des crises pour une autre raison, qu'apparemment on n'avait pas prévue, en partie parce que la situation qu'il a créée ne s'était jamais produite jusque-là. En règle générale, il n'y a pas de crise de la dette quand des pays empruntent dans leur propre devise. Dans le pire des cas, ils pourront toujours tenir les promesses qu'ils ont faites en imprimant une plus grande quantité de leur propre monnaie. Les États-Unis n'auront jamais une crise à la grecque, pour la simple raison qu'ils peuvent imprimer les dollars qu'ils doivent[36].

Dans le passé, les pays avaient le choix quand ils émettaient leurs obligations : soit s'endetter en devises étrangères et courir le risque d'un alourdissement de leur dette – en monnaie nationale – si le taux de change baissait, et le risque encore plus grave du défaut de paiement s'il baissait trop ; soit s'endetter dans leur propre devise et payer un taux d'intérêt plus élevé. Évidemment, si les marchés étaient efficaces, ce taux d'intérêt plus élevé ne ferait qu'indemniser les prêteurs étrangers pour le risque de change – la monnaie dans laquelle on les rembourserait vaudrait peut-être beaucoup moins qu'à l'époque où ils l'avaient prêtée[37]. Mais des gouvernements court-termistes (souvent poussés dans cette voie par les financiers internationaux et même par le FMI) ont encouragé l'emprunt en devises étrangères, car ses répercussions sur le budget *immédiat* étaient moindres, puisque les paiements d'intérêts *nominaux* étaient plus bas.

Néanmoins, après la série de crises des années 1990 et du début des années 2000, beaucoup de gouvernements avaient appris la leçon. Ils se sont mis à emprunter en devises locales, ils ont fait pression sur les entreprises et les ménages de leurs pays pour qu'ils en fassent autant[38], et des marchés en devises locales se sont développés.

La zone euro a créé une situation nouvelle. Les pays, et les entreprises et les ménages en leur sein, empruntaient en euros. Mais s'ils empruntaient dans la monnaie qu'ils *utilisaient*, c'était une monnaie qu'ils ne maîtrisaient pas.

Sans l'avoir voulu, l'Europe a créé le problème familier auquel font face les pays en développement et les marchés émergents surendettés. La Grèce n'a aucun pouvoir sur la planche à billets de la devise dans laquelle elle a emprunté. Elle doit de l'argent en euros. Ses créanciers ne veulent pas reconduire leurs prêts. Les euros qu'elle gagne en exportant ne suffisent pas à payer ce qu'elle doit. Elle ne peut pas s'acquitter de ses obligations, tout simplement.

Les marchés auraient dû comprendre la nouvelle situation risquée qu'avait créée la zone euro, et limiter leur crédit en conséquence. Mais, comme cela leur arrive si souvent, ils se sont laissés emporter dans un nouvel épisode d'exubérance irrationnelle – l'« euro-euphorie ». Ils n'ont saisi que les avantages de l'élimination du risque de change, pas les coûts du risque accru de défaut de paiement, notamment sur les bons d'État. Beaucoup voyaient dans l'afflux massif des capitaux un signe du succès de la zone euro. Comme j'avais déjà vu bien des fois, notamment de mon poste d'observation à la Banque mondiale, une marée de fonds entrer dans des pays dès qu'ils levaient les restrictions sur les flux de capitaux, je ne partageais pas cet optimisme.

Pour éviter cette situation, l'Europe en bloc aurait pu emprunter en euros et reprêter l'argent aux divers pays, qui auraient ensuite assumé son remboursement. Mais elle a décidé de ne pas centraliser l'emprunt de cette façon. En faisant ce choix, les dirigeants de la zone euro ont renforcé la probabilité d'une crise de la dette.

Non seulement les pays qui ont adhéré à la zone euro n'ont pas mesuré pleinement les effets d'une situation où ils allaient emprunter dans une devise qu'ils ne maîtrisaient pas, mais ils n'ont pas compris non plus ses conséquences pour leur souveraineté nationale : ils avaient transféré un pouvoir, qui pouvait être – et a été – utilisé abusivement. Quand les prêteurs ne voudraient plus prêter, par exemple, à l'Espagne, celle-ci n'aurait d'autre recours que de se tourner vers ses partenaires de la zone euro, pour obtenir de l'argent par l'intermédiaire de la Banque centrale européenne ou par quelque autre mécanisme[39]. C'était un changement fatidique.

Sans accès aux fonds, le pays allait tout droit à la faillite. Mais il n'existe pas de bon cadre juridique international pour traiter la faillite des pays : l'Argentine et bien d'autres États en ont fait la douloureuse expérience. Et sans cadre de ce genre, les défauts de paiement peuvent être très coûteux. Les créanciers ont de solides incitations pour faire peur au pays en danger – pour lui faire croire que les coûts du défaut de paiement seront très élevés, qu'il y perdra beaucoup plus que s'il se plie à leurs exigences[40].

Dès que certains pays de la zone euro ont dû de l'argent à d'autres pays membres, l'union monétaire a changé de nature : ce n'était plus une association entre partenaires égaux s'efforçant d'adopter des politiques à leur avantage mutuel ; la BCE et les autorités de la zone euro sont devenues des agences de recouvrement de créances au service des pays créanciers, notamment l'Allemagne, particulièrement influente. Certes, on n'avait jamais voulu cela quand on avait créé la zone euro, mais on aurait dû s'y attendre. Ce n'est qu'une nouvelle illustration du vieil adage : « Qui paie les violons choisit la musique. » L'Allemagne avait l'argent. Le parlement allemand devait approuver tout nouveau programme important. Il s'est vite avéré que ce parlement n'approuverait les nouveaux programmes que s'ils étaient assortis de « conditions » suffisamment rigoureuses imposées aux pays en crise. Les Allemands ont même contesté à plusieurs reprises la constitutionnalité d'initiatives que la BCE avait conçues pour aider ces pays.

Le pouvoir de retirer le crédit devient le pouvoir d'obliger un pays à céder, de fait, sa souveraineté économique, et c'est exactement ce qu'a fait la Troïka, dont la BCE fait partie, de façon tout à fait flagrante à la Grèce et à ses banques, mais aussi, à un moindre degré, aux autres pays en crise. Les politiques qu'elle a imposées n'étaient pas conçues pour promouvoir le plein emploi et la croissance, mais pour créer des excédents qui, en théorie, pourraient permettre au pays débiteur de rembourser ce qu'il devait.

POURQUOI MÊME LES EXCÉDENTS COMMERCIAUX POSENT UN PROBLÈME

J'ai expliqué pourquoi, avec des taux de change fixes, les pays peuvent se retrouver avec de gros déficits commerciaux, et comment un *sudden stop*, un arrêt brutal de la disposition des autres à financer ce déficit, peut précipiter une crise. Le moyen qu'a choisi l'Europe pour éliminer les déficits commerciaux consiste à mettre l'économie en dépression. Quand le pays est en dépression, il n'achète plus de produits à l'étranger. Les importations diminuent. Le « traitement » est aussi mauvais, ou pire, que le mal.

Mais même les excédents commerciaux sont un problème. L'Allemagne a d'énormes excédents commerciaux, régulièrement supérieurs à ceux de la Chine en pourcentage du PIB – il y a même de nombreuses années où ils ont été supérieurs en valeur absolue, en dollars. De fait, ces dernières années, en pourcentage du PIB, ses excédents ont représenté près du double de ceux de la Chine[41]. Les États-Unis ont critiqué les excédents de la Chine, en disant qu'ils mettaient en danger la stabilité du monde. La raison est simple : au niveau mondial, la somme des excédents est nécessairement égale à celle des déficits. Si un pays est en excédent, parce qu'il exporte plus qu'il n'importe, d'autres pays *doivent* être en déficit, importer plus qu'ils n'exportent. Donc, si les déficits posent un problème, les excédents le font aussi. Et si les excédents de la Chine sont un problème pour le monde, ceux de l'Allemagne le sont aussi[42].

De même, si le taux de change est fixé de telle façon que la zone euro, globalement, a une balance commerciale en équilibre – ce qui a été le cas, en gros, dans les années d'avant la crise – et que l'Allemagne a un excédent, cela signifie que le reste de la zone euro *doit* avoir un déficit.

À certains égards, les excédents sont un problème encore plus grave que les déficits, comme l'a soutenu Keynes[43], parce qu'ils contribuent à un déficit de demande mondiale. Ces pays produisent plus qu'ils n'achètent, donc ne dépensent pas la totalité de leurs revenus. Les pays en déficit, évidemment, *aimeraient* acheter davantage. Mais si personne ne veut leur prêter, ils ne peuvent pas, ou s'ils sont soumis à un programme du FMI ou de la Troïka qui les *empêche* d'acheter davantage, ils ne peuvent pas. Quand il y a de gros déséquilibres (comme ceux qui accompagnent l'excédent commercial allemand), la non-dépense des pays en excédent n'est pas pleinement compensée par une surdépense dans les pays en déficit. Résultat : la demande globale *mondiale* est affaiblie.

Avant la crise, l'Allemagne recyclait ses excédents, de fait, en les prêtant aux pays périphériques, comme l'Espagne et l'Irlande, ce qui leur permettait d'avoir des déficits[44]. Mais, en procédant ainsi, elle a contribué à créer la crise de l'euro et à intensifier la *divergence* au sein de l'Europe. Les pays périphériques sont devenus des débiteurs, et l'Allemagne le grand créancier. Aucun fossé n'est plus large, nous l'avons dit, que celui qui sépare les créanciers des débiteurs.

Ici, notre exposé s'est concentré sur l'emprunt et le prêt effectués *par le pays*. L'analyse ne fait pas la distinction entre emprunt privé et emprunt public. C'est important : les déséquilibres commerciaux peuvent être un problème quelle que soit leur origine, qu'ils proviennent du secteur public (comme en Grèce) ou du secteur privé (comme en Espagne et en Irlande). Les critères de convergence se sont concentrés exclusivement sur le problème du secteur public. Historiquement, l'emprunt du secteur privé a eu autant ou plus d'importance.

Les excédents : vice ou vertu ?

Les pays excédentaires considèrent souvent comme un honneur leur excédent commercial – le fait qu'ils n'achètent pas autant au reste du monde que ce qu'ils gagnent en lui vendant des biens et services –, et l'épargne qui accompagne cet excédent. Épargner est une vertu. L'Allemagne déclare que tous les pays devraient faire comme elle. Mais la vertu de l'Allemagne est d'un type très particulier : *par définition*, on l'a vu, les pays ne peuvent pas être tous en excédent, et ce que fait l'Allemagne pour créer ses excédents creuse, *de facto*, le déficit d'un autre pays. Ce pays en déficit souffrira probablement d'une faiblesse de la demande, et peut-être même d'un chômage massif et d'une crise. Si les exportations créent des emplois, c'est donc que les importations en détruisent. Cette vertu n'en est pas une si on ne peut l'obtenir qu'en forçant un autre à être pécheur – si ce qu'on fait aboutit inévitablement à créer des problèmes dans un autre pays.

L'économie moderne, depuis Keynes, a expliqué que, dans un monde de chômage, il existe un *paradoxe de l'épargne*. Si tout le monde s'efforce d'épargner plus mais que l'investissement est fixe, le seul résultat est une baisse des revenus. Paradoxalement, l'épargne totale n'augmente pas. Le raisonnement est simple : à l'équilibre, l'épargne *doit* être égale à l'investissement. Donc si l'investissement ne change pas, l'épargne *ne peut pas* changer. Si les particuliers tiennent à épargner, disons, un pourcentage supérieur de leur revenu, il n'y a qu'un seul moyen de changer le *taux d'épargne* : réduire *le niveau du revenu*.

Aujourd'hui, le monde se trouve exactement dans cette situation-là, avec une insuffisance de la demande globale qui aboutit à une croissance lente et à plus de 200 millions de chômeurs dans le monde. Cette insuffisance de la demande globale est la cause de ce que beaucoup appellent la « stagnation séculaire mondiale ». (Le mot *séculaire* signifie simplement qu'elle est *de longue durée*, contrairement à la croissance lente temporaire, *cyclique*, qui s'inscrit dans le « cycle des affaires » récurrent.) Le « déficit » d'emplois a énormément augmenté depuis le début de la Grande Récession : il y a environ 60 millions d'emplois de moins qu'on n'aurait pu le prévoir si la crise n'avait pas eu lieu[45].

Si les excédents sont un vrai problème, c'est aussi pour une autre raison. En règle générale, il est plus facile au pays excédentaire d'agir sur son excédent qu'au pays déficitaire d'agir sur son déficit. Par exemple, tant en Allemagne qu'en Chine, il y a vraiment de la marge pour augmenter les salaires, notamment les plus bas. Jusqu'à tout récemment, l'Allemagne n'avait même pas de salaire minimum, et même aujourd'hui son salaire minimum n'est que de 8,50 euros de l'heure (ce qui, au taux de change moyen de 2015, équivalait à 9,35 dollars[46]), alors que celui de la France est de 9,47 euros (environ 10,42 dollars). Si les revenus des travailleurs allemands étaient plus élevés, ils achèteraient plus, y compris davantage de produits importés.

Dans l'ensemble, les pays en crise, et même la France et l'Italie, ont réussi à réduire leurs déficits des comptes courants ; puisque l'Allemagne a non seulement maintenu mais en fait accru son excédent, la zone euro a aujourd'hui un gros excédent global, estimé à 452 milliards de dollars en 2015[47]. Mais en vertu de l'arithmétique élémentaire des déficits et des excédents mondiaux, ce résultat n'a été atteint qu'en creusant les déficits dans le reste du monde. Il sera difficile, voire impossible, à la zone euro de maintenir indéfiniment cet excédent sans que des problèmes apparaissent ailleurs dans le monde. Quelque chose devra céder.

Les externalités : l'euro et la gouvernance mondiale

Quand des particuliers, des entreprises ou des pays imposent à d'autres des coûts – qu'ils n'ont pas eux-mêmes à payer –, les économistes disent qu'il y a une *externalité*. L'analyse ci dessus a montré que les excédents commerciaux de l'Allemagne imposent des externalités au reste du monde, y compris à ses partenaires au sein de la zone euro. Un système économique mondial bien conçu et une zone euro bien conçue auraient adopté des mesures pour faire face à ces externalités. Actuellement, au niveau mondial, nous n'avons aucun moyen d'amener les pays à ne pas avoir d'excédents[48]. Le G-20 – le groupe des vingt plus grandes économies, qui se propose d'aider à coordonner les politiques économiques mondiales – s'efforce de persuader gentiment les pays de s'en abstenir. Paradoxalement, il a concentré ses efforts sur la Chine, dont les excédents diminuent, et non sur l'Allemagne.

Au sein de la zone euro non plus, on n'a rien fait pour limiter les excédents. Comme nous l'avons dit, toute l'attention s'est portée sur les activités des *États*, et seulement sur leurs déficits. On a présumé, à tort, que les déficits publics constituent la principale source d'externalités, l'aspect central du comportement d'un pays qui peut interférer avec le bien-être des autres et avec le fonctionnement du système économique.

CONCLUSION

Les fondateurs de l'euro le savaient : faire fonctionner une monnaie unique pour un ensemble de pays très différents ne serait pas facile. Mais leur analyse sur la façon d'y parvenir était entièrement fausse : les critères de convergence qu'ils ont formulés, en limitant les déficits (budgétaires) publics et la dette publique, ont rendu encore plus difficile d'atteindre le plein emploi dans toute l'Europe. D'autant plus qu'il fallait aussi limiter les déficits commerciaux, dont l'apparition était due, au moins en partie, à l'euro lui-même. Les déficits commerciaux persistants ouvrent la voie aux crises : prévisibles et prédites, elles ont éclaté une décennie seulement après la naissance de l'euro.

La réaction

Les dirigeants de l'Europe ont bien vu que la situation tournait tout autrement qu'ils ne l'avaient promis : des crises et des dépressions au lieu d'une ère nouvelle de prospérité. On aurait pu espérer qu'à ce moment-là ils comprendraient deux choses : l'analyse économique qui sous-tendait l'euro était fausse; et, pour que l'euro fonctionne, ils devaient compléter le «projet incomplet», et vite. Ils devaient mettre en place les dispositifs institutionnels nécessaires pour compenser la perte des moyens d'action des pays, qui ne pouvaient plus utiliser les taux d'intérêt et les taux de change pour maintenir le plein emploi et garder leurs importations au niveau des exportations.

Au lieu d'agir dans ce sens, l'Allemagne a tenté de mettre la crise de l'euro au compte des violations de la discipline budgétaire. Notre analyse a montré qu'il n'en était rien : c'est la structure même de la zone euro qu'il faut accuser, pas les défaillances des pays pris individuellement. Les mécanismes de marché (la dévaluation interne) ne sont pas un substitut adéquat à la capacité perdue d'ajuster les taux d'intérêt et les taux de change. La crise de l'euro a été créée par l'euro.

Les coupables ne pouvaient pas être les déficits budgétaires. Cela aurait dû être évident : plusieurs pays d'Europe qui avaient respecté la discipline dans leur budget n'en subissaient pas moins une grave montée du chômage, et même des crises – pas seulement des pays prétendument dépensiers du sud de l'Europe, mais même des pays plus responsables du nord, l'Irlande et la Finlande. Les économies de marché peuvent subir des crises du simple fait de la dynamique du capitalisme; en l'absence de réglementation adéquate, il y a souvent des bulles du crédit. Mais l'idéologie du néolibéralisme ignorait ces sources d'instabilité – à l'origine de la Grande Récession elle-même comme de la crise asiatique. Elle préférait se concentrer commodément sur les défaillances budgétaires de la Grèce, qui étaient plus faciles à comprendre, et à fustiger.

N'ayant pas diagnostiqué correctement la source des problèmes de la zone euro, les dirigeants européens, par un enchaînement inévitable, n'ont pas pris les mesures qui les auraient réglés. Au lieu de corriger l'erreur de fond, ils ont continué à mettre en œuvre des politiques qui s'appuyaient sur une théorie manifestement fausse. Pendant le déroulement même de la crise, ils ont réitéré leur engagement à respecter les critères de convergence : ils se sont eux-mêmes imposés de les mettre en œuvre encore plus strictement.

Ce comportement est révélateur : c'était une question d'idéologie, pas de science économique. Une volonté *délibérée* de ne pas regarder la réalité en face. Peut-être n'était-il pas dans l'intérêt de l'Allemagne de comprendre les erreurs commises : cela aurait pu l'obliger à faire autre chose que donner des leçons à ses partenaires.

Où cela mène

Alors que les critères de convergence étaient censés encourager la convergence, la structure de la zone euro aggrave les différences entre les pays de la région sur des points fondamentaux. Elle exacerbe ainsi les écarts importants qui existaient déjà quand elle s'est constituée. Et surtout, elle élargit le fossé entre les pays créanciers et les pays débiteurs. Le chapitre suivant explique par quels mécanismes la structure actuelle de la zone euro rend ses pays forts encore plus forts et ses pays faibles encore plus faibles. Les pays créanciers deviennent plus riches ; les pays débiteurs, plus pauvres. Et la convergence espérée se transforme en divergence.

CHAPITRE 5

L'euro : un système divergent

La zone euro est un splendide édifice érigé sur des fondations fragiles. Ses lézardes étaient visibles dès le début, mais après la crise de 2008 elles sont devenues des fissures. À l'été 2015, seize ans après le lancement de l'euro, tout indiquait que la Grèce allait devoir en sortir. Une gigantesque scission créanciers/débiteurs s'était ouverte, et le pouvoir politique au sein de la zone euro était aux mains des créanciers, en particulier de l'Allemagne. Les pays en crise étaient précipités de force dans de terribles récessions et dépressions. En croyant mettre en place un système convergent, l'Europe avait créé un système divergent.

Plusieurs traits de la zone euro que l'on avait crus *essentiels* à son succès étaient en réalité au cœur de sa divergence. L'économie ordinaire repose sur la loi de la gravité : l'argent coule des pays riches en capitaux, où les rendements sont faibles, vers les pays où il y a pénurie de capitaux. On présume que dans ces pays-là, les rendements, après ajustement pour tenir compte du risque, seront élevés. Mais, dans l'Europe de l'euro, les mouvements des capitaux, et aussi ceux de la main-d'œuvre, semblent défier la loi de la gravité. L'argent coule vers le haut[1]. Dans ce chapitre, j'explique comment l'Europe a créé ce système antigravité. Si l'on veut créer une zone euro qui fonctionne, il est vital de comprendre les sources de la divergence.

LA DIVERGENCE SUR LES MARCHÉS FINANCIERS ET LES MARCHÉS DES CAPITAUX ET LE PRINCIPE DU MARCHÉ UNIQUE

C'est un des points forts de la zone euro : les capitaux et la main-d'œuvre peuvent se déplacer librement dans toute la région. C'est ce qu'on appelle parfois le « principe du marché unique ». La libre circulation était censée conduire à l'allocation efficace de la main-d'œuvre et du capital, ce qui devait renforcer la prospérité de l'Europe. Chacun irait là où les rendements seraient les plus hauts.

Les capitaux vont quitter les pays riches (où ils sont abondants) pour les pays pauvres (où ils sont rares), disait la théorie; les revenus vont donc se rapprocher dans toute la zone euro et la zone dans son ensemble fonctionnera mieux; les forces naturelles du marché vont créer la convergence; si les États font leur part du travail – s'ils maintiennent leurs déficits et leurs dettes à bas niveau –, le marché fera le reste. Les dirigeants européens auraient dû savoir qu'un important corpus d'analyse économique – une théorie et des données concrètes – démontrait que ces attentes étaient fausses.

Il y avait d'ailleurs dans le monde réel un exemple qui crevait les yeux : la situation en Italie était entièrement différente de ce que disait l'économie des manuels. Entre l'Italie du Nord et l'Italie du Sud, il n'existe aucune barrière imposée par l'État à la libre circulation des capitaux et de la main-d'œuvre. Le cadre juridique est le même. Pourtant le sud de l'Italie a toujours eu un revenu inférieur à celui du nord. Une certaine convergence a pu se produire à certaines périodes, mais dans les dernières décennies il n'y en a pas eu[2].

Comment le marché unique, la zone euro et l'irrationalité des marchés, conjointement, ont créé la crise de l'euro

Le chapitre précédent a montré que la libre circulation des capitaux, associée à la création de la zone euro, a conduit à la crise de l'euro. Éternels écervelés, les marchés des capitaux ont confondu l'élimination du risque de change avec l'élimination de *tous* les risques et se sont rués sur les pays de la périphérie. Dans certains d'entre eux, ils ont créé des bulles immobilières. Partout, ils ont fait monter les prix et grossir des déficits des comptes courants qui n'étaient pas soutenables. Un après l'autre, les pays sont entrés en crise : les marchés ont fini par comprendre que les déficits des comptes courants étaient insoutenables et les bulles de l'immobilier ont éclaté. Mais à ce moment-là, c'était trop tard : l'argent qui aurait dû servir à rendre ces économies plus productives était allé financer la consommation et des bulles immobilières (en Espagne et en Irlande) et les déficits publics (en Grèce).

Le chapitre précédent a aussi expliqué que, lorsque les prix dans ces pays montaient par rapport, disons, aux prix allemands, les importations augmentaient par rapport aux exportations. Les déficits commerciaux sont devenus un trait permanent de la vie de ces pays. Après quoi on a recouru à la dévaluation interne, censée réparer les dégâts qui avaient été infligés[3]. Mais dans le meilleur des cas, nous l'avons vu, la dévaluation interne fonctionne lentement, et elle peut être très coûteuse. Il est beaucoup plus facile d'augmenter les salaires et les prix que de faire l'inverse.

Les capitaux irrationnels, ceux-là mêmes qui avaient créé la crise de l'euro, ont pris conscience de l'énormité de l'erreur qu'ils avaient commise et ont fait ce que l'argent fait toujours dans ces situations : il s'en va.

Certes, cette analyse n'est pas applicable à tous les pays confrontés à la récession économique et à de gros déficits commerciaux. La Finlande, on l'a vu, a été victime des problèmes de deux de ses grands secteurs exportateurs et des difficultés de certains de ses principaux marchés d'exportation. Mais même dans son cas, c'est l'euro qui est responsable de la longue durée de la crise, parce qu'il a privé la Finlande des instruments classiques qui lui aurait permis de revenir rapidement au plein emploi et à l'équilibre commercial – sans les remplacer par d'autres outils.

LA FUITE DES CAPITAUX

Quand la crise de l'euro a éclaté, l'argent a quitté les systèmes bancaires des pays faibles : il est passé dans ceux des pays forts. A cause de cette hémorragie de capitaux, les banques des pays faibles ont dû réduire leur crédit. Cette contraction du crédit, je l'appelle l'*austérité privée.* Son envergure est énorme, et elle touche particulièrement les petites et moyennes entreprises. Bien évidemment, plus les entreprises de ce type jouent un rôle important dans un pays, plus il est frappé. (Les grandes multinationales peuvent emprunter sur les marchés internationaux; elles ne sont donc pas aussi dépendantes de ce qui se passe dans un pays donné.) En 2013, dans tous les pays en crise, le volume des petits prêts de moins d'un million d'euros – mesure approximative du crédit aux petites et moyennes entreprises (PME) – était encore inférieur, et de loin, au sommet qu'il avait atteint avant la crise : presque divisé par deux au Portugal, réduit des deux tiers en Grèce et en Espagne, en chute de plus de 80 % en Irlande. Mais la baisse a été importante même dans beaucoup de pays «presque en crise» : recul d'un cinquième en Italie, par exemple[4].

En 2015, la Commission européenne a célébré les «premiers signes de reprise» pour les PME du continent, qui représentent 67 % des emplois dans l'Union européenne[5]. Beaucoup, en particulier dans les pays en crise, ont jugé cet optimiste prématuré. Les PME ne se sont pas relevées en Grèce, où plus d'une sur trois continue à déclarer comme entrave principale à ses activités l'«accès aux financements[6]». Nous verrons plus loin que la Banque centrale européenne, sous la présidence de Mario Draghi, a pris des mesures fortes pour rétablir la confiance sur le marché des obligations, notamment celles des pays en crise; mais si elle a peut-être sauvé les marchés obligataires et les riches qui jouent *ce jeu-là,* son action semble avoir eu peu d'effet sur l'économie réelle des PME.

Explication des flux de capitaux antigravité

On comprend pourquoi l'argent sort des systèmes bancaires des pays en crises. La confiance dans un système bancaire national, quel qu'il soit, repose en partie sur la confiance dans l'État où il se trouve : pourra-t-il et voudra-t-il renflouer les banques en difficulté ? La réponse à cette question dépend notamment de l'existence (1) de cadres institutionnels qui réduisent les probabilités de voir apparaître une situation nécessitant un renflouement ; (2) de fonds spéciaux mis de côté au cas où un renflouement serait nécessaire ; et (3) de procédures en vigueur pour garantir que les déposants seront intégralement indemnisés[7].

Les banques bénéficient donc très généralement d'une subvention implicite dans les pays où l'État possède la plus grande capacité de renflouement. Le lien entre la confiance dans les banques et la confiance dans l'État sous l'autorité duquel elles opèrent est tout à fait clair : on le voit dans l'étroite relation entre les primes de risque sur la dette publique d'un pays et sur la dette des banques du même pays[8].

Après la crise mondiale de 2008, bien qu'elle ait été déclenchée par les défaillances du système financier américain, l'argent a afflué aux États-Unis. Pourquoi ? Pas parce que les investisseurs pensaient que les banques américaines étaient mieux dirigées ou géraient mieux les risques. C'était simplement parce qu'ils faisaient plus confiance à la volonté et à la capacité des États-Unis de renflouer leurs banques. (L'État, avec le soutien des deux partis, avait promptement mis en place un plan de renflouement de 700 milliards de dollars en 2008, et il était clair que s'il fallait davantage d'argent, il y en aurait. L'influence de Wall Street sur l'État américain était palpable[9].)

Il en va de même aujourd'hui en Europe : quel riche espagnol ou quel grec rationnel laisserait tout son argent dans une banque locale quand il est (presque) aussi commode et infiniment plus sûr de le déposer dans une banque allemande[10] ?

Cette sortie des capitaux, qui quittent les pays en crise, a des effets importants : ce n'est qu'en payant des taux d'intérêt plus élevés que les banques de ces pays peuvent rester présentes dans la concurrence ; mais ces taux plus élevés mettent ces pays et leurs entreprises en situation de désavantage compétitif. Il s'ensuit un cercle vicieux du déclin : puisque les capitaux s'en vont, les banques du pays doivent restreindre le crédit, donc l'économie s'affaiblit ; puisque l'économie s'affaiblit, on doute de plus en plus de la capacité du pays à renflouer ses banques en difficulté ; cette perte de confiance fait monter les taux d'intérêt que les banques doivent payer ; donc les banques s'affaiblissent encore plus, et les capitaux ont encore plus de raisons de s'en aller[11].

La divergence sans la crise

Si la crise de l'euro a montré clairement que la structure même de la zone euro créait la divergence, il y aurait eu divergence même sans la crise. La BCE fixe un taux d'intérêt *unique* pour toute la région. Mais le taux d'intérêt fixé, disons, sur les bons d'État allemands n'est pas celui que paient les entreprises en France ou en Italie, encore moins en Grèce – ni même celui que paie l'État dans ces pays. Il y a un *spread*, un écart des taux d'intérêt, qui reflète les différences de jugement des marchés sur le risque, et qui influe sur l'aptitude des banques de chaque pays à fournir du crédit aux entreprises de ce pays. Les économies pauvres et peu performantes, et les pays qui ont le plus lourd héritage d'endettement, devront payer des taux d'intérêt plus élevés, et, notamment à cause du lien indissociable entre banques et États *dans la structure actuelle de la zone euro*, les entreprises de ces pays également. Cette situation inflige au pays et à ses entreprises un désavantage compétitif très net, ce qui aggrave encore la divergence.

Comment régler le problème

Il y a une solution simple à ce problème précis : une garantie exhaustive et commune des dépôts pour toutes les banques de la zone euro. Avec cette garantie commune, nul n'aurait à craindre de perdre l'argent qui se trouve sur son compte en banque ; il n'y aurait aucune incitation à faire passer cet argent des pays faibles aux pays forts[12].

Une union bancaire

L'Allemagne craint qu'avec une garantie commune, il y ait un transfert net des pays forts (comme elle-même) aux pays faibles ; or – elle ne cesse de le répéter – la zone euro n'est pas une « union de transfert » : ce n'est pas une fédération au sein de laquelle des fonds sont transférés d'un pays à un autre ou d'une région à une autre. C'est pourquoi elle pose cette exigence : si la garantie des dépôts est commune, il doit y avoir aussi un cadre réglementaire commun. Et pour assurer un traitement équitable des banques dans toute la zone euro en cas de défaut de paiement, il faut une procédure commune de «résolution des défaillances bancaires», c'est-à-dire de règlement de la situation des banques en difficulté – celle où les déposants réclament qu'on leur rende plus d'argent que la banque n'a de liquidités pour les payer[13].

Réunis, ces trois dispositifs – garantie commune des dépôts, réglementation commune et procédure commune de résolution des défaillances bancaires – s'appellent «union bancaire». Et en 2014 on a eu *l'impression* qu'un consensus existait dans la zone euro sur la nécessité d'aller vers une union bancaire pour faire obstacle à la divergence croissante qui apparaissait. Mais l'Allemagne a fait valoir qu'il fallait procéder prudemment et progressivement. Elle a d'abord exigé qu'avant la garantie commune des dépôts, on mette en place la supervision commune (c'est-à-dire la réglementation). Depuis, elle semble avoir abandonné l'idée de consentir à une garantie commune des dépôts, du moins dans un avenir prévisible, *même s'il y a supervision commune et résolution commune des défaillances bancaires.*

Mais rester au milieu du guet, avec une supervision commune et pas de garantie commune des dépôts, serait pire que ne rien faire du tout. La supervision commune introduirait une nouvelle forme de rigidité en Europe. Or, comme je l'ai expliqué au chapitre précédent, un des problèmes majeurs de la zone euro est son manque de flexibilité, son incapacité à s'adapter aux conditions particulières des divers pays. Dans tous les pays, la gestion du système bancaire est une affaire délicate, notamment pendant une récession économique. Fermer des banques, ce n'est pas seulement porter un coup à leurs actionnaires et aux détenteurs de leurs obligations, mais aussi à leurs emprunteurs – qui auront peut-être du mal à trouver facilement une autre source de financement – et, en l'absence de garantie des dépôts, à leurs déposants.

Un des éléments de la pratique traditionnelle des banques centrales est la *tolérance* – un léger assouplissement des réglementations en temps de récession économique, qui permet à des banques qu'on aurait normalement fermées à cause de la faiblesse de leur bilan de poursuivre leurs activités. Évidemment, si on avait mieux réglementé les banques *avant* la récession, cette tolérance serait moins nécessaire. Mais les banquiers centraux et les régulateurs doivent faire face à la situation qu'ils ont trouvée.

Pour la zone euro, il est à craindre que l'application rigide de règles ne rende la tolérance plus difficile. Les décisions prises à Bruxelles et à Francfort risquent de ne pas être les plus adaptées aux économies des diverses régions de la zone. Il y aura des fermetures de banques qui coûteront très cher à l'économie de leur pays. En général, les régulateurs bancaires ne sont pas des économistes. Ils ne font qu'appliquer des règles. Mais cette application rigide de règles, sans garantie commune des dépôts, va rendre encore plus risqué pour les déposants de laisser leur argent dans les banques d'un pays faible : elle va probablement exacerber le problème de la divergence.

Les courses à la réglementation la plus laxiste

Ce ne sont pas seulement les *capitaux* que l'Europe a autorisé à circuler librement sur son territoire, mais aussi les sociétés financières et les produits financiers – si mal réglementés qu'ils soient dans leur pays d'origine.

En l'absence de réglementation adéquate au niveau de l'Union européenne, le principe du marché unique pour les sociétés financières et le capital financier a provoqué une course à la réglementation la plus laxiste, d'autant plus que les coûts des défaillances seront supportés, au moins en partie, par d'autres États. La défaillance d'une société financière impose des coûts à d'autres pays (comme la crise de 2008 l'a si clairement démontré) et les États, en général, ne prennent pas en compte ces « coûts extraterritoriaux ».

De fait, et tout particulièrement avant la crise financière mondiale de 2008, de fortes pressions s'exerçaient sur chaque pays pour qu'il assouplisse ses réglementations. Les sociétés financières menaçaient de s'en aller s'il ne le faisait pas[14].

Cette course au moins-disant réglementaire aurait existé entre pays européens même sans l'euro. D'ailleurs, les gagnants du concours d'avant 2008 ont été l'Islande et le Royaume-Uni : aucun de ces deux pays n'appartient à la zone euro (et l'Islande n'est même pas membre de l'Union européenne). Le Royaume-Uni était fier de son système de réglementation légère, c'est-à-dire, fondamentalement, d'autoréglementation – terme intrinsèquement contradictoire. Les dirigeants des banques ont fait passer leurs propres intérêts avant ceux des actionnaires et des détenteurs d'obligations, et les banques, en tant qu'institutions, ont fait passer leurs propres intérêts avant ceux de leurs clients. La Barclays Bank britannique a avoué qu'elle a manipulé le marché du LIBOR, le taux de prêt interbancaire de Londres, dont dépendent *350 000 milliards de dollars* de dérivés et d'autres produits financiers[15].

Mais la zone euro, *par sa conception même,* était potentiellement capable d'aggraver tout cela. Les défenseurs de l'euro soulignaient qu'il allait permettre aux produits financiers de circuler plus librement, puisque le risque de change avait été éliminé. Dans leur esprit, « innovation financière » signifiait « conception de meilleurs produits pour satisfaire les besoins des consommateurs et des entreprises ». C'est la théorie néolibérale classique. Les théories modernes montrent surtout des consommateurs et des entreprises imparfaitement informés et souvent irrationnels, qui opèrent sur des marchés caractérisés par une information imparfaite et asymétrique, où, en règle générale, on peut faire davantage de profit en exploitant ces imperfections du marché que par tout autre moyen. Les prix Nobel d'économie George Akerlof et Rob Shiller réunissent les preuves de ce comportement très répandu dans leur brillant ouvrage *Phishing for Phools*[16] – le titre reprend le terme désignant les activités des arnaqueurs qui pratiquent systématiquement sur Internet la « pêche aux imbéciles ». Puisque les produits financiers se déplaçaient toujours plus facilement dans toute l'Europe, cette belle occasion de profiter de tout un continent de dupes éventuelles, qu'on pourrait convaincre d'acheter des produits financiers inadaptés à leur situation, s'est révélée irrésistible.

Pourquoi il est difficile de réglementer

Les tentatives de réglementer le secteur financier dans divers pays du monde l'ont montré clairement : ce n'est pas facile. Ses lobbyistes bien payés abordent tout le monde avec le don le plus élevé ou la contribution de campagne la plus généreuse qu'autorisent le code électoral et les lois anticorruption du pays[17]. Bien entendu, le secteur financier exerce une énorme influence politique et réussit merveilleusement à persuader les politiciens qu'ils ne doivent pas « surréglementer ». Une réglementation exagérée, expliquent les lobbyistes, risquerait d'étouffer le système financier et de l'empêcher ainsi d'accomplir les tâches importantes dont il doit absolument s'acquitter pour que l'économie prospère. En conséquence, dans la plupart des pays, le secteur financier est sous-réglementé.

Disons que l'argent des banques rend leurs arguments plus convaincants, malgré le passé instructif qui montre les tristes conséquences de leur sous-réglementation – jusques et y compris la crise de 2008[18].

Avec cette influence politique qui s'exerce sur tout changement de la réglementation en Europe et aux États-Unis, il est pratiquement certain que les réformes qui ont été faites ne suffiront pas à empêcher une nouvelle crise. Dans certains domaines, comme la « finance de l'ombre », on a très peu avancé. Dans d'autres, comme les dérivés, on est largement revenu sur les progrès initiaux qu'on avait faits, du moins aux États-Unis[19].

Comment régler le problème

C'est justement à cause de la menace d'une course à la réglementation nationale la plus laxiste qu'il faut avoir une réglementation forte au niveau européen. Mais, en l'état actuel de la structure de gouvernance en Europe, ce sera encore plus difficile que d'obtenir une bonne réglementation dans un pays. Le Royaume-Uni défend vigoureusement son système de réglementation légère. Il a peut-être coûté à ses contribuables des centaines de milliards de livres. Néanmoins, les décideurs politiques ne voient aujourd'hui qu'une seule chose : les pertes potentielles de profits, de recettes fiscales et d'emplois qu'impliquerait toute tentative de réduire (ou d'ajuster aux besoins réels) la taille du secteur financier. À leurs yeux, les pertes subies il y a quelques années sont de l'histoire ancienne : elles n'ont leur place dans aucune conversation polie sur la réforme de la réglementation.

La réglementation et la supervision financières à l'échelon européen posent un autre problème : peuvent-elles être suffisamment sensibles aux conditions particulières des divers pays? Nous avons jugé plus haut peu probable qu'une supervision des banques pourrait l'être et le serait.

En l'absence d'un système adéquat de réglementation et de supervision financières au niveau de l'Europe ou de la zone euro, chaque pays a la responsabilité de protéger ses citoyens : il doit empêcher qu'on les escroque en leur vendant des produits financiers défectueux. Avoir des régimes de réglementation redondants est une grande cause d'inefficacité. Mais ces coûts ne sont rien comparés au mal que peut faire un secteur financier insuffisamment réglementé.

Le principe de la libéralisation du marché financier – les sociétés financières et les produits financiers sont autorisés à circuler librement dans toute l'Europe – doit être remplacé par une règle plus subtile : aucun pays ne peut prendre de mesures discriminatoires contre les produits financiers et les sociétés financières d'un autre pays membre, mais chaque pays peut exiger que toutes les banques soient suffisamment réglementées de la manière qui lui paraît convenable. Il peut exiger que les banques qui opèrent sur son territoire soient suffisamment capitalisées dans une entité juridique séparée (une filiale) au sein du pays – afin que ses citoyens soient payés en cas d'effondrement financier, ou que, en cas de plainte en justice pour pratiques frauduleuses, l'entreprise ait une valeur nette suffisante pour payer l'amende. Le pays aurait le droit de faire en sorte que son secteur financier soit stable, qu'il fasse ce qu'il doit faire et ne fasse pas ce qu'il ne doit pas faire[20].

LA DIVERGENCE ET LA LIBRE CIRCULATION DE LA MAIN-D'ŒUVRE

Un cadre économique qui associe libre circulation de la main-d'œuvre et dette liée au pays[21] (au lieu de résidence) crée de la divergence, exactement comme nous venons de le voir pour la libre circulation des capitaux. Il aboutit aussi à une allocation inefficace de la main-d'œuvre[22].

On peut s'en étonner. Après tout, dans la théorie classique, la libre circulation est censée garantir que les travailleurs iront là où leurs rendements (marginaux) sont les plus élevés. Ce serait vrai si le salaire d'un travailleur était égal à sa productivité (marginale), car, dans l'ensemble, la main-d'œuvre ira là où les salaires sont les plus élevés.

Mais ce qui intéresse les salariés, c'est leur salaire *après impôts*, et il ne dépend pas seulement de leur productivité (marginale) mais aussi des impôts. Or ceux-ci dépendent en partie du fardeau qu'impose une *dette héritée*. On le voit fort bien en Irlande, en Grèce et en Espagne. Les trois pays doivent faire face à une dette héritée écrasante, que sa mauvaise gestion macroéconomique et financière a encore gonflée. Dans le cas de l'Irlande, la Banque centrale européenne *a forcé* l'État à prendre en charge une partie des dettes des banques privées, à socialiser leurs pertes, bien que leurs profits antérieurs aient été privatisés[23].

Quand les productivités marginales sont les mêmes, cette situation aboutit à une migration : on quitte les pays très endettés pour s'installer dans ceux qui le sont moins. Et plus ceux qui s'en vont sont nombreux, plus le fardeau fiscal s'alourdit sur ceux qui restent, ce qui accélère le mouvement qui éloigne la main-d'œuvre d'une allocation efficace[24].

Au sein de la main-d'œuvre, les qualifiés sont plus mobiles que les non-qualifiés : c'est une autre force motrice de la divergence et de l'inégalité. Quand la main-d'œuvre qualifiée s'en va, on dit qu'un pays «se vide de l'intérieur», perd sa substance : le départ des qualifiés réduit les revenus et les perspectives de croissance. Cette «perte de substance» dérobe à ces pays les entrepreneurs qui auraient dû créer de nouvelles entreprises, et les universitaires qui auraient dû former une nouvelle génération de chercheurs. Cela rend le pays moins capable de rattraper son retard. Ce sont les travailleurs les plus pauvres, n'ayant pas la possibilité de quitter le pays, qui finissent par payer les erreurs de leurs parents – ou plus exactement des banquiers et des politiciens de la période précédente. Ils les paient doublement s'il y a complémentarité entre travailleurs qualifiés et non qualifiés (c'est-à-dire si la productivité des non-qualifiés s'accroît quand davantage de qualifiés travaillent avec eux). Dans ce cas, puisqu'il y a moins de travailleurs qualifiés, la rémunération des travailleurs non qualifiés sera plus faible. C'est incontestablement ce qui se passe en Grèce et dans certains autres pays en crise.

Et l'interaction entre flux de capitaux et flux de main-d'œuvre aggrave encore les choses : puisque les petites et moyennes entreprises ont moins accès au crédit, les possibilités de travail dans les pays en crise et dans les pays proches d'une crise se réduisent, ce qui incite encore plus à l'émigration, notamment les plus instruits et les plus compétents, qui peuvent trouver du travail ailleurs dans l'Union européenne.

Certes, à court terme, l'émigration peut avoir des avantages[25] pour le pays en crise : elle réduit le fardeau de l'assurance-chômage, et stimule le pouvoir d'achat intérieur quand de l'argent arrive de l'étranger (envoyé par les migrants à leur famille). Mais elle a aussi pour effet de camoufler la gravité de la récession réelle, puisqu'elle se traduit par un taux de chômage inférieur, très inférieur peut-être, à ce qu'il serait sans elle[26].

Ces « distorsions » créées par la fiscalité dans les structures de migration sont exacerbées par les différences dans les dépenses publiques. Les salariés ne se soucient pas seulement de leur salaire après impôts mais aussi des équipements fournis par les pouvoirs publics. Dans les pays qui ont hérité de grosses dettes, les recettes publiques pouvant être consacrées à ces équipements sont limitées, et c'est encore plus vrai dans les pays en crise, où la Troïka impose de terribles coupes dans les dépenses publiques.

De fait, la libre circulation, alimentée par l'obligation de rembourser les dettes héritées du passé et par les politiques qu'impose la Troïka pour garantir qu'elles seront remboursées, peut aboutir au dépeuplement de certains pays, parfois en exacerbant des forces naturelles du marché qui poussaient déjà dans cette direction. Comme nous l'avons vu au chapitre précédent, un des mécanismes d'ajustement importants aux États-Unis (dont les États partagent une monnaie commune) est la migration interne. Si cette migration conduit au dépeuplement de tout un État, cette situation inspire une certaine inquiétude, bien sûr, mais une inquiétude très limitée au regard des appréhensions justifiées des Grecs et des Irlandais, confrontés au dépeuplement de leur patrie, avec le risque qu'il représente pour leur culture et leur identité.

Comment régler le problème

À ces problèmes, il y a une solution *économique* partielle, et elle réglerait aussi certaines des questions macroéconomiques fondamentales exposées au chapitre précédent : éliminer la dette liée au lieu de résidence en créant des eurobonds – des obligations qui constituent un engagement commun[27]. L'Allemagne s'est opposée avec acharnement à cette idée et à d'autres projets semblables, mais elle n'a jamais proposé un autre moyen de corriger les inefficacités des déplacements de la main-d'œuvre dans la zone euro.

Cette réforme améliorerait les choses sur plusieurs plans. Les paiements d'intérêt dans les pays en crise seraient beaucoup plus bas. Ayant moins à dépenser pour le service de la dette, ces pays pourraient à la fois réduire les impôts et entreprendre des politiques budgétaires plus expansionnistes, ce qui augmenterait les revenus. Toutes ces évolutions réduiraient l'envergure des forces de divergence – tant l'émigration de la main-d'œuvre que la fuite des capitaux.

AUTRES SOURCES DE DIVERGENCE

J'ai présenté les deux sources de divergence peut-être les plus importantes : la fuite des capitaux et l'émigration de la main-d'œuvre particulièrement qualifiée. Mais il en existe trois autres qui méritent une brève mention.

Les divergences dans l'investissement public

Quand les économies s'affaiblissent, à cause des contraintes budgétaires imposées par les critères de convergence[28], les gouvernements de ces pays ne peuvent pas faire d'investissements compétitifs dans les infrastructures, la technologie et l'éducation. C'est vrai même si les rendements de ces investissements sont considérablement supérieurs au taux d'intérêt que le pays doit payer pour obtenir des fonds. Par conséquent, l'écart s'accroît entre pays forts et pays faibles au niveau de ces investissements et services publics, qui sont souvent complémentaires à l'investissement privé.

Ce mécanisme entre alors en interaction avec les deux formes de divergence déjà évoquées : si ces investissements publics sont complémentaires avec le travail et le capital – c'est-à-dire s'ils augmentent leur productivité –, les pays riches auront de plus hauts rendements *privés* sur le capital, même si le capital privé y est surabondant. Si ces pays ont une main-d'œuvre plus instruite (en raison d'investissements plus importants des pouvoirs publics dans le capital humain), le raisonnement est le même et les résultats aussi.

Il y a en économie du développement une anomalie remarquée de longue date : pourquoi le capital va-t-il manifestement des pays en développement vers ceux qui sont déjà développés[29] ? Une des réponses se trouve dans ces investissements publics de complément, qui augmentent le rendement des investissements privés.

Comment régler le problème

Un investissement au niveau de l'Europe, financé par la Banque européenne d'investissement (BEI), la banque de développement régionale de l'Europe, constitue une solution partielle. Mais même si la BEI est la plus grande institution de crédit multilatérale du monde, ses ressources sont limitées. Il faut une nouvelle recapitalisation de la BEI.

Certains proposent une seconde solution, voisine : créer des banques nationales de développement, dont les prêts d'investissement sont hors des comptes de l'État, donc hors du champ des critères de convergence. Mais il est pratiquement certain qu'en mettant en commun les risques des divers pays membres, la BEI peut obtenir des fonds à meilleur coût que la banque de développement d'un pays en crise, et c'est un avantage majeur. De fait, certaines banques de développement multinationales peuvent emprunter moins cher que n'importe lequel de leurs pays membres[30]. En revanche, une banque nationale de développement peut être mieux à même de faire le tri entre les PME qui souhaitent emprunter, donc être plus efficace pour le crédit aux PME. Certains pays (comme le Brésil) ont jugé utile d'avoir, en plus de l'établissement national, des banques de développement par État.

Sur un plan plus général, il faut réviser les limites sur les déficits pour faire la distinction entre dépenses de consommation et dépenses d'investissement, et autoriser les pays à emprunter au-delà de la limite des 3 % pour l'investissement[31]. Après tout, nous l'avons vu, ces investissements fortifient l'économie du pays.

Les divergences dans la technologie

Contrairement à la présomption de la théorie standard, il n'y a pas nécessairement de convergence naturelle entre les pays en matière de technologie (de savoir)[32]. Les pays en pointe restent en pointe. L'Asie orientale fait exception, mais les pays de cette région ont réussi à converger par des politiques actives de l'État, qu'on appelle des *politiques industrielles.* Ils ont compris que c'est un écart de savoir qui sépare les pays avancés des moins avancés, et que le savoir, par lui-même, ne circule pas librement[33]. Les marchés du savoir ne sont pas bien décrits par le modèle économique standard; en général, les économies dans lesquelles le savoir est important ne sont pas efficaces : les marchés investissent trop peu, et souvent dans le mauvais sens[34]. Et, par eux-mêmes, ils n'éliminent pas nécessairement l'écart du savoir.

Il est d'ailleurs bien connu que les rendements d'échelle croissants associés à l'innovation (quand les ventes sont plus importantes, les rendements à attendre d'un investissement dans la recherche-développement grandissent de manière disproportionnée) donnent aux grandes entreprises un avantage sur les petites. Il peut y avoir des économies d'envergure, où la recherche dans un domaine apporte des avantages à d'autres et des débordements d'une entreprise à une autre, comme le reflète le phénomène des grappes d'activités. La conséquence de ces économies d'échelle et d'envergure est claire : les pays qui ont des avantages techniques les conservent souvent, sauf intervention de forces contraires mises en place par des politiques publiques.

Les politiques visant à combler l'écart des technologies s'appellent, on l'a dit, des «politiques industrielles» – même quand elles concernent d'autres secteurs de l'économie, comme les services. Mais les politiques de ce type sont prohibées, ou du moins inhibées, par les lois européennes sur la concurrence[35]. La logique de ces lois est compréhensible *si l'on croit que les marchés, laissés à eux-mêmes, convergent* : on ne veut pas qu'un pays précis fasse la courte échelle à une entreprise précise en lui accordant le soutien artificiel d'une aide de l'État[36].

Si les forces naturelles du marché ne mènent pas à la convergence mais à la divergence, ou du moins au maintien des avantages, la prohibition des politiques industrielles n'a d'autre effet que de préserver et d'exacerber les différences. Un cynique dira peut-être que c'était bien l'intention de ces lois : perpétuer les rapports de forces existants. Mais je suis convaincu que le moteur de la législation en Europe a été l'idéologie et les croyances erronées sur l'économie plus que l'intérêt personnel au sens étroit. Selon la vision dominante chez les partisans des politiques néolibérales à l'époque où l'euro a été fondé – vision largement discréditée depuis –, les forces du marché allaient conduire par elles-mêmes à la convergence, et les politiques industrielles n'étaient donc ni nécessaires ni efficaces.

Évidemment, les divergences techniques exacerbent toutes les autres divergences déjà citées. Si la technologie est meilleure en Allemagne qu'au Portugal, les capitaux passeront du pays pauvre en capital au pays riche en capital, et la main-d'œuvre qualifiée en fera autant.

Comment régler le problème

Là encore, il y a une solution simple à ce problème de divergence : au lieu de décourager les politiques industrielles, la zone euro doit les encourager activement, notamment pour les pays qui prennent du retard. Ces politiques actives sont porteuses d'une promesse de convergence *réelle.*

La divergence dans la fortune

Pour terminer, il y a une divergence dans la *fortune.* J'ai montré au dernier chapitre que, lorsque le taux de change est fixé pour que la zone euro en bloc soit en équilibre, l'Allemagne a un excédent commercial et la périphérie un déficit. Avoir un excédent commercial signifie simplement prêter au reste du monde ; avoir un déficit commercial veut dire emprunter. C'est peut-être l'aspect le plus perturbant de la divergence dans la zone euro : certains pays, tout particulièrement l'Allemagne, sont devenus des pays créanciers, et d'autres, des pays débiteurs. Cette situation crée une divergence d'intérêts et de visions économiques : elle rend d'autant plus difficile de faire fonctionner une monnaie commune au bénéfice de tous.

LES POLITIQUES DE CRISE EXACERBENT LA DIVERGENCE

Le chapitre 3 a montré l'ampleur des divergences qui sont apparues en Europe. Certaines, comme je l'ai expliqué, sont le résultat naturel de la zone euro telle qu'on l'a construite. Mais d'autres résultent des politiques adoptées par la zone euro pour réagir à la crise.

Nous avons signalé, par exemple, que les éléments les plus compétents quittaient massivement un pays écrasé par une lourde dette liée au lieu de résidence. L'austérité a exacerbé l'émigration simultanée des capitaux et des travailleurs hors des pays pauvres. Comme je l'expliquerai plus longuement dans les chapitres qui suivent, l'austérité aggrave et prolonge les récessions, et les investisseurs n'aiment pas investir dans des pays en récession, donc l'argent part vers d'autres cieux, où les conditions économiques sont meilleures. Le chômage de masse induit le même phénomène : il incite à l'émigration, et le poids de la dette par habitant devient d'autant plus lourd pour ceux qui restent. Les coupes dans les services publics, liées à l'austérité et au sous-investissement de l'État – par exemple dans les infrastructures, la technologie et l'éducation – ont le même effet : avec elles, vivre et investir dans les pays touchés est moins attrayant.

Pour aggraver encore les choses, les politiques de la Troïka à Chypre et en Grèce ont accéléré la fuite des capitaux hors des systèmes bancaires de ces pays – ou de tous les pays gravement touchés. La Troïka a démontré que, quoi que puisse dire un gouvernement sur la garantie des dépôts, elle est prête, pour sa part, même pour les petits déposants, au moins à envisager des prélèvements importants (les déposants ne pourront alors récupérer qu'une partie de la valeur de leurs dépôts bancaires). Elle a aussi démontré que, pour imposer ses souhaits, elle était prête à prendre des mesures qui *forçaient* à fermer temporairement les banques d'un pays – ce qui, évidemment, rend encore plus risqué d'avoir de l'argent dans les banques des pays faibles et incite à le transférer dans des banques plus solides, en Allemagne et ailleurs.

Les efforts récents pour ressusciter l'économie de la zone euro ont créé de nouvelles sources potentielles de divergence, dont nous ne pourrons mesurer l'importance qu'avec le temps. Dans le cadre des politiques annoncées début 2016, la BCE peut acheter des obligations d'entreprises. Mais les obligations qu'elle peut et va probablement acheter sont celles des grandes compagnies allemandes et françaises, ce qui va leur donner une fois de plus un avantage sur les entreprises des autres pays.

Les « réformes » en cours risquent d'aggraver l'instabilité et la divergence

Il est clair que la zone euro n'a pas fonctionné comme prévu. Naturellement, ce constat a incité à des réformes. Elles ont créé, au niveau de la zone euro dans son ensemble, un filet de sécurité de 500 milliards d'euros (environ 550 milliards de dollars) pour les pays et les banques en difficulté[37]. J'ai aussi analysé le projet d'union bancaire – et expliqué pourquoi la demi-mesure actuellement envisagée est peut-être pire que le *statu quo*.

Il y a deux autres réformes, l'une concernant toute la zone euro, l'autre intégrée au programme le plus récent d'un pays en crise, qui sont encore plus désastreuses : des mouvements de grande ampleur dans la mauvaise direction.

Voici la première. J'ai souligné plus haut que l'Allemagne avait mal diagnostiqué la raison pour laquelle la zone euro ne fonctionnait pas comme elle était censée le faire : elle accusait la prodigalité budgétaire. On a donc doublé la mise sur ces théories, en exigeant que les membres de la zone euro prennent des engagements encore plus contraignants sur leur déficit et leur dette, avec des sanctions sévères pour ceux qui ne les respecteraient pas. C'est ce qu'on a appelé le « pacte budgétaire », et il laisse présager une époque d'activité économique encore plus faible dans la zone euro.

La seconde réforme fait partie du nouveau programme introduit pour la Grèce à l'été 2015. La Troïka, nous l'avons dit, a constamment sous-estimé l'ampleur de la récession provoquée par les politiques qu'elle impose, donc surestimé l'amélioration de la position budgétaire à en attendre. Dans les faits, l'austérité réellement infligée a été un peu adoucie par les réalités intérieures de la Grèce[38].

La mauvaise nouvelle est que la Troïka entend à présent imposer que les résultats budgétaires qu'elle a prévus soient vraiment atteints. Si les dépenses s'avèrent supérieures ou les recettes fiscales inférieures à ses anticipations initiales – par exemple, parce que la récession a été plus grave qu'elle ne l'avait prévu –, les dépenses publiques seront obligatoirement réduites et les impôts augmentés. Ce sera un puissant *déstabilisateur* automatique. Puisqu'il affaiblira l'économie, les recettes fiscales seront moindres que prévu, donc la Grèce sera contrainte d'augmenter encore davantage les impôts, ce qui affaiblira encore plus l'économie[39].

Comment la libre circulation encourage des « réformes » qui aggravent l'instabilité et l'inégalité

Nous nous sommes concentrés sur les coups portés à la stabilité de l'économie européenne par la création de la zone euro et par les politiques qu'elle a adoptées face à la crise. Mais d'autres facteurs sont aussi à l'œuvre en Europe, et ils déstabilisent encore plus le système économique. Voici le principal : l'impôt progressif et les prestations sociales importantes fonctionnent comme de puissants stabilisateurs *automatiques*; puisque, dans une grande partie de l'Europe, les systèmes fiscaux sont devenus moins progressifs et que les prestations sociales ont été sabrées, il faut s'attendre à davantage d'instabilité économique.

La libre circulation de la main-d'œuvre et des capitaux a contribué à cette évolution fâcheuse. La course au moins-disant, que nous avons évoquée plus haut pour la réglementation, s'est produite aussi pour les impôts. Les pays sont en concurrence pour attirer les entreprises, les capitaux et les personnels très qualifiés, et un des moyens qu'ils emploient consiste à leur proposer des impôts plus bas. Plus la mobilité est facile, plus il est difficile d'avoir une fiscalité très progressive. Les particuliers riches menacent de s'en aller, de s'installer ailleurs, eux et leurs entreprises.

Les pires exemples ont été le Luxembourg et l'Irlande : ils ont accordé, de fait, à certaines des plus grandes multinationales une exemption fiscale totale – un moyen légal d'éviter de payer les impôts qu'elles auraient dû payer[40]. Avec la libre circulation des marchandises, les entreprises peuvent se localiser dans un territoire à fiscalité faible au sein de l'Union européenne et vendre leurs biens partout dans l'Union européenne.

La moindre progressivité qui en résulte dans le système d'impôts-et-transferts s'est traduite par une augmentation des inégalités de revenu et de fortune *à l'intérieur* de la plupart des pays de la zone euro[41] – aggravant ainsi les effets de la divergence entre les pays à laquelle la structure de la zone euro contribue par tant de mécanismes.

CONCLUSION

Bricoler un système économique peut être dangereux, sauf si l'on sait réellement comment il fonctionne. Et puisque les systèmes économiques évoluent constamment, savoir comment ils fonctionnent est vraiment difficile. Les fondateurs de l'euro ont changé les règles du jeu. Ils ont fixé le taux de change et centralisé la détermination du taux d'intérêt. Ils ont créé de nouvelles règles régissant les déficits, et de nouvelles règles gouvernant le système bancaire. Leur hubris leur a fait croire qu'ils comprenaient le fonctionnement du système économique, qu'ils pouvaient le bricoler sur ces points majeurs et le rendre plus performant.

L'Europe pensait qu'elle comprenait mieux les marchés, que les marchés étaient de plus en plus raffinés – comme le prouvaient les « progrès » et « innovations » des marchés financiers –, et que, conjointement, ces deux évolutions aboutiraient à un meilleur fonctionnement du système économique. Avec un marché plus vaste, régi par de meilleures règles, et une monnaie unique, on aurait un système économique encore meilleur. Ce n'est pas ce qui s'est passé. J'ai expliqué comment, avec les meilleures intentions, l'Europe a créé un système économique plus instable et plus divergent – un système où les pays riches s'enrichissent et les pays pauvres s'appauvrissent, et où l'inégalité s'accroît au sein de chaque pays.

Les détails comptent. On ne peut pas dire simplement : la libre circulation des capitaux améliore l'efficacité. Il faut savoir ce qui se passe quand une banque fait faillite. Qui paie la facture ? On ne peut pas dire simplement : la libre circulation de la main-d'œuvre améliore l'efficacité. Il faut avoir quelques lumières sur la conception du système fiscal, et savoir qui paie les dettes passées d'un pays.

Et surtout, on doit connaître la politique monétaire, savoir ce qu'est une banque centrale. Des banques centrales bien conçues peuvent conduire à plus de stabilité et à une économie qui fonctionne mieux. Une banque centrale mal conçue peut faire monter le chômage et décélérer la croissance. Le chapitre suivant examine les erreurs commises par la zone euro dans la construction de son institution centrale la plus importante, la Banque centrale européenne.

CHAPITRE 6

La politique monétaire et la Banque centrale européenne

Au cœur de l'union monétaire, il y a la Banque centrale européenne (BCE), l'institution qui s'est révélée la plus forte et la plus efficace de la zone euro, et peut être de toute l'Union européenne. De fait, Mario Draghi, président de la Banque centrale européenne depuis 2011, a peut-être sauvé la zone euro : la BCE fera *tout ce qu'il faudra* pour préserver l'euro, a-t-il dit dans un célèbre discours[1] ; et, en prononçant ces mots, il a rétabli la confiance dans les obligations des pays attaqués.

En l'occurrence, la BCE a joué un rôle constructif pour protéger la zone euro. Mais, au vu de son mandat, de sa gouvernance et de ses actes au fil de sa quinzaine d'années d'existence, on peut se demander si, sous sa forme actuelle, elle est « adaptée à la tâche ». Peut-elle et veut-elle conduire une politique monétaire qui garantisse la croissance, la stabilité et la prospérité commune de toute la zone euro ? La BCE a pour mission de se concentrer uniquement sur l'inflation – alors qu'aujourd'hui, nous l'avons vu, le problème vital auquel l'Europe est confrontée est le chômage, et que beaucoup craignent la déflation, la baisse des prix. Plus largement, son comportement semble parfois manifester ce que ses censeurs voient comme son défaut fondamental : la mauvaise gouvernance, preuve du déficit démocratique qui, nous l'avons relevé au chapitre 2, mine le projet européen en général. Ce qu'elle fait paraît souvent correspondre aux intérêts et aux perceptions des banquiers plus qu'à ceux des citoyens des pays qu'elle est censée servir.

Ce chapitre soutiendra que ceux qui adressent ces critiques à la BCE ont fondamentalement raison. Comme l'euro lui-même, la BCE a été mal conçue dès le départ. On l'a construite sur la base de certaines thèses idéologiques qui étaient alors à la mode. Mais ces croyances ont été de plus en plus remises en cause, en particulier au lendemain de la crise financière mondiale de 2008. Si d'autres banques centrales, notamment la Federal Reserve des États-Unis, se sont réformées, en se concentrant bien davantage sur le chômage et la stabilité du marché financier – et même en commençant à parler des effets de leurs politiques sur l'inégalité –, le mandat de la BCE est limité, par le traité de Maastricht de 1992, à une concentration obsessionnelle sur l'inflation.

La BCE a un problème plus grave : l'absence de responsabilité démocratique. Les conservateurs ont essayé de faire passer la politique monétaire pour une compétence technocratique. Embauchons les meilleurs technocrates, nous aurons la meilleure politique monétaire. La crise de l'euro et la crise financière mondiale, où les banques centrales ont joué un rôle vraiment déterminant, ont révélé que ces banques prennent des décisions extrêmement politiques. Mais les banques centrales ont toujours pris des décisions politiques – même si leur tâche se limitait à évaluer les risques d'inflation ; elles faisaient seulement semblant d'être purement technocratiques. Les décisions de faire de la BCE une entité indépendante, n'ayant à rendre de comptes convenablement devant aucune instance politique, et de la concentrer exclusivement sur l'inflation étaient elles-mêmes des décisions politiques, qui avaient de fortes conséquences sur la répartition.

Dans ce chapitre, je vais décrire les vices structurels de la BCE et montrer comment ils se sont traduits en décisions concrètes, dont certaines ont été efficaces, mais dont d'autres ont affaibli l'économie de la zone euro et accru les écarts en son sein.

LE MANDAT ANTI-INFLATION

Quand on a fondé la BCE en 1998 dans le cadre du processus de création de l'euro, on l'a expressément conçue en cherchant à limiter ce qu'elle pourrait faire. On lui a donné un mandat unique et clair : maintenir la stabilité des prix[2]. Il est nettement différent de celui de la Federal Reserve américaine, qui est censée non seulement lutter contre l'inflation mais aussi promouvoir la croissance et le plein emploi. Au lendemain de la crise de 2008, la Federal Reserve a reçu un mandat supplémentaire : maintenir la stabilité financière. Il était paradoxal qu'on ait dû ajouter ce point à la liste, car la Federal Reserve avait été fondée en 1913 pour protéger l'intégrité du système financier après la panique de 1907. En fait, dans les décennies qui avaient précédé sa fondation, le problème auquel faisait face l'économie américaine était la déflation.

Au fil du temps, une croyance a grandi dans de vastes composantes de la profession des économistes (notamment chez les conservateurs, qui adhéraient à la théorie que j'ai appelée plus haut « néolibéralisme » ou « fondamentalisme du marché ») : pour avoir de bons résultats macroéconomiques, il est nécessaire, et presque suffisant, d'avoir une inflation faible et stable, maintenue dans cet état par les autorités monétaires. Bien entendu, nous savons maintenant que c'est faux : les ravages qu'a effectués la crise financière sont infiniment supérieurs à tout dommage qu'aurait pu infliger une inflation autre que galopante. Au chapitre 3, j'ai dit que, dans le seul cas de l'Europe, la perte cumulée de PIB due à la crise financière se chiffre en milliers de milliards de dollars. Personne, pas même le partisan le plus ardent de la concentration de la BCE sur l'inflation, n'a jamais imaginé que le coût de l'inflation pourrait ne serait-ce qu'approcher un tel chiffre. Les priorités de la banque étaient fausses, mais ce n'était pas la faute de la BCE : sa mission, c'était l'inflation ; elle faisait ce qu'on lui avait dit de faire, tout simplement.

Cette croyance – la banque centrale doit se concentrer sur l'inflation – reposait sur une idéologie simpliste, soutenue par des modèles macroéconomiques simplistes, qui postulaient des marchés efficaces[3]. Cette idéologie avait été fondamentalement intégrée à la charte de la Banque centrale européenne[4], qui lui donnait mandat d'agir «conformément au principe d'une économie de marché ouverte où la concurrence est libre, en favorisant une allocation efficace des ressources[5]». L'Europe semblait dire qu'une économie de marché ouverte où la concurrence est libre aboutit à une allocation efficace des ressources, malgré le corpus économique massif de travaux de recherches, théories et preuves empiriques qui montre que ce n'est pas le cas *en l'absence d'une réglementation adéquate de l'État.*

Donc, selon la vision qui était au fondement de la BCE, l'État était le problème, et il fallait lui imposer des contraintes. L'étalon-or l'avait fait, mais, sous l'étalon-or, la masse monétaire était fondamentalement aléatoire, déterminée par la chance, la découverte fortuite de nouvelles sources d'or (ou d'autres métaux précieux, si on les avait intégrés au système monétaire). Le résultat de ce «système» était une période de forte inflation quand l'offre d'or augmentait énormément – par exemple après la découverte du Nouveau Monde – et des périodes de déflation, comme la fin du XIXe siècle aux États-Unis, quand il y avait pénurie d'or[6]. Au XXe siècle, le monde est passé des devises gagées sur l'or à des monnaies fiduciaires – dont les billets, et les pièces de vil métal, n'étaient soutenus que par la garantie de l'État; c'était cette garantie qui donnait à ces bouts de papier leur valeur. Avec le papier-monnaie, le risque était clair : l'État pouvait en imprimer trop, et les prix deviendraient alors incontrôlables, ce qui allait interférer avec les souples mécanismes du marché. On ne devait donc s'inquiéter que d'une chose : l'inflation. La tâche de la banque centrale était de l'empêcher, en régulant la quantité de monnaie.

Il y avait un point de vue contraire, qui s'était développé au lendemain de la Grande Dépression. L'intervention de l'État pouvait aider à ramener l'économie au plein emploi plus vite que le marché ne l'aurait fait tout seul. La politique monétaire et la politique budgétaire (les modifications de la fiscalité et des dépenses publiques) étaient toutes deux nécessaires – le rôle relatif de chacune variant selon les circonstances. Aux États-Unis, ces idées ont été intégrées à la législation par l'Employment Act de 1946, qui a assigné à l'État fédéral la responsabilité du maintien de la stabilité des prix *et de l'emploi*[7].

De plus, les pires fluctuations de la production et de l'emploi étaient créées par les marchés eux-mêmes; ce n'étaient pas de purs phénomènes naturels. Cela a été particulièrement flagrant en 2008 : c'est une bulle immobilière faite par l'homme qui a abattu l'économie mondiale. Mais la crise de 2008 ne constituait que la manifestation la plus récente de problèmes qui étaient le fléau du capitalisme depuis ses débuts[8]. Dans les quarante dernières années, les économistes ont fini par comprendre les «échecs du marché» qui sont à l'origine des bulles, des booms, des paniques et des récessions. Les échecs du marché sont particulièrement répandus sur les marchés financiers. Une bonne réglementation de ces marchés peut au moins réduire la fréquence et la gravité des crises provoquées par les excès de leurs acteurs. Les réglementations introduites après la Grande Dépression ont empêché son retour pendant près d'un demi-siècle. Notons bien que, si certains banquiers centraux reconnaissaient que l'«exubérance irrationnelle[9]» pouvait amener les marchés à un comportement déraisonnable, ils n'en refusaient pas moins d'intervenir pour juguler les bulles. Leur attachement à l'idéologie des marchés libres était trop fort.

Sur les deux rives de l'Atlantique, les banquiers centraux surestimaient la rationalité des marchés et sous-estimaient les coûts que des marchés sous-réglementés pouvaient imposer au reste de la société. À la base de ces défaillances, il y avait d'autres défaillances : ils ne comprenaient pas les liens des sociétés financières entre elles et avec l'économie «réelle», et ils ne saisissaient pas les incitations auxquelles étaient confrontés les décideurs dans le secteur financier; ces incitations conduisaient naturellement les participants au marché à prendre des initiatives à courte vue marquées par l'excès de risque – dont certaines créaient un risque systémique, ce qui rendait plus instable l'ensemble du système économique et financier[10].

LES CONSÉQUENCES DE LA FIXATION SUR L'INFLATION

Si la conséquence la plus évidente, et la plus coûteuse, de la fixation sur l'inflation a été l'attention insuffisante prêtée à la stabilité financière, même en dehors de la crise l'Europe a payé au prix fort sa décision d'imposer un mandat trop étroit à la BCE. Avec une BCE qui ne s'intéressait pas du tout au chômage, il était pratiquement inévitable que le taux de chômage moyen serait plus haut – plus haut que si le plein emploi avait compté parmi ses mandats principaux, et cela indépendamment de l'existence ou non d'une crise. En toutes circonstances, l'écart entre la production réelle et la production potentielle aurait été plus important.

Un mandat anti-inflation peut aussi inspirer une réaction contre-productive à une crise, notamment quand cette crise s'accompagne d'une inflation par les coûts, provoquée par une hausse des prix de l'énergie ou des denrées alimentaires, par exemple. Dans ce type de situation, les travailleurs souffrent déjà de l'inflation due à la hausse des cours du pétrole. Mais ensuite on leur dit : « Pour vous, ce sera double peine ! » Une hausse des taux d'intérêt (relevés pour lutter contre l'inflation) va réduire la demande, ce qui va peser à la baisse sur l'emploi et les salaires[11].

La concentration obsessionnelle sur l'inflation était particulièrement inadaptée à un contexte mondial où les autres banques centrales avaient des mandats plus flexibles. Quand la Federal Reserve a réduit les taux d'intérêt pour réagir à la crise, la persistance du souci de l'inflation en Europe a empêché de contrebalancer les mesures de la banque centrale américaine par des baisses de taux d'intérêt équivalentes en Europe[12]. La conséquence en a été une appréciation de l'euro (puisque les taux d'intérêt *relatifs* plus élevés faisaient monter la demande d'obligations européennes), avec des effets négatifs sur la production en Europe. Si la BCE avait pris des mesures pour faire baisser le taux de change de l'euro, elle aurait stimulé l'économie, en compensant partiellement les effets de l'austérité. Mais non, elle a permis aux États-Unis de se livrer à une dévaluation compétitive contre elle[13].

En Amérique, certains se félicitaient de ces bévues de l'Europe – au moins par égoïsme à courte vue. L'Europe nous faisait un gros cadeau, en nous permettant d'exporter davantage aux dépens de ses propres exportations et d'importer moins de produits européens. C'est une des raisons pour lesquelles la reprise a été plus forte aux États-Unis qu'en Europe ; et une des raisons pour lesquelles l'Europe a végété.

Bref, l'effet net de la concentration de la BCE sur l'inflation, c'est moins de croissance et moins de stabilité – ce qui ne manque pas de sel, puisque l'objectif officiel du cadre économique de la zone euro était de promouvoir la croissance et la stabilité. Mais le cadre créé par la zone euro pour la BCE était pire encore, nous allons le voir : d'autres contraintes imposées à la BCE l'ont rendue encore moins apte à promouvoir la stabilité et la croissance ; et sa manière de mener la politique monétaire garantissait que toute croissance éventuelle bénéficierait de façon disproportionnée aux plus riches. La BCE a contribué à accélérer l'ascension de l'inégalité en Europe.

LES CONTRAINTES IMPOSÉES AUX AUTORITÉS MONÉTAIRES

Depuis longtemps, certaines batailles livrées sur la politique monétaire ont pour enjeu les contraintes qu'il convient d'imposer aux autorités qui les mènent. Le mandat de se concentrer *exclusivement* sur l'inflation est un exemple de contrainte majeure. Les conservateurs n'ont pas confiance en l'État – et la banque centrale fait partie de l'État. Certains, comme l'archiconservateur Milton Friedman, croient même que ce sont les banques centrales qui ont provoqué la Grande Dépression, en restreignant la masse monétaire[14]. La politique qu'elles ont suivie pendant la crise de 2008 a beaucoup aidé à réfuter sa théorie : partout les banques centrales ont accru la masse monétaire massivement. Si la théorie de Friedman avait été juste, l'économie aurait vite rebondi jusqu'au plein emploi et aurait même connu des problèmes d'inflation. Mais en réalité, la croissance économique au Japon, en Europe et aux États-Unis a été anémique, et de nombreux pays ont même été confrontés à la déflation.

La pensée courante chez les banquiers conservateurs, y compris à la BCE, restreignait encore davantage l'action des banques centrales. Des économistes conservateurs comme Friedman estimaient qu'elles ne devaient porter aucun jugement discrétionnaire, mais se contenter d'augmenter la masse monétaire à un taux précis[15]; puis, quand cette théorie s'est avérée incapable de stabiliser l'économie, les conservateurs ont conclu que les banques centrales devaient accroître ou réduire la masse monétaire en suivant une formule simple, dictée par le taux d'inflation.

Il fallait aussi limiter, disaient-ils, l'ensemble d'instruments dont elles pourraient disposer : les banques centrales devaient exclusivement acheter et vendre des bons d'État à court terme. Les membres allemands du conseil d'administration de la BCE ont résisté à l'introduction de l'assouplissement quantitatif (*quantitative easing*, QE) – qui supposait l'achat d'obligations à long terme, dont certaines ne seraient peut-être même pas des bons d'État –, alors que les autorités monétaires américaines et japonaises l'avaient ajouté depuis longtemps à leur boîte à outils[16]. (Le QE était censé stimuler l'économie en réduisant les coûts d'emprunt à long terme, en faisant baisser le taux de change et en augmentant la valeur du marché boursier. En pratique, ces effets se sont révélés de faible envergure.)

Ces limites rétrécissaient considérablement le champ de ce que pouvait faire la BCE – au-delà même de celles que lui imposait son mandat anti-inflation. Après la crise, notamment, la BCE, l'institution économique la plus importante de la zone euro, s'est trouvée confrontée à une tâche impossible : ramener *tous* les pays de la zone euro au plein emploi alors qu'elle était pratiquement paralysée.

L'absence de politique budgétaire – puisqu'il y avait peu de dépenses au niveau de l'Union européenne et qu'on imposait à chaque pays des limites sur son endettement – faisait peser sur la politique monétaire un fardeau particulièrement lourd. Même en l'absence de toute contrainte, les pouvoirs de la BCE, son aptitude à maintenir la croissance et l'emploi dans toute la zone euro, étaient limités. Mais au lieu de se demander comment *maximiser* ses possibilités d'agir, les conservateurs qui ont conçu la BCE ont essentiellement cherché à lui poser des bornes. Ils ont fait une fixation sur le risque de dérapage, où une BCE trop exubérante conduirait à l'inflation, et pas sur son potentiel d'intervention positive en faveur d'une stimulation de la croissance et de l'emploi.

En élargissant les instruments de la BCE à des mesures de réglementation (des exigences en matière de capital et des normes de fonds propres pour les banques, par exemple), on aurait pu élaborer une politique financière plus nuancée, sensible aux différences de situations économiques dans des pays différents. Des politiques de réglementation discrétionnaires auraient pu permettre à la BCE d'influencer différemment le crédit selon les pays. J'ai expliqué que si, avec l'euro, il n'y a qu'un seul taux d'intérêt en euros pour les obligations réellement sans risque dans toute la région, les entreprises qui empruntent dans des pays différents peuvent se trouver confrontées à des coûts du capital nettement différents. Celles qui se trouvent dans des pays faibles doivent payer un taux d'intérêt plus élevé – alors qu'en fait il leur faudrait un taux plus bas. Si l'on donnait au moins aux banques des pays faibles la marge nécessaire pour qu'elles prêtent davantage, on pourrait rendre la partie moins inégale, et faire en sorte d'atténuer la contraction du crédit dans ces pays[17].

Avec leur foi dans les marchés, les néolibéraux ne jugeaient pas vraiment nécessaire d'utiliser la politique monétaire pour maintenir l'économie au plein emploi ; et il ne leur semblait pas vraiment utile non plus de recourir à des réglementations financières pour prévenir les « excès ». Aux yeux des conservateurs, l'idéal était la « banque libre », l'absence de *toute* réglementation. Milton Friedman avait persuadé le sinistre dictateur chilien Augusto Pinochet de tenter l'expérience à partir de 1975. Les résultats, désastreux, étaient prévisibles et avaient été prédits : les banques ont créé du crédit sans aucune prudence et, quand la bulle du crédit a fini par éclater, le Chili a sombré dans une grave récession. Ce n'est que bien plus tard, plus d'un quart de siècle après ces événements, que la dette qu'avait dû contracter le Chili pour se sortir de ce chaos a été enfin remboursée. Plus récemment, la Grande Récession a donné un parfait exemple des dangers des marchés sous-réglementés.

Les banques centrales peuvent jouer un rôle important non seulement pour empêcher le secteur financier d'imposer au reste de la société des nuisances (des « externalités négatives », comme les pratiques abusives des cartes de crédit et l'excès de risque), mais aussi pour aider à garantir que ce secteur fera ce qu'il est censé faire – fournir du crédit aux petites entreprises, par exemple[18].

Soyons juste : il y a des désaccords entre économistes sur ces problèmes. Les keynésiens sont particulièrement sensibles au gaspillage des ressources, à la souffrance humaine, aux coûts à long terme d'une croissance moins dynamique, phénomènes qui résultent tous d'un chômage massif nullement nécessaire. Dans sa structure comme dans son fonctionnement, la BCE a fait un choix politique, qui reflète les idées des économistes conservateurs.

LA NATURE POLITIQUE DE LA POLITIQUE MONÉTAIRE

Comme nous l'avons dit dans la préface, on a compris depuis longtemps que la politique monétaire, malgré son apparence technique, est de nature politique : l'inflation réduit la valeur réelle de ce que doivent les débiteurs, elle leur donne un coup de main aux dépens des créanciers. Donc ne soyons pas surpris de voir les banquiers et les investisseurs des marchés obligataires si violemment hostiles à l'inflation. Mais la lutte contre l'inflation passe en général par une hausse des taux d'intérêt, qui réduit la croissance et nuit à l'emploi et aux travailleurs. Déterminer un équilibre entre chômage et inflation est, ou devrait être, une décision politique.

Dans la crise de 2008, des centaines de milliards de dollars ont été, de fait, donnés (ou prêtés à des taux d'intérêt inférieurs à ceux du marché) par les banques centrales des pays avancés aux banques de dépôt : ce fut le programme d'assistance publique au secteur privé le plus massif de tous les temps. Cette aide sociale aux entreprises, destinée aux banques souffrantes, a été incomparablement supérieure à tous les programmes de prestations sociales jamais conçus par n'importe quel État pour alléger les souffrances des simples particuliers. L'argent a été en grande partie remis par le biais des banques centrales, et non attribué aux banques par le vote des parlements ou des congrès nationaux – il s'agit, là encore, d'un acte intensément politique, hors de toute responsabilité démocratique[19].

Si la politique monétaire était une question purement technique, on pourrait la laisser à des technocrates. Mais elle ne l'est pas. Elle a de vastes conséquences sur la répartition. De fait, les banques centrales ont peut-être joué un rôle important dans l'intensification de l'inégalité.

LA MONTÉE DE L'INÉGALITÉ

Aujourd'hui, dans la plupart des pays du monde, l'inégalité est perçue comme une des menaces principales contre la prospérité future. À Davos, où les dirigeants économiques du monde se réunissent tous les ans en janvier, les rapports récents sur les risques mondiaux la mettent régulièrement en tête de liste ou à proximité[20]. L'inégalité est importante parce que les sociétés divisées fonctionnent mal ; elle crée un manque de cohésion qui a des conséquences sociales, économiques et politiques. Dans mon livre *Le Prix de l'inégalité*, j'ai expliqué par quels mécanismes la hausse de l'inégalité conduit à la baisse du dynamisme économique : moins de croissance et plus d'instabilité. Depuis, de très nombreuses études, au FMI et ailleurs, ont confirmé cette analyse[21].

Malheureusement, les banques centrales du monde entier, et notamment la BCE, ont pour l'essentiel ignoré leur rôle dans la création de l'inégalité. Leur concentration excessive sur l'inflation – même quand la formulation de leur mandat était plus large – a fait monter le chômage, donc accru l'inégalité. Les politiques des banques centrales ont contribué à faire baisser les salaires. Dans les récessions, en général, les salaires réels diminuent, mais ensuite, quand vient la reprise, dès qu'ils se remettent à augmenter, les faucons du combat anti-inflationniste hurlent que l'inflation menace, on relève les taux d'intérêt et le chômage remonte à un niveau qui rend difficile tout nouveau progrès des salaires[22].

Le rôle de la BCE dans le développement de l'inégalité a été pire. Les banquiers centraux exercent une énorme influence, qui va au-delà de la politique monétaire au sens strict – leurs tâches ordinaires, comme fixer les taux d'intérêt et déterminer la masse monétaire. On attend du président de la BCE des orientations sur l'ordre du jour en politique économique et, bien évidemment, il a tendance à se concentrer étroitement sur son objectif, l'inflation, à dire que si l'on maîtrise l'inflation, on aura fait progresser la croissance et la prospérité. Le président de la BCE pendant la marche à la crise, Jean-Claude Trichet, peut-être par respect du mandat de la BCE sur la stabilité des prix, a usé de son influence pour promouvoir des politiques qui ont aggravé l'inégalité. Dans les premiers temps de la crise (de 2008 à 2011), il n'a cessé de répéter qu'il fallait davantage de flexibilité dans les salaires (euphémisme pour dire qu'il fallait les réduire – tout cela s'inscrit dans la vision du chômage que nous avons évoquée au chapitre 4 : dans l'esprit du principe « Le coupable, c'est la victime ! », on accuse les travailleurs d'être responsables de leur propre chômage, parce qu'ils demandent des salaires trop élevés et des contrats de travail assurant un minimum de sécurité). Évidemment, baisser les salaires était dans l'intérêt à court terme des entreprises et de leurs propriétaires. Je dis « intérêt à court terme » parce qu'ils auraient dû comprendre que l'Europe d'après la crise souffrait d'une insuffisance de demande, et qu'une baisse des salaires allait affaiblir encore plus la demande et aggraver la récession.

Trichet est allé jusqu'à écrire une lettre secrète au Premier ministre espagnol José Luis Rodríguez Zapatero (que celui-ci a publiée dans ses Mémoires[23]) pour laisser entendre – plus que laisser entendre, en fait – qu'il était prêt à aider les banques espagnoles si et seulement si le gouvernement de Madrid acceptait de promulguer des réformes du marché du travail qui conduiraient à une réduction des salaires et de la sécurité de l'emploi[24]. Zapatero a refusé, semble-t-il, mais notons tout de même qu'il a introduit des réformes qui ont eu à peu près le même effet, et que l'aide est arrivée[25].

LA RÉPARTITION, LA POLITIQUE ET LA CRISE

La nature politique de la BCE est devenue particulièrement flagrante avec la crise de l'euro – chacun a vu qui a été fustigé, qui a été sauvé, et à quelles conditions. Dans son geste le plus spectaculaire, la banque centrale a décidé de *ne pas* agir en prêteur de dernier ressort pour la Grèce à l'été 2015. Alors que celle-ci négociait avec la Troïka, les banques du pays ont été contraintes à fermer leurs portes, et, en coulisse, la BCE a menacé d'imposer des coûts encore plus lourds à la Grèce si elle ne se pliait pas aux exigences de la Troïka. La BCE était devenue la matraque de l'Europe, l'arme par laquelle on forçait la Grèce à accepter ce que voulait la Troïka.

Plus généralement, quand la BCE décide quel nantissement accepter, et avec quelle décote (quand elle consent par exemple à fournir un prêt de 70 euros gagé sur une obligation de 100 euros), elle décide peut-être de la vie ou de la mort d'une banque ; et quand un pays est en crise, et compte de nombreuses banques en situation précaire, la BCE décide en fait de la vie ou de la mort du système bancaire du pays. Aucune décision ne pourrait être plus politique. Aucun manuel technique n'existe sur la question ; ces décisions sont une affaire de jugement – sur la viabilité future de la banque –, mais c'est un jugement fortement coloré, en fait, par les conséquences politiques des diverses options possibles[26].

Donner priorité aux banques sur les citoyens : ce choix a été aussi flagrant en Europe qu'aux États-Unis pendant la crise[27], manifeste sous Trichet et parfois presque autant sous son successeur, Draghi. Quand la crise irlandaise a éclaté en 2010, Trichet a exigé que l'Irlande assume les dettes de ses banques en faillite[28] – et le coût de la restructuration des banques a propulsé le rapport dette sur PIB de l'Irlande de 24 % en 2007 à 95,2 % (chiffre estimé) en 2015. On peut discuter de ce qu'aurait fait l'Irlande sans cette intervention, se demander si elle aurait malgré tout pris en charge certaines de ces dettes, mais, incontestablement, le transfert d'une partie de la dette à l'État a eu lieu pour une seule raison : la BCE en a fait une condition de son aide. (En fait, la Troïka était divisée sur la question : le FMI estimait que l'État n'aurait pas dû supporter toutes ces dettes, mais qu'il aurait fallu procéder à une restructuration profonde des dettes, où les actionnaires des banques et les détenteurs de leurs obligations auraient subi davantage de pertes. Selon les lois ordinaires du capitalisme, l'État ne devrait assumer aucune dette tant que les actionnaires et les détenteurs d'obligations n'ont pas donné tout ce qu'ils ont[29].)

Apparemment, la BCE craignait les effets qu'aurait pu avoir sur d'autres banques européennes la décision d'obliger actionnaires et détenteurs d'obligations à supporter une plus grande part des coûts en Irlande. Mais elle aurait dû s'en inquiéter avant la crise, en s'assurant que les banques européennes étaient suffisamment capitalisées et ne versaient pas dans l'excès de risque.

Le fond de l'affaire est clair : la Troïka demandait aux simples citoyens irlandais de payer la facture de l'impéritie de la BCE et des autres régulateurs de la zone euro. À mes yeux, c'est immoral – et c'est aussi ce que pensent la plupart des Irlandais avec qui j'en ai discuté. Mais évidemment ce n'est pas l'avis des banquiers de la BCE.

LA GOUVERNANCE

Parmi les décisions primordiales que toute société doit prendre, il y a celles qui concernent la *gouvernance*. Qui prend les décisions ? Devant qui ces décideurs rendent-ils des comptes ? Et quelle est la transparence du processus de prise de décision ? Nombre des critiques qu'on adresse à l'Union européenne, sous sa forme actuelle, ont trait à la gouvernance. Mais dans le cas de la zone euro, et de son institution la plus importante, la Banque centrale européenne, les problèmes de gouvernance sont particulièrement graves. Une des raisons est que les marchés financiers ont réussi à vendre une idée-force : avec une banque centrale indépendante, on a une économie plus performante. Cette idée, l'Europe l'a poussée à l'extrême[30].

La question centrale de la gouvernance est le degré de responsabilité de la BCE devant les processus démocratiques. De fait, il existe un large éventail de degrés d'indépendance, *de facto* et *de jure*. Au Royaume-Uni, par exemple, le gouvernement fixe chaque année l'objectif-cible de l'inflation, mais la banque centrale du pays, la Banque d'Angleterre, décide librement comment l'atteindre. Aux États-Unis, si la Federal Reserve est théoriquement indépendante, certains banquiers centraux ont très bien compris les limites de cette indépendance. Comme l'a dit un jour Paul Volcker : « Le Congrès nous a faits et le Congrès peut nous défaire[31]. »

La crise de 2008 a peut-être été le meilleur test des vertus supposées de l'indépendance des banques centrales : les pays qui n'avaient pas de banque centrale indépendante s'en sont bien mieux sortis.

La capture

La grande raison de cette différence de résultats est simple : il n'existe pas d'institution vraiment « indépendante ». Toutes les institutions sont « capturées », à divers degrés et par divers groupes. Nous aimerions qu'une banque centrale reflète les intérêts généraux de la société. Mais les banques centrales de la plupart des pays – y compris la Banque centrale européenne – sont capturées par un petit groupe humain, le marché financier[32]. Les intérêts et les croyances du marché financier ne sont pas ceux du reste de la société. Longtemps, certes, aux États-Unis comme en Europe, les financiers de Goldman Sachs et des autres grandes banques ont tenté de vendre l'idée : « Ce qui est bon pour Goldman Sachs et les autres grandes banques est bon pour *tous.* » Mais c'est faux, tout simplement. Et si quelqu'un y a cru un moment, la Grande Récession et les abus du secteur financier lui ont sûrement ôté ses illusions.

Beaucoup de banquiers centraux, la grande majorité peut-être, venaient du secteur financier ou y entreraient après leur mandat. (Draghi lui-même a travaillé des années chez Goldman Sachs avant de passer à la Banque d'Italie.) Dans un sens, c'est naturel : c'est une compétence en matière de finance qu'on veut, dont on a besoin à ces postes, et cette compétence se trouve, essentiellement, chez des professionnels du secteur financier[33]. Certes, même dans ces conditions, la plupart n'admettaient pas que ce qui était bon pour Goldman Sachs était bon pour l'économie, mais il n'était pas si difficile pour ces banquiers centraux, qui eux-mêmes n'avaient de compte à rendre devant aucune institution démocratique, d'accepter des idées comme l'« autoréglementation ». Ce concept était particulièrement séduisant pour des gens qui croyaient à la méritocratie et à la technocratie. Dans cette optique, gérer une banque centrale, c'était comme gérer une mine : mettons aux commandes un bon ingénieur (un bon économiste) et tout va bien se passer.

Mais notre analyse précédente a montré clairement que les décisions prises par les banquiers centraux *ne sont pas* purement techniques : il y a des conséquences potentiellement importantes sur la répartition et, s'il en est ainsi, il ne peut y avoir pleine et entière délégation de pouvoir à des technocrates. De plus, le seul point d'accord entre économistes est que les incitations comptent. Avec le système des portes tournantes, les banquiers centraux avaient intérêt à faire ce qu'ils pouvaient pour aider leurs amis du secteur financier, d'où ils venaient ou dans lequel ils allaient passer[34]. Aider des amis dans les banques n'est même pas forcément une décision consciente – même si c'en est sûrement une dans certains cas. La simple proximité de la direction et du personnel des banques centrales avec les marchés financiers privés et l'enchevêtrement des parcours – symptômes inévitables des portes tournantes – garantissent une convergence des priorités et des perspectives. (C'est ce qu'on appelle parfois la *capture cognitive*.)

Finalement, l'autoréglementation n'a été qu'une plaisanterie : les professionnels du secteur financier n'avaient pas les incitations (ni même, souvent, les compétences) pour se réglementer. Même dans le meilleur des cas, les banques n'ont aucune raison de prendre en compte les externalités que leurs actes (ou leurs défaillances) ont sur les autres. Il aurait dû être évident, en revanche, que les banques et les banquiers avaient des incitations à l'excès de risque et à des activités socialement improductives – voire, dans certains cas, destructrices. C'est par négligence délibérée que les banquiers centraux, en Europe et aux États-Unis, n'ont tenu aucun compte de cette réalité[35].

Les conséquences de la capture

Dans la marche à la crise financière mondiale et à la crise de l'euro et au lendemain de ces crises, les politiques des banques centrales, en Europe comme en Amérique, ont reflété dans tous leurs aspects leur capture par le secteur financier. Ses manifestations peut-être les plus spectaculaires ont eu lieu au cœur même des crises. En 2012, la Grèce a eu besoin de restructurer ses obligations. Des banques prudentes avaient acheté des CDS (*credit default swaps*, dérivés sur événement de crédit) pour s'assurer contre un éventuel défaut de paiement sur les bons grecs qu'elles possédaient. En cas de défaut de paiement, un CDS peut fournir au détenteur de l'obligation un versement égal à la perte qu'il aurait subie s'il ne s'était pas assuré. Quand les obligations sont restructurées, de nouvelles sont émises en échange des anciennes. En général, les nouvelles prolongent la période de remboursement, mais il y a aussi une décote : la valeur nominale des nouvelles obligations est nettement inférieure à celle des anciennes[36]. Si cela se produit, les CDS compensent les pertes.

Il y a certains modes de restructuration qui « déclenchent » les CDS – c'est-à-dire provoquent un paiement. Bien entendu, une banque qui a acheté un CDS pour s'assurer souhaite que la restructuration soit faite de cette façon-là, pour que la police d'assurance puisse jouer. Et un *bon* régulateur souhaite que les banques qui détiennent dans leur portefeuille des obligations à risque aient une assurance, *et* que cette assurance paie.

Néanmoins, la BCE a exigé que la restructuration soit faite de façon à *ne pas* déclencher les CDS. Sa position était inexplicable – jusqu'au moment où l'on comprenait (1) que, si certaines banques avaient acheté une assurance (des CDS) contre la perte de valeur de leurs obligations, d'autres banques (en général de grandes banques) leur avaient vendu ces CDS. (Quand quelqu'un achète une assurance, il y a forcément quelqu'un d'autre – l'autre partie de la transaction – qui la lui vend. Évidemment, quand l'événement contre lequel on s'est assuré survient, l'entreprise ou la banque qui a vendu l'assurance est perdante.) Ces banques avaient vendu les CDS en tant qu'instruments de pari non transparents. Et on comprenait aussi (2) que la BCE se souciait des grandes banques qui avaient vendu ces produits d'assurance – essentiellement pour parier et spéculer sur la capacité de la Grèce à payer ses dettes – plus que des banques ordinaires qui les avaient achetés[37].

Les banques centrales comme institutions politiques

Ces exemples, ainsi que nos analyses précédentes sur les décisions de politique monétaire qui mettent en balance inflation et chômage, montrent clairement que les banques centrales – BCE comprise – prennent des décisions politiques. Les banquiers centraux doivent effectuer des arbitrages. Leurs décisions ont de grosses conséquences sur la répartition. Les risques sont différents selon les stratégies qu'ils choisissent. Aux États-Unis, quand ils ont donné de l'argent aux banques, ils auraient pu poser des conditions, obliger les banques à prêter aux petites et moyennes entreprises, par exemple. En Europe, ils auraient pu exiger de l'Irlande qu'elle ne renfloue pas ses banques, au lieu d'exiger qu'elle les renfloue[38]. Ils auraient pu imposer que la restructuration grecque se fasse de la façon qui déclenchait les CDS.

Même les dirigeants de la BCE ne nieraient pas qu'ils sont confrontés à ce type de choix. Mais s'il y a des arbitrages, ceux qui les font doivent être responsables devant une instance politique. En Europe, la gouvernance est encore pire qu'aux États-Unis. L'Europe a feint de pouvoir contourner le problème de la gouvernance en donnant à la BCE un mandat simple : assurer la stabilité des prix (c'est-à-dire lutter contre l'inflation). Inévitablement, il y aura des jugements à porter sur ce qu'il faut entendre par « stabilité des prix » (l'inflation zéro ? à 2 % ? à 4 % ?) et, en les portant, les décideurs devront envisager les conséquences des diverses cibles. Si fixer l'objectif-cible de l'inflation à 2 % plutôt qu'à 4 % signifie ralentir considérablement la croissance, je doute que beaucoup d'électeurs soutiendraient ce chiffre si on leur donnait l'occasion de se prononcer.

La plupart des politiques économiques font des gagnants et des perdants. Quand ils prennent leurs décisions, les responsables de la BCE doivent porter des jugements *qui ont des conséquences sur la répartition.* Ce ne sont pas des problèmes purement techniques, comme la conception du meilleur pont. Une inflation légèrement plus élevée peut faire baisser le prix des obligations, tout en poussant à la hausse l'emploi et les salaires. Les détenteurs d'obligations seront mécontents, et le reste de la société fera la fête. Mais les banques centrales qui ne sont pas responsables devant une instance démocratique sont presque toujours plus attentives aux idées des détenteurs d'obligations et autres financiers qu'à celles des travailleurs.

À un moment, la Commission européenne a estimé que, si le chômage en Espagne descendait au-dessous de 25 %, l'inflation allait augmenter. Plus tard, elle a révisé ce chiffre en l'abaissant à 18,6 %. D'autres pensent que ces conjectures sont absurdes[39]. Mais, là encore, il y a des arbitrages à faire, dont l'enjeu est, cette fois : qui supporte le risque ? En faisant *comme si* le seuil crucial est un chiffre élevé, 25 % ou même 18,6 %, alors qu'en fait il est plus bas, on condamne sans nécessité un nombre considérable de personnes au chômage, et la hausse du chômage entraîne la baisse des salaires de très nombreux travailleurs. Pour les acteurs du marché financier et des milieux d'affaires, cette baisse des salaires est peut-être une bonne nouvelle ; pas pour les travailleurs, bien sûr.

Il y a un intérêt politique à prétendre que déterminer la politique monétaire est une question technique, qu'il vaut mieux laisser à des experts venus du secteur financier. Reflétant l'état d'esprit des financiers, ces « experts » réagiront aux arbitrages évidents tout autrement que ne l'auraient fait des travailleurs ordinaires. Retirer la banque centrale du champ de la responsabilité politique, du moins de la façon dont on l'a fait aux États-Unis et en Europe, c'est transférer de fait la prise de décision au secteur financier, avec ses intérêts et son idéologie.

Les crises elles-mêmes devraient l'avoir démontré : ce n'est pas la compétence et la sagesse que les magiciens des marchés financiers ont mises sur la table. Le programme de déréglementation, dont ils se sont faits les promoteurs en Europe et aux États-Unis, n'était en réalité rien d'autre qu'une réécriture des règles et réglementations du marché financier à l'avantage de ses acteurs et aux dépens du reste de la société. L'objectif *n'était pas* de créer un marché financier permettant une croissance plus rapide et plus stable, et c'est bien pourquoi le résultat a été moins de croissance et plus d'instabilité[40].

L'argumentation néolibérale en faveur de l'indépendance des banques centrales

Le raisonnement néolibéral qui préconisait l'indépendance des banques centrales – celui qui dominait à l'époque où l'on a créé la BCE – reposait, semble-t-il, sur trois postulats absolument faux. Le premier : seule compte l'inflation et rien d'autre. Le second :

lutter contre l'inflation par la politique monétaire est une question purement technique. Et le troisième : l'indépendance de la banque centrale renforce la lutte contre l'inflation.

J'ai déjà expliqué en quoi les deux premières hypothèses sont erronées. Quant à la troisième, elle était fondée sur une méfiance profonde à l'égard de la démocratie. Les néolibéraux craignaient que des gouvernements démocratiques ne soient tentés de dynamiser l'économie par l'inflation avant une élection : une économie plus forte aiderait à faire réélire les sortants – et le prix de l'inflation se paierait plus tard. Selon eux, on ne pouvait rompre ce cycle inflationniste qu'en ôtant la politique monétaire des mains des politiciens. Si l'on chargeait des technocrates de limiter l'inflation, chacun leur ferait confiance pour s'acquitter effectivement de cette mission. Donc les anticipations inflationnistes baisseraient, et la stabilité de l'économie serait assurée. Toutefois, les électorats démocratiques sont plus intelligents que ne le reconnaît cette hypothèse. De fait, tous les gouvernements sont pareillement incités à dépenser avant une élection. Personne n'a proposé de retirer le pouvoir de dépenser aux gouvernements pour prévenir toute « inconduite ». Et, en réalité, les électorats démocratiques sanctionnent durement les gouvernements trop dépensiers. L'esprit de responsabilité budgétaire – parfois de *responsabilité budgétaire excessive*, qui se concentre sur les déficits au-delà du raisonnable – est régulièrement fort bien placé dans les urnes[41].

Au-delà de l'indépendance

Même si l'on croyait fermement qu'avec une banque centrale indépendante on aurait une meilleure politique monétaire, on aurait pu concevoir une Banque centrale européenne qui soit plus *représentative*, c'est-à-dire qui ait un regard plus équilibré sur les arbitrages inhérents à la politique monétaire, y compris ceux qui sont cachés. Certains pays l'ont compris : ils ont interdit par exemple aux professionnels du secteur financier de siéger au conseil de la banque centrale, puisque, en matière de politique monétaire, ils ont des intérêts personnels et des points de vue particuliers. D'autres pays exigent la présence de représentants des syndicats – puisqu'ils voient souvent le monde tout autrement que les membres du secteur financier. La zone euro n'a fait ni l'un ni l'autre. C'est un facteur de déséquilibre, *même dans le cadre du mandat anti-inflationniste de la BCE* : davantage d'agressivité contre l'inflation, un souci insuffisant des conséquences pour la croissance et l'emploi.

CONCLUSION : MODÈLES ÉCONOMIQUES, INTÉRÊTS ET IDÉOLOGIE

C'est une thèse centrale de ce livre : la construction de la zone euro a été orientée par certaines idées – par certains modèles économiques. Ces idées sont au mieux contestables, au pire fausses. En science informatique, il y a un vieil adage : *garbage in, garbage out,* «ordure à l'entrée, ordure à la sortie». Pour la construction des institutions, c'est pareil : les institutions édifiées sur une idéologie erronée vont mal fonctionner; les institutions économiques construites sur des bases économiques défectueuses vont mal servir l'économie. Ce chapitre a amplement illustré ce point au sujet de la politique monétaire et de l'institution centrale de la zone euro, la BCE.

Bien que son mandat unique et l'étroitesse des instruments à sa disposition aient pu rétrécir l'éventail des mesures qu'elle pouvait prendre, la BCE a mené une action pour le moins controversée. On l'a accusée, notamment en Allemagne, d'outrepasser son mandat et d'agir de façon inappropriée. Même si des idées conservatrices avaient présidé à sa construction, depuis la crise elle a utilisé de nouveaux instruments et pris de nouvelles responsabilités, que les conservateurs jugent au-delà de sa mission. Elle a été poursuivie en justice pour son programme d'achat d'obligations souveraines, pour s'être livrée à l'assouplissement quantitatif et pour les nouveaux rôles qu'elle s'est attribuée en matière de supervision. La BCE est gouvernée par un conseil, dont les membres ont des opinions nettement divergentes sur ce qu'elle peut faire et doit faire. Les Allemands ne cessent de plaider pour une conception étroite de sa tâche, et, malgré l'idée courante d'une hégémonie allemande dans la zone euro, la BCE a plusieurs fois – notamment quand elle a introduit le QE – pris des mesures auxquelles l'Allemagne était violemment opposée, à la fois parce que leur contenu lui déplaisait et parce qu'elles sortaient du cadre délimitant ce que la BCE a le droit de faire.

Les institutions évoluent. Les problèmes auxquels font face aujourd'hui l'Europe et le monde sont différents de ceux qui existaient quand on a conçu la zone euro. Même lorsqu'on l'a créée, l'enjeu n'était pas l'inflation. Le monde était entré dans une ère nouvelle où les produits chinois bon marché contribuaient à freiner les prix. Et il était clair que, parmi les enjeux du futur, il y aurait la croissance et l'emploi. La crise de 2008 a rappelé à tous pourquoi certaines banques centrales avaient été créées à l'origine : pour maintenir la stabilité financière, responsabilité qui avait été presque oubliée dans les années dominées par l'obsession de l'inflation. Les contraintes fortes imposées à la BCE limitent manifestement son aptitude à s'adapter comme elle le pourrait et le devrait. L'étroitesse du mandat de la BCE et de sa boîte à outils met clairement l'Europe en position d'infériorité.

La BCE a eu trois présidents dans sa courte histoire. Chacun a eu son style bien à lui, chacun a laissé sa marque. On se souviendra de Trichet pour ses erreurs de jugement colossales, notamment ses hausses de taux d'intérêt au moment où l'économie se contractait. Il a démontré sa détermination à accomplir la mission de la BCE, combattre l'inflation, quoi qu'il advienne. Les coûts de ses erreurs ont été palpables. Il a joué un rôle désastreux dans le développement de la crise de l'euro, en forçant l'État irlandais à prendre en charge les dettes de ses banques. Le peuple irlandais a été contraint de payer le prix d'erreurs commises par d'autres : c'était injuste – doublement injuste, même, puisqu'il s'agissait de fait d'un transfert d'argent des pauvres aux riches. Mais Trichet savait à quel camp il appartenait : il était un allié des banquiers contre les travailleurs ordinaires, dont il exigeait sans cesse qu'on réduise les salaires, ce qui aurait dégradé leur niveau de vie.

Alors que Trichet a beaucoup fait pour miner la zone euro – aurait-elle pu survivre s'il était resté à sa tête? –, on attribue à Mario Draghi le mérite de l'avoir sauvée, avec son célèbre discours de 2012 où il a promis de faire «tout ce qu'il faudra». Peu de discours dans l'histoire ont eu de telles répercussions : il a fait baisser les taux d'intérêt sur les obligations souveraines dans toute la région.

Ce discours a été magique d'un autre point de vue aussi : « tout ce qu'il faudra », nul ne savait si la BCE avait ou non l'autorité et les moyens de le faire. Quelques universitaires et commentateurs s'en sont inquiétés : qu'allait-il se passer si on mettait Draghi au pied du mur ? S'il y avait une panique contre les bons d'État italiens ? Si soudain l'humeur changeait et que les investisseurs se persuadaient que la BCE n'avait pas les ressources nécessaires pour maintenir à des prix élevés l'énorme masse des bons d'État italiens non arrivés à échéance ? Qu'allait-il se passer si l'Allemagne réussissait à empêcher la BCE de faire « tout ce qu'il fallait » ? Bref, nul ne savait si Draghi était un roi avec ou sans vêtements. Bien entendu, nul n'avait intérêt à le vérifier, du moins à l'époque. Et tant qu'on n'aurait pas prouvé que le roi était nu, le marché ferait comme s'il portait des vêtements, qu'il en ait ou non.

Il y a d'autres options

L'assouplissement quantitatif, qui a été adopté à contrecœur, avec une forte opposition de certains membres du conseil de la BCE, n'a pas rétabli une croissance robuste en Europe. Il n'a pas non plus déchaîné une inflation massive, comme le craignaient au départ ses adversaires. Pendant ses près de vingt ans d'existence, la BCE n'a pas été capable d'assurer le plein emploi et la stabilité économique dans *toute* l'Europe. Peut-être était-ce trop lui demander : étant donné les différences entre les pays, ceux qui voient la zone euro d'un œil critique diront que c'était une tâche impossible. Mais elle n'a même pas assuré un niveau raisonnable de croissance, d'emploi et de stabilité économique *en moyenne*. Le chapitre 3 a peint un tableau saisissant des résultats lamentables de la zone euro ; elle a subi une récession à double creux et s'est trouvée plusieurs fois menacée par la déflation, avec un niveau global de chômage inacceptable.

Dans la brève histoire de la BCE, nous avons constaté qu'elle a commis des erreurs de jugement coûteuses, et qu'elle a utilisé son énorme pouvoir pour obtenir des résultats qui ont avantagé les banques et les grandes puissances de l'Union européenne aux dépens des citoyens et des pays faibles. Chacun doit en être profondément troublé.

L'idée centrale de ce chapitre est simple : il existe d'autres façons de structurer les banques centrales – avec des mandats différents, des instruments différents et surtout une gouvernance différente –, qui ont plus de chances de conduire à de meilleurs résultats économiques, notamment du point de vue de la majorité des citoyens. Ce changement devrait être une des priorités du programme de réforme de la zone euro. C'est une des tâches indispensables pour ramener la zone euro à la croissance et à la prospérité.

APPENDICE : CE QUI S'EST PASSÉ EN THÉORIE ET EN POLITIQUE MONÉTAIRES DEPUIS UNE TRENTAINE D'ANNÉES

La zone euro est une union *monétaire*, et il est donc important de comprendre les idées dominantes sur la monnaie et la politique monétaire, à l'époque où elle a été créée et par la suite. Cette section décrit l'évolution des théories dominantes depuis une trentaine d'années. Les idées qui étaient à la mode quand on a fondé la zone euro sont aujourd'hui largement discréditées, tant chez les économistes universitaires que chez les décideurs qui conçoivent les politiques monétaires, y compris au FMI – par exemple : *tout* ce que doit faire une banque centrale, c'est de se concentrer sur l'inflation, et cela suffira à garantir la croissance et la stabilité. Néanmoins, ces idées restent gravées dans le marbre à la BCE, et on y croit encore majoritairement dans des milieux puissants au sein de la zone euro. Cela met la BCE en position délicate : s'en tenir à son mandat l'oriente sur une voie qui suscite l'opposition de vastes composantes de la démocratie européenne. Il est important d'avoir des règles, mais avoir les mauvaises règles, nous l'avons dit, peut être désastreux.

Dans les dernières décennies, l'activité des banques centrales a été dominée par plusieurs croyances successives. On pourrait parler de croyances religieuses, car elles ont été embrassées avec une conviction inébranlable, voire avec passion, alors que les preuves empiriques qui les fondent sont au mieux fragiles. La bonne nouvelle au sujet des banquiers centraux est que leurs religions évoluent, même s'ils changent de croyances très lentement en réaction aux faits qui contredisent la mode théorique du moment.

Le monétarisme

À une époque, la religion s'appelait *monétarisme* – tous les banquiers centraux croyaient qu'il fallait augmenter la masse monétaire à un taux précis et que les autorités monétaires devaient donc la surveiller constamment.

Le monétarisme n'a jamais été réellement une théorie : il reposait sur une prétendue régularité empirique – on avait constaté que le rapport entre la masse monétaire et le volume des transactions (ce qu'on appelle la vitesse de circulation) était fixe. Il n'y avait aucune raison théorique pour qu'il le soit. À peine Milton Friedman avait-il annoncé cette nouvelle loi de la nature que la nature lui a joué un mauvais tour, à lui et aux pays qui suivaient ses préceptes : la vitesse de circulation s'est mise à changer. Ceux d'entre nous qui avaient effectué des travaux plus approfondis sur la nature des marchés financiers avaient compris et prédit ces changements. De nouvelles formes d'instruments financiers, comme les fonds monétaires (les *money market funds*), qui nous paraissent aujourd'hui aller de soi, commençaient alors à entrer dans le jeu, et il y avait eu des changements dans les réglementations qui régissaient les marchés financiers.

Le monétarisme a submergé le monde des banquiers centraux, il est devenu le culte du moment. Il reposait sur un modèle simpliste. Il était facile à comprendre pour des banquiers centraux dont les aptitudes à l'abstraction étaient limitées, et il offrait d'abondantes occasions de mise à l'épreuve empirique. La théorie comportait suffisamment d'ambiguïtés pour permettre de vifs débats : quelle était la bonne définition de la monnaie ? la meilleure façon de la mesurer ? la bonne mesure du PIB ? la meilleure méthode pour le mesurer ?

Mais voici le plus intéressant : les banquiers centraux conservateurs qui appliquaient ces théories exposaient en fait les économies dont ils avaient la charge à un risque réel. À l'époque où l'expérience du monétarisme a commencé, on ne connaissait pas toutes ses conséquences. Dans cette période (la fin des années 1970) où les États-Unis étaient confrontés à un taux d'inflation largement perçu comme inacceptable, Paul Volcker, fraîchement nommé à la tête de la Federal Reserve, a réagi en employant ce nouvel outil. Les taux d'intérêt ont grimpé au-delà de tout ce qu'on avait jamais vu, et au-delà de toute attente pour la plupart des gens – le *federal fund rate*, le taux d'intérêt de base américain, a fini par atteindre 19 %. Mais, si cette nouvelle « théorie » semblait fonctionner pour faire chuter l'inflation, passée de 13,5 % en 1980 à 3,5 % en 1983, le remède a eu de sérieux effets secondaires. Les États-Unis ont connu la récession la plus grave depuis la Grande Dépression : le chômage est monté à 10,8 % en 1982, malgré une stimulation massive de la politique budgétaire avec la grande réduction d'impôts Reagan de 1981. Et, dans le reste du monde, des crises de la dette ont éclaté dans les pays qui avaient emprunté au cours des années 1970 pour compenser les effets de la hausse des prix du pétrole, sur la base d'un calcul peut-être raisonnable : ils s'étaient dit que, tant que les taux d'intérêt resteraient dans la zone où ils avaient toujours été dans le passé, ils pourraient maîtriser la situation. Le résultat a été la décennie perdue des années 1980 en Amérique latine.

Le ciblage de l'inflation

Quand la religion monétariste a cédé à l'assaut massif des faits prouvant son inaptitude à guider la politique monétaire – même sans tenir compte de ses effets secondaires désastreux –, une religion nouvelle a pris sa place : le ciblage de l'inflation[42]. Puisque l'inflation était la seule réalité dont les banques centrales devaient se soucier, il a paru raisonnable qu'elles fixent un objectif-cible à leur politique anti-inflationniste. Peu importaient l'emploi ou la croissance – d'autres avaient mission de s'en occuper. Les pays du monde entier ont adopté cette philosophie et, puisque les conservateurs adorent les règles, ils en ont élaboré une, et lui ont donné le nom de John Taylor, qui a été mon collègue à Princeton et à Stanford avant de devenir sous-secrétaire au Trésor pour les affaires internationales dans l'administration Bush. Sa règle (la règle de Taylor) indiquait très précisément de combien la banque centrale devait relever les taux d'intérêt pour réagir à un niveau d'inflation supérieur à son objectif-cible. On n'avait pas vraiment besoin d'un conseil des gouverneurs pour fixer les taux d'intérêt, il suffisait d'un technicien, qui calculerait le taux d'inflation (les bureaux nationaux des statistiques savent le faire) puis entrerait ce chiffre dans la formule. Le taux d'intérêt parfait en sortirait aussitôt. Il ne restait plus qu'à augmenter ou réduire la masse monétaire jusqu'au moment où l'on atteindrait la cible. On n'avait pas à se demander pourquoi l'inflation était élevée, ni si cette perturbation de l'économie était momentanée ou permanente. Ces jugements, effectués par de simples mortels, des agents de l'État, auraient été inévitablement plus faillibles qu'une règle infaillible.

Les pays qui ont suivi cette politique simpliste ont eu également des résultats désastreux. Quand les prix alimentaires sont montés très vite en 2007, l'inflation a grimpé aussi – notamment dans les pays en développement, où l'alimentation pèse très lourd dans le panier des biens marchands. Mais relever les taux d'intérêt n'avait aucun sens : une hausse des taux d'intérêt n'allait pas faire baisser les prix des denrées. Le problème des prix alimentaires était mondial. Même dans un pays de taille moyenne, une hausse des taux d'intérêt aurait un effet négligeable sur les prix mondiaux des denrées. Le seul moyen dont disposait l'autorité monétaire pour agir contre l'inflation était de faire baisser d'autres prix – d'organiser la *déflation* des « biens non échangés », hors commerce international, au sein de son économie. Et le seul moyen d'y parvenir était de précipiter ces secteurs dans la dépression, en fixant très haut les taux d'intérêt. Quelle que fût l'importance qu'on attribuait à l'inflation, le remède était pire que le mal.

La Banque centrale européenne n'a jamais poussé ces théories à l'extrême, ni le monétarisme ni la règle de Taylor, mais ce qu'elle a fait est presque aussi mauvais. Elle s'est concentrée exclusivement sur l'inflation – après tout, c'était sa seule mission – et elle a longtemps persisté à utiliser comme indicateur de l'orientation de sa politique monétaire (assouplissement ou durcissement) le taux de croissance de la masse monétaire, vestige de la grande époque du monétarisme.

L'assouplissement quantitatif

Quand la Federal Reserve a réduit les taux d'intérêt à zéro – et que, malgré tout, l'économie ne s'est pas relevée –, elle s'est dit qu'elle pouvait et qu'elle devait faire plus. Elle a eu l'idée d'acheter des obligations à long terme : cela ferait baisser les taux d'intérêt à long terme et donnerait davantage de liquidités à l'économie. On a appelé cette démarche l'*assouplissement quantitatif*. La BCE a été lente à introduire l'assouplissement quantitatif. Elle l'a fait longtemps après les États-Unis, et même après le Japon. Même au moment où elle a adopté le QE, la BCE n'avait peut-être pas compris pourquoi ses effets avaient été si limités aux États-Unis – et pourquoi, par conséquent, ses avantages risquaient fort d'être encore plus faibles en Europe. L'assouplissement quantitatif mené aux États-Unis de 2009 à 2011 s'était heurté à un problème : l'argent qu'il créait n'allait pas là où l'on en avait besoin et où la Federal Reserve voulait qu'il aille – il ne servait pas à accroître les dépenses en biens et services aux États-Unis. D'importants canaux du crédit, notamment ceux qui alimentaient les petites et moyennes entreprises, étaient obstrués. Donc l'argent coulait naturellement vers des pays étrangers, notamment des économies qui étaient déjà en forte croissance et commençaient à être confrontées à l'inflation; elles ne voulaient pas de cet argent supplémentaire, et elles ont érigé des barrières contre ces flux – imparfaites, mais non dénuées d'efficacité malgré tout. Les trois effets principaux par lesquels l'assouplissement quantitatif a aidé l'économie américaine étaient tous faibles. Il a fait légèrement baisser le dollar, ce qui a stimulé les exportations – mais cet effet-là a été finalement contré par les partenaires commerciaux de l'Amérique. Il a réduit les taux des prêts immobiliers, puisqu'il a fait baisser les taux d'intérêt à long terme, mais les banques monopolistes – et la concentration bancaire était encore plus grande après la crise qu'avant – se sont adjugé une bonne part de la baisse des taux d'intérêt, elles l'ont simplement convertie en profits supplémentaires. Enfin, la bulle boursière a incité les très riches à consommer un peu plus, notamment des biens de luxe, dont beaucoup étaient produits à l'étranger. Ce dont l'économie avait vraiment besoin, c'était d'une hausse du crédit aux entreprises, mais les grandes entreprises disposaient déjà de 2 000 milliards de dollars de liquidités et l'assouplissement quantitatif ne les a pratiquement pas touchées. Et puisque la Federal Reserve et l'administration Obama avaient concentré toute leur attention sur les grandes banques de New York et les autres banques internationales, les petites banques régionales et locales ont continué à avoir du mal à consentir des prêts[43]. Par conséquent, plusieurs années après la crise, ce type de crédit se trouvait encore au-dessous du niveau qu'il avait atteint avant la crise.

À l'époque où la BCE a envisagé d'entreprendre un assouplissement quantitatif, on savait que c'était un instrument faible. La BCE aurait pu et dû comprendre que l'avantage qu'elle allait tirer de la baisse du taux de change serait probablement inférieur à celui dont avaient joui les États-Unis, pour plusieurs raisons. D'abord, l'Europe n'aurait pas le bénéfice d'une dévaluation compétitive, puisque, à présent, tout le monde pratiquait le QE. Deuxièmement, les marchés émergents avaient établi des contrôles pour ne pas être désavantagés. Troisièmement, et c'est la raison la plus importante, le QE allait créer peu de demande intérieure si l'on ne réparait pas les canaux du crédit, et à cet égard la situation était bien pire en Europe qu'aux États-Unis, comme nous l'avons vu au chapitre précédent : des réductions spectaculaires du crédit aux PME et une contraction des banques dans les pays de la périphérie. La BCE aurait pu prendre des mesures plus agressives pour garantir que l'argent n'alimenterait pas des bulles du crédit et qu'une plus grande partie de ces fonds irait financer la création de nouvelles entreprises et le développement des anciennes. Peut-être a-t-elle hésité à le faire à cause de sa philosophie du « faisons confiance au marché ! »

Certains redoutaient que l'assouplissement quantitatif n'aboutisse à l'inflation. Mais l'usage massif du QE n'avait pas eu cet effet aux États-Unis, et il y avait encore plus de raisons en Europe de ne pas craindre une émergence de l'inflation. Une bonne partie de l'argent était détenue par les banques. Le problème était que les banques ne le prêtaient pas. Une grande partie des liquidités que la Federal Reserve et la BCE avaient contribué à créer restait purement et simplement à la Federal Reserve et à la BCE, ou, en tout cas, n'augmentait pas le crédit. Puisque les liquidités supplémentaires ne conduisaient pas à une hausse des dépenses, elles ne pouvaient pas conduire à une hausse de l'inflation.

Il y avait toutefois d'autres risques associés à cette expansion massive des bilans des banques centrales. L'un d'eux était clair : elle pouvait créer des bulles de prix d'actifs – exactement comme la précédente politique d'argent facile avait nourri la bulle immobilière. L'éclatement de ces bulles pouvait ensuite mener à l'instabilité économique. La Federal Reserve, au moins, avait des instruments permettant de faire face à ce type de problème. Elle pouvait relever les exigences de marge (le montant que les investisseurs devaient avancer quand ils investissaient dans des actions ou des matières premières, par exemple). Et, au lendemain de la crise, elle avait même officiellement pour mission de le faire – elle était tenue de garantir non seulement une inflation faible, une croissance forte et le plein emploi, mais aussi la stabilité financière. Malheureusement, la Banque centrale européenne, avec son mandat rédigé dans la période d'emprise de la théorie néolibérale, s'est concentrée exclusivement sur l'inflation, en laissant à d'autres le soin de se préoccuper de la stabilité du système financier.

L'hypothèse du taux naturel

La politique monétaire, telle qu'elle a été menée en Europe et aux États-Unis, s'est révélée d'une efficacité limitée pour rétablir une croissance robuste. Keynes avait soutenu en son temps que, lorsque l'économie était en récession, ou pire, en dépression, ce serait probablement le cas. Mais il y a eu un courant en économie qui a remis en cause plus globalement l'efficacité et la désirabilité d'une politique monétaire *active*, visant à maintenir l'économie au plein emploi ; et ces idées ont été particulièrement influentes chez les conservateurs.

Les adversaires d'une politique monétaire active font valoir que, si l'on essaie de faire descendre le taux de chômage au-dessous d'un seuil critique, qu'ils appellent le *taux naturel*, et qu'on le maintient dans cette position, il y aura une croissance continuelle de l'inflation[44]. Cette théorie limitait considérablement les tâches des banques centrales : si l'on tenait à éviter l'hyperinflation, on ne pouvait avoir, au mieux, qu'une brève période où le chômage était au-dessous de ce seuil, à compenser par une autre où il serait au-dessus. Selon cette thèse, les banquiers centraux n'avaient donc aucun arbitrage à faire. Leur mission consistait simplement à maintenir le chômage à son « taux naturel ».

Cette théorie est de plus en plus contestée[45]. Si l'on regarde les données, on ne voit aucune relation systématique entre l'inflation, ou la hausse de l'inflation, et le chômage. *À supposer* qu'il existe un taux naturel, c'est une cible mouvante, et nous ne pourrons presque jamais savoir où elle est. Donc, les décideurs politiques doivent deviner, et quand ils devinent, ils effectuent un arbitrage très important : entre le risque d'un chômage beaucoup plus élevé que nécessaire et celui d'une inflation un peu plus forte que nous ne pourrions le souhaiter.

Donc, même si les modèles simplistes qui disent qu'il n'y a aucun arbitrage à faire entre chômage et inflation avaient raison, dès l'instant où nous intégrons le fait que nous ne savons pas quel est le taux naturel du chômage, il y a tout de même des arbitrages à faire. Ce ne sont pas les mêmes personnes qui supportent les risques d'une sous-estimation et ceux d'une surestimation du taux naturel. Les banquiers centraux – en Europe et en Amérique – ont géré ces risques en pensant aux marchés financiers plus qu'aux travailleurs, et, en raison de leur choix, il y a eu une perte claire et nette de production et un surcroît d'inégalité par rapport à ce qui se serait passé s'ils avaient tranché dans l'autre sens.

TROISIÈME PARTIE

Politiques inappropriées

CHAPITRE 7

Les politiques de crise

Comment les politiques de la Troïka ont aggravé les vices structurels de la zone euro et provoqué la dépression

Les observateurs hors d'Europe – et beaucoup en Europe – sont épouvantés face au drame en cours dans les pays en crise, en particulier en Grèce, en Espagne, au Portugal et à Chypre. Que d'images de personnes de classe moyenne qui se retrouvent soudain en perdition ! Ces retraités dont les pensions ont été rognées jusqu'à l'os ! Ces jeunes, diplômés d'université, qui cherchent inlassablement un emploi sans en trouver et qui vivent dans des centres d'hébergement pour sans-abri ! Toutes ces histoires le disent : quelque chose ne tourne pas rond. Et c'est aussi ce que disent les taux de chômage des jeunes, qui s'élèvent à 30 % ou davantage. Ce n'était pas ainsi avant l'euro.

En 2013, lors d'une réunion privée, ma femme et moi avons essayé, gentiment, de dire les choses en face au Premier ministre d'un pays d'Europe du Nord. Savait-il combien la situation s'était dégradée ? L'automne et l'hiver précédents, la presse avait décrit des familles grecques ou espagnoles, hier encore de classe moyenne, cherchant çà et là de quoi survivre, incapables de chauffer leur maison en hiver, et même mangeant ce qu'elles trouvaient dans les poubelles[1].

Sa réponse a été froide, assenée avec un aimable sourire : ils auraient dû réformer leur économie *plus tôt*; ils n'auraient pas dû être si dépensiers. Mais ce n'étaient évidemment pas eux qui avaient été dépensiers, qui n'avaient pas réformé. On demandait à des citoyens innocents, on leur imposait, pour mieux dire, de supporter les conséquences de décisions qu'avaient prises des politiciens – souvent des politiciens de ce même parti politique de droite que semblait tant apprécier la Troïka.

Le manque d'empathie affiché à ce dîner – le manque de solidarité européenne – a été évident en maintes occasions. Certes, les remontrances et la désinvolture de hauts responsables comme le Premier ministre auquel nous nous sommes adressés étaient scandaleuses, alors que des citoyens irréprochables des pays les plus durement frappés subissaient de réelles privations. Mais la plus grande démonstration de malveillance ne se trouve pas dans les commentaires publics ou privés de tel ou tel dirigeant. Elle est dans les politiques concrètes que la Troïka a imposées à ces pays à l'heure du désespoir. Ces politiques ont aggravé les crises, affaibli les liens, chèrement acquis, de l'unité européenne et amplifié considérablement les fragilités et les vices inhérents à la structure même de la zone euro.

On en reste pantois : malgré l'avalanche de preuves qui démontrent que les programmes de la Troïka ont ruiné les habitants des pays qu'ils étaient censés aider, ses dirigeants proclament que leur austérité a réussi. Même avec une imagination débridée, comment peuvent-ils présenter l'Espagne, le Portugal et l'Irlande comme des *success stories* ? En portant des œillères qui leur cachent pratiquement tout, sauf les plus limités des indicateurs économiques. Oui, le programme d'ajustement économique 2010-2013 de la Troïka pour l'Irlande a ramené l'État et le secteur financier de ce pays du bord du gouffre de l'effondrement économique total[2]. Mais l'austérité qu'a imposée la Troïka a contribué à maintenir en Irlande un taux de chômage à deux chiffres pendant cinq ans, jusqu'au début de 2015, au prix de souffrances indicibles pour le peuple irlandais et d'un monde d'occasions perdues qui ne se retrouveront jamais. (Par comparaison, pendant la Grande

Récession, le taux de chômage aux États-Unis a atteint un pic de 10 % pour un mois seulement, en 2009.)

Et l'Irlande a été l'un des *meilleurs* cas. En 2011, le FMI a renfloué l'État portugais, confronté à une hausse accélérée de ses coûts d'emprunt à la suite de la crise financière mondiale. Son injection de liquidités de 78 milliards d'euros était assortie de conditions, bien sûr. L'État s'est vu imposer de réduire son déficit de près de 10 % du PIB en 2010 à 3 % en 2013[3]. À moins qu'il n'y ait une forte croissance économique, le seul moyen de réaliser une telle réduction est l'austérité : réduire les dépenses publiques, par exemple les salaires des fonctionnaires, et augmenter les impôts. (Sans l'aide du FMI, le Portugal aurait dû subir des coupes encore plus dures, bien entendu, parce que lui aussi avait été exclu des marchés des capitaux.) Le FMI a aussi crié victoire pour son programme au Portugal. Et, effectivement, si l'on a pour seul souci le taux d'emprunt de l'État, le renflouement a atteint ses objectifs. Le Portugal qui, fin 2011, devait payer 13 % sur ses obligations à dix ans payait moins de 3 % fin 2014 (au terme du programme)[4], entre autres améliorations de la position budgétaire et des capacités d'emprunt de l'État[5]. Mais l'austérité avait affaibli les fondamentaux de l'économie. En 2015, le PIB par habitant restait inférieur de 4,3 % (chiffre estimé) à son niveau d'avant la crise[6]. Début 2016, le chômage était toujours au-dessus de 12 %. Les prévisions de croissance pour les années qui viennent sont très faibles : le FMI estime que la croissance du PIB ne dépassera à aucun moment 1,4 % par an pendant plusieurs années. L'État emprunte peut-être plus facilement, mais le peuple portugais n'a jamais connu de vraie reprise.

Bien que le renflouement des banques en Espagne, en 2012, ne se soit pas accompagné de conditions directes exigeant la réduction des dépenses publiques ou la hausse des impôts, le pays a malgré tout avalé après 2008 le pseudo-remède de l'austérité, dont on faisait la réclame agressive sur tout le continent. Il suffit d'un regard de bon sens sur les chiffres, et sur les centaines de milliers d'*indignados* qui sont descendus dans la rue en 2011, pour comprendre que le résultat net de ces politiques – les expulsions, les baisses de salaires et le chômage – était tout sauf un triomphe.

Néanmoins, au milieu de l'année 2015, alors que près du quart de la population active espagnole était encore sans emploi, le Conseil allemand des experts en économie (avec beaucoup d'autres enthousiastes de la logique austéritaire) a présenté l'Espagne comme le plus bel exemple des vertus de l'austérité[7].

C'est avec ces perversions fondamentales de la définition du succès économique que la Troïka a titubé, d'erreur en erreur, vers sa pire mésaventure à ce jour : la Grèce. Là, son programme a été erroné, destructeur et d'une étroitesse d'esprit presque incroyable. Et même plus : il a frisé l'inhumain. Néanmoins, en 2015, la Troïka a doublé la mise sur sa catastrophe artificielle.

Par exemple, quand la Grèce est entrée dans son troisième « programme », à l'automne 2015, l'Europe a exigé qu'elle mette fin à une mesure de « tolérance » concernant les personnes qui devaient de l'argent sur leur emprunt immobilier. Pour éviter à de vastes composantes de sa population de se retrouver à la rue et de sombrer encore plus dans le dénuement, la Grèce avait décrété, quand la crise avait frappé, une interdiction temporaire des saisies[8]. Cette interdiction était toujours en vigueur en 2015, mais avec de nombreux amendements qui avaient réduit le champ des prêts immobiliers couverts. (La Troïka masque souvent ses « exigences » en simples « propositions » : ce sont des décisions que le pays en crise devrait *envisager* de prendre. Mais ce sont plus que des propositions – la Grèce *devait* les accepter. Il y a des « négociations », mais, comme l'illustre l'histoire de la « proposition » sur les saisies, en général, ce sur quoi on se met « d'accord » à la fin n'est guère différent de la proposition initiale, bien qu'il puisse y avoir quelques modifications superficielles, un geste pour permettre au gouvernement du pays en crise de sauver la face et d'avaler la pilule.)

Les dirigeants de la Troïka semblent croire que ceux qui ne paient pas leurs prêts immobiliers sont des scélérats qui exploitent l'interdiction des saisies pour se mettre en congé de leurs factures. Soyons durs, les scélérats paieront. Mais la réalité est différente. Avec la dépression, des centaines de milliers de personnes ont perdu leur travail, des centaines de milliers d'autres ont dû accepter des baisses de salaire de 40 % ou davantage ; la plupart de ceux qui ne paient pas *ne peuvent pas* payer. L'Europe a fait un pari : son intransigeance allait rapporter aux banques une fortune, et le montant qu'elle aurait elle-même à avancer pour les recapitaliser serait réduit d'autant. Mais tout indique qu'en réalité des milliers de Grecs pauvres vont se retrouver sans abri et les banques, encombrées de maisons invendables[9].

La Grèce a plaidé auprès de la Troïka pour qu'elle adoucisse ses exigences draconiennes. Mais la Troïka a tenu bon, et ordonné une réduction radicale de ces mesures de protection. Seuls les ménages qui ont un revenu annuel inférieur à 23 000 euros par an resteront pleinement protégés[10]. Évidemment, les familles dont les revenus sont aussi bas ne sont généralement pas propriétaires, donc l'exemption ne signifiait pas grand-chose. Les responsables grecs ont capitulé, tout en prétendant confusément que la majorité des Grecs pourraient bénéficier d'une certaine protection – assertion qui semble peu fondée. Ce qui est clair et net, c'est que de nombreuses personnes qui étaient au bord du dénuement ont été poussées un peu plus près de l'abîme.

Les technocrates de la zone euro n'étaient pas attentifs aux statistiques qui captaient ces souffrances. Et ils ne voyaient pas non plus que, sous la froideur de ces chiffres, il y avait des personnes de chair et d'os, dont on était en train de ruiner la vie. C'est comme l'avion qui bombarde à 15 000 mètres d'altitude : le succès se mesure aux objectifs atteints et non aux vies détruites.

Les technocrates s'intéressaient à des statistiques différentes : les taux d'intérêt et les spreads des obligations (la somme supplémentaire que ceux qui se trouvent dans les pays en crise doivent payer pour emprunter de l'argent), le déficit du budget et celui des comptes courants. On avait parfois l'impression que les taux de chômage étaient une simple mesure des dommages collatéraux, ou, plus positivement, le signe avant-coureur d'un avenir meilleur : un taux de chômage élevé allait faire baisser les salaires, ce qui rendrait le pays plus compétitif et corrigerait le déficit des comptes courants.

Le seul avantage, peut-être, de la tragédie grecque de la Troïka est d'offrir un exemple paradigmatique des problèmes que posent les politiques adoptées par la zone euro pour réagir à la crise financière mondiale et à ses suites. Dans ce chapitre et le suivant, j'analyse le cas de la Grèce avec un soin particulier, mais les politiques erronées que la Troïka a imposées à Athènes à l'heure du besoin ne sont que des versions amplifiées de celles qu'elle a instaurées, par la pression, la persuasion ou les conditions attachées aux prêts, dans les autres pays en crise.

L'impératif de faire quelque chose

Quand la crise a éclaté dans la zone euro début 2010, les dirigeants de l'union monétaire étaient tenus de faire *quelque chose.* Les taux des obligations grimpaient – les taux d'intérêt grecs à long terme ont commencé l'année à 6 % et ont atteint 12 % en décembre[11]. L'étranglement réel du crédit s'est produit quand l'heure a sonné pour la Grèce d'emprunter à nouveau, pour financer son gigantesque déficit budgétaire (10,8 % du PIB en 2010) et rembourser les prêts arrivant à échéance. Personne n'a voulu prêter. Et si l'État ne pouvait pas emprunter, il ne pourrait pas non plus rembourser ce qu'il devait. L'étape suivante était le défaut de paiement. Mais si la Grèce faisait défaut sur ses obligations, ceux qui les possédaient se retrouveraient en position bien plus précaire. Les banques françaises et allemandes, pour ne rien dire des banques grecques, qui détenaient de grosses quantités de ces bons d'État, risquaient de devenir elles-mêmes insolvables. Et il y avait pire : le marché financier étant fort peu transparent, nul ne savait exactement comment chaque banque serait touchée. Certaines banques qui n'avaient pas prêté à la Grèce avaient peut-être prêté à d'autres banques qui l'avaient fait, donc les premières aussi pouvaient être en situation périlleuse. Certaines banques avaient acheté une assurance contre les pertes, mais d'autres avaient misé sur le scénario où la Grèce ne se mettait pas en défaut de paiement, et pris les paris. C'était le chaos. Et un chaos qui pouvait s'étendre. On venait de faire, à forte dose, l'expérience de ce type de contagion : au lendemain de l'effondrement de Lehman Brothers, le monde entier était entré en récession économique, quand les marchés financiers s'étaient gelés. On ne savait trop si la Grèce pesait moins lourd ou plus lourd que Lehman Brothers ; et surtout, on ne savait pas très bien si elle avait ou non une importance *systémique.*

Comme on l'a vu au chapitre 1, chaque fois qu'un pays est entré en crise, la Troïka a établi un programme *censé* lui rendre la santé et rétablir son accès aux marchés internationaux du crédit s'il l'avait perdu. Elle commettait une erreur fatale : se concentrer sur l'accès aux marchés des capitaux et sur le remboursement des dettes au lieu de chercher à rétablir la croissance et à faire monter le niveau de vie de la population. N'en soyons pas surpris : il est naturel que des ministres des Finances se concentrent sur les marchés financiers. Mais le projet européen n'était pas censé tourner autour des marchés financiers – ceux-ci n'étaient qu'un moyen au service d'une fin. Le moyen est devenu une fin en soi.

Quand, l'un après l'autre, les programmes sont entrés en vigueur, puisque, l'un après l'autre, les pays sont entrés en crise, deux points sont apparus clairement : (1) chaque fois qu'un pays mettait en œuvre un de ces programmes, il connaissait un grave effondrement économique, parfois une récession, parfois une dépression, après quoi la reprise était au mieux lente; et (2) ces résultats étaient *toujours* une surprise pour la Troïka, qui prévoyait une reprise rapide après une chute initiale – quand ses experts voyaient que la reprise prédite n'était pas là, ils disaient qu'elle était vraiment imminente. La figure 7 montre par exemple, dans le cas de la Grèce, ce que la Troïka croyait qu'il allait se passer après son programme initial de mai 2010 et ce qui s'est vraiment passé. Elle comprenait qu'il y aurait une chute, mais elle prédisait un redressement rapide[12]. En 2015, quatre ans plus tard seulement, la position réelle de l'économie était inférieure de près de 20 % à celle qu'avait prévue la Troïka[13].

Ces prévisions lamentables le montrent assez : la compréhension qu'avait la Troïka des mécanismes économiques à l'œuvre était nulle. Elle voudrait bien aujourd'hui faire porter la responsabilité par d'autres – prétendre que le pays n'avait pas fait ce qu'on lui avait dit de faire –, mais la vérité est différente. Si la Grèce est en dépression, ce n'est pas parce qu'elle n'a pas fait ce qu'on lui avait dit. C'est parce qu'elle l'a fait. Et il en va de même dans les autres pays en crise. S'il y a eu effondrement de l'économie, c'est essentiellement parce que ces pays ont fidèlement suivi les instructions de la Troïka.

Ce chapitre et le suivant explorent de plus près ce qu'a fait l'Europe pour parvenir à des résultats aussi négatifs. J'examine les programmes imposés aux pays en crise et je montre que ces programmes devaient *inévitablement* conduire à de très graves récessions et dépressions. J'explique aussi pourquoi les effets négatifs ont été encore plus importants que la plupart des modèles économiques standard ne l'avaient prédit.

Figure 7. – PIB réel de la Grèce

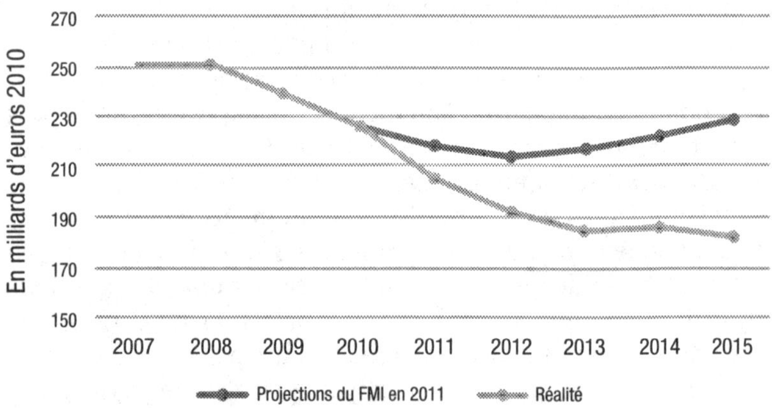

Il existait d'autres politiques qui auraient mis ces pays sur la voie de la reprise : une politique de croissance et non d'austérité et une restructuration profonde de la dette. Ce chapitre se concentrera sur les *politiques macroéconomiques*, celles qui concernent directement le budget, les déficits et la dette. Ce sont les politiques macroéconomiques qui ont abouti aux refroidissements, récessions et dépressions qui accablent l'Europe.

Le chapitre suivant poursuivra l'analyse des programmes, en se concentrant sur les politiques structurelles qui ont été imposées aux pays, des politiques qui visent à réformer des marchés particuliers afin de rendre plus concurrentiels les pays en crise.

Dans ce chapitre et le suivant, une partie substantielle de l'analyse se concentre sur le programme grec, pour une raison simple : ce programme met en lumière plus nettement que tous les autres les problèmes de *tous* les programmes imposés aux pays en crise et illustre le plus clairement l'état d'esprit de la Troïka.

LE CADRE MACROÉCONOMIQUE DES PROGRAMMES DE CRISE

Les dirigeants de l'Europe se plaisent à croire que, simultanément, les programmes de crise apportent un soulagement symptomatique – l'obstacle immédiat est surmonté – et posent les bases d'un ajustement à long terme. Il est plus exact de considérer ces programmes comme des mécanismes conçus pour faire peser les coûts de l'ajustement sur les débiteurs et assurer le remboursement des créanciers.

Une forte dose de politique entre aussi dans ce brouet : certains pays créanciers, en particulier l'Allemagne, ne voulaient pas que leurs contribuables soient conscients des coûts qui pourraient leur être imposés ; ils voulaient que leurs citoyens *croient* qu'ils allaient être remboursés, même si c'était fondamentalement impossible. Une telle mascarade a un prix, qui est lourd – et qui a été essentiellement payé par les citoyens grecs, par exemple. Mais même l'Allemagne devra probablement supporter une partie des coûts, puisque la probabilité du remboursement se réduit.

La politique est à l'œuvre à la fois chez les créanciers et chez les débiteurs, et la Grèce offre le meilleur exemple de cette interaction. L'Allemagne et la Troïka ont imposé de terribles conditions au gouvernement de Georges Papandréou[14] quand il a découvert et, en toute transparence, révélé les truquages budgétaires du précédent gouvernement grec. Ce traitement punitif a ouvert la voie au retour du gouvernement de droite Samaras, qui, en réalité, avait mis la Grèce dans cette situation impossible[15].

C'est un fait : au lieu de sanctionner le parti qui avait mal agi, la Troïka l'a récompensé. Elle a fait même pire : quand il était au pouvoir, le gouvernement Papandréou avait amorcé un processus visant à réduire la puissance des oligarques grecs, qui dominent les banques et les médias et exploitent les liens entre les deux. Mais le parti de Samaras, Nouvelle Démocratie, était étroitement lié à aux oligarques et, bien évidemment, dès son retour aux affaires, il a abrogé les réformes de Papandréou sans que la Troïka pipe mot. Donc, loin d'encourager les réformes les plus fondamentales, largement considérées comme nécessaires à une prospérité partagée et durable en Grèce, les programmes de la Troïka ont été à cet égard contre-productifs.

On peut rétablir un équilibre budgétaire en réduisant les dépenses et en augmentant les recettes. Les conséquences économiques et sociales dépendent considérablement de la nature des dépenses qu'on réduit et de la manière dont on augmente les recettes. Les programmes de la Troïka n'ont pas seulement privilégié à l'excès le retour à l'équilibre budgétaire ; ils ont aussi entrepris de rétablir cet équilibre de la mauvaise façon : ils ont eu plus d'effets négatifs que nécessaire sur la production, l'emploi et le bien-être social. Le FMI en particulier aurait dû savoir que les mesures fiscales mal conçues peuvent avoir un effet boomerang – les recettes fiscales peuvent chuter, et le produit économique aussi.

Dans les sections suivantes, nous abordons divers aspects des politiques macroéconomiques qui ont été imposées aux pays en crise.

L'AUSTÉRITÉ : LE MYTHE DE LA MÉNAGÈRE SOUABE

Au cœur des programmes macroéconomiques, il y a l'austérité – la contraction des dépenses publiques et la hausse des recettes de l'État. Les autorités européennes ont paru surprises par ses résultats extrêmement négatifs, tellement plus désastreux que les prédictions de leurs modèles. J'ai été surpris de leur surprise. Comme nous l'avons souligné dans les chapitres précédents, l'austérité n'a *jamais* fonctionné.

Penser l'austérité

À certains égards, on ne pouvait guère s'étonner que les dirigeants de la zone euro exigent de la Grèce qu'elle réduise son déficit. La crise grecque semblait découler de l'incapacité de l'État à emprunter davantage, et le pays avait un déficit très important et insoutenable depuis des années. Toutefois, cette logique n'est pas applicable à l'Espagne, par exemple : sa crise était venue du secteur bancaire, et avant la crise, comme nous l'avons souligné à plusieurs reprises, son budget était en excédent – c'était la crise qui avait provoqué le déficit budgétaire et non l'inverse[16].

L'objectif immédiat était évidemment de faire en sorte que les pays n'aient pas besoin d'emprunter davantage, et c'est là qu'intervenaient les programmes d'austérité : réduisons les dépenses et augmentons les impôts dans des proportions suffisantes et le besoin de financements extérieurs disparaîtra. Mais ces choses-là ne sont pas aussi simples. L'austérité conduit au ralentissement de l'économie, qui réduit les recettes fiscales et augmente les dépenses publiques sur des postes comme l'assurance-chômage et les prestations sociales; l'amélioration de la position budgétaire du pays, si elle existe, sera donc bien inférieure à celle qu'on avait anticipée, et les souffrances seront beaucoup plus fortes que prévu.

C'est la différence fondamentale entre la ménagère souabe, rendue célèbre par la chancelière allemande Angela Merkel, et un pays : la ménagère souabe doit vivre dans les limites de son budget, oui, mais quand elle réduit ses dépenses, son mari ne perd pas son travail. S'il le perdait, il est clair que la famille se retrouverait dans une situation beaucoup plus grave. Or c'est exactement ce qui se passe quand on impose l'austérité à un pays : l'État réduit ses dépenses et les gens perdent leur emploi.

Il y a une meilleure analogie que la ménagère souabe, et c'est celle qui existe entre un pays et *une entreprise*. Dans le cas des entreprises, nous regardons le bilan comptable. Personne ne va demander quelle est la taille du passif; on veut savoir quels sont les actifs et quelle est la valeur nette. Si une entreprise emprunte pour acheter des actifs qui augmentent sa valeur nette, c'est une bonne initiative. Des pays qui empruntent pour financer des investissements dans les infrastructures, l'éducation et la technologie peuvent améliorer leur situation, et tout particulièrement s'il y a des ressources sous-utilisées (du chômage). L'austérité est alors mauvaise tant à court terme – elle accroît encore le chômage – qu'à long terme – elle réduit la croissance future.

Les excédents primaires

La Troïka a concentré son attention sur la taille de l'excédent primaire des pays en crise – l'excédent des recettes de l'État sur ses dépenses, *nettes* du service de la dette. On peut le comprendre, étant donné les intérêts des pays créanciers comme l'Allemagne. Ils voulaient être remboursés, naturellement. Bien entendu, un pays qui emprunte ne peut pas rembourser. La seule solution pour que l'État puisse rembourser ce qu'il doit, c'est qu'il soit en excédent. Que cet excédent, normalement, affaiblisse l'économie, c'est une évidence : quand l'État a un excédent, c'est qu'il retire au pouvoir d'achat de ses citoyens plus qu'il ne lui ajoute par ses dépenses. Par conséquent, il contribue à l'insuffisance de la demande.

Parfois, un autre facteur peut combler le vide ainsi créé. Les États-Unis ont eu un excédent primaire à la fin du XXe siècle sous le président Clinton, mais l'économie était en plein boom – sa force motrice était la bulle technologique. La puissance de l'investissement a soutenu l'économie. Toutefois, quand la bulle technologique a éclaté, le pays a vite sombré dans la récession.

De tous les pays, l'Allemagne est peut-être le mieux placé pour le comprendre. À la fin de la Première Guerre mondiale, le traité de Versailles lui a imposé de payer des réparations. Pour financer les réparations, elle devait être en excédent. Keynes a prédit, à raison, que les réparations allemandes et l'excédent budgétaire allemand qui en résulterait allaient provoquer en Allemagne une récession, ou pire encore. La dépression allemande qui a suivi a eu des conséquences politiques désastreuses, pas seulement pour l'Allemagne mais pour le monde entier. Pendant un temps, l'Allemagne a esquivé la dépression en empruntant aux États-Unis pour soutenir la demande. Mais quand la Grande Dépression a éclaté aux États-Unis, cette source de financement s'est tarie et l'Allemagne aussi est entrée en dépression.

Au vu de ce passé, il est choquant que l'Allemagne et la Troïka aient obligé la Grèce et d'autres pays en crise à maintenir de gros excédents primaires. Dans le cas de la Grèce, elles ont exigé que l'excédent primaire atteigne 3,5 % du PIB en 2018[17]. Même le

FMI sait qu'un tel objectif ne pourra que prolonger et aggraver la dépression en cours dans ce pays. Le programme actuel autorise des cibles plus souples pour la période 2015-2017, mais, si la Grèce respecte l'objectif fixé par l'accord pour l'excédent primaire 2018, aucun doute n'est permis : quels que soient son respect des réformes structurelles, son efficacité à percevoir l'impôt ou à réduire les pensions de retraite et le nombre de patients qu'elle laissera mourir dans des hôpitaux sous-financés, la dépression continuera.

LA CONCEPTION DES PROGRAMMES D'AUSTÉRITÉ

Fondamentalement, un programme est conçu pour fixer des objectifs budgétaires, de manière à réduire progressivement le déficit primaire et, finalement, à dégager un excédent primaire. Dans les premiers accords entre la Grèce et ses « partenaires », ces objectifs budgétaires n'ont presque jamais été atteints – pour une raison simple : les prévisions de la Troïka relevaient de la fiction[18].

Aujourd'hui, aux termes du « mémorandum » du 19 août 2015, si les objectifs ne sont pas atteints – ce qui est pratiquement certain –, des doses d'austérité supplémentaires entreront en jeu automatiquement. Jusqu'ici, quand l'austérité entraînait une contraction, on pouvait toujours espérer que la Troïka s'adoucirait en constatant l'ampleur des dégâts qu'elle provoquait. Désormais, il y a un *déstabilisateur automatique* qui *garantit* une grave récession. Quand l'économie s'affaiblira et que les recettes fiscales baisseront, les taux d'imposition seront obligatoirement relevés – ce qui déprimera encore davantage l'économie. (Aux États-Unis, même les conservateurs estiment que, lorsque l'économie s'affaiblit, il faut réduire les taux d'imposition et non les augmenter.) Et quand le marché prendra conscience de tout cela, les effets négatifs seront encore plus importants.

Les objectifs cachés

Même quand on fait une fixation sur le déficit budgétaire, il existe des politiques budgétaires susceptibles de stimuler l'économie sans aggraver le déficit existant. Elles appliquent le principe du multiplicateur de budget équilibré. Si l'on introduit un nouvel impôt et qu'on dépense le produit de cet impôt – si bien que le déficit immédiat reste absolument le même –, il y a expansion de l'économie. L'effet d'expansion de la dépense pèse plus lourd que l'effet de contraction de l'impôt. Et si les dépenses sont bien choisies (si elles servent, par exemple, à payer des enseignants et non à faire la guerre) et les impôts aussi (disons, s'ils sont prélevés sur les riches), le « multiplicateur de budget équilibré » peut être important : un dollar d'augmentation des dépenses peut entraîner beaucoup plus qu'un dollar de croissance du PIB. En outre, si l'on dépense cet argent en biens d'équipement, ce qui augmentera la productivité, la hausse des recettes fiscales *futures* qui en résultera améliorera la situation budgétaire à long terme de l'État.

Certains pays de la zone euro ont fait le contraire. La France, par exemple, a réduit l'impôt sur les sociétés et, pour compenser cette baisse de recettes, elle a diminué les dépenses. Le multiplicateur de budget équilibré prédit quel sera le résultat : une contraction de l'économie. On voit bien le pari que faisait la France : elle pensait que la baisse des impôts sur les entreprises se traduirait par une hausse de l'investissement, ce qui allait améliorer globalement l'offre et la demande. Mais ce qui entrave l'investissement des grandes entreprises en France et ailleurs en Europe, c'est le manque de demande pour leurs produits. Sans demande pour leurs produits, les entreprises n'investiront pas, le taux d'imposition serait-il proche de zéro.

De plus, même s'il y avait une demande pour les produits de l'entreprise, tant la théorie que les constatations empiriques font douter de l'importance des taux de l'impôt sur les sociétés en tant que moteur de l'investissement. La raison en est simple. La plupart des investissements sont surtout financés par l'emprunt. Ce qui intéresse les entreprises, c'est le coût *après impôts* de ces fonds. Si elles doivent payer 10 % d'intérêt mais que le taux d'imposition est de 50 %, puisqu'elles peuvent déduire l'ensemble de leurs versements d'intérêts, le coût après impôts ne sera que de 5 %. En pratique, cela signifie que le coût de l'investissement est partagé avec l'État, qui paie la moitié de la facture sous forme de réduction d'impôts. Donc *plus le taux d'imposition est élevé, plus le coût de ces fonds pour l'entreprise est faible.* En lui-même, ce constat suggère que plus le taux d'imposition est élevé, *plus* il y a d'investissement ; mais, bien sûr, ces impôts plus élevés ont aussi l'effet de réduire les rendements de l'investissement. Ce qui compte, c'est l'équilibre entre ces deux effets – et, si l'on y regarde de près, on verra qu'en fin de compte il y a peu d'influence sur l'investissement.

Si la France voulait stimuler son économie, elle aurait dû réduire les impôts sur les entreprises qui investissaient et créaient des emplois dans le pays, et les augmenter sur celles qui ne le faisaient pas[19].

Le multiplicateur de budget équilibré n'a pratiquement jamais été évoqué dans le débat sur la crise de la zone euro, ce qui suggère qu'il y a un objectif caché : rétrécir l'État, réduire son rôle dans l'économie. Cette conclusion est confirmée par un examen attentif des détails des programmes d'austérité.

L'AUGMENTATION DES RECETTES

Les programmes avaient deux moyens principaux d'augmenter les recettes de l'État : la fiscalité et la privatisation.

La conception des augmentations d'impôts

En temps normal, le FMI met en garde contre les dangers d'une fiscalité lourde. Il s'inquiète de l'effet de désincitation, du risque de décourager le travail et l'épargne. Mais en Grèce, la Troïka a exigé des taux effectifs d'imposition élevés, même à de très faibles niveaux de revenu. Par exemple, elle a exigé (et obtenu) une TVA de 23 % sur un grand nombre de biens et services ; associée à un impôt sur le revenu qui, même pour des revenus très bas, se situe autour de 22 %, cette TVA porte le taux effectif d'imposition à près de 40 %.

Tous les gouvernements grecs récents ont compris l'importance d'augmenter les recettes fiscales, mais une mauvaise politique fiscale peut accélérer la destruction d'une économie. Dans une économie où le système financier fonctionne mal, où les petites et moyennes entreprises ne peuvent pas accéder aux crédits, la Troïka a exigé que les entreprises grecques, y compris les petits commerces tenus, par exemple, par un couple, paient tous leurs impôts à l'avance, en début d'année, avant d'avoir gagné le moindre centime et avant même de savoir ce que va être leur revenu.

Cette obligation a pour objectif de réduire l'évasion fiscale, mais, dans la situation où se trouve la Grèce, elle détruit les petites entreprises. La Troïka a beau discourir sur les réformes structurelles qui auront des effets *positifs* sur l'offre, il est probable qu'à elle seule cette mesure a eu sur l'offre un effet *négatif* plus puissant que *toutes* ses réformes structurelles réunies. Ces politiques draconiennes conduisent inévitablement à une expansion de l'évasion fiscale – ce qui paraît, là encore, en contradiction avec une autre visée majeure des programmes de la Troïka[20].

Cette nouvelle obligation fiscale paraît contredire aussi une autre exigence signifiée à la Grèce : elle doit supprimer sa retenue fiscale à la source sur les fonds envoyés de Grèce aux investisseurs étrangers. La retenue à la source est une caractéristique des bons systèmes fiscaux dans des pays comme le Canada, et constitue un élément crucial de la perception des impôts. Apparemment, la Troïka juge moins important de garantir le paiement de l'impôt quand il est dû par des étrangers et non par des Grecs. Cette mesure prend une saveur particulière quand on se souvient qu'un des plus grands contribuables mauvais payeurs serait, selon la rumeur, la compagnie allemande qui a géré l'aéroport d'Athènes jusqu'en 2013. À en croire certains, cette compagnie aurait des centaines de millions d'euros d'arriérés[21]. Évidemment, si l'on juge l'État peu doué pour faire rentrer l'impôt, un investisseur étranger irresponsable essaiera de faire sortir son argent du pays sans rien verser au fisc. La détention constitue les neuf dixièmes de la loi. En l'occurrence, c'est peut-être les dix dixièmes. Il devient ensuite très difficile à l'État de récupérer ces sommes[22].

Il y a chez les économistes un large consensus sur les principaux ingrédients d'un bon système fiscal. Il ne doit pas introduire dans l'économie plus de « distorsions » que nécessaire. C'est pourquoi il est souhaitable de taxer le foncier et les ressources naturelles – la superficie du foncier ne change pas quel que soit l'impôt qui le frappe. Plus généralement, un bon système fiscal taxe des biens pour lesquels les effets de l'impôt sur la demande ou sur l'offre seront limités. Puisque l'inégalité est forte et en ascension, un bon système fiscal doit se poser la question : qui porte le fardeau ? Il doit peser de façon disproportionnée sur les riches, pas sur les pauvres. Enfin, des impôts bien ciblés peuvent aider à restructurer l'économie, par exemple en stimulant les énergies renouvelables et en décourageant les activités polluantes.

Les exigences fiscales de la Troïka – disons, en Grèce – violent ces principes. Le tourisme est un autre cas où elles seront vraisemblablement contre-productives. Les touristes font des comparaisons de prix, notamment dans le secteur du marché visé par la Grèce. Le gouvernement grec s'est inquiété des répercussions d'une hausse de la TVA sur l'activité touristique, notamment dans les îles, qui doivent faire face à des coûts de transport élevés. Cette fiscalité lourde allait réduire la demande pour le tourisme grec, ce qui nuirait simultanément à l'emploi, au PIB et à la balance des comptes courants de la Grèce – en conséquence, les recettes fiscales risquaient fort de diminuer. Mais la Troïka ne voulait rien entendre.

Nombre des problèmes que rencontre la Grèce pour faire respecter les obligations fiscales sont comparables à ceux qui se posent avec les petites entreprises du monde entier, notamment dans les économies du *liquide*. Néanmoins, les politiques de la Troïka encouragent de fait les habitants des pays où l'État est financièrement précaire à sortir leur argent des banques[23].

La Troïka sabote aussi la perception de l'impôt par d'autres moyens. Quand l'impôt paraît fixé par des étrangers, à haut niveau et selon des modalités qui n'ont aucun sens (par exemple, exemption de la retenue à la source pour les transferts à l'étranger et obligation pour les petites entreprises de payer leurs impôts un an à l'avance), la rancœur monte, la confiance s'érode, et le respect volontaire des obligations fiscales aussi. La fiscalité n'apparaît pas comme le produit d'un consensus démocratique, on l'estime imposée par les étrangers – des étrangers hypocrites, qui ne paient même pas les taxes qu'ils doivent eux-mêmes[24]. Sur quoi l'État réduit les effectifs et les salaires des percepteurs – ainsi que leur sécurité d'emploi –, ce qui démoralise inévitablement ces fonctionnaires chargés de faire rentrer l'impôt.

Il y avait d'autres impôts possibles, plus compatibles avec les principes de base d'un bon système fiscal. Les impôts fonciers peuvent être une bonne chose – un élément essentiel d'une fiscalité judicieuse –, mais même la fiscalité foncière, la Troïka ne l'a pas conçue correctement. Le seul actif dans un pays qu'on ne peut pas envoyer à l'étranger, c'est la terre. Non seulement la terre n'est pas déplaçable, mais son offre est inélastique : sa superficie ne diminue pas quand on la taxe davantage. Il y a de longue date une présomption forte en faveur de l'impôt foncier[25].

Dans le cadre des programmes de la Troïka, la Grèce a introduit un nouvel impôt foncier, mais cet impôt a suscité un mécontentement profond, car la seule chose qui sépare de nombreux Grecs ordinaires de la pauvreté totale, c'est leur petite propriété. Pour des chômeurs sans aucun revenu, cet impôt, si l'on faisait respecter strictement l'obligation de le payer, signifiait la perte de leur avoir principal. Ce qu'il aurait fallu instaurer, c'est un *impôt foncier progressif* sur toutes les *grandes* propriétés.

Un problème que la Troïka aurait dû voir d'emblée était l'absence de cadastre *national* exhaustif des propriétés foncières. Mais on aurait pu y remédier facilement : on pouvait demander aux particuliers de déclarer tous leurs biens fonciers, avec une description – par exemple le nombre de chambres, l'existence ou non d'une piscine, et une valeur. Les équipements techniques modernes, notamment l'imagerie satellitaire, permettent de vérifier au moins certains aspects de la description. On pouvait menacer de la perte de leur propriété ceux qui ne rapporteraient pas leurs biens avec exactitude, et lever un impôt spécial sur les grandes demeures et sur les piscines (mais pas lourd au point qu'il serait payant pour les intéressés de combler leur piscine). On pouvait donner à l'État le droit d'acheter la propriété à 125 % de la valeur déclarée, par exemple – ce qui inciterait clairement à déclarer honnêtement. La loi pouvait aussi exiger que le propriétaire effectif de tous les biens soit mentionné.

Une politique fiscale bien conçue peut corriger des échecs du marché, donc avoir un double avantage : rapporter des recettes fiscales et améliorer l'efficacité économique. Le plus important échec du marché auquel le monde est aujourd'hui confronté est probablement le changement climatique – nous n'avons pas de prix pour le carbone. La Grèce a un potentiel riche, abondant, d'énergie renouvelable, à la fois solaire et éolienne. De plus, si elle développait ces secteurs, elle réduirait sa consommation de pétrole. Une des industries du pays est le raffinage du pétrole : si la Grèce en consommait moins, elle pourrait en exporter davantage. Donc une taxe élevée sur les énergies non renouvelables aurait le double effet de faire rentrer de l'argent et d'améliorer la balance des paiements de la Grèce[26].

La zone euro a retiré le pouvoir d'ajuster le taux de change nominal : c'est un de ses problèmes, que nous avons maintes fois mentionné. Mais, là encore, en l'absence de ce pouvoir, on *aurait pu* utiliser la politique fiscale : puisque la Grèce fabrique relativement peu de biens, certains impôts sur la consommation, notamment de produits de luxe comme les voitures coûteuses, qui sont importées et doivent être immatriculées dans le pays, auraient été progressifs, sources de recettes substantielles, et de nature à corriger un peu le déficit commercial.

Les privatisations

Il y a un autre moyen de faire rentrer de l'argent, et c'est de vendre des actifs de l'État – de privatiser. Évidemment, ces ventes n'améliorent pas directement ni nécessairement le « bilan » de l'État et du pays.

En début de chapitre, nous avons souligné l'importance de regarder, non la seule dette d'un pays, mais son bilan complet – son passif par rapport à ses actifs. La Troïka, et la zone euro en général, ne l'a pas fait. Dans le cas des privatisations, trop souvent, elles n'ont vu que le *cash-flow*, sans penser aux conséquences à long terme. Quand un pays vend ses actifs à prix bradés, sa « valeur nette » diminue, ce qui a des effets durables – soit une baisse des recettes de l'État, parce qu'il ne possède plus un actif qui rapportait un rendement, soit une hausse de ses coûts, par exemple parce qu'il doit désormais payer un loyer pour des espaces de bureaux, puisqu'il a vendu ses propres bâtiments[27].

La meilleure privatisation, c'est celle où l'État s'est révélé incapable de gérer correctement un actif et où plusieurs concurrents, tous capables d'améliorer l'efficacité de sa gestion, souhaitent le reprendre. La pire, c'est celle où l'on vend l'actif à un monopoliste, qui utilise son pouvoir de marché (son pouvoir de fixer les prix au-dessus des coûts de production) pour exploiter la population : la situation des consommateurs et des entreprises est pire sous un monopole, même efficace, que sous un opérateur public inefficace.

De plus, la privatisation engendre une dynamique politique malsaine : le monopoliste utilise ses profits pour s'acheter de l'influence politique, qui étend et renforce son pouvoir de marché. La privatisation peut donc apporter davantage de corruption, en plus d'une économie moins concurrentielle et globalement moins efficace. (En Europe, la corruption prendra probablement la forme plus raffinée des contributions de campagne, pas celle des enveloppes bourrées de billets. Ce n'en est pas moins de la corruption[28].)

Quand la privatisation consiste à céder la propriété à des étrangers, d'autres problèmes se posent. D'abord, tout changement de la fiscalité et des structures de la réglementation qui influe sur la rentabilité de l'entreprise étrangère risque d'engendrer d'énormes pressions politiques venues du gouvernement de son pays d'origine. Ce qui aurait été une question intérieure devient une affaire internationale. Quand le nouveau propriétaire de l'actif, ou son gouvernement, a un pouvoir politique sur le pays – comme la Troïka en a un sur les pays en crise –, les intérêts des citoyens risquent fort de ne pas être bien servis : l'exigence de suppression de la retenue fiscale à la source sur les flux transfrontières en offre une illustration spectaculaire[29].

De plus, le flux des profits qui quittent le pays peut même avoir un effet négatif sur la balance des paiements. Notamment si la vente a lieu à prix bradé, les avantages de la rentrée d'argent immédiate seront plus qu'annulés à long terme par les sorties répétées de capitaux, au titre du rapatriement des profits.

Un cas spécial de privatisation est particulièrement contestable : quand l'entreprise qui achète l'actif appartient en partie ou en totalité à un État étranger. Il faut bien se poser la question : en quel sens s'agit-il d'une «privatisation» si l'acquéreur est une entité publique ? Il est difficile de soutenir simultanément que les États sont *nécessairement* moins efficaces et qu'il faut vendre les actifs de son État à un autre État.

Dans le cas de la Grèce, les problèmes que pose la privatisation sont déjà apparus clairement. Certaines privatisations, passées et en projet, ont lieu au profit d'entreprises qui appartiennent en partie à l'État allemand (au niveau des *Länder*). J'ai dit qu'une compagnie allemande a pris jusqu'en 2013 une part importante à la gestion de l'aéroport d'Athènes, et le projet de privatisation des aéroports régionaux concerne une compagnie où certaines entités publiques allemandes ont des participations majeures – le *Land* de Hesse, le plus gros actionnaire, possède environ 34 % de la société.

Une au moins des privatisations qui se sont produites dans le cadre du programme grec, celle des aéroports régionaux que je viens d'évoquer, a une autre particularité plus que douteuse : un des partenaires de la privatisation est un oligarque – c'est anormal, puisqu'une des principales réformes structurelles du programme grec *devrait être* d'affaiblir le pouvoir des oligarques[30].

Que la Troïka soit confrontée à des conflits d'intérêts, ce devrait être évident pour tout le monde. Et il devrait être évident aussi que ni ces conflits d'intérêts, ni les problèmes de relations publiques qui en résultent n'ont été bien traités. Ces défaillances minent la confiance dans l'ensemble du programme de la Troïka, pas seulement en Grèce mais dans tous les pays en crise. Et elles suscitent des questions perturbantes sur les intérêts qui sont servis par ces programmes.

LA RÉDUCTION DES DÉPENSES

Le second volet du rétablissement de l'équilibre budgétaire, après l'augmentation des recettes, est la réduction des dépenses. Comme nous l'avons vu, si l'endettement de l'Irlande et de l'Espagne a augmenté, c'est moins en raison des dépenses *ordinaires* qu'à cause du renflouement des banques. Ces deux cas sont si importants que nous allons nous concentrer sur eux dans la prochaine section de ce chapitre.

Comme les augmentations d'impôts, les réductions de dépenses qu'a imposées la Troïka aux pays en crise ont été mal conçues. Comme pour les impôts, la Troïka aurait dû privilégier les réductions de dépenses les moins nocives pour le PIB et pour le bien-être social. Ce sont les simples citoyens qui dépendent le plus de dépenses publiques comme l'école, l'hôpital public, les programmes sociaux et les prestations sociales. Les riches peuvent prendre soin d'eux-mêmes. (Certes, dans tous les pays et dans tous les programmes, il y a des inefficacités, mais la Troïka est allée bien au-delà de l'élimination d'inefficacités de ce type.) Et il existait d'autres options évidentes pour des coupes, s'il y avait la volonté politique de les effectuer.

Au XXIe siècle, les conflits militaires au cœur de l'Europe ont été rares. Cette situation a peut-être un peu à voir avec l'Union européenne elle-même, beaucoup à voir avec les Nations unies et l'évolution des esprits à l'égard de la guerre, et un peu à voir aussi avec l'OTAN. Quoi qu'il en soit, ces pays ne modifieraient pas beaucoup leur posture de défense fondamentale s'ils effectuaient des coupes majeures dans leurs dépenses militaires : face à toute agression réelle, ils doivent compter sur l'OTAN[31].

Il existe aussi un ensemble massif de subventions inefficaces (certaines dissimulées dans le Code des impôts), souvent au profit de groupes d'entreprises prospères. Leur élimination rendrait l'économie plus efficace et la société plus égalitaire. La plupart des pays (y compris les pays en crise) ont par exemple de grosses subventions énergétiques, notamment aux énergies fossiles.

Ironie de la situation : une très grosse proportion des dépenses effectuées au niveau de l'Union européenne (plus de 40 % du budget de l'UE) est consacrée à des subventions agricoles qui créent des distorsions, et dont une bonne partie ne va pas aux petits exploitants mais aux grosses entreprises agro-industrielles.

Les retraites

Dans le cas de la Grèce, la Troïka s'est concentrée sur la réduction des retraites du secteur public, qui lui semblent démesurées. Il apparaît que c'est vrai pour *certaines* retraites grecques ; d'autres ne sont même pas suffisantes pour survivre. On ne peut pas prendre sa retraite dignement avec une pension mensuelle inférieure au seuil de pauvreté de 665 euros – et pourtant 45 % des retraités grecs tentent de le faire[32]. De fait, le pourcentage de Grecs âgés « menacés de pauvreté » en 2013 (environ 15 %) était plus élevé que la moyenne de la zone euro, et, au début de l'année 2012 – bien avant les exigences de 2015 qui ont failli conduire à la sortie de la Grèce (au « Grexit », comme on dit) –, la Grèce, en réalité, dépensait moins par personne de plus de 65 ans que l'Allemagne et que la plupart des autres pays de la zone euro[33]. Mais on considère à juste titre que les pensions de retraite sont une forme de rémunération différée. L'intéressé a accompli un travail pour lequel il est payé de deux façons : un salaire aujourd'hui et une pension plus tard. La pension de retraite fait partie du contrat.

Avant comme après la crise grecque de l'été 2015, les Allemands ont soutenu qu'il ne fallait pas restructurer la dette grecque – un contrat est un contrat –, alors que de toute évidence on allait *forcément* la restructurer. On ne sait pourquoi, cette croyance au caractère sacro-saint des contrats ne s'est pas étendue aux pensions de retraite. De fait, ne pas payer intégralement une pension promise, c'est déchirer le contrat[34]. Et ce cas-là est encore pire : la réduction des pensions touche les membres les plus vulnérables de la société – ce qui n'est pas le cas d'un contrat de la dette publique, où les prêteurs connaissent parfaitement les questions financières et comprennent les risques de défaut de paiement.

Aujourd'hui, un problème très préoccupant dans le monde entier est le vol de salaire : une fois que le salarié a fait son travail, l'employeur ne paie pas le salaire promis. Le travailleur n'a aucun moyen, bien sûr, de reprendre son temps et son effort. C'est pourquoi le vol de salaire est perçu comme un crime odieux. Mais réduire les retraites en deçà du niveau promis, *c'est* un vol de salaire. Seule la forme est différente[35].

Le conseil d'État de la Grèce, sa cour administrative suprême, a reconnu l'illégalité des projets de réduction des pensions[36]. La Troïka a perçu la reconnaissance de la violation des droits fondamentaux de ces personnes comme un contretemps agaçant.

Sa réaction a été d'exiger d'autres réformes qui « compenseraient pleinement l'effet budgétaire du jugement de la Cour constitutionnelle »[37].

Pour les pensions de retraite futures, le problème n'est évidemment pas le même que pour les engagements passés. Il faut voir leur niveau comme un élément d'une rémunération globale appropriée – ce qu'il faut pour amener des personnes de talent à prendre en charge les tâches importantes du secteur public. Là encore, la Troïka n'a pas envisagé la question de cette manière. Si les agents du secteur public ne sont pas correctement rémunérés, le secteur public ne pourra pas remplir ses missions indispensables. Les citoyens-contribuables auront alors le sentiment, justifié, de ne pas en avoir pour leur argent, et le respect volontaire des obligations fiscales s'affaiblira. Un autre cercle vicieux commence, et il est clair que la Troïka fait partie du problème plus que de la solution.

LE SAUVETAGE DES BANQUES

Le secteur financier a été au cœur de la Grande Récession, et il a été également au cœur de la crise de l'euro. Comme nous l'avons vu, l'Espagne a été abattue par une bulle immobilière alimentée par l'excès de crédit immobilier. Comme toujours après l'éclatement de ce genre de bulle, beaucoup de ceux qui avaient contracté des prêts n'ont pas pu les rembourser. Les banques, fragilisées, ont réduit leur crédit. Arrêt d'un moteur essentiel de la croissance économique – l'investissement immobilier – plus resserrement du crédit : cette conjonction garantissait qu'une récession allait suivre. Après quoi l'État a tenté de remettre à flot les banques, ce qui, avec la baisse des recettes fiscales et la hausse des dépenses sociales provoquées par l'entrée en récession de l'économie, a fragilisé son budget.

Chaque État est responsable de ses propres banques : tel était le postulat sur lequel on avait construit la zone euro. Prenons l'Espagne. Puisque les banques espagnoles étaient affaiblies, elles devaient payer des taux d'intérêt très élevés. Elles étaient dans une situation vraiment critique – peut-être n'allaient-elles plus pouvoir emprunter du tout ; peut-être les déposants allaient-ils retirer leurs fonds ; peut-être les taux d'intérêt élevés allaient-ils les condamner à l'insolvabilité. Les banques et l'État étaient intimement liés, comme on l'a vu au chapitre 5. Ce qui inspirait aux déposants des banques une certaine confiance, ce qui les persuadait qu'ils pourraient avoir leur argent quand ils le voudraient, c'était le soutien de l'État. Mais l'affaiblissement de la position budgétaire de l'État fragilisait la confiance dans les banques. Parallèlement, ce même affaiblissement signifiait que l'État lui-même ne pouvait emprunter qu'à un taux d'intérêt élevé. Beaucoup d'investisseurs ne voulaient pas lui prêter du tout. Pour empêcher les taux d'intérêt sur les bons d'État de grimper encore plus haut, les banques espagnoles devaient en acheter et en détenir de grosses quantités. Dans ces conditions, la dévalorisation des bons d'État espagnols détériorait le bilan des banques espagnoles.

Vu de l'extérieur, ce qui se passait était, clairement, une opération d'« autoamorçage de la pompe » : les banques prêtaient de l'argent à l'État (en général en achetant des bons d'État) et l'État accordait sa garantie aux banques ; cette garantie – tant qu'elle avait une grande valeur – leur permettait d'avoir accès aux fonds des marchés à des taux moins élevés, puis d'en prêter une partie à l'État.

La politique de la zone euro à l'égard de l'Espagne (et de certains autres pays en crise) s'est appuyée, à bien des égards, sur ce mécanisme d'« autoamorçage » : en prêtant à l'État on aidait à renflouer les banques, et en prêtant aux banques on aidait à renflouer l'État, puisque les banques achetaient des bons d'État dont personne ne voulait[38].

La zone euro est intervenue en prenant diverses mesures pour aider les banques espagnoles. Toutefois, en dernière analyse, l'État espagnol était censé supporter les risques en cas de problème. Mais si l'État espagnol avait été capable de supporter les risques en cas de problème, il aurait pu renflouer les banques tout seul. C'était justement parce que le sort des banques et celui de l'État étaient liés qu'une aide extérieure était nécessaire. Ne soyons donc pas surpris que l'effet de ces mesures ait été, au mieux, temporaire.

Stratégie de la confiance?

Ce qui a finalement rendu à l'Europe la stabilité (mais pas la croissance forte), c'est la promesse de Draghi en 2012 de faire tout ce qu'il faudrait pour soutenir le marché des obligations souveraines (des bons d'État) en Europe. Il y a eu réduction des spreads souverains – les suppléments de taux d'intérêt que la Grèce, l'Espagne et les autres pays en crise devaient payer en plus des taux que payait l'Allemagne. Même le spread de la Grèce est retombé de 27,3 points de pourcentage en février 2012 à 12 points à la fin de l'année. L'Italie, le Portugal et l'Espagne n'avaient jamais connu de spreads aussi importants que la Grèce, mais les leurs ont diminué aussi – ils sont passés à 3,2, à 6 et à 4 points respectivement[39]. La revalorisation des bons d'État a amélioré le bilan des banques. C'était une stratégie de la confiance, qui à première vue ne coûtait rien et qui a fonctionné – du moins pour un temps. Comme nous l'avons dit, nul ne sait, bien sûr, si la BCE peut vraiment faire « tout ce qu'il faudra » et le fera, à supposer que sonne l'heure fatidique où un pays de la périphérie, confronté à une perte de confiance soudaine dans ses bons d'État, aura besoin du soutien de la banque centrale[40].

La confiance que peut inspirer la promesse de la BCE sera bien sûr gravement compromise si la Grèce ou un autre pays membre quitte la zone euro justement parce que la BCE n'a pas fait tout ce qu'il aurait fallu. Dans la crise grecque de l'été 2015, elle s'est montrée résolument réticente à soutenir la Grèce si son gouvernement n'accédait pas aux exigences de la Troïka. Les négociations traînant en longueur, la BCE est allée jusqu'à cesser de servir de prêteur de dernier ressort : elle a obligé les banques grecques à fermer pendant trois semaines – ce qui ne démontre guère une disposition à faire tout ce qu'il faudra, et prouve plutôt le rôle *politique* de la BCE, analysé au chapitre 6.

En cas de sortie de l'euro d'un ou plusieurs pays, on saura que l'euro *n'est pas* un engagement contraignant entre les membres de la zone – un engagement qui ne sera *jamais* rompu –, et la stratégie de la confiance de Draghi aura beaucoup moins de chances de fonctionner la prochaine fois. Les taux d'intérêt à payer sur les obligations souveraines pourraient alors monter en flèche, et aucune débauche de déclarations rassurantes de la BCE et des dirigeants de l'Europe ne suffira à les faire retomber de la stratosphère.

Même si la BCE était décidée à faire *tout ce qu'il faut*, il n'est pas certain que, sans restructuration massive des dettes, elle ait les moyens de sauver la situation. Le FMI est régulièrement appelé à fournir des liquidités quand les marchés ne font plus confiance. Dans un très grand nombre de cas, il ne parvient pas à rendre la santé à l'économie, et ce, pour deux raisons. D'abord, il est lui-même un créancier privilégié – autrement dit, il se fait payer avant les autres. Par conséquent, les prêts du FMI dégradent le profil de risque de tous les autres créanciers : ils se retrouvent plus loin dans la queue. Autant dire que le « sauvetage » du FMI rend ces obligations encore plus risquées[41]. Ensuite, le FMI, en général, accompagne les fonds qu'il fournit d'une longue liste de « conditions », exactement comme l'a fait la Troïka. En général, elles sont mal conçues – tant les conditions budgétaires/macroéconomiques que les conditions structurelles. Comme en Grèce, il est pratiquement certain qu'avec elles les difficultés économiques vont s'aggraver. Et, bien entendu, quand les perspectives d'une économie s'assombrissent, on ne voit pas pourquoi les marchés reprendraient confiance[42].

LES RENFLOUEMENTS ET LES RESTRUCTURATIONS DE DETTES : QUI AIDE-T-ON VRAIMENT ?

Le premier symptôme de la crise a été la hausse des taux d'intérêt payés par la Grèce sur sa dette publique (on dit parfois : dette souveraine), suivi par son exclusion du marché : personne ne voulait plus acheter aucune obligation nouvelle que l'État grec tenterait d'émettre.

Les dirigeants de la zone euro ont compris qu'ils devaient faire quelque chose, car, si la Grèce ne remboursait pas les prêts qui arrivaient à échéance, cela pouvait créer des problèmes au reste de l'Europe autant qu'à elle. Beaucoup de bons d'État grecs étaient détenus par des banques allemandes et françaises. La réaction immédiate de la zone euro a été de consentir un prêt, moins pour aider la Grèce que pour aider ses propres banques. Mais à quel taux d'intérêt? Pour démontrer au contribuable allemand qu'on ne subventionnait pas les Grecs, la Troïka a exigé un taux élevé – si élevé qu'il a été clair dès le départ que la Grèce n'aurait guère les moyens de rembourser ses dettes. Si l'on avait choisi un taux moins élevé, cela n'aurait peut-être pas été le cas. Au moment où la crise a éclaté, la dette de la Grèce représentait environ 109 % de son PIB – ce qui était moins que la dette des États-Unis à la fin de la Seconde Guerre mondiale (118 %), et beaucoup moins que la dette du Japon aujourd'hui (246 %) ou que celle du Royaume-Uni à la fin de la Seconde Guerre mondiale (environ 250 %)[43]. Si l'on parvient à «mettre en croissance» l'économie, à augmenter le PIB et à maintenir les taux d'intérêt à bas niveau, il est possible de réduire ce type de rapport dette sur PIB, et dans des proportions spectaculaires : l'histoire l'a démontré aux États-Unis comme au Royaume-Uni. Au contraire, si les conditions sont étouffantes et les taux d'intérêt élevés, l'économie va stagner et le rapport dette sur PIB va augmenter.

Certains en Allemagne (et ailleurs) font valoir que ces taux d'intérêt élevés étaient nécessaires pour décourager l'aléa moral, le risque de voir les États dépenser sans compter, puis demander l'aide de l'Europe. Mais aucun État ne se mettra délibérément en position de subir la torture qu'a endurée la Grèce. De plus, quelles qu'aient été les erreurs commises dans les emprunts de l'époque précédente, punir la Grèce aujourd'hui ne corrige pas les fautes d'hier.

Le véritable problème d'aléa moral est celui des banques : elles sont incitées à persuader les pays de s'endetter exagérément, sachant bien que la hausse des dépenses bénéficiera aux politiciens au pouvoir et que le prix sera payé par d'autres gouvernants, plus tard. Les renflouements répétés des banques encouragent ce type de comportement : bien que chacun d'eux porte le nom d'un pays, les renflouements du Mexique, d'Amérique latine et d'Asie orientale ont tous été, en réalité, des renflouements des banques européennes et américaines qui avaient prêté sans aucune prudence.

Évidemment, ces renflouements n'ont pas pour seul inconvénient de créer des distorsions dans les incitations : ils coûtent cher. En fait, ils ne constituent qu'une des nombreuses formes de subventions au secteur financier, en particulier aux grandes banques[44], parfois dissimulées dans le taux d'intérêt qu'elles paient à ceux qui leur fournissent des fonds : il est plus bas parce qu'on prévoit qu'elles seront renflouées. Si, au lieu de renflouer sans contrepartie les banques en faillite, les États prenaient en échange une participation dans leur capital, la position budgétaire du pays serait renforcée quand elles se redresseraient, et elles seraient peut-être plus prudentes dans leur crédit[45].

Fidèles à l'histoire, l'Allemagne et la Troïka n'ont pas fait grand-chose, dans le cas de la Grèce et dans certains autres renflouements en Europe, pour s'attaquer au problème de l'aléa moral des banques. En fait – nous l'avons vu dans le cas irlandais –, la BCE a exigé (en secret) que l'Irlande renfloue ses banques.

Quoi qu'il en soit, les taux d'intérêt élevés qu'a exigés l'Allemagne étaient très supérieurs à ceux auxquels elle pouvait elle-même emprunter. L'idée de solidarité européenne en prend un coup. Où est la solidarité si un pays peut et veut faire un profit aux dépens de son voisin en difficulté[46] ?

Quand il est devenu évident que la Grèce ne pourrait pas effectuer les remboursements, il a fallu de nouveaux prêts, assortis de nouvelles conditions – encore plus dures. Sur le total des sommes prêtées à la Grèce, moins de 10 % est allé au peuple grec. Le reste a servi à rembourser les créanciers, notamment les banques allemandes et françaises[47]. C'est bien beau que l'État allemand et les autres États européens aient renfloué leurs banques (savoir si c'est de bonne politique est une autre affaire), mais les Grecs se demandent, avec raison, pourquoi il fallait le faire à ce point à leurs dépens.

UN NOUVEAU DÉPART : UNE AUTRE VOIE QUE L'AUSTÉRITÉ GÉNÉRATRICE DE DÉPRESSION

Les restructurations de dette sont un élément essentiel du capitalisme. Si un pays (ou une entreprise, ou une famille) a des difficultés temporaires pour s'acquitter du service de sa dette[48], un prêt à court terme qui l'aiderait à traverser cette mauvaise passe a un sens. Mais si le problème est durable, il faut réduire la dette. Pour une personne dans cette situation, il faut un nouveau départ. En général, un pays dispose d'une législation des faillites qui l'autorise. Pour un pays, le principe est le même. Mais il n'y a pas de législation internationale sur la restructuration des dettes – bien qu'une initiative soit en cours aux Nations unies, on l'a vu, pour créer ce cadre juridique : une résolution formulant un ensemble de principes sur la restructuration des dettes a été votée à une majorité écrasante en septembre 2015.

La restructuration améliore la position budgétaire d'un pays, car l'État n'a plus à dépenser autant pour servir la dette. Cet argent qu'on ne transfère plus à l'étranger peut servir à stimuler l'économie. Évidemment, de toute la gamme des mesures possibles, c'est la restructuration qui déplaît le plus aux gouvernements des pays créanciers – et ils lui sont encore plus hostiles quand la dette est due à des institutions « officielles »[49].

L'austérité rigoureuse (comme les autres caractéristiques des programmes de la Troïka) n'a aucun sens même du point de vue des créanciers. C'est comme une prison pour dettes du XIXe siècle. Les débiteurs incarcérés ne pouvaient pas gagner de l'argent pour rembourser. De même, avec une dépression de plus en plus grave, la Grèce sera de moins en moins capable de rembourser. Les restructurations de dettes ne sont pas la panacée – elles ne résoudront pas tous les problèmes du pays. Mais sans restructuration de la dette, sans réduction du montant dû, les pays surendettés *ne peuvent pas* retrouver la santé. Dans le cas de la Grèce, le FMI a compris qu'il fallait restructurer la dette ; néanmoins, même avec une restructuration, si on n'allège pas les mesures d'extrême austérité qui sont aujourd'hui en vigueur, les perspectives du pays resteront sinistres.

N'ayons pas trop de peine pour les créanciers du secteur privé : en général, ils ont été bien indemnisés pour leur risque, avec des taux d'intérêt très supérieurs à ceux des titres sûrs – par exemple, les bons du Trésor des États-Unis[50]. S'ils n'ont pas été bien payés, c'est que ces créanciers n'ont pas fait les vérifications nécessaires, ou ont eu une bouffée d'optimisme irrationnel[51]. Évidemment, les gouvernements créanciers n'aiment pas reconnaître devant leurs citoyens qu'ils vont subir une perte, eux ou les banques de leur pays. Ils sont fortement incités à «feindre et prolonger» – feindre que le débiteur n'a qu'un problème temporaire et prolonger le prêt pour ne pas «reconnaître» la perte. Mais les coûts de cette mascarade sont en général élevés, notamment pour le pays endetté, et ils ont été particulièrement lourds en Grèce.

L'Allemagne exige qu'il n'y ait pas de restructuration de la dette grecque – seulement un nouvel épisode du «feindre et prolonger». Le problème du «feindre et prolonger» est qu'il ne crée aucun cadre pour une reprise de la croissance; il condamne le pays débiteur à une misère sans fin; il n'y a pas de nouveau départ. De plus, le refus allemand de restructurer a mis la Grèce dans la situation impossible de devoir accepter un programme dont elle savait qu'il ne marcherait pas et ne pouvait pas marcher. Le programme de la Troïka était incohérent : les Allemands disaient simultanément qu'il ne devait y avoir aucune réduction de la dette et que le FMI devait faire partie du programme. Mais le FMI ne peut pas participer à un programme où les niveaux d'endettement sont insoutenables, et le FMI *avait déjà* déterminé que c'était le cas pour les dettes de la Grèce[52].

La Grèce pourrait-elle restructurer sa dette elle-même?

Certains disent que la Grèce doit lancer elle-même le processus de restructuration de sa dette si l'Allemagne ne veut rien entendre : même le FMI affirme que cette restructuration est absolument nécessaire. Bien appliqué ou non, le programme en cours conduira à un niveau d'endettement insoutenable. Les Grecs pourraient s'inspirer de l'Argentine, en échangeant les bons d'État actuels contre des obligations indexées sur le PIB – qui paieraient d'autant plus que la Grèce serait plus prospère. Ce type d'obligation aligne les incitations des débiteurs et des créanciers[53].

Comme nous l'avons vu plus haut, quand elle a décidé de restructurer sa dette et de dévaluer, l'Argentine a connu une vive croissance – le taux de croissance le plus rapide du monde après celui de la Chine –, de sa propre crise à la crise financière mondiale de 2008. La Grèce et l'Argentine sont bien sûr des économies différentes. L'Argentine a bénéficié à la fois d'une restructuration de la dette et d'une dévaluation; si la Grèce avait uniquement une restructuration de la dette, cela suffirait-il[54]? L'Argentine a aussi profité d'une hausse massive de ses exportations en raison du boom des matières premières. Il existe néanmoins certaines ressemblances frappantes. Les deux pays étaient en voie d'être étranglés par l'austérité. Les deux pays, soumis à des programmes du FMI, voyaient monter le chômage, la pauvreté et d'immenses souffrances. Si l'Argentine avait persisté sur la voie de l'austérité, elle aurait eu encore et toujours ces résultats-là. Le peuple argentin s'est levé et a dit non. La Grèce est dans une situation semblable : si les choses restent ce qu'elles sont, ce sera la dépression sans fin.

CONCLUSION

Ce chapitre s'est concentré sur certaines dimensions des programmes qui ont été imposés aux pays en crise : celles qui concernent la macroéconomie et le secteur financier. Elles ont déterminé, pour l'essentiel, le destin de ces pays; c'est l'austérité macroéconomique qui a conduit à leurs tristes résultats.

Si, à certains égards, la Grèce n'est pas représentative des pays en crise – dans la plupart d'entre eux, c'est l'inconduite du secteur privé, et non la prodigalité du secteur public, qui a provoqué la crise –, elle offre le meilleur exemple des échecs sur le front macroéconomique, qui est primordial. La Grèce a connu l'assainissement budgétaire le plus massif et le plus rapide des économies européennes avancées au lendemain de la crise financière mondiale : elle a implacablement sabré ses dépenses et levé de nouvelles recettes[55].

À l'été 2011, quand sont apparus les premiers signes de l'échec de la politique d'austérité, les dirigeants européens ont compris qu'il leur fallait une stratégie de croissance. Ils en ont promis une à la Grèce. Ils ne l'ont pas donnée. Il n'y a eu que de nouvelles doses de la même politique. L'objectif réel des renflouements de l'Espagne, de la Grèce et des autres pays en crise est clair : ils visaient à sauver les banques européennes qui avaient prêté de l'argent à ces pays plus qu'à secourir ces derniers ; ils visaient à sauver l'euro plus qu'à préserver le bien-être et l'économie des pays frappés.

Donc, finalement, c'est moins la solidarité européenne que l'intérêt personnel qui a inspiré l'« aide » qu'a fournie l'Allemagne à ses voisins. Restructurer la dette grecque aurait été la solution économiquement la plus raisonnable quand la crise a éclaté en 2010 : l'Allemagne aurait alors aidé directement ses propres banques insuffisamment réglementées. Mais, pour les responsables politiques allemands, il était plus facile de fustiger la Grèce, d'apporter une aide indirecte aux banques allemandes par le biais d'un plan de renflouement qu'on appellerait « renflouement de la Grèce », puis d'imposer à la Grèce des conditions de politique économique qui donneraient l'impression qu'on la forçait à rembourser ce qu'elle avait emprunté.

En fin de compte, la politique économique n'a pas fonctionné. Elle n'a fonctionné ni pour les pays débiteurs ni pour les pays créanciers. Elle n'a pas fonctionné non plus pour la zone euro prise en bloc. La Grèce n'a pas pu rembourser. Et les Grecs ont payé le pari politique de l'Allemagne à un prix colossal. La crise de l'euro suivant son cours, il est trop tôt pour dire si la stratégie a fonctionné ou non dans la vie politique allemande, pour Merkel et son gouvernement.

Il eût été facile de ramener la Grèce à la croissance : il fallait restructurer la dette en profondeur (reconnaître simplement que de l'argent qui était impossible à rembourser ne serait pas remboursé) ; fixer l'excédent primaire 2018 à 1 %, pas aux 3,5 % qu'a exigés l'Europe ; et effectuer des réformes structurelles raisonnables, centrées sur les problèmes vitaux auxquels est confrontée l'économie grecque aujourd'hui (j'exposerai ces réformes en détail au chapitre suivant).

Les conséquences économiques à court terme des programmes inappropriés mis en œuvre en Grèce et ailleurs sont déjà manifestes. Les conséquences à long terme, croissance plus lente et PIB plus bas, ne se verront qu'au fil du temps. Leur meilleure preuve : un pays qui traverse une récession très grave ne rebondit jamais jusqu'à rattraper la production perdue. Ce qui est perdu est perdu à jamais.

Quant aux conséquences sociales et politiques, pas seulement en Grèce mais dans toute la zone euro, elles sont, elles aussi, presque inévitables – et potentiellement désastreuses. D'ailleurs, certaines sont déjà visibles, avec l'essor de partis extrémistes : les partis centristes, au centre gauche comme au centre droit, qui ont misé leur réputation sur le succès des programmes de la Troïka, qui ont dit et répété que l'euro allait apporter la prospérité à tous, ont été discrédités. En Espagne, en Grèce et au Portugal, plus de 60 % des électeurs ont rejeté les partis de l'austérité. Au départ le gouvernement irlandais a été renversé. Ces effets se font sentir le plus vigoureusement dans les pays en crise, mais ils sont présents aussi ailleurs dans la zone euro, notamment en France et en Italie. Et il est à peu près certain que les échecs de la zone euro ont contribué au scepticisme général sur l'intérêt de l'intégration européenne, dont la preuve la plus flagrante est le puissant soutien dont jouit au Royaume-Uni le projet de quitter l'Union européenne. En Espagne et ailleurs, des partis séparatistes, qui appellent au démantèlement d'États-nations établis de longue date, sont en ascension, inversant deux cents ans d'évolution dans le sens de l'intégration politique nationale en Europe.

Si ce chapitre a présenté les politiques macroéconomiques de la Troïka, le suivant donne les grandes lignes des réformes structurelles qu'elle a imposées aux pays en crise. Il explique pourquoi ces réformes, elles aussi, ont échoué, et montre qu'il en existait d'autres qui auraient bien mieux fonctionné.

DIGRESSION : LES UNIVERSITAIRES FAVORABLES À L'AUSTÉRITÉ

Si les programmes d'austérité analysés dans ce chapitre ont eu pour force motrice la politique et les politiciens, on ne sera pas surpris d'apprendre que les économistes universitaires ont donné de la voix.

L'immense majorité a pris parti pour les idées que j'exprime ici : l'austérité n'a jamais fonctionné. Quand l'État réduit la demande, la production chute, sauf si autre chose vient combler le manque. C'est aussi simple que cela. Et puisque c'est très simple, nous n'avons pas passé beaucoup de temps dans le texte à expliquer pourquoi, au juste, l'austérité n'a jamais fonctionné. Ici, nous cherchons à comprendre comment les théories en faveur de l'austérité ont pu parfois s'assurer des soutiens – en dehors des idéologues et des intérêts spéciaux susceptibles d'en tirer profit – et pourquoi le FMI et la Troïka ont pu régulièrement se tromper à ce point en prédisant ses effets.

Au lendemain immédiat de la crise financière, trois économistes se sont faits les champions du concept apparemment paradoxal de « contraction expansionniste[56] ». (L'université récompense les analyses contre-intuitives.) Ils ont soutenu qu'il existait des cas importants où, après une réduction des dépenses publiques par l'État, le résultat avait été une croissance générale de l'économie.

Pouvait-il y avoir des contractions expansionnistes ? L'idée même était une chimère. Une série d'articles ont montré les failles principales dans l'analyse de ses inventeurs[57]. Le FMI, qui dans le passé avait soutenu des politiques de style austéritaire, avait d'ailleurs inversé sa position. Lorsque l'État réduit ses dépenses, assurait-il, l'économie se contracte[58].

La grande erreur de l'étude favorable à l'austérité était d'avoir confondu corrélation et causalité. Il y avait quelques pays, de petites économies à taux de change flottants, où une contraction des dépenses publiques s'était accompagnée d'une poussée de croissance ; mais, dans ces cas-là, la baisse de la demande provoquée par la contraction des dépenses de l'État avait été compensée par les exportations. Le Canada du début des années 1990 a eu de la chance, parce que les États-Unis connaissaient une vive expansion : la reprise qui a suivi la récession de 1991. Le Canada bénéficiait aussi d'un taux de change flottant qui lui permettait de vendre moins cher ses produits aux États-Unis. Morale de l'histoire : quand vous êtes en récession et que vous voulez en sortir, choisissez bien vos voisins. S'ils sont à ce moment-là en expansion, vous pouvez exploiter la situation pour relancer votre économie.

Mais pour les pays européens en crise au lendemain de 2008, ces « expansions contractionnistes » n'étaient pas possibles : toute l'Europe – le principal partenaire commercial de chacun des pays en crise – était en croissance lente, voire en récession. Puisque tous les pays en crise appartenaient à la zone euro, aucun ne pouvait réduire son taux de change ; et, en raison des mauvaises politiques de la BCE, le taux de change de l'euro avec le reste du monde était en réalité très haut. Dans ces conditions, l'austérité produisait ce qu'elle produit d'ordinaire : une baisse de régime, voire une récession ou une dépression.

La conjonction, dans un petit nombre de cas, de l'austérité et d'une expansion économique n'avait qu'un seul sens : dans ces cas-là, sans l'austérité, l'expansion aurait été encore plus forte. Dans d'autres cas, malgré l'expansion du commerce extérieur, l'économie était restée en deçà du plein emploi. Pour ces pays-là, l'austérité avait *aggravé* le chômage ; elle n'était pas la *cause* de la réduction du chômage.

Une analogie pourrait être utile. Quand Ronald Reagan est devenu président des États-Unis, l'État a mené presque simultanément deux politiques : une grosse réduction d'impôts et une politique monétaire très stricte. L'économie est entrée dans une récession économique très grave, la pire à cette date depuis la Grande Dépression. On aurait tort d'en conclure que la réduction d'impôts a provoqué la récession. Elle a simplement rendu la récession moins dure qu'elle ne l'aurait été sans réduction d'impôts

Avant la crise de 2008, certains ont soutenu qu'en augmentant les dépenses publiques on n'augmentait pas le PIB. Les travaux empiriques conduisant à cette conclusion se concentraient sur des années où l'économie était au plein emploi ou presque. Lorsque l'économie est au plein emploi ou presque, il n'y a aucune marge pour augmenter le PIB. Dans ces conditions, une hausse des dépenses publiques « évince » nécessairement d'autres formes de dépenses. Mais ces analyses n'ont aucune portée dans un monde d'après crise marqué par un chômage massif – dans la zone euro, le taux de chômage est à 10,2 % à l'heure où ce livre va sous presse[59]. En fait, quand le chômage est déjà élevé, il y a un « multiplicateur » – autrement dit, quand on réduit les dépenses publiques, on aboutit à des réductions du PIB qui sont un multiple du montant des coupes effectuées dans les dépenses[60].

Un autre ensemble de travaux universitaires cités par les partisans de l'austérité se concentre sur les conséquences de la dette qui apparaît quand on finance les dépenses publiques par l'emprunt. Kenneth Rogoff et Carmen Reinhardt ont soutenu que les pays où le rapport dette sur PIB dépasse 80 % auront une croissance plus lente[61]. Quand on a examiné de près leur travail, on a trouvé de grosses erreurs dans leurs « feuilles de calcul » et d'autres égarements techniques. Mais le plus important, c'est que Rogoff et Reinhardt n'ont pas vérifié si la croissance était plus faible à des taux d'endettement plus hauts de façon statistiquement significative, et si c'était *toujours* vrai ou dans certaines conditions seulement. Cette vérification aurait aidé à repérer les diverses circonstances où une hausse de l'endettement ferait éventuellement une différence importante. Il y avait un autre problème statistique : ils n'avaient pas démontré le sens du lien de cause à effet. Était-ce la croissance lente qui avait *causé* les déficits et les dettes (ce qui a été le cas après 2008) ou, comme ils le soutenaient, les déficits et les dettes qui avaient causé la croissance lente[62] ?

En lui-même, le rapport dette sur PIB ne nous apprend pas grand-chose sur la soutenabilité d'une dette. Ce n'est peut-être même pas une bonne mesure de la résilience d'un pays, de son aptitude à soutenir les chocs ou de sa puissance économique globale. Les États-Unis, on l'a vu, avaient un rapport dette sur PIB de 122 % après la Seconde Guerre mondiale. Dans les décennies suivantes, le pays a connu sa croissance la plus rapide – et cela, bien que les dépenses de guerre ne posent pas les bases d'une croissance future aussi efficacement que d'autres types d'investissement. Un pays qui emprunte pour faire des investissements productifs – dans l'éducation, la technologie ou les infrastructures – renforce son potentiel futur. Pour la plupart des pays, les rendements de ces investissements publics sont de loin supérieurs au coût du capital. Donc, même quand ils sont financés par l'emprunt, ces investissements renforcent le bilan du pays et sa capacité de résister aux chocs.

L'explication de l'ampleur de la récession

Olivier Blanchard, quand il était économiste en chef du FMI, a fait remarquer que la récession économique en Grèce était plus grande qu'on ne pouvait l'expliquer par la dose d'austérité qui avait été imposée. S'il voulait dire que les modèles de la Troïka avaient très mal estimé les effets de ses politiques, il avait évidemment raison. Mais il disait davantage : les multiplicateurs « normaux » – qui convertissent un changement dans les dépenses publiques en changement dans le PIB – auraient prédit une baisse du PIB bien plus limitée que celle qui s'est vraiment produite.

Néanmoins, quand on met en relation sur un graphique les degrés de récession économique et les niveaux d'austérité imposée, le cas grec n'apparaît pas inhabituel. Oui, la dose d'austérité imposée à la Grèce a été supérieure à celle qu'avait subie tout autre pays. Mais avec une austérité de cette ampleur, la gravité de la récession est bien celle à laquelle il fallait s'attendre.

Les modèles standard ont de nombreuses limites[63] qui contribuent à expliquer pourquoi ils ont si mal prédit l'*envergure* du multiplicateur – et pourquoi Blanchard et bien d'autres ont été surpris de l'ampleur des récessions –, mais voici les plus importantes : (1) ils n'analysent pas minutieusement le secteur financier et (2) ils n'analysent pas minutieusement les conséquences des politiques suivies sur la répartition.

Dans les modèles, en règle générale, il n'y a aucune banque ; l'omission est particulièrement curieuse, car, si les banques n'existaient pas, il n'y aurait pas de banque centrale. Et, dans ces conditions, comment aurions-nous pu avoir la crise bancaire de 2008 ? Les modèles se concentrent sur la masse monétaire, pas sur le crédit. Or, la crise de l'euro et la façon dont elle a été traitée ont abouti, comme nous l'avons vu au chapitre 5, à une contraction massive de l'offre de crédit, notamment en direction des petites et moyennes entreprises, et cette « austérité privée » a aggravé les effets de l'austérité publique.

Inégalité et répartition

Les modèles standard ignorent aussi les effets de la hausse de l'inégalité sur les résultats macroéconomiques. Certains économistes, d'ailleurs, s'étaient montrés franchement hostiles à l'idée même d'étudier la répartition du revenu[64].

Les crises, et la façon dont on les a traitées, ont aggravé l'inégalité. En Espagne, nous l'avons vu, l'inégalité diminuait avant la crise ; après, elle s'est mise à augmenter. Inévitablement, le chômage accroît l'inégalité, directement et aussi indirectement, puisque les salaires baissent et que les services publics, dont dépendent les citoyens ordinaires, s'amenuisent.

Puisque les plus haut placés sur l'échelle sociale dépensent un plus petit pourcentage de leurs revenus que les autres, une hausse de l'inégalité réduit la demande globale, donc le dynamisme de l'économie. Et tout particulièrement quand, comme aujourd'hui, la politique monétaire est incapable de stimuler l'économie. Ces dernières années, le FMI a souligné que l'inégalité affaiblit la croissance[65].

Donc, si le FMI avait commencé à comprendre l'importance de l'inégalité pour le dynamisme économique, et si ses propres travaux avaient démontré, par des preuves convaincantes, que les réductions de dépenses publiques conduisaient à d'importantes contractions, même son département des études n'avait pas mesuré pleinement les effets des programmes d'austérité, à cause de ses modèles. Ceux-ci n'intégraient convenablement ni l'affaiblissement spectaculaire des secteurs financiers dans les pays en crise ni la montée de l'inégalité, et ils avaient surestimé la croissance des exportations et sous-estimé l'effet de la baisse de la demande pour les produits « non échangés » (hors commerce international). Mais le FMI n'est qu'un des membres de la Troïka. Et la Troïka dans son ensemble a fait pire : elle ne semble pas avoir envisagé que ces effets fâcheux pourraient prendre l'ampleur qu'ils ont prises, alors même qu'ils se déroulaient sous ses yeux – et elle a paru réticente à reconsidérer ses programmes malgré l'accumulation des données prouvant qu'ils ne fonctionnaient pas comme elle l'avait prévu.

CHAPITRE 8

Des réformes structurelles qui ont aggravé le désastre

Dans ses programmes, la Troïka a imposé des *réformes structurelles* aux pays en crise : elle en a fait une condition de son aide financière. Par « réformes structurelles », on entend simplement des changements dans la structure de l'économie et sur certains marchés particuliers en son sein – par exemple les marchés du travail et les marchés financiers. Tous les pays, toujours, ont besoin de réformes et de transformations structurelles, puisque les situations économiques auxquelles ils sont confrontés changent. Après la crise financière de 2008, il y a eu un consensus sur la nécessité de *profondes* réformes structurelles des marchés financiers dans tous les pays avancés.

Dans les pays en crise, la Troïka a exigé, comme condition pour fournir son aide, un pot-pourri de réformes allant du trivial au contre-productif et peu concentré sur les points vraiment importants. Les réformes les plus exigeantes ont été celles qu'on a imposées à la Grèce, et elles ont été remarquablement inefficaces, parfois même nocives.

Il y a en anglais pour ce genre de comportement une vieille expression, *to fiddle while Rome burns*, « jouer de la flûte pendant que Rome brûle », allusion à l'empereur Néron. La Grèce était en dépression. Son peuple avait faim. Chacun aurait dû ressentir l'urgence de la situation, c'est évident. À l'hôpital, les médecins font le tri : ils examinent d'abord les problèmes qui risquent de causer la mort du patient, et ils s'occuperont plus tard des maladies moins importantes. Or, non seulement la Troïka n'a pas donné priorité à l'essentiel, mais, parmi les changements les plus importants qui *auraient dû* figurer sur sa liste de réformes, beaucoup n'y étaient pas.

LA COUPABLE, C'EST L'OFFRE

La Troïka a fait valoir que la crise était due, dans une assez large mesure, à des problèmes structurels, et qu'il fallait donc s'en occuper immédiatement. Mais les problèmes structurels n'apparaissent pas brusquement. Il n'y avait eu aucun changement de structure dans les pays touchés qui pût expliquer pourquoi ils étaient passés du quasi plein emploi avant la crise au chômage de masse après 2010[1]. Comme on l'a vu au chapitre 3, dans certains pays en crise, l'expansion était même plus rapide, avant la crise, que la croissance moyenne de toute l'Europe. Sans la moindre réforme structurelle, la Grèce a eu de 1995 à 2007, jusqu'à la crise mondiale, une croissance plus dynamique (3,9 %) que l'Union européenne (2,6 %). Et l'Espagne aussi (3,8 %)[2].

La Troïka répondrait peut-être que, même si les problèmes structurels n'ont pas provoqué les crises, ses réformes vont aider les économies à s'en relever. Mais ce ne sont pas des « obstacles structurels » qui empêchent les pays en crise d'aller de l'avant – c'est, nous l'avons vu, la zone euro elle-même. Donc, puisque les problèmes structurels ne peuvent pas être (et ne sont pas) la *cause* de la crise, des réformes structurelles *au sein des pays individuels* ne peuvent pas être, et ne seront pas, le remède.

Les dirigeants de la zone euro ont prétendu, avec une mauvaise foi manifeste, que ces réformes allaient améliorer le bien-être des citoyens des pays en crise[3]. Il est aujourd'hui évident qu'elles ne l'ont pas fait – et il aurait déjà dû être évident, au moment où la Troïka a imposé ces exigences, qu'elles ne le feraient pas.

Certaines réformes semblaient avoir pour but d'accroître les chances d'un remboursement des créanciers : elles réduisaient le déficit des comptes courants – ce que les pays devaient emprunter – et convertissaient le déficit en excédent, afin que le pays ait les euros nécessaires pour rembourser. En l'absence de flexibilité du taux de change, nous l'avons vu au chapitre 4, le seul moyen de corriger les déficits des comptes courants est d'avoir un ajustement du *change réel* – c'est-à-dire de baisser les prix des produits que le pays vend à l'étranger. Mais, nous le verrons, au moins autant que toute autre motivation, c'est la volonté de servir les intérêts des milieux d'affaires des pays dominants de la zone euro qui semble avoir inspiré de nombreuses réformes. Enfin – c'est toute l'ironie de la situation –, le paquet global des réformes, structurelles et macroéconomiques réunies, s'est révélé contre-productif : il a tant affaibli la Grèce qu'elle ne peut pas rembourser ce qu'elle doit.

LES RÉFORMES STRUCTURELLES DE LA TROÏKA : DU TRIVIAL AU CONTRE-PRODUCTIF

Les réformes structurelles sont un fourre-tout, qui va du trivial au contre-productif.

Concentration sur la mauvaise cible

Si l'on peut expliquer certaines réformes par l'intention de corriger le déficit commercial insoutenable du pays en crise, beaucoup seraient impossibles à justifier de cette façon. Pour corriger le déficit commercial, il va de soi que la Troïka aurait dû agir essentiellement sur les produits « échangeables » – exportés ou importés. Or, trop souvent, elle ne l'a pas fait ; elle n'a même pas concentré ses efforts sur des « biens non échangés » qui servent d'intrants au secteur des « biens échangés ». Non, elle a dirigé son attention surtout sur des biens de consommation « non échangés », hors commerce international (comme les courses en taxi et le pain). La baisse des prix dans le secteur des « biens non échangés », notamment pour certains biens de consommation, a peut-être amélioré le niveau de vie des Grecs, bien que même cet effet-là, nous le verrons, ne soit peut-être pas avéré lorsqu'on prend en compte l'ensemble des effets, notamment sur l'emploi. Mais les changements de ce type n'ont qu'un effet négligeable sur les comptes courants. Dans certains cas, les « réformes » ont même pu aggraver le déficit commercial[4].

Il est possible de réduire un déficit commercial en améliorant le taux de change *réel*, c'est-à-dire en faisant baisser le prix des biens qu'exporte le pays. Il y a trois moyens d'y parvenir : on peut (1) baisser les salaires, en espérant que cette baisse sera répercutée sur les prix, qui diminueront aussi ; (2) réduire le coût d'autres intrants, notamment des intrants intermédiaires « non échangés » (comme l'électricité), en intensifiant la concurrence dans ces secteurs ; ou (3) améliorer la technologie et la concurrence dans les biens échangés.

La technologie

Améliorer la technologie est important, mais, en général, on ne peut pas le faire du jour au lendemain – et les politiques de la Troïka ont probablement retardé cet effort. Dans des économies au bord du gouffre, les entreprises pensent à survivre et non à investir dans la recherche-développement. Quant aux investissements publics dans les infrastructures, l'éducation, la formation professionnelle ou même la technologie – tous susceptibles d'accroître la productivité –, il a fallu les réduire : ils sont passés sous le rouleau compresseur de l'austérité. Tout cela s'ajoute aux effets négatifs de la structure même de la zone euro, dont nous avons parlé au chapitre 5. L'émigration de certains des jeunes les plus talentueux, qui quittent les pays en crise, nuit à la productivité dans l'immédiat mais aussi à long terme. Les sorties de capitaux font grimper le coût du capital pour les entreprises de ces pays – en supposant qu'elles puissent encore obtenir le moindre financement –, et elles ont donc encore plus de mal à investir pour accroître la productivité. Enfin, l'interdiction des politiques industrielles, grâce auxquelles les pays en retard auraient pu espérer rattraper leurs partenaires avancés de la zone euro, rend encore plus difficile de réduire l'écart technique.

Le trivial

En matière de promotion de la concurrence, la Troïka, pour d'obscures raisons, s'est concentrée sur les biens « non échangés » de consommation, et non sur les biens « échangés », ni même sur des biens « non échangés » qui auraient pu, éventuellement, avoir un effet sur le commerce extérieur. Mais même dans ce cadre, son choix des cibles précises a été vraiment particulier. Personne n'a vraiment expliqué comment nombre de ces réformes apparemment insignifiantes ont pu lui passer par la tête – comment elles sont entrées dans la liste des cibles[5]. En voici quelques-unes, parmi les plus controversées du programme grec[6].

Le lait frais

Si le pire problème qui se posait à la Grèce était la définition du lait frais, ce pays serait en pleine forme. Les Grecs adorent leur lait frais, produit localement et livré aussitôt. Mais les producteurs laitiers des Pays-Bas et d'autres pays d'Europe aimeraient bien augmenter leurs ventes, en s'arrangeant pour que leur lait, transporté sur de longues distances, paraisse aussi frais que le produit local. En 2014, la Troïka a obligé la Grèce à supprimer l'étiquette « frais » sur son lait réellement frais et à prolonger la durée autorisée de présence du lait sur les rayons. Dans ces conditions, les producteurs à d'autres pays d'Europe semblent croire qu'ils pourront étriller les petits producteurs grecs. En théorie, les consommateurs grecs bénéficieraient d'une baisse des prix, bien que prix plus bas signifie peut-être moindre qualité. En pratique, le nouveau marché du commerce de détail est très loin d'être concurrentiel, et, selon les premiers indices, la baisse des prix, en général, n'a pas été transmise au consommateur.

Le poids des miches de pain

Autre débat apparemment étrange au cœur d'une dépression : la Troïka a exigé que la Grèce change ses réglementations sur le poids des miches de pain. Auparavant, on ne pouvait les vendre qu'à des poids bien précis : 500 grammes, 1 kg, 1,5 kg et 2 kg. Une littérature bien établie a expliqué depuis longtemps qu'en fait les normes de ce genre intensifient la concurrence, parce qu'elles facilitent la comparaison des achats. Néanmoins, la Troïka veut que les magasins puissent vendre des miches de n'importe quel poids. On ne sait pourquoi, elle voit dans cette règle une entrave à la concurrence[7]. (Je n'ai jamais entendu un bon exposé des motifs de sa position sur cette question.) Mais même si les réglementations antérieures de la Grèce étaient indéfendables, il est absurde que la Troïka prenne en otage tout un pays pour des broutilles pareilles.

Les pharmacies

Il y a certaines restrictions à la concurrence dont l'élimination, si elle avait été bien faite et bien expliquée, aurait pu être bénéfique. Mais là encore, la Troïka a fait n'importe quoi. Une de ses grandes récriminations concernait les restrictions sur les pharmacies. La Grèce exigeait, par exemple, que chaque pharmacie appartienne à un pharmacien, et elle n'autorisait pas la vente hors pharmacie des médicaments vendus sans ordonnance. La Troïka affirmait qu'avec les réglementations grecques, les médicaments étaient trop chers. Là encore, on ne voyait pas très bien pourquoi ce sujet la préoccupait à ce point, alors qu'il y avait tant de problèmes plus graves. Elle prétendait que sa réforme des pharmacies visait à aider les consommateurs, en intensifiant la concurrence, donc en faisant baisser les prix. Mais comment se faisait-il que la Troïka, brusquement, se souciait tant de la population grecque ordinaire – alors que les politiques qu'elle avait imposées avaient réduit d'un quart les revenus réels et même jeté à la rue des Grecs très pauvres ? Cet élan soudain et apparemment isolé de sollicitude pour le simple citoyen grec semblait être en décalage avec les autres initiatives de la Troïka. Et une baisse des prix des médicaments vendus sans ordonnance n'aurait pas le moindre effet sur la balance des paiements de la Grèce.

Ce sont peut-être les doutes sur les motivations de la Troïka qui ont alimenté la résistance à la réforme. De l'avis général en Grèce, beaucoup de pharmacies étaient de petits commerces familiaux, tenues par un habitant du quartier, qui en tirait de quoi vivre modestement. On ne le voyait pas mener grand train grâce à des prix de monopole. Aux yeux des Grecs, le grand nombre de pharmacies semblait être une preuve de concurrence, et ils ne comprenaient rien à ces accusations de « manque de concurrence ». De nombreux Grecs ressentaient une certaine solidarité avec leur pharmacie de quartier; ils étaient prêts à payer un peu plus cher, et même à soutenir le système de réglementation qui avait cet effet. Peut-être comprenaient-ils qu'en permettant à d'autres de vendre les médicaments sans ordonnance, on allait réduire les profits des pharmacies, et que cette baisse de rentabilité risquait d'aboutir à une diminution du nombre de pharmacies. Dans ce cas, ils devraient payer encore plus cher les médicaments prescrits, et ils auraient plus de mal à les trouver quand ils en auraient besoin[8].

Pour ceux qui voyaient les choses ainsi, la Troïka semblait avoir un autre but, qui n'était pas sans rappeler le cas du lait frais : ouvrir la Grèce à des chaînes multinationales et renforcer les supermarchés (chaînes comprises), qui auraient désormais le droit de vendre ces produits; cela ferait peut-être baisser les prix, mais en privant simultanément de leur gagne-pain des milliers de Grecs.

La Troïka aurait pu prendre des initiatives pour rassurer le peuple grec, pour lui expliquer que son véritable objectif dans la réforme des pharmacies était uniquement une baisse des prix pour les consommateurs. Le fait qu'elle n'ait pas convaincu la plupart des Grecs que c'était bien son but montre à quel point la méfiance populaire à l'égard de ses motivations était profonde. Personne n'a laissé à la Troïka le bénéfice du doute[9].

Ce qui contribuait à la méfiance, c'était que nombre des réglementations dont la Troïka exigeait avec une telle véhémence la réforme en Grèce, par exemple sur les heures d'ouverture des magasins, étaient semblables à celles qui étaient en vigueur ailleurs en Europe, *y compris en Allemagne*. Quand on l'a fait remarquer au ministre allemand des Finances, Wolfgang Schäuble, il a répondu que la Grèce était dans une situation extrêmement difficile – elle ne pouvait pas se permettre ces inefficacités; l'Allemagne, oui. Mais il n'a jamais expliqué comment des magasins ouverts plus longtemps allaient réduire le déficit commercial, ou même augmenter le PIB. Ces réglementations portaient sur un des secteurs des biens «non échangés», et elles n'avaient donc aucune influence sur les exportations. L'argent qu'on ne dépense pas le dimanche sera dépensé à un autre moment – il n'y a pas la moindre preuve que ces restrictions aient un effet quelconque sur le taux d'épargne national[10].

Quelque chose rendait les Grecs encore plus méfiants, les persuadait que la Troïka avait une autre idée en tête que la seule amélioration du bien-être du peuple grec : elle n'avait pas soutenu une réforme bien plus importante, qui avait été encore plus efficace pour réduire les prix des produits pharmaceutiques. Le Premier ministre Georges Papandréou avait pris une initiative d'administration électronique sur les prix des médicaments (elle les faisait baisser en rendant le marché plus transparent). Dès son départ forcé, elle a été abandonnée.

L'affaiblissement de la position des travailleurs

Pour accroître la compétitivité, il y a une autre solution qu'améliorer la productivité : baisser les salaires. Si beaucoup ont été horrifiés de voir monter le chômage dans les pays en crise, je soupçonne qu'en secret nombre d'experts de la Troïka y voyaient presque un moyen nécessaire pour atteindre leur objectif à long terme : faire fonctionner l'euro. Comme nous l'avons dit au chapitre 4, la hausse du chômage fait baisser les salaires, la baisse des salaires fait baisser les prix, et ce processus de « dévaluation interne » rétablira *finalement* l'équilibre de la balance des comptes courants et ramènera l'économie au plein emploi. C'était une façon très coûteuse de réaliser ce que la flexibilité des taux de change aurait accompli.

Insatisfaite par les énormes baisses des coûts de main-d'œuvre (dans le cas de la Grèce, des réductions de près de 20 %) que le marché avait effectuées tout seul, au moyen du chômage massif qu'elle avait créé par ses politiques, la Troïka a exigé des réformes des institutions du travail, afin de créer, dit l'euphémisme de notre époque, des marchés du travail plus flexibles. Dans la réalité de notre époque, ces réformes allaient affaiblir le pouvoir de négociation des travailleurs, réduire encore davantage les salaires et augmenter les profits. La Troïka allait jusqu'à remettre en cause le droit fondamental de négociation collective et les normes essentielles du travail, acceptées d'un commun accord par la quasi-totalité des pays du monde.

Le langage dont les autorités européennes habillaient leurs exigences était souvent obscur, mais l'intention était claire, si claire qu'en 2011 un des loyaux partisans de Papandréou, économiste brillant et dévoué, a préféré démissionner du gouvernement qu'être mêlé à cette abjuration des droits fondamentaux des travailleurs.

Voici ce que la Troïka a exigé du gouvernement Tsipras (et que celui-ci a accepté à contrecœur), avec, entre crochets, l'interprétation de Yanis Varoufakis, ex-ministre des Finances de la Grèce. Le gouvernement grec a accepté

> [d'] entreprendre un réexamen rigoureux et une modernisation des négociations collectives [= *s'assurer qu'aucune négociation collective ne sera possible*], de l'action syndicale [= *qui doit être interdite*] et, conformément à la directive pertinente de l'Union européenne et aux bonnes pratiques, des procédures de licenciement collectif [= *qui doit être autorisé au gré de l'employeur*], selon le calendrier et l'approche convenus avec les institutions [= *c'est la Troïka qui décide*].
> Sur la base de ces réexamens, les politiques du marché du travail devraient être alignées sur les meilleures pratiques internationales et européennes, sans que cela se traduise par un retour aux politiques antérieures qui ne sont pas compatibles avec les objectifs de croissance durable et inclusive [= *il ne doit exister aucun mécanisme permettant aux salariés d'arracher de meilleures conditions aux employeurs*][11].

Mais il y avait quelque chose d'étrange à voir la Troïka persister dans ses exigences de réforme du « marché du travail » en Grèce : en 2015, le déficit des comptes courants avait été en grande partie éliminé. En fait, selon la BCE, la compétitivité de la Grèce se situait au-dessus de la moyenne de la zone euro. De nouvelles réductions de salaire paraissaient punitives, et même, comme nous allons bientôt l'expliquer, contre-productives. Il était pratiquement certain qu'elles allaient conduire à de nouvelles baisses du PIB.

Les politiques de la Troïka éclairent parfaitement deux principes généraux : (1) les règles du jeu (les conditions dans lesquelles les syndicats peuvent négocier), ça compte énormément ; et (2) par qui elles sont fixées, ça compte énormément. Si c'est le ministre des Finances qui rédige le Code du travail – dans n'importe quel pays –, on aura finalement une tout autre législation que celle qu'aurait formulée le ministre du Travail. Aucun pays ne souhaite que le ministère des Finances rédige son Code du travail ; nos démocraties sont conçues pour garantir que les intérêts et points de vue des marchés financiers ne seront pas les seuls à compter, heureusement ! *A fortiori*, aucun pays ne souhaite que son Code du travail soit rédigé par le parlement d'un autre pays – et encore moins par le ministère des Finances d'un autre pays.

Comme nous l'avons dit, si le gouvernement du pays en crise *accède* toujours aux demandes de la Troïka, il le fait avec un pistolet sur la tempe : les conséquences redoutées d'un refus sont trop grandes pour *ne pas* accepter.

Des réformes contre-productives

La Troïka a vendu les réformes en disant qu'elles allaient stimuler la croissance. La Grèce a montré avec éclat qu'elles avaient l'effet opposé. Certaines réformes structurelles, dont celles que nous avons évoquées plus haut dans ce chapitre, ont eu un résultat encore pire : des entreprises locales ont été évincées par de grandes multinationales européennes. Donc la « réforme » a grossi les profits des multinationales en réduisant les revenus d'habitants du pays. Les consommateurs ont certes bénéficié de prix plus bas, mais la baisse des prix était accompagnée cette fois d'un autre effet négatif : le transfert des profits à l'extérieur du pays a réduit les dépenses en « biens non échangés », avec un multiplicateur sur le revenu national et les emplois – autrement dit, la diminution du revenu dans le pays en crise a été un *multiple* du montant des profits effectivement transférés à l'étranger[12]. Les consommateurs gardant leur emploi avaient le léger avantage de la baisse de prix, mais si, comme il fallait s'y attendre, les recettes fiscales diminuaient parallèlement au PIB, ils allaient souffrir de coupes dans les services publics et les systèmes de protection sociale[13]. En conséquence, quantité de gens, notamment dans les couches inférieures de la société, allaient voir leur situation se dégrader, parfois fortement. Évidemment, ceux qui perdaient leur emploi souffraient terriblement – et doublement : de la perte de leur emploi et de la réduction des services publics.

De nombreuses réformes structurelles exigées par la Troïka, notamment par leur effet global, ont été négatives *même pour les comptes courants*. Si les Grecs se mettent à acheter du lait néerlandais, les importations augmentent et la balance commerciale se dégrade. C'est aussi le cas pour bien d'autres réformes prétendument structurelles[14].

LES RÉFORMES QUI AURAIENT ÉTÉ EFFICACES

Dans chaque pays en crise, d'autres réformes auraient pu renforcer l'économie, immédiatement et à long terme.

Les politiques industrielles

La plupart des pays avancés ont besoin d'une transformation structurelle de leur économie, pour passer des secteurs dominants du passé (essentiellement industriels) à ceux qui vont définir le XXIe siècle. Puisque les gains de productivité dans l'industrie vont plus vite que l'augmentation de la demande, l'emploi industriel mondial va se réduire, et, en raison de la mondialisation, la part de cet emploi mondial que vont capter les pays avancés, dont ceux qui se trouvent en Europe, va diminuer. Quelques pays, comme l'Allemagne, réussiront peut-être à conserver une niche, au moins pour un temps, notamment s'ils peuvent faire en sorte d'avoir une monnaie sous-évaluée. L'Allemagne a tiré parti de son union avec les pays « faibles » de la zone euro, car l'effet net est que l'euro, la monnaie actuelle, est plus faible que ne l'aurait été le mark allemand. Mais la grande majorité des pays avancés devront se restructurer en s'éloignant de l'industrie pour se rapprocher de nouveaux secteurs comme les services, plus dynamiques. Et même ceux qui conserveront une présence forte dans l'industrie manufacturière devront se restructurer : ils devront passer d'une industrie peu qualifiée à une industrie très qualifiée.

Par leurs propres moyens, les marchés ne sont pas très doués pour se restructurer. Le passage de l'agriculture à l'industrie à la fin du XIXe et au début du XXe siècle a souvent été traumatisant[15].

Ceux qui se trouvaient dans les secteurs anciens voyaient leur revenu et leur fortune s'évaporer, et leur accès aux marchés des capitaux était très limité; ils ne pouvaient pas faire les investissements requis pour passer de l'ancienne économie à la nouvelle. Mais c'est à peu près ce qui arrive aussi quand l'économie passe de l'industrie aux services, notamment quand elle se transforme en économie de l'innovation et du savoir. Créer une économie de l'apprentissage n'est pas facile, et l'État doit jouer un rôle central[16]. Au cœur de l'économie du savoir des États-Unis, il y a leurs institutions d'enseignement supérieur de premier ordre, dont beaucoup ont été fondées il y a plus de cent ans, certaines il y a des siècles. Et même ces institutions doivent beaucoup à l'émigration venue d'Europe autour de la Seconde Guerre mondiale, et au soutien massif de l'État à la recherche pendant et après la guerre. De même, la culture et l'«écologie» de la Silicon Valley – avec ses sociétés de capital-risque et ses liens étroits entre universités et entreprises – ont été créées sur plusieurs décennies.

Sans un effort concerté des pouvoirs publics, les pays en retard resteront en retard[17]. Il existe un ensemble de politiques publiques, dites «politiques industrielles», déjà évoquées brièvement au chapitre 5, qui se sont révélées efficaces pour faire avancer la restructuration d'une économie. Dans le cas du passage des États-Unis de l'agriculture à une économie industrielle, l'effort de guerre lui-même a été *la* politique industrielle. Il a fait sortir les gens du secteur rural pour les envoyer faire la guerre, ou produire dans les zones urbaines les armements nécessaires au conflit. Après la guerre, l'État a offert l'enseignement supérieur gratuit à tous ceux qui avaient combattu (pour la plupart, ils étaient très jeunes) – afin de s'assurer qu'ils auraient les compétences requises pour prendre part à la «nouvelle économie». Dans le dernier demi-siècle, l'État américain a joué à nouveau un rôle prépondérant par ses investissements majeurs dans la technologie[18]. Mais, comme on l'a vu au chapitre 5, ces formes de politique industrielle qui ont si bien fonctionné dans le monde entier[19] sont, pour l'essentiel, prohibées dans la zone euro; et les mesures d'austérité imposées par la Troïka ont contraint à réduire les dépenses publiques qui auraient pu faciliter ce type de transformation structurelle.

L'action en faveur de l'égalité

Par eux-mêmes, les marchés produisent souvent des niveaux d'inégalité excessifs – niveaux qui sont, ou devraient être, socialement inacceptables et qui, de fait, minent le dynamisme de l'économie. Parfois c'est parce que les États font trop peu pour compenser la transmission de l'avantage d'une génération à l'autre[20], parfois parce qu'ils font trop peu pour compenser les agglomérations de pouvoir politique et économique qui peuvent se perpétuer : l'inégalité économique conduit à l'inégalité politique, et celle-ci permet d'écrire les règles de l'économie de marché d'une façon qui perpétue et aggrave l'inégalité économique – c'est un cercle vicieux[21]. Certains pays en crise sortent de longues périodes de fascisme, où les niveaux d'inégalité étaient relativement élevés, et un effort concerté des pouvoirs publics est indispensable pour créer une société plus inclusive.

Mais, répétons-le, nombre des politiques de la Troïka font monter l'inégalité et rendent l'économie moins inclusive[22]. Avant la crise, l'Espagne était un des pays qui réussissaient le mieux à réduire l'inégalité des salaires; depuis que la crise a éclaté, l'inégalité et la pauvreté y sont en ascension, comme dans les autres pays qu'elle a frappés[23].

En Grèce, la Troïka a dûment souligné que « l'ajustement budgétaire est équitablement réparti dans toute la société et protège les plus vulnérables », et précisé : « Ceux qui ont les revenus et les pensions les plus faibles, ainsi que les plus vulnérables et ceux qui ont besoin d'un soutien familial, seront tous protégés et indemnisés des effets négatifs des politiques d'ajustement[24]. » Pourtant, nous l'avons vu, les indicateurs de bien-être se sont tous orientés à la baisse depuis l'adoption du programme dont on prédisait avec tant d'assurance qu'il allait rétablir la croissance. Fin 2014, environ 36 % des Grecs étaient « menacés de pauvreté ou d'exclusion sociale ». C'est le taux le plus élevé de la zone euro : il se situe à environ dix points de pourcentage au-dessus de la moyenne de l'union monétaire. Le pourcentage des Grecs qui vivent au-dessous du seuil de pauvreté (50 % du revenu médian) a augmenté aussi : il est passé de 12,2 % en 2009 à 15,8 % en 2014. On se dit peut-être que ce n'est pas si dramatique – jusqu'au moment où l'on se souvient que le revenu médian aussi a beaucoup diminué ; dans ces conditions, l'augmentation du taux de pauvreté montre bien que le poids des programmes de la Troïka pèse de façon disproportionnée sur ceux qui se trouvent tout en bas de l'échelle[25].

Mais la Troïka n'a pas seulement trop peu aidé tout en bas ; elle a aussi trop peu empêché la concentration de la fortune et du revenu tout en haut. Il y avait d'autres politiques possibles : avec elles, le fardeau de l'ajustement aurait été plus équitablement partagé et l'aggravation de la pauvreté moins prononcée[26].

Le rééquilibrage des rapports de pouvoir

En Grèce et ailleurs, la Troïka aurait dû cibler les concentrations *majeures* du pouvoir économique et politique et des sources de rentes économiques, qui, en retour, contribuent tant à l'inégalité[27]. Mais non : les réformes importantes qui auraient limité le pouvoir des oligarques grecs ont été exclues de l'ordre du jour. La Troïka n'a rien dit quand ont été déposés les projets de loi abrogeant les initiatives de Papandréou sur la transparence et le gouvernement électronique. Or ces initiatives auraient considérablement allégé les prix des médicaments, entravé le népotisme et empêché les banques de prêter facilement de l'argent à leurs propres médias et à ceux de leurs amis, ce qui inflige des distorsions au processus politique.

De même, la Troïka aurait pu réclamer l'impôt foncier progressif dirigé contre les oligarques que j'ai évoqué au chapitre précédent, au lieu de celui qu'elle a exigé, un impôt non progressif qui frappe tant de gens déjà en grande souffrance.

Cet impôt foncier exhaustif et progressif se serait bien sûr heurté à la résistance des oligarques qui possèdent une si grande partie de la fortune en Grèce, et c'est justement ce qui fait de lui le type d'enjeu sur lequel la Troïka aurait dû peser. Mais souvent, lorsqu'on examine les détails des programmes de la Troïka, on se demande à quel camp elle appartient : est-ce seulement par accident, par erreur, qu'elle a choisi un impôt foncier qui allait être douloureux pour les Grecs ordinaires plutôt qu'un impôt qui aurait frappé les oligarques ?

La Troïka a pris de pseudo-mesures pour *se donner l'air* d'être aussi intraitable avec les riches, mesures dont elle savait sûrement qu'elles seraient inefficaces : par exemple, elle a exigé l'élimination de toutes les dispositions préférentielles dont bénéficiait le transport maritime. La constitution grecque prévoit un traitement de faveur pour le transport maritime, ce qui atteste à la fois l'importance de ce secteur et l'influence politique des riches armateurs. Mais taxer le transport maritime pose des problèmes particuliers, et en exigeant qu'il soit imposé aux taux *normaux*, la Troïka ne tenait manifestement aucun compte de ces complications; il était donc pratiquement sûr que l'impôt rapporterait peu[28]. S'il existe un secteur d'activité *délocalisable*, c'est bien celui-ci : le transport maritime peut aisément se relocaliser dans un territoire à fiscalité légère. De fait, l'absence de coopération entre les États dans la taxation des compagnies aux activités transnationales a fait de l'évitement fiscal une composante essentielle du modèle d'entreprise de toutes les multinationales[29]. Si la Troïka a critiqué l'évitement fiscal en Grèce, les pays dominants de la zone euro ont été parmi les plus acharnés à se battre *contre* un changement du cadre fiscal international qui aurait réduit cet évitement. Et le président de la Commission européenne, Jean-Claude Juncker, quand il occupait les fonctions de Premier ministre du Luxembourg, a affiné jusqu'à la perfection le rôle de ce pays comme centre d'évitement fiscal[30].

L'impôt sur le transport maritime qu'exige la Troïka n'a guère de chance de rapporter gros, mais *toutes les chances* de réduire le PIB de la Grèce, puisqu'un volume important du transport maritime risque fort de la quitter pour d'autres pays. Alors que la Troïka le présente comme un exemple de sa fermeté contre les oligarques, ce qu'elle fait aux petites entreprises en Grèce laisse perplexe : elle impose aux PME, qui ne peuvent pas se délocaliser, de payer leurs impôts un an à l'avance[31].

La réforme du secteur financier

La quatrième réforme structurelle dont les pays en crise avaient besoin était celle du secteur financier – réforme nécessaire même dans les pays qui ne sont pas en crise. Avant la crise, le secteur financier n'avait pas rendu les services de base qu'il était censé assurer : allouer le capital, financer les petites et moyennes entreprises et gérer le risque. Au lieu de servir la société, il lui avait fait du mal. L'Europe peut toujours souligner, en s'en félicitant, que ces abus ont été moins importants sur son territoire qu'aux États-Unis, que son secteur financier n'a pas pris autant et rendu si peu aux autres (aux États-Unis, il accaparait près de 8 % du PIB dans les années qui ont précédé la crise, ce qui n'était pas le cas en Europe, où sa part était restée inférieure à 6 %). Mais ce n'est pas un grand titre de gloire.

En Grèce, par exemple, les banques sont globalement restées entre les mains des oligarques grecs. Elles ont poursuivi leurs pratiques de *connected lending*, «crédit à des proches», c'est-à-dire de prêts à leurs autres intérêts d'affaires et à ceux de leurs parents et amis. Certains de ces prêts sont particulièrement odieux : ceux qu'elles consentent à leurs propres médias – qui font souvent des pertes mais renforcent leur influence politique. En agissant ainsi, elles s'enrichissent et se donnent du pouvoir économique et politique.

Quand il est apparu clairement, pendant la crise, qu'il allait être nécessaire de recapitaliser les banques grecques, l'État avait de solides raisons d'exiger, en contrepartie, des actions avec droit de vote. C'était nécessaire pour mettre fin de façon sûre au «crédit à des proches», notamment en direction des médias des oligarques. Lorsque le gouvernement de Papandréou l'a proposé, la Troïka a résisté. Il n'en a pas moins persisté. Mais, quand il a quitté le pouvoir – la Troïka s'étant opposée avec acharnement à son initiative de soumettre le programme à un référendum –, ce qu'il avait fait a été défait[32].

Au lieu d'une *restructuration*, donc, c'est un *affaiblissement* du secteur financier qui a eu lieu dans les pays en crise – conséquence presque inévitable, on l'a vu, de la structure même de la zone euro. Si les autorités de la zone euro avaient compris ce problème, elles auraient pu prendre des mesures compensatoires. Elles auraient pu créer un fonds pour prêter aux petites et moyennes entreprises – à diverses époques, il avait été question de créer un fonds de ce genre.

Mais la Troïka a pris des mesures qui ont affaibli *encore plus* les banques des pays en crise, comme nous l'avons signalé à maintes reprises. La fermeture des banques grecques est le meilleur exemple. Et en évoquant plusieurs fois un éventuel prélèvement sur les comptes des déposants, elle a convaincu ces derniers de transférer leur argent hors des banques des pays en crise. En pratique, cette politique n'était pas seulement contre-productive – du moins du point de vue de la croissance du PIB. Elle était aussi inégalitaire, car les grandes compagnies pouvaient facilement entendre l'avertissement et retirer leurs fonds. Quant aux petites entreprises et aux simples particuliers, qui ne pouvaient accéder aisément aux banques étrangères, ils étaient abandonnés à leur sort.

La réaction au changement climatique

Une cinquième réforme structurelle est nécessaire dans les pays en crise, comme elle l'est partout dans le monde : réagir à la réalité du changement climatique. Le marché ne le fera pas de lui-même, notamment s'il n'y a pas de prix du carbone. Avant la crise, plusieurs pays européens avaient engagé des stratégies de promotion des énergies renouvelables. Des pays comme la Grèce et l'Espagne sont capables de produire de l'énergie solaire et éolienne qu'ils pourraient exporter dans le reste de l'Europe.

De son propre chef, le secteur privé ne fera pas ces investissements, pas maintenant, sans prix du carbone convenable. L'Europe aurait pu aider les pays à restructurer leurs secteurs énergétiques pour devenir moins dépendants de l'énergie fossile, mais cette politique aurait exigé des dépenses qui étaient au-delà de leur enveloppe budgétaire. C'étaient des dépenses d'investissement, dont les rendements sociaux, et peut-être même privés, auraient été élevés. L'Europe aurait pu garantir ces investissements. Et en le faisant, elle aurait stimulé les économies – contrairement aux réformes structurelles inefficaces sur lesquelles s'est concentrée la Troïka. Ces investissements auraient aussi amélioré les comptes courants, en réduisant le coût de l'énergie (ce qui aurait rendu les exportations plus compétitives) et les besoins de ces pays en pétrole et en gaz importés[33].

CONCLUSION

À bien des égards, les programmes infligés à la Grèce et aux autres pays en crise m'ont rappelé ceux qui ont été imposés à l'Indonésie et à d'autres marchés émergents en crise dans les décennies précédentes, tous caractérisés par une austérité excessive et d'innombrables réformes structurelles. Dans le cas de l'Indonésie, par exemple, les conditions se comptaient par dizaines, chacune avec son calendrier précis. À première vue, beaucoup semblaient étranges : pourquoi, au cœur d'une dépression où le taux de chômage dans la grande île de Java atteignait 40 %, le FMI discutait-il du monopole du clou de girofle ? De même, pourquoi, dans la Grèce en proie au chômage, alors que le chômage des jeunes est monté au-dessus de 60 %, la Troïka discute-t-elle de la durée pendant laquelle on peut appeler du lait ancien « lait frais » ou de la façon dont on doit vendre le pain ?

Dans les deux cas, les conditions étaient, au mieux, mal expliquées, ce qui minait la confiance dans le programme et la volonté politique d'assurer sa mise en œuvre effective. Parfois, il s'est avéré que ces conditions reflétaient des intérêts particuliers : ils avaient harcelé longuement et victorieusement les autorités qui les imposaient. S'il n'y a eu aucun désastre vraiment équivalent à l'inexcusable destruction du secteur bancaire privé indonésien par le FMI, la destruction du système bancaire grec a été presque comparable[34]. Pendant la seule année 2011, 17 % des dépôts ont pris la fuite, et fin 2015 les actifs des banques grecques avaient baissé de près de 30 % par rapport à leur sommet de 2010[35]. La fuite des capitaux a été facilitée, bien sûr, comme nous l'avons dit au chapitre 5, par le principe du marché unique sans union bancaire, mais elle a été aggravée par les politiques de la Troïka.

La zone euro proclame que l'Espagne est un succès, simplement parce que la croissance est revenue, bien que le chômage des jeunes reste élevé. Ce n'est pas un succès si l'on regarde le bilan du pays, ses investissements dans les infrastructures et le capital humain, même son PIB, qui en 2015 était encore inférieur de plus de 2 % à son niveau de 2007, huit ans plus tôt. Ce n'est pas un succès si l'on prend la mesure de la souffrance humaine. Et l'on peut en dire autant des autres pays en crise. Même l'Irlande, dont on affirme qu'elle prouve que les programmes de la Troïka *peuvent* fonctionner, et qui a eu une croissance forte en 2015 (estimée à 7,8 %), *n'est pas* un succès à l'aune de ces critères plus généraux. En 2015, le PIB réel par habitant ne dépassait que de 3,4 % celui de 2007. Et cela, pour le pays qui a les *meilleurs* résultats.

Même si l'on s'en tient au point de vue étroit de la soutenabilité de la dette, *tous* les pays en crise ont échoué : ils sont dans une situation bien pire qu'avant la crise, et de très loin. De 2007 à 2015, le rapport dette (brute) sur PIB de l'Espagne est passé de 36 % à 99 % (chiffre estimé) ; celui de la Grèce, de 103 % à 178 % – et on s'attend à une croissance explosive qui le portera au-dessus de 200 % ; le rapport dette sur PIB de Chypre est passé de 54 % à 109 % ; et même la meilleure élève, l'Irlande, a vu son rapport dette sur PIB presque quadrupler : il est passé de 24 % à 95 %.

Mais les programmes de la zone euro ont été un succès au sens où les banques allemandes et françaises ont été remboursées – peut-être même, pour certaines, sauvées d'une mort prématurée – et où les comptes courants ont été mis en équilibre, ce qui est nécessaire pour qu'il y ait transfert de ressources des pays en crise vers ceux à qui ils doivent de l'argent. Il est possible que les objectifs réels de l'Allemagne et des autres pays créanciers aient été atteints.

La nécessité de la croissance

Les dirigeants européens l'ont reconnu : les problèmes de l'Europe ne seront pas résolus sans la croissance. Mais ils n'ont pas expliqué comment la croissance peut apparaître avec l'austérité, et avec les réformes structurelles mal conçues et souvent contre-productives qu'ils imposent. En guise d'explication, ils disent qu'il faut rétablir la confiance, et que le retour de la confiance fera revenir la croissance. Mais puisque l'austérité détruit la croissance et abaisse les niveaux de vie, elle sape également la confiance, quel que soit le nombre de discours prononcés sur l'importance de la confiance et de la croissance.

La confiance ne sera rétablie que lorsqu'il y aura des réformes fondamentales dans la structure même de la zone euro et dans les politiques qu'elle a imposées à ses pays membres en crise. Mais cela ne se produira sans doute que lorsque le sentiment de cohésion politique et de solidarité sociale sera plus fort qu'il ne l'est de toute évidence aujourd'hui.

L'Europe, et en particulier l'Allemagne, qui a joué un rôle central dans la formulation de ces politiques, en ont une vision entièrement différente. Comme les médecins du Moyen Âge qui pratiquaient la saignée, l'Allemagne et ses associés de la zone euro veulent continuer dans la même voie. Ce qu'il faut, disent-ils, c'est encore plus d'austérité, encore plus de réformes structurelles. Cette voie ne mènera qu'à la poursuite des souffrances actuelles. Les choses s'amélioreront peut-être légèrement. Mais quel que soit l'étalon de mesure – autre qu'une comparaison avec le fond du trou de la récession –, la performance de l'Europe a été lamentable, et ce n'est pas fini. Beaucoup, dans les pays en crise, n'ont survécu qu'en puisant dans leur épargne, certains en vendant l'argenterie de famille, d'autres la maison familiale. Mais c'est une stratégie de simple survie, sans espoir.

Dans ce chapitre et le précédent, nous avons présenté une autre politique que celle qu'a suivie l'Europe, *applicable même dans les limites de la plupart de ses règles actuelles.* Même en respectant leurs restrictions, il y avait des choix politiques qu'on aurait pu faire ; ceux qu'on a faits ont exacerbé les récessions, les ont rendues plus longues, plus graves, beaucoup plus douloureuses. Les règles ne disaient pas à quelle vitesse il fallait rétablir l'équilibre budgétaire. Comme la Grèce est devenue l'exemple le plus éclatant de mauvaise conduite d'un pays membre de la zone euro, le programme grec est devenu l'exemple le plus éclatant des erreurs de la Troïka. Les règles de la zone euro n'imposaient pas d'ordonner à la Grèce de passer de son gigantesque déficit budgétaire à un excédent follement élevé de 4,5 % en *très peu* d'années. Elles n'imposaient pas non plus les politiques implacables des saisies, qui ont précipité une part croissante de la Grèce dans la pauvreté. Il en est de même pour les réformes structurelles. Au lieu des réformes de diversion, triviales et contre-productives, promues par la Troïka, il existait des réformes sérieuses qui auraient mis la Grèce sur la voie de la prospérité partagée. Elle ne serait toujours pas aussi riche que l'Allemagne, mais elle ne serait pas confrontée à l'extrême pauvreté et à la dépression comme aujourd'hui.

On n'avait aucun besoin d'un prix Nobel pour élaborer ce programme différent, aucun besoin non plus d'informations dont les autorités de la zone euro ne disposaient pas déjà à l'époque où elles ont conçu leurs programmes.

Quand on relit les mémorandums d'accord successifs entre la Grèce et la Troïka, on est effaré : des prévisions si erronées d'un bout à l'autre, assenées avec tant de conviction! Voici ce qu'écrivent les auteurs du premier mémorandum et des suivants : «La conception du programme garantit qu'il sera robuste face à plusieurs développements défavorables. [...] Le programme budgétaire repose sur des hypothèses prudentes. [...] L'ajustement budgétaire est équitablement réparti dans toute la société et protège les plus vulnérables. [...] La stratégie de reprise prend en compte la nécessité de la justice sociale et de l'équité, tant entre les générations qu'au sein de chacune d'elles. [...] Le programme grec repose sur des fondations très solides.» Était-ce de l'optimisme irrationnel, croyait-on que les choses allaient réellement se passer ainsi? Ou de l'hypocrisie bureaucratique – ils savaient ce qu'ils étaient censés dire, et la disharmonie entre le monde et leurs propos n'avait guère d'importance? Appelez cela comme vous voudrez : dissonance cognitive délirante, ou mauvaise foi.

Dans le dernier mémorandum, signé peu après que les électeurs grecs ont rejeté, avec le soutien du gouvernement grec, un programme fondamentalement identique à la majorité écrasante de 61 %, il y a une formule qui fait plus que suggérer qu'il s'agissait d'une pure hypocrisie. L'accord précise d'emblée : «Le succès exige que les autorités grecques aient la maîtrise du programme de réformes» – et il laisse entendre qu'elles en ont effectivement la maîtrise!

En examinant ces programmes, j'y ai vu à l'œuvre les deux forces qui avaient conçu les plans désastreux du FMI dans tant de pays du monde, ceux que j'ai analysés dans *La Grande Désillusion*. Ce sont les mêmes : les intérêts des grandes entreprises et des sociétés financières, et l'idéologie sur laquelle ils s'alignent et qui les soutient; mais cette fois, cela se passe sur le territoire de l'Europe.

La Troïka aurait pu monter un programme capable de fonctionner – ou du moins dont l'échec eût été moins retentissant. Mais la structure de la zone euro lui aurait compliqué la tâche, pour ne pas dire plus.

Donc, voici la situation dans laquelle se trouve la zone euro. Les dirigeants européens ont construit un système monétaire caractérisé par la divergence et non par la convergence, où les crises, très probablement, ne seront pas rares – pas des événements qu'on voit une fois dans sa vie et qu'on étudie dans les cours d'histoire, mais des épisodes fréquents auxquels il faut faire face en permanence. Et les intérêts et l'idéologie des puissances dominantes ont répandu des politiques qui sont extraordinairement douloureuses pour les habitants des pays en crise. Les premières crises ont commencé avant la fin de la première décennie de l'euro. Dès cette période, elles avaient des causes différentes, reflet de la diversité de la zone euro : elles étaient liées à la prodigalité du secteur public dans un seul cas (la Grèce), mais aux méfaits et mauvaises allocations du secteur privé dans d'autres, et dans d'autres pays encore à la malchance – les aléas de l'économie avaient joué contre eux. Si certains Européens du Nord se plaisent à accuser de tous les maux ceux du Sud, l'Irlande et la Finlande nous rappellent que les forces motrices de ces problèmes ne sont ni la culture ni la géographie. La Finlande, à cause des difficultés de Nokia, une de ses principales compagnies – et d'une récession dans la Russie voisine –, devrait avoir en 2017 un PIB par habitant égal à moins de 93 % de ce qu'il était dix ans plus tôt. Le système de la zone euro ne fonctionne même pas pour les Finlandais, si travailleurs, instruits et disciplinés.

Et puisque les pays d'Europe sont tous liés, même les économies les plus performantes seront tirées vers le bas. Les récessions à double creux n'ont rien de surprenant. Le tableau n'est pas reluisant. Et nous pouvons avoir une certitude : les réformes effectuées depuis le début de la crise de l'euro ne suffiront pas ; certaines, dans l'état « semi-fini » ou elles vont probablement rester pendant des années, risquent même d'aggraver les choses.

Que se serait-il passé si… ?

Les partisans des politiques d'austérité de la zone euro et de ses réformes structurelles mal conçues doivent l'admettre : les choses ne se sont pas passées comme prévu. Dans les débats qui ont précédé la naissance de l'euro, ils avaient dit qu'on allait accepter un coût pour gagner un avantage : la monnaie unique allait apporter une croissance plus rapide (par exemple en faisant baisser les taux d'intérêt, puisqu'elle réduisait le risque de change), mais l'ajustement à une perturbation serait plus lent. Le chapitre 3 a montré qu'au niveau de la zone euro prise en bloc, il n'y a pas eu de poussée de croissance après le lancement de l'euro, mais qu'après la crise les résultats ont été lamentables. Bref, au vu des données, l'avantage a été nul mais le coût – avec la façon dont la crise a été traitée – a été tangible.

Néanmoins, certains demandent : la situation n'aurait-elle pas été encore pire pour la Grèce et pour les autres pays en crise sans l'euro et sans l'aide qu'ils ont reçue de leurs partenaires de la zone euro ? Les économistes disent que les questions de ce type relèvent de l'« histoire contrefactuelle ». Nous savons ce qui s'est passé. Nous ne pouvons que spéculer sur ce qui aurait pu être.

Certes, dans les années qui ont précédé la création de l'euro, tout ne se passait pas sans heurts. Il y avait une instabilité des taux de change. Certains pays connaissaient de fortes poussées d'inflation. L'Espagne postfasciste avait un chômage élevé. De nombreux pays étaient ballottés par les mêmes forces mondiales qui conduisaient à des récessions épisodiques. Néanmoins, ces forces n'ont infligé à aucun d'eux ce qu'il a souffert dans la crise de l'euro. Prenons la Grèce, le meilleur exemple de cette catastrophe. Si l'on consulte la base de données du FMI depuis 1980 (les trente-cinq dernières années), ses récessions les plus graves avant l'euro ont été celles de 1981-1983, où l'économie s'est contractée de près de 4 %, et de 1987 et 1993, où elle s'est contractée de 2,3 % et de 1,6 % respectivement. Mais dans la crise de l'euro, en une seule année, l'économie s'est rétrécie de 8,9 % (2011), et cette chute a été suivie, année après année, d'une poursuite de la contraction. La Grèce avait connu dans le passé des épisodes de forte montée du chômage – il avait grimpé à 12,1 % en 1999. Mais c'était moins de la moitié du niveau record qu'il a atteint en 2013 : plus de 27 %.

Pour les pays en crise, le rapport coûts-avantages de l'euro tel qu'il a été géré est clair : de légers avantages pendant la brève période écoulée entre la création de l'euro et la crise de 2008, car ces pays ont bénéficié de l'afflux des capitaux entrants qui ont créé les déséquilibres dont ils allaient ensuite tant souffrir ; mais ces avantages ne pèsent pas lourd au regard des coûts, de loin supérieurs, dans les années qui ont suivi la crise.

Si les Européens avaient su en 1992, quand ils ont signé leur entrée dans l'euro, ce qu'ils savent aujourd'hui – et si on leur avait permis de voter sur le passage à l'euro –, on voit mal comment ils auraient pu soutenir un tel projet. Mais la question qui se pose aujourd'hui à eux est différente : maintenant qu'ils ont créé l'euro, que doivent-ils faire, dans la situation où ils se trouvent ?

Les quatre chapitres suivants vont exposer *ce qu'il faut faire.*

QUATRIÈME PARTIE

Y a-t-il une solution ?

CHAPITRE 9

Comment créer une zone euro qui fonctionne

On peut sauver l'euro, et on devrait le faire – mais pas à n'importe quel prix. Pas au prix des récessions et des dépressions qui ont ravagé la zone euro, du chômage de masse, des vies ruinées, des aspirations détruites. Rien n'impose qu'il en soit ainsi. On peut créer une zone euro qui fonctionne, qui répande la prospérité et qui fasse avancer la cause de l'intégration européenne.

La situation où se trouve l'Europe, au milieu du gué, est insoutenable : il faut soit «plus d'Europe», soit «moins d'Europe»; il faut soit plus d'intégration économique et politique, soit une dissolution de la zone euro sous sa forme actuelle.

Ceux qui, à l'origine, ont lancé l'euro avaient bien conscience que dans sa phase initiale il était incomplet, et qu'il faudrait faire plus. Le succès de l'euro exigeait «plus d'Europe» – et il y conduirait. On a fait plus. Mais ce qu'on a fait jusqu'ici est loin d'être suffisant. Ce qu'il faut faire n'est pas une énigme pour l'Europe – pour l'essentiel, on l'a déjà compris. Mais cela exige «plus d'Europe» que ce qui existe aujourd'hui, et certainement «plus d'Europe» que ne pourraient le tolérer ceux qui disent que la zone euro n'est pas une union de transfert.

Les réformes de structure et de politique que je vais exposer réduiraient la fréquence et la gravité du type de crise qui est devenu une caractéristique normale de la zone euro ; mais il y aurait malgré tout des crises. Je soutiens qu'un ensemble tout à fait différent de politiques d'urgence serait bénéfique pour l'ensemble de la zone euro, et en particulier pour les pays frappés. Les dépressions qui ont marqué la crise de l'euro, avec leurs effets de longue durée, sont évitables.

COMMENT RÉFORMER LA STRUCTURE DE LA ZONE EURO

Les réformes de la structure de la zone euro doivent viser à instaurer un système économique susceptible d'assurer simultanément le plein emploi et une croissance robuste dans *chacun* des pays membres, avec des déficits des comptes courants soutenables, et cela *en l'absence* de flexibilité des taux de change et de politique monétaire indépendante. Il faut *un engagement fondamental de la zone euro à maintenir les économies au plein emploi*. Par eux-mêmes les marchés ne maintiennent pas le plein emploi, et, en général, par eux-mêmes ils ne sont pas stables. Sans intervention de l'État, on peut avoir un chômage persistant et une forte instabilité.

La plupart de ceux qui critiquent les politiques de crise de l'euro se sont concentrés sur l'austérité, et ils ont raison. Mais sans réformes appropriées de la *structure* de la zone euro – des institutions, règles et réglementations qui la gouvernent –, ramener les pays au plein emploi conduira à des déficits des comptes courants ingérables. Nous avons vu que la structure actuelle de la zone euro conduit à la divergence et qu'en fait elle crée les déficits des comptes courants et les crises. Il faut réformer la zone euro pour que *tous* les pays en son sein puissent atteindre et maintenir le plein emploi. La structure actuelle de la zone euro ne le permet pas. Comme nous l'avons vu au chapitre précédent, si les programmes imposés aux pays en crise visent à les ramener en fin de compte au plein emploi, la trajectoire est extraordinairement coûteuse et le succès, incertain. Ce qui est sûr, c'est qu'ils vont réduire la croissance potentielle des pays en crise pendant des années. Il est sûr aussi qu'ils ont d'autres effets, comme exacerber les clivages à l'intérieur des pays et entre eux, ou susciter des dynamiques politiques atterrantes.

Six changements structurels sont essentiels : des changements dans les règles fondamentales qui gouvernent la zone euro et dans leurs cadres économiques communs.

RÉFORME STRUCTURELLE 1 : UNE UNION BANCAIRE

C'est une réforme dont les dirigeants européens ont déjà admis la nécessité. Un système bancaire commun – une union bancaire – ne se limite pas à une supervision commune ; il suppose une garantie commune des dépôts et des procédures communes pour régler la situation des banques qui ne peuvent pas satisfaire à leurs obligations (ce qu'on appelle une « résolution commune des défaillances »[1]). De ces trois volets, le plus important est le fonds commun de garantie des dépôts. Sans lui, l'argent coule du système bancaire des pays faibles vers les banques des pays forts, ce qui affaiblit encore plus ceux qui sont déjà en difficulté. Mais sans réglementation commune, on peut craindre qu'un système comprenant un mécanisme commun de garantie des dépôts soit exposé à des abus. Toutefois, comme je l'expliquerai plus loin, cette réglementation commune doit être *bien conçue*, afin qu'elle puisse encourager l'expansion dans les pays qui en ont besoin et limiter le crédit dans les économies en surchauffe. Nous verrons plus loin comment faire.

Sans cette flexibilité, cet élargissement des mandats et des instruments, un cadre réglementaire commun fonctionnera comme un *déstabilisateur automatique* – autrement dit, quand l'économie sera faible, il la rendra encore plus faible. En effet, le chapitre 5 a montré que, dans le système actuel, l'*austérité privée* née de la contraction du crédit bancaire a éminemment contribué aux dépressions dans les pays en crise. Mais une application sans souplesse de réglementations bancaires exacerberait la récession déjà présente : dans toute récession économique, il y a une montée des prêts non productifs (des défauts de paiement). Si les régulateurs réagissent avec rigidité[2], les banques seront obligées de contracter leur crédit, ce qui exacerbera la récession. L'intransigeance dans l'imposition des normes est judicieuse pour un cas isolé, mais quand les faiblesses des banques sont le reflet d'une récession économique, elle est contre-productive : le ralentissement économique provoqué par la réduction du crédit fera augmenter le nombre de défauts de paiement, dans un cercle vicieux du déclin[3].

Le décalage entre le temps des marchés et celui de la politique pose un problème pour la survie de l'euro. De nombreux dirigeants européens comprennent qu'*en définitive*, il faudra un cadre bancaire unique, avec des réglementations communes, une garantie commune des dépôts et une résolution commune des défaillances. Mais d'autres soutiennent qu'une réforme aussi radicale doit être introduite avec soin, en procédant pas à pas. Commençons par les réglementations communes et, quand le système réglementaire aura «fait ses preuves», l'Europe pourra passer à l'étape (ou aux étapes) suivante(s)[4]. Si nous n'étions pas en pleine crise, ce raisonnement se défendrait. Mais ceux qui ont des capitaux, disons, dans les banques espagnoles n'attendront pas : pourquoi le feraient-ils ? Les avantages sont nuls et les risques importants. Donc, pendant que les dirigeants européens tergiversent, le système bancaire va s'affaiblir, et son affaiblissement fera décliner l'économie[5]. Ces effets peuvent être puissants ; une fois les capitaux hors du pays, une fois le système bancaire affaibli, remettre sur pied les banques et le pays risque d'être très long.

RÉFORME STRUCTURELLE 2 : UNE MUTUALISATION DES DETTES

Comme la création d'une union bancaire est nécessaire pour éviter les mouvements divergents et déstabilisants du capital, une forme de mutualisation des dettes est nécessaire pour éviter les mouvements divergents du travail. La dette *à base locale* n'a guère de sens dans un monde de mobilité des personnes. Les gens peuvent simplement s'en aller, loin des dettes contractées par leurs parents, par des politiciens dépensiers ou par les décisions aberrantes de la BCE. Ces mouvements de population ne sont pas seulement déstabilisants, ils sont inefficaces : ils minent la logique même de la libre circulation de la main-d'œuvre.

La mutualisation des dettes pourrait s'effectuer au moyen de plusieurs mécanismes institutionnels. La BCE pourrait par exemple émettre un eurobond, une euro-obligation garantie par la zone euro en bloc, dont le produit serait prêté aux divers pays de la zone euro. Il y a déjà des propositions sur la façon de concevoir un tel système pour qu'il n'aboutisse pas à un excès d'emprunt[6]. Le montant de la dette mutualisée pourrait être limité, avec des soupapes de sûreté pour la dette liée aux fluctuations cycliques, car on admettrait que, lorsqu'un pays entre en récession, il peut être souhaitable qu'il ait un gros déficit. Les fonds empruntés au moyen des nouvelles émissions ne pourraient être dépensés que pour des investissements, par exemple dans les infrastructures ou l'éducation. On pourrait aussi exiger que, sauf dans les périodes où l'économie est en récession, toute hausse de l'endettement au-dessus d'un certain niveau fasse l'objet d'un référendum dans le pays.

La position de ceux qui, en Europe, se prononcent contre la mutualisation – en clamant que l'Europe n'est pas une union de transfert – est erronée pour deux raisons :

(1) Elle exagère le risque de défaut de paiement, ou du moins les risques de défaut *si* la dette est mutualisée. À de faibles taux d'intérêt, la plupart des pays en crise n'auraient aucun problème à s'acquitter du service de leur dette. Bien entendu, en l'absence de mutualisation des dettes, il y a un risque sérieux de défaut partiel (qui s'est déjà produit dans le cas de la Grèce). C'est toute l'ironie de la situation : les dispositifs actuels peuvent en réalité conduire à des pertes plus lourdes pour les pays créanciers qu'un système de mutualisation bien conçu.

(2) Tout système d'intégration économique réussi doit comprendre une certaine assistance des pays forts aux pays faibles. L'Europe l'a compris puisqu'elle verse des fonds importants aux nouveaux entrants. (Ils s'appellent « fonds structurels » et « fonds de cohésion », et comprennent de multiples programmes.) Un programme, le Fonds européen de développement régional, fournit 40,2 milliards d'euros à la Pologne, principal pays bénéficiaire, de 2014 à 2020[7].

Les réformes que je viens d'exposer sont indispensables pour empêcher la divergence. Dans la suite de ce chapitre, je présenterai d'autres réformes, de structure et de politique, conçues pour promouvoir la convergence.

RÉFORME STRUCTURELLE 3 : UN CADRE COMMUN DE STABILITÉ

L'Europe est confrontée à deux autres questions primordiales : (1) comment promouvoir la stabilité de la zone euro dans son ensemble ; et (2) comment garantir que *tous* les pays de la zone euro aient de bons résultats. Nous avons relevé, par exemple, que les restrictions de Maastricht sur les déficits budgétaires peuvent constituer en pratique un déstabilisateur automatique. Dans une période où les recettes fiscales s'effondrent, quand le déficit franchit la limite de 3 % du PIB, on doit réduire les dépenses publiques, ce qui provoque de nouvelles baisses du PIB[8].

Il faut remplacer les déstabilisateurs automatiques existants par des stabilisateurs automatiques au niveau de la zone euro. Nous donnerons des exemples un peu plus loin.

Même avec des réformes qui permettraient à la zone euro dans son ensemble d'avoir un niveau de production et d'emploi stable *en moyenne*, il restera des écarts importants entre les pays – certains seront en récession, d'autres en expansion. Puisque le taux de change et le taux d'intérêt ont disparu de la boîte à outils, il faudra trouver d'autres instruments pour faire en sorte que *chacun* des pays de la zone euro reste prospère.

Un programme de réformes visant la stabilité a six composantes :

premièrement, une réforme fondamentale des critères de convergence de Maastricht ;
deuxièmement, un nouveau pacte de croissance soutenu par un *fonds européen de solidarité pour la stabilisation* – comparable aux fonds européens de solidarité pour les nouveaux entrants dans l'Union européenne que nous avons mentionnés plus haut ;
troisièmement, un engagement en faveur des *stabilisateurs automatiques progressifs*, qui augmentent automatiquement

les dépenses quand le pays est confronté à une récession – et une interdiction des déstabilisateurs automatiques ;
quatrièmement, un élargissement de la flexibilité dont dispose la politique monétaire pour réagir à un ralentissement économique dans n'importe quel pays ;
cinquièmement, la mise en place de réglementations s'efforçant de maîtriser l'instabilité produite par les marchés, parce qu'on a compris que les marchés, par eux-mêmes, peuvent *créer* l'instabilité ;
et sixièmement, des politiques budgétaires anticycliques plus actives, qui allègent le fardeau qu'on a imposé aux politiques monétaires ces dernières années.

(1) Instaurer un cadre budgétaire commun – autre qu'un pacte de suicide collectif

Pour que la zone euro fonctionne – c'est-à-dire pour qu'elle apporte aux pays membres un cadre au sein duquel ils pourront connaître la prospérité et atteindre *en permanence* le plein emploi –, la première réforme nécessaire est un cadre budgétaire commun. Cette réforme exigera de faire plus, et tout à fait autre chose, qu'un pacte de l'austérité, ou même qu'une version renforcée du pacte de stabilité et de croissance – la « réforme » que l'Allemagne semble avoir à l'esprit quand elle préconise de faire respecter plus strictement des règles budgétaires plus sévères. Les Allemands soulignent qu'il est nécessaire que *tous* les pays d'Europe suivent les règles – et en particulier les contraintes budgétaires (la limite de 3 % sur les déficits). Ils craignent que sans ces règles, imposées énergiquement, ce soit le chaos économique – la zone euro ne pourra pas fonctionner. L'Allemagne prend cette position parce qu'elle croit que la prodigalité dans les dépenses publiques mène aux crises – et qu'elle a mené à la crise actuelle de la zone euro. Mais c'est absolument faux.

De meilleures règles budgétaires

On peut malgré tout avoir une discipline budgétaire en se concentrant sur le déficit structurel – celui qui existerait si l'économie était au plein emploi. Les déficits de beaucoup de pays en crise apparaissent sous un jour nettement différent quand on les regarde de ce point de vue[9]. Mais la réforme la plus importante consiste à créer un *budget du capital*, à distinguer entre les dépenses publiques de consommation et d'investissement, en imposant des contraintes aux dépenses centrées sur la consommation. Un État doit se comporter, non comme la ménagère souabe, mais comme l'entreprise moderne – qui regarde son bilan et emprunte si les rendements des investissements financés par cette dette sont supérieurs au coût du capital.

(2) Créer un fonds de solidarité pour la stabilisation

Le règlement des problèmes de fond de l'Europe est, par essence, un *problème d'action collective* pour l'Europe, qui exige des ressources au niveau européen – plus de ressources que celles qui sont aujourd'hui disponibles pour les pays durement touchés.

Un an après le début de la crise grecque, il était déjà clair que les mesures d'austérité imposées au tout début n'aidaient pas l'économie à se redresser. Les dirigeants de l'Europe s'étaient engagés à aider la Grèce à retrouver la voie de la croissance. Il est évident qu'ils ne l'ont pas fait, et l'une des raisons est qu'ils n'avaient pas les outils adéquats pour le faire. Ils avaient mis de côté des fonds pour aider à renflouer les banques et les pays en difficulté, dans le Mécanisme européen de stabilité[10]. Mais celui-ci se concentrait sur l'instant même de la crise, celui où une banque s'effondrait, où un pays était exclu des marchés des capitaux.

Même pour les pays en crise qui ont fait tout ce qu'on leur a dit de faire, le retour à la prospérité a été lent. Ce qu'il faut, c'est suffisamment de fonds pour aider les pays confrontés à des chocs négatifs à maintenir le plein emploi et à rétablir la croissance. Cela implique, par exemple, d'organiser un financement commun de l'assurance-chômage, notamment de ses dépenses anormales en cas de récession grave[11]. Le fonds de solidarité pour la stabilisation pourrait servir à financer ces allocations de chômage et d'autres dépenses sociales liées aux conditions cycliques ; il pourrait aussi contribuer à soutenir les politiques actives du marché du travail, qui aident à faire passer les gens dans de nouveaux emplois au sein d'une économie restructurée.

Même avec une union bancaire efficace et la garantie commune des dépôts, les banques des pays en crise seront probablement faibles. La contraction du crédit bancaire est particulièrement pénible pour les petites et moyennes entreprises, qui dépendent des banques pour leur financement. Quand elles sont coupées de toute source de fonds, elles doivent licencier des travailleurs – ce qui renforce le cycle du déclin[12]. On a donc grand besoin, au niveau européen, d'une *institution du crédit aux petites et moyennes entreprises*, comparable à la Small Business Administration des États-Unis, qui prête aux PME ou garantit partiellement leurs prêts ; et cette institution doit orienter particulièrement son crédit vers les pays, ou les régions au sein d'un pays, où l'on constate une pénurie de crédit aux PME ou une économie spécialement anémique[13].

Une expansion du champ d'action d'institutions européennes existantes

Certaines institutions européennes existantes pourraient apporter une contribution à la stabilité, notamment si l'on intégrait cette tâche à leur mandat. La Banque européenne d'investissement est la plus grande institution de crédit multilatérale[14] ; agissant au niveau de l'Europe, elle a financé avec succès des projets d'infrastructure dans toute la région. Bien qu'elle s'attribue déjà un rôle anticyclique, il est clair que cet aspect de sa mission pourrait être considérablement renforcé[15].

Une assurance mutuelle

J'ai présenté diverses formes de soutien que l'Europe dans son ensemble pourrait fournir aux pays qui connaissent d'importantes difficultés économiques. Un pays pourrait être le bénéficiaire à un moment, mais compter parmi les gros contributeurs à un autre – un bref regard sur l'histoire des classements des taux de croissance en Europe démontre que les positions sont très variables. Beaucoup de pays en crise, on l'a vu, avaient avant la crise une croissance plus rapide que la zone euro dans son ensemble. Et d'autres aussi – par exemple, de 1995 à 2000, ce n'est pas seulement en Irlande, en Espagne et en Grèce que la croissance a été bien plus dynamique qu'en Allemagne (avec des taux de 10,1 %, 4,1 % et 3,6 % respectivement), mais aussi en France (2,9 %) et en Italie (2 %). En Allemagne, le taux de croissance n'a été que de 1,9 %. Parmi les pays cités, l'Allemagne s'est aussi classée entre la deuxième place et la dernière de 2000 à 2005 (période où sa croissance moyenne a été de 0,5 %).

(3) Créer des stabilisateurs automatiques

La troisième composante d'un pacte budgétaire de stabilité est la création de stabilisateurs automatiques : grâce à eux, quand l'économie sera confrontée à une récession, de l'argent sera *automatiquement* injecté dans le système. Un exemple de stabilisateur est l'assurance-chômage. Normalement, quand les travailleurs ont perdu leur emploi à cause d'un « choc » négatif – par exemple, une baisse de la demande pour les exportations –, ils réduisent leurs dépenses, si bien que l'effet est *multiplié*. Mais si les travailleurs sont protégés par une assurance-chômage, ce multiplicateur est court-circuité.

Dans les pays qui ont des taux de change flottants, le taux de change peut servir de stabilisateur automatique ; un pays qui a un problème verra son taux de change baisser, ce qui encouragera ses exportations et découragera ses importations, donc augmentera son revenu national. Mais en entrant dans l'euro, les pays membres de la zone euro ont renoncé à ce stabilisateur automatique, ce qui rend d'autant plus important d'en fortifier d'autres (comme l'impôt progressif, les bons systèmes d'indemnisation du chômage et d'autres formes d'assurances sociales). Malheureusement, ces dernières années, on a affaibli ces stabilisateurs automatiques. En fait, il est à craindre qu'on ait mis en place des amplificateurs automatiques (des déstabilisateurs), ou qu'on soit en train de le faire. En particulier, nous avons déjà noté qu'une politique qui imposerait aux banques le strict respect des normes de fonds propres fonctionnerait comme un déstabilisateur automatique, et encore plus nettement en l'absence d'un système de garantie commune des dépôts. C'est pour ces raisons, entre autres, que la méthode actuelle de l'Europe pour créer une union bancaire – d'abord mettre en place une réglementation et une supervision communes, puis, plus tard, progressivement, peut-être, une garantie commune des dépôts – n'a guère de chances de succès dans l'avenir prévisible.

(4) Flexibiliser la création du crédit

Les chapitres précédents l'ont montré : la zone euro existante fonctionne comme un déstabilisateur automatique par de multiples mécanismes. Un des pires passe par le crédit : le système actuel aboutit à d'amples mouvements *procycliques* du crédit, notamment pour les petites et moyennes entreprises. Autrement dit, le crédit se réduit quand le pays entre dans des temps difficiles, ce qui rend la récession encore plus grave. Certains de ces changements sont naturels : dans une économie qui ralentit, les entreprises ont moins besoin d'argent pour se développer. Mais le problème dans la zone euro est que, s'il existe des petites entreprises qui, elles, veulent se développer – elles peuvent avoir des clients à l'étranger, par exemple –, il leur est impossible de trouver les fonds dont elles ont besoin. Certaines ne peuvent même pas obtenir le capital de roulement qu'il leur faut pour fonctionner. Ce manque de fonds fait partie du processus d'étranglement de l'économie ; on a vu au chapitre 5 que l'incapacité de la Troïka à intégrer suffisamment à ses calculs l'austérité privée qui en résulte peut aider à expliquer pourquoi ses prédictions ont été constamment si loin du compte. Pour instaurer la stabilité dans la zone euro, il *faut* inverser ce mécanisme.

La zone euro a supprimé deux formes de flexibilité : celle du taux de change et celle du taux d'intérêt. Mais, s'il est inévitable que la BCE fixe un taux d'intérêt unique pour l'ensemble de la zone euro, rien n'impose qu'elle fasse preuve de la même rigidité dans l'application des normes réglementaires, notamment en matière de *réglementations macroprudentielles* – c'est-à-dire de réglementations qui visent à stabiliser toute l'économie. Ce qu'il lui faut, ce n'est pas seulement un mandat élargi, pour qu'elle puisse se concentrer sur l'emploi, la croissance et la stabilité, mais aussi davantage de *flexibilité* dans la façon dont est administré le système bancaire de la zone euro. Les exigences de fonds propres (le montant du capital que les banques doivent détenir, en fonction des prêts qu'elles ont consentis) pourront être durcies dans les pays (les régions) confronté(e)s à un excès de demande. Cette mesure obligera à moins prêter, ce qui atténuera les pressions inflationnistes dans ces pays. De même, ces exigences de fonds propres pourront être assouplies dans les pays où la demande est faible. Cela permettra de prêter davantage, ce qui stimulera les économies qui en ont besoin.

Il y a quantité d'autres dispositions réglementaires qu'on peut ajuster en fonction des conditions macroéconomiques dans tel pays ou telle région. Il faudrait par exemple durcir les normes du crédit immobilier dans une zone ou à une époque où il y a un risque manifeste de formation de bulle[16]. Le point clé est qu'il faut davantage de *flexibilité* dans la gestion du système bancaire de la zone euro.

C'est une des leçons majeures de la crise de 2008 : les conceptions antérieures de la politique monétaire étaient inadaptées – elles étaient trop étroites non seulement dans les mandats qu'elles imposaient aux banques centrales, mais aussi dans les instruments qu'elles leur donnaient (elles suggéraient, par exemple, que leur seul outil devait être le taux d'intérêt à court terme) ; et même quand on a compris qu'il fallait davantage d'instruments, on n'a pas vu qu'il fallait de la flexibilité dans leur utilisation. Une réforme capitale pour créer un euro viable consiste à instaurer une BCE et des autorités européennes de réglementation financière disposant de mandats plus larges et d'instruments plus nombreux, utilisés de façon plus flexible.

(5) Réglementer l'économie pour prévenir les excès

Dans plusieurs pays de la zone euro, nous l'avons vu, les récentes récessions ont été dues à l'éclatement de bulles de l'immobilier – bulles qui résultaient d'une forme souvent constatée d'échec du secteur privé. L'excès d'expansion du crédit et l'excès de risque sont fréquemment à la source de l'instabilité économique ; par eux-mêmes, les marchés financiers ne sont pas stables. Un aspect important de la prévention des récessions et des dépressions consiste donc à empêcher les excès qui les suscitent. Réussir à maîtriser cette expansion excessive doit être une mission commune de la BCE, des régulateurs et superviseurs des banques, et des régulateurs du système financier en général. Ce ne sera pas possible dans le cadre du régime de réglementation légère ou d'« auto »-réglementation qui dominait avant 2008. Ce ne sera pas possible non plus si la BCE se concentre exclusivement sur l'inflation dans sa définition traditionnelle. Certains outils que la BCE et les régulateurs financiers ont déjà, ou devraient avoir, peuvent prévenir l'apparition de ces bulles, ou du moins limiter leur dimension[17].

(6) Stabiliser les politiques budgétaires

Si l'instabilité économique dont ont souffert les économies de marché a souvent eu pour cause immédiate les excès du secteur financier, dans certains cas les banques centrales *cautionnent* sa mauvaise conduite, quand elles n'en sont pas les instigatrices. Aux États-Unis, après l'éclatement de la bulle technologique au début des années 2000, la demande globale avait chuté. La situation politique, manifestement, ne permettait pas la construction d'un excédent budgétaire efficace ; tout le fardeau de la stimulation reposait donc sur la politique monétaire ; et les États-Unis ont utilisé l'instrument favori de cette politique, la baisse des taux d'intérêt. L'administration Bush s'enthousiasmait pour la déréglementation, et la conjonction entre taux d'intérêt faibles et déréglementation était un cocktail toxique. Ben Bernanke et Alan Greenspan, tous deux anciens présidents de la Federal Reserve, ont peut-être été enchantés par le tableau de bord sur lequel les gouverneurs de banque centrale sont généralement jugés : l'inflation était faible (essentiellement grâce aux prix bas et compétitifs de la Chine, ainsi qu'à sa politique du taux de change, une appréciation régulière et lente) et l'économie proche du plein emploi. Mais, si l'on creusait plus profond, il était évident qu'ils avaient fermé les yeux sur les excès qui s'accumulaient. On peut en dire autant de Willem Frederik « Wim » Duisenberg et de Jean-Claude Trichet, les deux premiers gouverneurs de la BCE, car c'est sous leurs mandats que se sont produits les déséquilibres qui sont à l'origine de la crise de l'euro.

On ne peut pas laisser tout le poids du macroajustement peser sur la seule politique monétaire, malgré la foi qu'ont les néolibéraux dans cet instrument s'il est utilisé correctement (pour stabiliser l'inflation). La politique budgétaire, orientée vers des investissements nécessaires, doit jouer un rôle central dans la macrostabilisation. Tant les États-Unis que l'Union européenne ont besoin d'investissements massifs pour rééquiper leurs économies face au réchauffement de la planète. Ils ont besoin de gros investissements dans l'éducation et la technologie pour que la hausse des niveaux de vie se poursuive. Une baisse des investissements dans la recherche fondamentale (en pourcentage du PIB) risque fort d'aboutir à un ralentissement de l'innovation à l'avenir. Récemment, Robert Gordon[18] a suggéré que nous entrons dans une ère où la hausse des niveaux de vie sera beaucoup plus lente. Mais cette situation est, au moins en partie, une conséquence de décisions, prises des deux côtés de l'Atlantique, de moins investir dans la recherche fondamentale, la technologie et l'éducation. C'est de ces investissements-là que sortiront, pour l'essentiel, les progrès futurs du niveau de vie. Ce qui heurte de front, bien sûr, l'idéologie conservatrice centrée sur l'objectif de rétrécir l'État. Donc, sur les deux rives de l'Atlantique, dans certains pays, on a réagi à la récession en réduisant les impôts des entreprises et des riches et en compensant ces mesures par des coupes dans les dépenses publiques. Ce livre a expliqué pourquoi ces politiques, comme on pouvait le prévoir, ont conduit à une baisse de la production actuelle ; mais, quand les coupes portent sur des investissements publics primordiaux, elles conduisent aussi à une baisse de la production future[19]. Le point crucial est clair : si les autorités budgétaires font bien leur travail, il y aura moins de pression sur les autorités monétaires pour qu'elles créent, ou du moins tolèrent, les excès dont elles ont été si souvent complices[20].

RÉFORME STRUCTURELLE 4 : UNE VRAIE POLITIQUE DE CONVERGENCE EN VUE D'UN RÉALIGNEMENT STRUCTUREL

L'absence de mécanisme de taux de change en Europe signifie que les taux de change *réels* peuvent se désaligner, à la suite d'écarts dans les taux de croissance de la productivité ou dans les taux de hausse des prix d'un pays à l'autre. Des désalignements de ce genre se sont produits dans la période antérieure à la crise, en partie causés par l'euro. La stratégie pour y faire face a trois volets, dont chacun reflète un pan de l'analyse des causes profondes du désalignement[21].

(1) Décourager les excédents

Globalement, on attend du taux de change de la zone euro qu'il soit fixé de façon à mettre en équilibre la balance des comptes courants de la région. Tout pays ou région du monde qui maintient de gros excédents (ou déficits) des comptes courants fait courir un risque au système économique mondial tout entier. C'est pourquoi le FMI et la communauté internationale ne cessent de parler des déséquilibres mondiaux et tentent d'amener les pays à ne pas avoir une balance déséquilibrée. Les excédents sont un danger parce que, pour tout excédent, il *doit* y avoir un déficit (autrement dit, si un pays exporte plus qu'il n'importe, un autre pays doit importer plus qu'il n'exporte), et que les déficits doivent être financés. Il peut y avoir un *sudden stop*, un arrêt brutal des financements, parce que ceux qui les fournissent jugent soudain qu'il existe un risque important de non-remboursement des prêts et refusent de fournir davantage de fonds, ou même de reconduire les prêts existants. Ces *sudden stops* sont une source majeure de crise.

Mais si la zone euro dans son ensemble a normalement une balance à zéro, cela veut dire qu'en son sein, si un pays conduit sa politique économique de façon à obtenir un excédent, d'autres pays devront *nécessairement* être en déficit. En un sens, le pays en excédent, par ses actes, crée des déficits ailleurs. Les pays en excédent imposent des coûts aux autres, une externalité, en les mettant, de fait, en déficit. Ces déficits commerciaux créent alors un risque d'instabilité – par exemple, les brusques changements d'humeur du marché peuvent aboutir à un arrêt brutal des flux de capitaux qui permettent de financer ces déficits, ce qui déclenche une crise. Même sans crise, les déficits commerciaux rendent plus difficile aux pays déficitaires d'atteindre le plein emploi, parce que ces déficits *soustraient* quelque chose à la demande globale *intérieure* – leur résultat net, c'est qu'une partie de la demande est satisfaite non par la production nationale mais par les importations –, et une demande globale intérieure faible mène au chômage[22]. Pour compenser les effets d'un affaiblissement de la demande globale, les États, dans le monde postkeynésien, recourent en général aux dépenses publiques (en mettant le budget en déficit). On peut donc considérer les pays en excédent – en particulier l'Allemagne – comme une cause fondamentale des déficits commerciaux et budgétaires d'autres pays de la zone euro, et de l'expansion insoutenable de leur endettement.

Nous pouvons voir cette réalité sous un autre angle : suivons l'argent! Un excédent des comptes courants signifie qu'un pays doit prêter, comme un déficit signifie qu'il doit emprunter. Si les comptes courants de la zone euro sont globalement en équilibre, cela veut dire que les pays en excédent (essentiellement l'Allemagne) prêtent, de fait, aux pays en déficit. Puisque l'Allemagne avait un excédent (et que la zone euro dans son ensemble était à l'équilibre), il était *nécessaire* que les autres pays empruntent. Dans certains cas, c'était le secteur public qui empruntait, dans d'autres, le secteur privé. Mais leurs déficits n'étaient qu'une composante de l'*équilibre* qui découlait de la présence de l'excédent allemand. Ce n'était évidemment qu'un équilibre temporaire et instable.

J'ai montré qu'il était pratiquement inévitable que les excédents de l'Allemagne aboutissent à la divergence entre les pays de la zone euro. Cette réalité a eu des conséquences politiques autant qu'économiques. On avait compris depuis longtemps que les différences entre les pays avaient pour effet, par exemple, que la politique monétaire appropriée pour chacun d'eux n'était pas la même[23]. C'était un des arguments justifiant la nécessité de politiques encourageant la convergence. Les différences de situation peuvent aussi conduire à d'importantes divergences *politiques*; les différences de situation économique ont conduit à des divergences d'intérêt. Aucune différence, nous l'avons dit, n'est plus importante que celle qui existe entre un créancier et son débiteur, et les excédents persistants de l'Allemagne ont remplacé, au fondement de la zone euro, la solidarité par le rapport conflictuel entre créancier et débiteur[24].

L'Europe a besoin d'une vraie politique de convergence, et cette politique doit décourager les excédents. Keynes a proposé une solution : une taxe sur les excédents. Non seulement elle dissuaderait les pays d'être excédentaires, mais son produit pourrait contribuer à financer le fonds de solidarité pour la stabilisation évoqué plus haut dans ce chapitre[25].

(2) Des politiques budgétaires et salariales expansionnistes dans les pays en excédent

Les excédents sont le produit de nombreuses politiques menées dans les pays excédentaires. Dans le cas de la Chine, deux politiques ont longtemps joué un rôle central : contrôler le taux de change et peser sur les salaires – par exemple en limitant l'étendue de la syndicalisation. Avec des salaires faibles, on a des prix plus bas, donc un taux de change *réel* plus bas aussi.

L'Allemagne ne disposait évidemment pas du premier outil, mais dans son cas le second a été crucial. Dans les pays avancés, il existe une large gamme d'instruments pour influencer les salaires – les plus importants sont le salaire minimum et le cadre juridique en matière de syndicalisation et de négociation. Jusqu'à une date récente, l'Allemagne n'avait pas de salaire minimum, et l'absence de salaire minimum faisait pression à la baisse sur les salaires en général. De fait, sous le chancelier Gerhard Schröeder, les revenus au bas de l'échelle ont diminué[26]. On s'est félicité de cette baisse en disant qu'elle avait amélioré la compétitivité de l'Allemagne, mais cette politique est une forme perverse de dévaluation compétitive du type « dépouille ton prochain ». Elle a donné à l'Allemagne un avantage sur ses voisins, parce que la structure économique et sociale de ces pays ne tolérerait pas d'injustes réductions de salaires du même ordre. La baisse du taux de change réel de l'Allemagne s'est donc réalisée en partie aux dépens de ses partenaires commerciaux[27].

De plus, dans le cadre actuel des politiques d'ajustement, c'est le pays déficitaire qui en supporte tout le poids, par le biais du mécanisme que j'ai nommé plus haut « dévaluation interne ». Ce processus d'ajustement est très coûteux et très asymétrique[28]. En règle générale, il est pourtant bien plus facile au pays en excédent de prendre des mesures pour réduire son excédent qu'aux pays en déficit pour réduire leur déficit. En fin de compte, le déséquilibre sera peut-être éliminé par les deux méthodes, mais les coûts d'établissement de l'« équilibre » final peuvent être nettement différents.

Les pays en excédent doivent non seulement relever leur salaire minimum mais aussi renforcer les droits de négociation des travailleurs[29] et s'engager dans une politique budgétaire expansionniste. Ils ont un accès facile aux financements pour ces politiques d'expansion. Elles créeront une certaine pression à la hausse sur les prix (mais qui restera très loin de l'inflation galopante) – et c'est exactement le but. Il *doit* y avoir un ajustement du taux de change réel, et ces politiques l'effectuent à bien meilleur coût que celles qui sont aujourd'hui mises en œuvre par la zone euro.

(3) Inverser les autres politiques de divergence

Au chapitre 5, j'ai analysé plusieurs autres politiques qui créent la divergence ou empêchent la convergence : par exemple, les restrictions rigoureuses imposées par l'Europe aux politiques industrielles, qui pourraient permettre aux pays distancés de rattraper leur retard.

Les pays riches ont de multiples avantages sur les pays pauvres. Ils peuvent, par exemple, assurer à leurs enfants une éducation de meilleure qualité. L'Europe ne peut pas corriger toutes ces différences – même s'il est possible qu'à l'avenir, avec plus de solidarité, elle fasse un bien meilleur travail. Mais il y a certains écarts auxquels elle peut et doit s'attaquer immédiatement, notamment ceux qui touchent à la qualité des infrastructures. De bonnes infrastructures (en partie financées par le biais de la

Banque européenne d'investissement) pourraient aider à intégrer davantage l'Europe. Les infrastructures publiques améliorent les rendements du secteur privé ; elles peuvent donc avoir simultanément des effets sur l'offre et des effets de multiplicateur de la demande.

RÉFORME STRUCTURELLE 5 : UNE STRUCTURE DE LA ZONE EURO QUI ENCOURAGE LE PLEIN EMPLOI ET LA CROISSANCE DANS TOUTE L'EUROPE – MACROÉCONOMIE

Même si la zone euro mettait en œuvre toutes ces réformes et que ses pays membres finissaient par converger – ou du moins par se rapprocher davantage –, le plein emploi et la croissance forte ne seraient pas garantis. L'Europe pourrait avoir une économie stable accablée par une croissance lente et un chômage élevé. C'est d'ailleurs dans cette direction qu'elle semble s'orienter. Parvenir à empêcher une nouvelle crise lui suffit – même avec un quart de sa jeunesse au chômage et une croissance médiocre dans le meilleur des cas. Il existe des réformes, tant dans le cadre macroéconomique de la zone euro que dans sa structure même, qui faciliteraient le plein emploi assorti d'une croissance durable. La *réforme macroéconomique* cruciale consiste à changer le mandat de la BCE.

En s'acquittant d'un mandat élargi à la promotion du plein emploi, de la croissance et de la stabilité économique, et pas seulement concentré sur l'inflation, la BCE doit assumer une responsabilité particulière pour garantir que le secteur financier fonctionne comme il doit fonctionner – pas seulement qu'il n'expose *pas* l'économie à d'énormes risques, pas seulement qu'il n'exploite *pas* le reste de l'économie, mais qu'il serve réellement la société en fournissant du crédit à des fins productives, par exemple des prêts aux petites et moyennes entreprises[30]. La BCE, comme la Federal Reserve, a considérablement accru les liquidités, et pourtant une faible partie de cet argent a été utilisée pour créer de nouveaux emplois ou pour faire de nouveaux investissements *réels*. Une bonne partie est allée à des investissements financiers dans des actifs fixes, comme le foncier, ce qui ne stimule en rien l'économie. Une autre part de ce crédit a tourné en rond : la banque centrale a transféré aux banques de l'argent qu'elles ont laissé à la banque centrale (en tant que réserves). Un observateur extérieur qui assisterait à l'intégralité du processus resterait aussi perplexe qu'en contemplant les activités du secteur minier, où l'on dépense des sommes et des ressources considérables (en faisant courir d'énormes risques à l'environnement) pour extraire de l'or, qui est ensuite réenterré, à grands frais, dans des chambres fortes souterraines.

RÉFORME STRUCTURELLE 6 : DES RÉFORMES STRUCTURELLES DE LA ZONE EURO EN VUE D'ASSURER LE PLEIN EMPLOI ET LA CROISSANCE POUR TOUTE L'EUROPE

Je présente ici quatre réformes structurelles *communes* qui peuvent aider à assurer une croissance durable avec le plein emploi. Pour mettre en œuvre plusieurs d'entre elles, il faut sortir du cadre de l'action publique des trente dernières années – la grande époque du néolibéralisme où l'on partait du principe «plus le marché sera libre, mieux cela vaudra» – et comprendre les mécanismes cruciaux qui expliquent pourquoi, souvent, les marchés n'aboutissent pas à des résultats efficaces et stables.

(1) Mettre le système financier au service de la société

L'essentiel de la réflexion sur la réforme du secteur financier (y compris l'analyse effectuée plus haut, la réforme 2) a porté sur les moyens de l'empêcher de nuire aux autres – par exemple en déstabilisant toute l'économie par ses prises de risque excessives[31]. On s'est peu demandé comment l'amener à accomplir réellement les fonctions importantes qu'il doit assurer pour que l'économie soit dynamique. C'est cette lacune précise qui se trouve derrière la prétendue «surabondance d'épargne». Pour expliquer la faiblesse de l'économie mondiale avant la crise, Ben Bernanke a tenté de désigner un coupable : un excès d'épargne mondiale, notamment en Chine. Mais au moment même où il parlait d'une surabondance d'épargne, beaucoup d'entreprises et de pays avaient des projets d'investissements très rentables qui n'étaient pas financés. Le problème n'est pas la présence d'une épargne superflue. C'est l'échec des marchés financiers dans leur mission fondamentale, recycler l'épargne, faire en sorte qu'elle soit utilisée de façon productive. Cette fonction s'appelle l'« intermédiation » – le rôle d'intermédiaire entre l'épargne et l'investissement. Ce rôle primordial, les systèmes financiers, en Europe comme en Amérique, ne l'ont pas joué correctement. En fait, aux États-Unis, le secteur financier a pratiqué la désintermédiation, en faisant *sortir* l'argent du secteur des entreprises, ce qui a pour résultat de diminuer le volume des fonds disponibles pour l'investissement. Des sommes considérables, par exemple, quittent les entreprises parce qu'elles rachètent leurs propres actions – en 2014, environ 4 % du PIB, et en 2015, 3,5 %.

De plus, une grande partie de l'épargne est amassée par des « épargnants à long terme » – les particuliers qui économisent pour leur retraite, ou les pays qui mettent de l'argent de côté dans leurs fonds souverains. Parmi les occasions d'investissements majeures (dans les infrastructures et la technologie), beaucoup sont à long terme. Peut-être n'est-il pas surprenant que des marchés financiers à courte vue soient incapables de jouer correctement les intermédiaires entre des épargnants à long terme et des investissements à long terme.

Il y a des réformes des cadres juridiques, réglementaires et fiscaux de l'Europe qui aideraient à concentrer le secteur financier sur le long terme – et sur son devoir de faire ce qu'il doit faire et de ne pas faire ce qu'il ne doit pas faire[32].

(2) Réformer la gouvernance d'entreprise

Les entreprises aussi ont la vue de plus en plus courte : elles se concentrent sur leurs résultats trimestriels. Une compagnie qui ne pense qu'au trimestre suivant n'investira pas à long terme des fonds importants dans la recherche et la technique, dans de nouvelles usines ou machines, ou – c'est le plus important – dans son personnel. Une entreprise qui rémunère outrageusement son PDG et les autres cadres supérieurs et distribue trop d'argent à ses actionnaires par les dividendes et les rachats d'actions n'en aura plus assez pour payer correctement son personnel ou investir dans l'avenir.

Poussées à l'extrême aux États-Unis, ces évolutions sont allées moins loin en Europe, mais l'écart rétrécit. L'Europe doit comprendre ce qui a conduit au court-termisme américain, et prendre des mesures pour que cette maladie ne se répande pas davantage dans les pays européens.

Peut-être ne faut-il pas s'étonner, au vu de l'importance des marchés financiers sur les deux rives de l'Atlantique, que la myopie court-termiste de ces marchés se soit diffusée dans le reste de l'économie. Certaines institutions européennes – comme le capitalisme des « parties prenantes » et des « partenaires sociaux », où les entreprises ne se concentrent pas exclusivement sur l'intérêt de leurs actionnaires au sens étroit – ont fait rempart avec succès aux situations extrêmes qu'on trouve aux États-Unis, où le salaire du PDG se monte aujourd'hui à 300 fois celui du travailleur ordinaire[33].

Mais d'autres facteurs aussi ont contribué à ce déchaînement du court-termisme – par exemple, la croissance de la part des options sur titre, les stock-options, dans les rémunérations des cadres supérieurs. Les chefs d'entreprise affirment qu'elles constituent un élément important de leur système d'incitations, mais en réalité il y a peu de rapports entre leur rémunération et leurs résultats : l'action d'une compagnie aérienne monte quand le prix du pétrole baisse, par exemple. Plus généralement, les cours des actions montent quand les taux d'intérêt diminuent. L'essor des options sur titre est lié à des faiblesses dans la gouvernance d'entreprise et dans les règles qui régissent la transparence et la divulgation[34]. Beaucoup d'actionnaires ne voient pas combien les options sur titre des PDG ont dilué la valeur de leurs propres avoirs. Là encore, un programme de réforme riche et important s'impose pour réécrire les « règles du jeu[35] ». Cette réécriture des règles pour amener les entreprises à se concentrer sur le long terme conduirait à une économie où la croissance serait plus élevée et plus stable.

(3) Instaurer un super-chapitre 11 pour les faillites

C'est un trait normal du capitalisme : des entreprises et des ménages se surendettent; ils ont besoin de prendre un nouveau départ. C'est pourquoi pratiquement toute économie moderne a une législation des faillites, une procédure permettant de se décharger de ses dettes de façon ordonnée et de les restructurer.

Mais quand il y a une récession économique, comme celle qui accable l'Europe depuis plusieurs années, *beaucoup* d'entreprises et de ménages se retrouvent surendettés. Aux États-Unis, il y a une procédure d'urgence pour les entreprises qui se déclarent en faillite. Leur dette est réduite rapidement, si bien que l'entreprise peut continuer à produire et que les emplois ne sont pas perdus. Cette procédure s'appelle le « chapitre 11 ». Quand beaucoup d'entreprises et de ménages font faillite simultanément, il est encore plus important d'avoir une procédure rapide – un super-chapitre 11. Si elle n'existe pas, l'économie peut être paralysée. Avoir ce type de super-chapitre 11, tout de suite, serait particulièrement important dans les pays en crise[36].

(4) Promouvoir les investissements environnementaux

Une zone euro qui fonctionne doit avoir une croissance forte mais aussi durable, et la durabilité n'est pas seulement économique mais aussi environnementale. Quand on a pris la mesure de l'énormité des investissements nécessaires pour rééquiper l'économie face au changement climatique, on voit la stupidité des déclarations sur le thème : « il y a une surabondance d'épargne ». Mais, comme nous l'avons vu, il sera difficile d'inciter les entreprises à faire des « investissements verts » s'il n'y a pas de prix du carbone – autrement dit, si l'on ne contraint pas les pollueurs à payer les conséquences de leur pollution. C'est pourquoi il est important qu'il y ait un prix du carbone élevé, au niveau européen[37].

RÉFORME STRUCTURELLE 7 : UN ENGAGEMENT À PARTAGER LA PROSPÉRITÉ

Un des problèmes centraux auxquels fait face aujourd'hui le monde avancé est la montée de l'inégalité. Comme nous l'avons vu, l'inégalité influence le dynamisme de l'économie de multiples façons. Mais le cadre général de la zone euro limite ce qu'on peut faire pour la combattre.

La libre circulation des capitaux et des marchandises sans harmonisation fiscale peut non seulement entraîner une allocation inefficace du capital mais aussi réduire le potentiel de la fiscalité redistributive, ce qui conduit à de hauts niveaux d'inégalité des revenus après impôts et transferts, et parfois même des revenus marchands. La concurrence entre les territoires peut être saine, mais elle peut être aussi une course au moins-disant. Le capital va sur le territoire qui le taxe au moindre taux et non sur celui où sa productivité marginale est la plus forte. Pour rester dans la course, les autres territoires aussi doivent réduire les impôts sur le capital. Donc, l'espace de la fiscalité redistributive rétrécit. (Ce raisonnement sur le capital s'applique aussi à la main-d'œuvre qualifiée.)

La structure de la zone euro a propulsé davantage d'argent (après impôts) tout en haut mais aussi davantage de gens tout en bas, dans la pauvreté. Comme le montrent les crises en Grèce, en Espagne, au Portugal et ailleurs, ce sont les pauvres qui souffrent le plus de l'instabilité[38]. De plus, un des principaux facteurs qui alimentent la hausse de l'inégalité est le chômage massif, comme celui qui est apparu dans tous les pays en crise. L'incapacité de la zone euro à créer un vrai cadre de *stabilité* a donc aggravé l'inégalité.

L'Union européenne (et cette analyse s'étend donc au-delà de la zone euro) doit adopter deux autres ensembles de politiques : il lui faut d'abord limiter la course au moins-disant, le type de concurrence fiscale qui a si bien fonctionné pour quelques pays comme le Luxembourg, mais aux dépens des autres. C'est un exemple réel d'externalité – de mesure prise par un pays qui impose des nuisances aux autres. Et pourtant, l'Europe n'a pas pris de contre-mesures adéquates. Il est vrai que beaucoup en Europe sont follement épris de l'idéal des impôts faibles et de l'État rétréci, et que ce type de course au moins-disant leur convient parfaitement.

Ensuite, puisque la mobilité des personnes est si facile dans l'Union européenne, c'est au niveau de l'Union que doit absolument se situer la responsabilité majeure de la redistribution[39]. L'Union européenne doit suivre l'exemple des États-Unis en levant des impôts fondés sur la citoyenneté européenne, que les intéressés soient domiciliés dans un pays ou résidents. Et elle doit prélever un impôt au niveau européen sur tous les revenus supérieurs à un certain seuil, disons 250 000 euros, à un taux modéré comme 15 %. Le produit de cet impôt pourrait servir à financer certains efforts, comme la réinstallation des migrants ou l'aide extérieure. Cette initiative ferait peut-être beaucoup plus pour créer l'intégration politique en Europe que l'euro lui-même.

Une véritable politique *de croissance et de stabilité* entre en interaction forte avec d'autres éléments du programme de réforme : la seule prospérité durable est celle qui est partagée.

RÉFORMES DES « POLITIQUES DE CRISE »

Les réformes structurelles sont *nécessaires* pour la viabilité à long terme de la zone euro. Mais elles ne seront pas suffisantes. Même avec une structure bien conçue, la zone euro subira des chocs qui provoqueront une récession dans certains de ses pays membres. Après les chapitres précédents, ce devrait être une évidence : la réaction de l'Europe a régulièrement exacerbé les récessions au lieu de ramener rapidement au plein emploi les pays frappés. Les politiques lamentables aboutissent à des résultats lamentables. Il est impératif d'effectuer une série de réformes dans les politiques appliquées aux pays en crise. Mais, nous l'avons dit, même les meilleures politiques ne fonctionneront pas si elles ne sont pas accompagnées (ou précédées) par les réformes structurelles que j'ai exposées.

L'importance de la liberté de choix et de la flexibilité

Il y a dans le cadre général de ces politiques deux aspects majeurs que j'ai déjà évoqués brièvement. L'Allemagne souligne qu'il est important de *respecter les règles*. Respecter de *mauvaises* règles peut évidemment conduire à la catastrophe – les mauvaises règles de la zone euro ont conduit à ses piteux résultats économiques.

Mais il est difficile de concevoir un ensemble de règles qui soit approprié pour tous les pays, en toutes circonstances. De fait, nous devons admettre les limites de notre savoir. Et même si nous avions un système de politiques idéal pour l'économie de 1990, il ne serait peut-être pas adapté en 2016.

En réalité, dans sa réaction à la crise de l'euro, la Troïka a exercé une liberté de jugement considérable, mais ses choix ont été souvent mauvais – trop souvent, dans trop de domaines importants. À l'époque où elle a imposé les programmes, sa confiance en elle était immense : ses experts semblaient croire qu'ils connaissaient avec précision les effets de chaque politique. Après coup, le FMI a souvent reconnu les erreurs – mais les autres membres de la Troïka ont été moins communicatifs.

Pour fonctionner correctement, la zone euro doit reconnaître l'ampleur des différences entre les pays, et les cadres de ses politiques doivent être suffisamment flexibles pour les prendre en compte. Il lui faut une plus grande capacité d'adaptation aux situations et aux convictions économiques différentes[40].

Certains pays, par exemple, sont plus attachés que d'autres à l'égalité. Certains s'inquiètent plus que d'autres des conséquences du chômage. Même aux États-Unis, chaque État a une marge de liberté importante pour suivre des politiques différentes. Les principes fondamentaux sont bien compris : il faut laisser chaque pays gérer lui-même les domaines qui n'ont pas d'effets extérieurs sur les autres pays. (Dans l'Union européenne, on appelle parfois ce principe la « subsidiarité ».) Par certains aspects, l'harmonisation peut avoir de légers avantages économiques, mais réduire la marge de liberté d'un pays n'en a pas moins un coût social. Trouver le juste équilibre est difficile. Au moins dans certains domaines, les programmes qui ont été imposés aux pays en crise ont réduit *exagérément* leur souveraineté économique, sans pouvoir le justifier par la réduction d'externalités négatives.

Je vais analyser ici deux changements nécessaires dans la conception d'ensemble des politiques à suivre pour régler les problèmes des pays en crise.

RÉFORME DES POLITIQUES DE CRISE 1 : DE L'AUSTÉRITÉ À LA CROISSANCE

Les dirigeants européens ont compris que les problèmes de l'Europe ne seront pas résolus sans croissance. Mais ils n'ont pas expliqué comment on peut faire de la croissance avec de l'austérité. Ils ont seulement dit : ce qu'il faut, c'est rétablir la confiance. L'austérité n'apportera ni la croissance ni la confiance. Au terme de tentatives répétées pour concocter des solutions de replâtrage à des problèmes économiques diagnostiqués de travers, le triste bilan d'échec des politiques de l'Europe a détruit la confiance[41].

Les réformes de la structure de la zone euro que j'ai exposées plus haut – notamment la mutualisation des dettes, l'union bancaire et le fonds de solidarité pour la stabilisation – créeraient un espace pour un retour à la croissance. On pourrait assister à un autorenforcement de l'expansion des dépenses publiques, par exemple, pour des investissements publics qui stimulent la croissance. On pourrait coupler cet effort avec une aide de l'État au crédit privé soutenant les investissements privés.

Cette politique réformée suppose de changer de cap sur deux autres points[42].

(1) Reconnaître les limites de la politique monétaire : organiser le recours à la politique budgétaire

Pour réagir aux crises économiques récentes, l'Europe, comme les États-Unis, a compté sur la politique monétaire. Elle a fait plus que compter sur la politique monétaire : aux États-Unis comme en Europe, il y a eu l'austérité. La politique monétaire est tout bonnement incapable de combler le vide. Et en choisissant de s'en remettre à elle, on a encore aggravé l'inégalité : les grands gagnants sont les riches, qui possèdent les actions et autres actifs dont la valeur a augmenté grâce à la baisse des taux d'intérêt et à l'assouplissement quantitatif; les grands perdants sont les personnes âgées, qui ont placé leur argent en bons d'État et vu les intérêts pratiquement disparaître. L'Europe et l'Amérique ont connu la croissance médiocre, la stagnation, et le début du phénomène que j'avais prédit dans mon livre *Le Triomphe de la cupidité* en l'appelant le « grand malaise », et que le FMI appelle aujourd'hui la « nouvelle médiocrité ».

De fait, compter sur la politique monétaire, c'est préparer de futurs problèmes à l'économie. Puisque le canal du crédit n'a pas été réparé, trop de ces liquidités qu'on a créées sont allées nourrir des bulles qui menaceront plus tard la stabilité économique. Pour les entreprises qui ont accès aux capitaux à de faibles taux d'intérêt, même si les salaires ont stagné, dans certains cas le coût du capital a baissé encore plus ; cela les incite à utiliser des techniques de production encore plus intensives en capital, ce qui aggrave durablement le chômage.

(2) Admettre le principe du multiplicateur de budget équilibré

Même avec des restrictions sur l'importance du déficit, l'État peut stimuler l'économie : les augmentations de dépenses strictement compensées par des augmentations d'impôts font monter le PIB, parce que l'effet de stimulation de la dépense est supérieur à l'effet de contraction du prélèvement fiscal (de même montant). Et si les dépenses et les impôts sont bien choisis – par exemple, des prestations sociales versées aux pauvres et des droits de succession prélevés sur les riches –, le multiplicateur peut être important, autrement dit la hausse du PIB peut être un multiple de celle des dépenses. Les investissements publics dans les infrastructures et la technologie peuvent accroître les rendements des investissements privés, donc les stimuler. En fait, il y a même des impôts, les taxes sur la pollution par exemple, qui stimulent l'économie tout en améliorant le bien-être social parce qu'ils assainissent l'environnement. Une taxe carbone incitera les entreprises à dépenser de l'argent pour faire des investissements qui réduisent les émissions. D'autres impôts, comme les taxes sur les voitures de luxe (qui dans un pays comme la Grèce sont toutes importées), améliorent les comptes courants du pays en décourageant ces importations ; améliorent aussi la répartition du revenu, puisque les impôts sur ces biens ne sont payés que par les riches ; et peuvent promouvoir l'emploi intérieur, puisqu'elles encouragent à réorienter certaines dépenses de ces biens importés vers d'autres biens, dont certains sont produits par le pays lui-même.

Malheureusement, comme nous l'avons souligné au chapitre 7, le programme caché (et souvent pas si caché) d'une large part du néolibéralisme est simplement de réduire le poids de l'État.

Réforme des politiques de crise 2 : vers la restructuration des dettes

Pour la plupart des économies de la zone euro, ces réformes, dans l'immédiat, seraient suffisantes. Mais pas pour toutes : en Grèce, par exemple, l'effet cumulé des erreurs passées – les siennes et celles qu'on lui a imposées – est si grand qu'il est nécessaire de faire plus.

La dette massive étrangle la croissance du pays. Autrefois, les pays avaient trois moyens de faire face à des rapports dette sur PIB élevés. Nombre d'entre eux optaient pour l'inflation, afin que la valeur réelle de la dette diminue. La méthode est particulièrement efficace si la dette est à long terme. Un deuxième moyen consiste à dynamiser fortement la croissance économique. Si le PIB augmente, le rapport dette sur PIB se réduit. En termes *relatifs*, la dette devient sans importance.

Mais la zone euro, on l'a vu, a retiré ces deux stratégies de la boîte à outils. La BCE ne permettra pas l'inflation, et la Troïka n'autorisera pas les États endettés à dépenser pour investir dans l'avenir de leur pays. (De fait, nous l'avons dit, les programmes d'austérité ont réduit le PIB, donc rendu moins soutenables les niveaux d'endettement existants – ce qui explique pourquoi, dans tous les cas, les rapports dette sur PIB se sont dégradés par rapport à leur niveau du début de la crise[43].) Il ne reste donc que la troisième solution : restructurer la dette. Cette opération est un élément primordial du capitalisme. En règle générale, un pays a une législation des faillites qui facilite la restructuration ordonnée des dettes. Après la crise argentine, il y a eu des appels à la création d'un mécanisme de restructuration des dettes souveraines – un des nombreux péchés du président George W. Bush a été de mettre son veto à cette initiative. Dans les années suivantes, où il n'y a eu aucune crise de la dette souveraine, on s'est peu soucié du problème[44].

Si un pays a besoin d'une restructuration de sa dette pour dynamiser sa croissance, il doit la réduire vite et fortement. Il est important que la réduction soit forte – faute de quoi l'incertitude sur l'éventualité d'une seconde restructuration restera dans l'air et compromettra la reprise. Dans le même ordre d'idées, nous l'avons dit, les coûts de ces restructurations, pour les économies qui les font, peuvent être moindres qu'on ne le croit en général, et les avantages, importants. La théorie et la pratique suggèrent que les pays qui procèdent à ces restructurations de dettes peuvent revenir sur les marchés financiers mondiaux plus tard, souvent rapidement[45] ; mais même si, à partir de là, les pays doivent compter sur eux-mêmes et non s'adresser à des étrangers pour avoir des fonds, les conséquences négatives seront infiniment moindres que les avantages qu'apporte la restructuration dans l'immédiat. La restructuration profonde d'une dette libère plus d'espace budgétaire pour des politiques d'expansion, tant que l'État n'a pas de déficit primaire. L'argent qu'il aurait envoyé à l'étranger au titre du service de la dette reste dans le pays.

L'Argentine a aussi montré qu'il y a une vie après la dette et qu'il y a de gros avantages à réformer les dispositifs monétaires. Grâce à ces changements, les Argentins ont échappé à un piège mortel de plusieurs années : le chômage avait grimpé à 22,5 % en 2002 – un niveau proche de celui de la Grèce aujourd'hui ; après les changements, le PIB de l'Argentine a eu un taux de croissance moyen de 8,7 % de 2003 à 2007, jusqu'à la crise financière mondiale, et le chômage a chuté jusqu'à 6,5 % (chiffre estimé) en 2015.

Puisqu'il y a incertitude sur la croissance future et qu'il est donc difficile de savoir si tel niveau de dette est vraiment soutenable, les bons d'État indexés sur le PIB – qui paient davantage quand le pays se porte bien – peuvent être utiles dans une restructuration de la dette. Ces obligations représentent une forme efficace de partage du risque entre un pays et ceux qui lui prêtent de l'argent.

On peut les penser au niveau des États comme l'équivalent de la conversion de dettes en actions au niveau des entreprises[46]. Elles ont un avantage supplémentaire : elles alignent les intérêts des créanciers et des débiteurs. Avec des bons d'État indexés sur le PIB, les créanciers de la Grèce font mieux si la Grèce fait mieux. Avec les dispositifs actuels, la Grèce supporte toutes les conséquences des politiques erronées qu'on lui impose de l'extérieur. S'il y avait des obligations indexées sur le PIB, des créanciers comme l'Allemagne seraient incités à y réfléchir à deux fois avant d'exiger ces politiques.

CONCLUSION

J'ai esquissé un ensemble de changements, dans sa structure et dans ses politiques, qui permettraient à la zone euro de fonctionner – d'apporter à cette région du monde la prospérité partagée. En un sens, ils sont modestes. C'est beaucoup moins que le degré d'intégration économique et politique constaté aux États-Unis et dans d'autres structures fédérales qui partagent une monnaie commune. Mais c'est beaucoup plus que ce qui existe aujourd'hui.

Je me suis concentré sur des *réformes économiques* qui aboutiraient à la convergence entre les pays européens et créeraient une prospérité commune. Ces changements maintiendraient au moins ouverte la perspective prometteuse d'un renforcement de la solidarité entre ces pays en lieu et place du climat de division typique de ces dernières années. Les projets conjoints, notamment – par exemple la mise en place d'infrastructures qui uniront plus étroitement l'Europe ou les fonds de solidarité pour la stabilisation –, encourageront probablement l'intégration politique. Mais il faudra faire plus[47]. Les leçons d'histoire à l'école, par exemple, devraient être enrichies, afin que les élèves n'apprennent pas seulement le passé conflictuel de l'Europe, mais aussi ses combats communs pour instaurer les droits de l'homme et la démocratie.

L'euro était censé créer les conditions d'une intégration politique plus poussée. Beaucoup pensaient qu'il allait accélérer cette intégration. Aujourd'hui, il a exactement l'effet contraire. Certains ont suggéré que l'Europe avait mis la charrue avant les bœufs. Avec une intégration politique plus étroite, avec un réel consensus sur ce qu'est une bonne orientation de l'action publique, un système de monnaie unique aurait plus de chances d'être viable. Il y a quantité de réformes politiques, faisant l'objet d'un large débat en Europe, qui renforceraient l'Union européenne et la zone euro – mais souvent aux dépens de ceux qui dominent aujourd'hui la vie politique sur les scènes nationales. Évidemment, nombre de ces réformes se heurtent à la résistance de ces dirigeants, qui préfèrent le rôle sûr de « gros poisson dans une petite mare » à la perspective de jouer un rôle incertain dans une Union européenne / zone euro plus importante politiquement. Il était bien naïf de croire que le partage d'une monnaie allait changer ces dynamiques politiques.

Certains liront peut-être ma liste de réformes et diront qu'elle est loin d'être minimale. Je suis persuadé que des réformes qui seraient en deçà de ce programme exhaustif augmenteraient substantiellement les risques d'un *échec* de l'euro. Et s'il survit, il survivra sans apporter les avantages qu'il avait promis. J'ai dit et répété que l'euro n'était pas une fin en soi, mais un moyen au service d'objectifs plus larges. Jusqu'à présent, non seulement il n'a pas réussi à atteindre ses objectifs généraux mais il a eu les effets *opposés* : moins de croissance et plus de division.

Ces réformes ou d'autres du même genre sont nécessaires pour prévenir la divergence, l'instabilité, la stagnation, la montée de l'inégalité et la hausse du chômage, qui ont accompagné l'euro. Leur but est de remédier aux conséquences de la non-flexibilité des taux de change et de l'application d'un taux d'intérêt unique à une région diversifiée – de donner plus de chances à la zone euro de bien fonctionner *malgré* les limites à l'ajustement qui, de ce fait, lui sont inhérentes.

Puisque ces mécanismes normaux sont absents, il est encore plus important que le système économique de la zone euro ne subisse pas d'entraves *supplémentaires*, de sources additionnelles d'instabilité et / ou de stagnation.

Les théories et les politiques qui étaient à la mode il y a un quart de siècle sont inadaptées au XXIe siècle. Les réformes de ce chapitre visent à libérer la zone euro de son regrettable héritage historique et à lui donner assez de flexibilité pour faire face aux nouveaux problèmes et pour intégrer les nouvelles idées à mesure qu'elles apparaissent.

La BCE sous Draghi a fait preuve de plus de flexibilité que beaucoup ne le croyaient possible – et a pris certaines initiatives vitales que de nombreuses voix en Allemagne estiment sortir du cadre de son mandat. Néanmoins, la BCE reste bien plus entravée et bien moins adaptée aux réalités économiques actuelles que la Federal Reserve.

Beaucoup en Europe conviennent volontiers des mérites d'un grand nombre, voire de la grande majorité, des réformes que j'ai esquissées. Ils ajoutent toutefois que l'Europe est une démocratie et que les démocraties agissent lentement. Donc, concluent-ils, soyons patients. Mais le moment où l'on introduit des réformes et l'ordre dans lequel on le fait sont cruciaux, surtout quand il y a décalage entre intégration économique et intégration politique. La relation créancier-débiteur entre Europe du Nord et Europe du Sud est corrosive. Si l'on n'effectue pas les réformes que j'ai suggérées (ou d'autres de même orientation), cette corrosion ne fera que s'aggraver. Les dégâts qu'on est en train de faire seront difficiles à défaire.

Les marchés sont impatients, et ils n'attendront pas de voir si, peut-être, de nouvelles réformes vont éventuellement intervenir. Même s'il se peut qu'une union bancaire avec garantie commune des dépôts voie le jour en 2017, ce n'est pas une raison pour ne pas retirer son argent aujourd'hui d'une banque espagnole ou grecque. La spirale du déclin a déjà coûté très cher, et même si on arrête la chute, la lenteur de la reprise fera encore des ravages. On est en train de réduire le potentiel de croissance future en Europe à cause des erreurs que l'on commet aujourd'hui. Il y a d'importants effets d'hystérésis. La génération qui entre aujourd'hui dans la population active n'améliorera pas ses qualifications, ne créera pas le capital humain qui l'aurait rendue plus productive dans les années suivantes. Le terme *hystérésis* désigne simplement des asymétries de temps et de coûts d'ajustement : pour défaire les déséquilibres que l'euro a créés en quelques années seulement, il faudra beaucoup plus d'années qu'ils n'en ont mis à se constituer ; et les coûts de l'élimination de ces déséquilibres seront très supérieurs aux avantages qu'ils ont procurés pendant leur accumulation. De même, une fois que des capitaux ou des jeunes de talent quittent un pays, on a souvent du mal à les faire revenir. Le débat économique tourne en grande partie autour de la question : quelles sont les asymétries importantes? Les faucons du combat contre l'inflation, par exemple, craignent que, si l'inflation augmente, il ne soit coûteux de la faire redescendre. Les avantages d'une brève période d'inflation forte (s'il y en a) seront très inférieurs aux coûts des mesures à prendre pour faire retomber les prix. Les données indiquent clairement que les asymétries sur lesquelles nous nous concentrons ici sont beaucoup plus importantes.

Mais, à ce que je vois, il est peu probable qu'il y aura des progrès *suffisants* pour entreprendre les profondes réformes de structure de la zone euro à une vitesse *suffisante*[48]. Prendre du retard est coûteux pour une autre raison : pendant que l'Europe se débat avec une zone euro mal faite, qui lui apporte les tourments économiques que j'ai décrits, d'autres crises apparaissent – notamment la menace d'un démantèlement de l'État-nation en Espagne, le risque d'un départ du Royaume-Uni, et l'arrivée massive des migrants, en particulier ceux qui fuient le conflit syrien. Avec la crise persistante de l'euro et la controverse sur la façon dont on l'a gérée, il est encore plus ardu d'élaborer des politiques consensuelles dans ces domaines, ce qui aurait été extraordinairement difficile de toute façon.

C'est pourquoi les Européens doivent réfléchir de toute urgence à d'autres solutions que la monnaie unique, celles que j'esquisse dans les deux chapitres suivants. Peut-être cette réflexion leur donnera-t-elle la détermination nécessaire pour faire « tout ce qu'il faudra » – pour créer une zone euro qui fonctionne.

CHAPITRE 10

Peut-il y avoir un divorce à l'amiable ?

Le chapitre précédent a exposé un programme susceptible de faire fonctionner l'euro, et mettre en œuvre les réformes que je suggère serait à mon avis la meilleure solution. Néanmoins, bien que je les croie tout à fait faisables, il est fort probable qu'on ne les fera pas. Dans ce cas, il ne reste que trois voies possibles. La première est la stratégie actuelle de navigation à vue : faire le minimum pour empêcher l'éclatement de la zone euro mais pas assez pour lui rendre la prospérité. La deuxième est la création de l'« euro flexible », que je présenterai au chapitre suivant. La troisième option est un divorce, que l'Europe devrait s'efforcer de rendre le moins conflictuel possible, de conclure à l'amiable[1].

Dans ce chapitre, nous examinons la forme que pourrait prendre une séparation à l'amiable, pas nécessairement en dix-neuf monnaies différentes, comme avant la constitution de la zone euro, mais au moins en quelques regroupements différents de devises (deux ou trois). Le message central de ce chapitre est simple : un divorce à l'amiable est possible. En fait, certaines des innovations institutionnelles qui faciliteraient ce divorce, en utilisant les techniques du XXIe siècle, amélioreraient aussi, avec le temps, le dynamisme global de l'économie[2]. Et pour démontrer ma thèse – ce divorce peut se faire sans infliger de coûts élevés, ni au pays qui se retire ni au reste de la zone euro –, je l'illustrerai en étudiant le cas de la Grèce, mais on pourrait appliquer une analyse du même type à tout autre pays envisageant de quitter la zone euro. Peut-on réaliser une sortie de la Grèce – un Grexit – sans détruire l'économie grecque ni imposer des coûts élevés au reste de la zone euro ? Si la Grèce peut le faire, il est probable que des pays qui sont en bien meilleure posture le pourront aussi. Il y aura des coûts, bien sûr. Les systèmes monétaires sont importants, et sortir de la zone euro est un gros changement. Mais la stratégie actuelle de navigation à vue a des coûts *gigantesques* – on l'a vu au chapitre 3. Pour la zone euro dans son ensemble, nous les évaluons en milliers de milliards de dollars. Pour la Grèce plongée dans la dépression à perpétuité, les pertes actuelles ne donnent qu'un faible aperçu de celles qui vont suivre. Un calcul rationnel doit mettre en balance ces coûts connus et persistants avec les risques d'un divorce. Avec le divorce, même si le nouveau départ est chaotique, on a au moins l'avantage potentiel de l'arrêt de la dépression et du lancement d'une croissance réelle[3]. Ce chapitre suggère qu'avec un divorce à l'amiable relativement bien organisé, la Grèce se porterait beaucoup mieux que dans le cadre des programmes qui lui sont actuellement imposés par la Troïka[4].

Il y a, bien sûr, des dimensions politiques que le calcul économique ignore. Et ces dimensions politiques sont multiformes. Le divorce rendrait sa dignité au peuple grec, que l'Allemagne et la Troïka ont traité honteusement ; il restaurerait la démocratie – l'acceptation par Tsipras des exigences de la Troïka après un référendum où 62 % de la population a voté *contre* le programme d'austérité a levé tous les doutes : il est clair qu'on a privé la Grèce de sa souveraineté économique.

La dernière section de ce chapitre explique qu'en cas de scission limitée de la zone euro, il est plus raisonnable que ce soit l'Allemagne qui sorte, et non les pays de la périphérie. Nous concluons par quelques remarques qui précisent pourquoi il est si important que le divorce ait lieu *à l'amiable*.

COMMENT SORTIR DE L'EURO ET AVOIR UNE ÉCONOMIE PROSPÈRE

Organiser une sortie de l'euro pose plusieurs problèmes difficiles : il faut gérer le déficit budgétaire, le déficit des comptes courants et la dette ; créer et maintenir un système bancaire stable, qui procure une offre stable de crédit pour financer les nouveaux investissements ; et mettre en place un nouveau système de transactions financières.

La crise financière mondiale de 2008 et le débat sur les réformes du secteur financier qui l'a suivie ont mis en lumière les échecs des marchés financiers et leurs énormes conséquences sur le système économique. Ces conséquences, les voici : une instabilité excessive de la création du crédit, avec une mauvaise allocation du capital et une mauvaise gestion du risque ; l'orientation du crédit vers l'achat d'actifs fixes plus que vers la création d'actifs productifs ; des flux transfrontières excessifs et instables de capitaux à court terme, provoquant l'instabilité des taux de change et des flux commerciaux ; des commissions excessives pour la gestion des mécanismes de paiement ; et toute une gamme de pratiques socialement improductives, de la manipulation du marché au délit d'initié et au crédit prédateur. J'ai exposé les conséquences macroéconomiques : les flux aberrants du crédit en direction des pays de la périphérie ont provoqué les déséquilibres dont l'Europe souffre encore aujourd'hui.

Une union monétaire porte sur la *monnaie* et, plus généralement, sur le système financier d'un pays. Ce sont les dysfonctionnements du système financier de la zone euro qui ont conduit à la crise ; c'est sur le rétablissement de la stabilité financière que se sont concentrées la BCE et la Troïka – en se souciant fort peu, visiblement, des conséquences de leurs mesures sur la vie des personnes. Donc, si la Grèce, disons, se retire d'un système monétaire/financier en échec, la question pertinente est : qu'est-ce qui va le remplacer ? On a jugé normal de présumer que la Grèce reviendrait à la drachme, avec tous les problèmes qui lui sont associés. Ceux qui décrivent ce scénario substitutif ignorent presque toujours que, dans les deux dernières décennies de la drachme, la Grèce a eu une croissance bien plus rapide et moins de chômage que dans les deux décennies ou presque qui ont suivi son passage à l'euro.

Mais il s'est passé bien des choses dans les quarante dernières années. Les techniques modernes peuvent servir de base à un système financier *de type nouveau*. La Grèce n'est pas obligée de revenir au passé. Elle peut créer le système financier du futur – celui que les intérêts particuliers actuellement bien ancrés au sein du secteur financier, qui veulent conserver les rentes colossales qu'ils se sont assurées, nous ont empêchés de constituer. Les sections suivantes décrivent brièvement les composantes fondamentales de ce système : un « moyen d'échange » à faible coût, qui facilitera les transactions, et un système de création du crédit concentré sur l'*économie réelle*, et infiniment plus propice à la stabilité macroéconomique que le système actuel.

CRÉER UN SYSTÈME DE TRANSACTIONS FINANCIÈRES DU XXIe SIÈCLE

Notre système bancaire et monétaire a de multiples usages. Il sert en particulier de moyen d'échange. Le monde a changé plusieurs fois de moyen d'échange dominant. Autrefois, on utilisait l'or ; puis, aux États-Unis au moins, il y a eu passage à un étalon bimétallique, utilisant l'or et l'argent, et pour finir nous sommes passés au papier-monnaie (à la monnaie « fiduciaire »). On sait depuis des années qu'il serait bien plus efficace de passer à la monnaie électronique, en abandonnant l'argent liquide. Un Grexit pourrait être une occasion de le faire – d'une façon qui faciliterait le Grexit et renforcerait l'économie grecque.

Quand divers commentateurs ont envisagé l'éventualité où les Grecs sortiraient de la zone euro, des articles ont paru dans la presse sur la logistique de l'opération, et ils posaient de multiples questions : serait-il ou non possible à la Grèce de faire imprimer assez de monnaie ? Comment pourrait-elle organiser un basculement vers la drachme – effectuer la conversion des comptes bancaires, concevoir, imprimer et distribuer les nouveaux billets, et trouver moyen de conférer une valeur à la nouvelle devise ? La Grèce ne pouvait guère commencer à imprimer de la monnaie avant de quitter la zone euro, et ce qui allait se passer dans la période intermédiaire n'était pas clair[5].

Ceux qui se posent ces questions n'ont apparemment pas remarqué ce qui est arrivé à notre mécanisme des paiements – à notre façon d'effectuer des transactions entre nous. Les billets, ces drôles de bouts de papier ornés de visages ou d'édifices célèbres, sont pour l'essentiel une relique du passé, exactement comme l'or et l'argent, qui ont été à une autre époque l'élément crucial du mécanisme des paiements mais ne le sont plus. Nous avons aujourd'hui un mécanisme de paiement électronique, beaucoup plus efficace, et, dans la plupart des pays du monde, nous pourrions le rendre encore plus efficace en l'arrachant à l'emprise du système financier monopoliste. Les transferts électroniques sont extraordinairement bon marché, mais les compagnies bancaires et de carte de crédit facturent pour ce service des commissions exorbitantes, qui leur rapportent des profits de monopole[6].

La monnaie électronique est plus commode pour les deux parties de la transaction, c'est pourquoi elle est devenue la forme de paiement dominante. Elle permet d'économiser les coûts d'impression des billets, qui se sont accrus au même rythme que le raffinement des faux-monnayeurs. Elle a un autre avantage, notamment dans des pays comme la Grèce où les petites entreprises prédominent : elle réduit sensiblement l'ampleur de l'évitement fiscal[7].

Avec la monnaie électronique, on peut, en théorie, sortir de l'euro en douceur, dans l'hypothèse où les autres autorités européennes coopèrent. En cas de Grexit, l'euro grec apparaîtrait instantanément. Ce serait la monnaie *interne* du système bancaire grec. De fait, cette monnaie serait « sous clé » à l'intérieur. Mais chacun pourrait transférer son argent de son compte bancaire à celui d'un autre. Donc, tout le monde aurait, de fait, la liberté quasi totale d'utiliser ses avoirs[8]. L'euro grec serait une devise comme les autres, avec une valeur bien définie par rapport à l'euro ordinaire.

Aujourd'hui, la plupart des gens ont des comptes ; seuls les très pauvres sont « non bancarisés » et, ces dernières années, les États et des ONG, comme la fondation Gates, ont fait de gros efforts pour « bancariser » ceux qui ne le sont pas. L'État pourrait ouvrir rapidement de nouveaux comptes bancaires pour le dernier carré des « non-bancarisés ». Dans la plupart des pays, les retraites publiques sont aujourd'hui virées sur des comptes bancaires – pour diminuer le risque de vol des chèques, mais aussi pour réduire les commissions scandaleuses parfois facturées par les services de paiement des chèques en liquide[9].

LE CRÉDIT : CRÉER UN SYSTÈME BANCAIRE AU SERVICE DE LA SOCIÉTÉ

Nous avons noté plus haut dans ce chapitre les changements successifs qui sont intervenus dans les systèmes monétaires, dans le « moyen d'échange ». L'usage de la monnaie fiduciaire a eu un gros avantage : on pouvait réguler l'offre de monnaie, la masse monétaire. Quand on utilisait l'or comme moyen d'échange, si l'on découvrait beaucoup d'or – ou si l'on en recevait beaucoup, comme à l'époque où l'Espagne a conquis le Nouveau Monde –, il y avait une inflation, car le prix de l'or baissait par rapport aux autres produits ; si l'on découvrait peu d'or, il y avait une déflation. L'une et l'autre causaient des problèmes. La déflation, par exemple, redistribuait les revenus des débiteurs aux créanciers, ce qui aggravait l'inégalité et imposait de dures épreuves. L'élection présidentielle de 1896 aux États-Unis a eu pour enjeu la question de la masse monétaire. Les débiteurs voulaient l'accroître en passant de l'étalon-or à un étalon bimétallique, or et argent[10].

Si le système financier moderne, fondé sur la monnaie fiduciaire, n'a pas subi les caprices des découvertes d'or, il a subi pire encore : l'instabilité de la création de monnaie et de crédit par le système bancaire sans règlementation convenable, à l'origine des expansions et des effondrements soudains qui caractérisent le système capitaliste.

De fait, les banques augmentent la masse monétaire en augmentant la masse du crédit. Dans une économie moderne, les banques centrales régulent, en général indirectement, cette création de monnaie et de crédit par les banques. Elles sont censées le faire *exactement à la bonne dose*, afin d'obtenir une économie « Boucle d'Or » : ni trop froide ni trop chaude mais « juste comme il faut ».

Une régulation ciblée de la création de crédit

Il y a un problème dans ce système : les mécanismes de contrôle des banques centrales étant en général très indirects, l'économie est souvent trop chaude ou trop froide – en surchauffe ou en refroidissement. Parfois il y a trop de création de crédit, ce qui conduit à un excès de demande globale, et les prix montent ; il y a inflation. Parfois, il y a un manque de demande, et les prix baissent ; il y a déflation.

Une des raisons de cet échec est claire : si les banques centrales peuvent réguler relativement bien la masse du crédit, elles ne peuvent pas réguler *l'usage* qui est fait du crédit (ou plus exactement elles ne le font pas). Une bonne partie du crédit sert à acheter des actifs préexistants, comme les biens fonciers. Ce qui détermine si l'économie est en surchauffe ou en refroidissement, c'est l'achat de biens et services nouveaux (tant pour la consommation que pour l'investissement). Ainsi, après la crise de 2008, il y a eu une augmentation massive des liquidités, puisque la Federal Reserve a injecté de l'argent dans l'économie. Mais une part assez réduite a servi à acheter des biens et services aux États-Unis. Donc, malgré l'expansion gigantesque de la masse monétaire telle qu'on la mesure traditionnellement, l'économie est restée faible[11].

Bref, même avec la monnaie fiduciaire, on peut encore souffrir d'une insuffisance de la demande globale intérieure – faiblesse qu'il serait facile de corriger : il y a des particuliers et des entreprises qui aimeraient dépenser, mais qui ne peuvent pas accéder au crédit. Comme je l'ai dit et répété, c'est un des problèmes centraux en Grèce et en Espagne. La BCE, avec sa foi dans les marchés et sa conception erronée de la politique monétaire, a été peu attentive aux flux du crédit. Un taux d'intérêt proche de zéro ne signifie pas que les entreprises peuvent emprunter à ce taux-là – et même à n'importe quel taux.

Malgré le marché unique, il n'y a pas de taux de crédit unique. De fait, la disparité des taux des prêts fait partie de la dynamique de divergence, intégrée dès sa conception au système de la zone euro. Les pays-membres, qui ont renoncé à maîtriser leur propre système monétaire, n'ont aucun moyen d'œuvrer à égaliser le coût du capital pour les entreprises, les ménages ou même les pouvoirs publics. Tel est le terrain de jeu biaisé inhérent au système actuel de l'euro.

L'effet du « divorce » sur le flux du crédit bancaire

Le système bancaire est au cœur de la fourniture du crédit. D'où cette inquiétude : en sortant de l'euro, ne va-t-on pas provoquer l'écroulement du système bancaire, et, au minimum, une grave crise cardiaque pour l'économie ? De fait, tout indique que c'est la menace de ce scénario qui a conduit le gouvernement grec à céder aux exigences de la Troïka à l'été 2015.

Mais là encore, c'est une peur injustifiée. La vision traditionnelle de l'activité des banques s'est constituée sur la base d'une économie agricole primitive. Les paysans qui avaient trop de grains – qui en avaient moissonné davantage qu'ils ne voulaient en consommer ou en planter pour la saison suivante – pouvaient apporter ces grains à la banque, et elle les prêtait, avec un intérêt, à tel agriculteur qui en voulait plus qu'il n'en avait, pour les consommer (par exemple parce qu'il avait fait une mauvaise moisson cette année-là) ou pour les planter. La banque devait avoir des grains en dépôt pour les prêter. En fait, ceux qui se demandent avec angoisse où la Grèce va trouver l'argent nécessaire pour faire fonctionner son système bancaire ont en tête cette économie du blé : les Grecs n'ont pas de blé à mettre dans le nouveau système bancaire, et pourquoi un étranger mettrait-il son blé dans les nouvelles banques grecques[12] ?

Or, si quelqu'un raisonne en ces termes, c'est que la nature du crédit au XXIe siècle lui échappe totalement. Dans une économie moderne, les banques créent en fait du crédit à partir de rien, sur la base de la confiance générale dans l'État, dont on pense qu'il pourra et voudra renflouer les banques, et qu'il le pourra, notamment, parce qu'il a la capacité de prélever des impôts et d'emprunter. Mais l'euro a limité ces capacités-là, et, en l'absence d'une union bancaire, il a donc fragilisé les systèmes bancaires nationaux.

Rétablir l'autorité intérieure sur la création du crédit

Dès l'instant où nous restaurons la souveraineté économique d'un pays, puisque ce pays – disons la Grèce – quitte la zone euro, son aptitude à créer du crédit est largement rétablie. Considérons la méthode la plus directe : passer par une banque publique. Elle peut ajouter de la « monnaie » au mécanisme des paiements en prêtant de l'argent à une petite entreprise de bonne réputation, ayant fait ses preuves, qui veut construire un hôtel sur une île où la demande de chambres est constamment supérieure à l'offre.

L'État met simplement de l'argent – de la « monnaie » supplémentaire – sur le compte bancaire de cette entreprise, que celle-ci peut alors utiliser pour payer ses sous-traitants afin de construire l'hôtel. Évidemment, quand on consent un crédit, il y a toujours un risque de non-remboursement, et il faut établir des normes pour évaluer les chances d'être remboursé.

Ces dernières décennies, la foi dans l'aptitude de l'État à faire ces évaluations a diminué, et on a préféré faire confiance au système financier privé. La crise de 2008 et les autres crises fréquentes qui ont marqué les trente dernières années ont montré que cette confiance a été mal placée. Non seulement les banques n'ont pas fait preuve d'un bon jugement – les renflouements massifs et répétés le prouvent assez –, mais elles ont systématiquement omis de s'acquitter de ce qu'elles auraient dû voir comme leur responsabilité majeure : prêter aux entreprises pour la création de nouveaux emplois. Selon certaines analyses, leurs crédits « réels » représentent à peine 3 % de leurs activités ; selon d'autres, environ 15 %. Mais toutes les analyses disent que les financements bancaires ont été absorbés dans d'autres directions[13].

Déléguer à des sociétés privées le pouvoir de création du crédit garanti par l'État a toujours posé des problèmes évidents : elles pourraient utiliser leur pouvoir au bénéfice de leurs propriétaires, en pratiquant ce que nous avons nommé plus haut le *« crédit à des proches »*. Ce phénomène a été circonscrit par des réglementations, motivées par l'expérience des *mauvais* prêts, plus peut-être que par la corruption implicite et l'inégalité qu'entraîne ce type de crédit. Mais circonscrire le « crédit à des proches » n'a pas réglé le principal problème de fond : le crédit est rare ; octroyer aux banques privées le droit de créer du crédit avec la garantie de l'État leur a donné d'énormes « rentes économiques ». Elles pourraient utiliser ce pouvoir économique pour s'enrichir et enrichir leurs amis. La Russie en offre l'exemple parfait : ceux qui avaient une licence bancaire ont pu utiliser ce pouvoir pour acheter des actifs de l'État d'une valeur colossale, notamment dans les ressources naturelles. C'est, pour l'essentiel, à travers le système bancaire que les oligarques russes ont été créés. Dans les pays occidentaux, les choses se font avec plus de subtilité – mais en créant une énorme inégalité (certes de moindre envergure qu'en Russie).

Dans bien des cas, les banquiers prêtent à ceux qui leur inspirent « confiance » et qu'ils estiment solvables, avec un nantissement qu'ils jugent intéressant : bref, ils prêtent à ceux qui leur ressemblent. Même si le banquier A ne peut se prêter ni à lui-même ni à ses parents, il peut prêter aux parents du banquier B, et le banquier B peut prêter aux parents du banquier A. Que leur jugement soit faillible, on en a eu la démonstration répétée. Ils ont trop prêté pour les fibres optiques à une époque, trop pour le gaz de schiste à une autre, trop pour l'immobilier à une troisième.

Il y a un second danger à déléguer à des banques privées le pouvoir de création du crédit. Au fil de l'histoire, les usuriers ont toujours eu mauvaise réputation, parce qu'ils exploitent implacablement les pauvres, notamment dans leurs moments d'extrême besoin, ceux où, s'ils n'ont pas d'argent, ces pauvres, leurs enfants ou leurs parents risquent la mort. À ces moments-là, l'asymétrie dans les rapports de négociation est énorme, et les usuriers s'empressent de l'exploiter. Pratiquement toutes les religions se sont efforcées de proscrire cette exploitation en interdisant l'usure, et parfois même l'intérêt. On ne sait comment, par la magie du néolibéralisme, cette longue histoire a été oubliée : non seulement on n'a pas fustigé les banquiers en les qualifiant d'« usuriers », mais on a fait d'eux les parangons du capitalisme. Dans l'enthousiasme suscité par leurs nouvelles vertus de chevilles ouvrières du système capitaliste lui-même, on a simplement postulé que cette exploitation n'aurait pas lieu, peut-être parce qu'on était persuadé que la concurrence la rendrait *impossible*, peut-être parce qu'on croyait qu'avec la nouvelle prospérité des travailleurs, les citoyens ne la permettraient pas.

C'était prendre ses désirs pour des réalités. Affranchis de toute contrainte, les banquiers, nos usuriers du XXIe siècle, se sont montrés tout aussi implacables que les usuriers du passé ; en fait, à certains égards ils sont pires, parce qu'ils ont découvert de nouveaux moyens d'exploiter à la fois les pauvres et les investisseurs. Ils aspirent l'argent du bas de la pyramide économique vers son sommet[14]. Le secteur financier s'est enrichi en exploitant la crédibilité de l'État, sans remplir les fonctions sociales que les banques sont censées assurer. Ce faisant, il est devenu l'une des sources majeures de la montée de l'inégalité en Europe et dans le monde[15].

En dépit de ce passé, l'État peut souhaiter déléguer à des entreprises privées la responsabilité de prendre les décisions de crédit, mais il doit mettre en place de puissants systèmes d'incitations et de responsabilité afin que le système financier se concentre réellement sur les prêts pour la création d'emplois et d'entreprises, et ne fasse pas de profits excessifs en s'acquittant de ces missions. Disons-le autrement : pour son soutien, l'État doit être indemnisé comme il convient. De fait, aujourd'hui, toute la « valeur » de la garantie du crédit par l'État, qui sous-tend le système actuel, est captée par le secteur privé[16].

Mettre aux enchères le droit de prêter

Voici un mécanisme possible pour résoudre ce problème et assurer une plus grande stabilité économique – mécanisme qu'un pays quittant la zone euro, ses restrictions et ses cadres juridiques pourrait utiliser. D'abord, la banque centrale (l'État) met aux enchères les droits d'émission de nouveaux crédits. Les montants de ce crédit s'ajoutent à la « monnaie » qui se trouve au sein du système financier. L'envergure du crédit net que ce système autorise à ajouter chaque mois sera déterminée par la banque centrale du pays, sur la base de son évaluation de la situation macroéconomique – autrement dit, si l'économie est plutôt faible, elle fournira davantage de crédit pour la stimuler. Ceux qui remportent les enchères du crédit allouent ensuite cette « monnaie » à des emprunteurs sur la base de *leurs propres* jugements en matière de capacités de remboursement, dans les limites des contraintes que peut leur imposer la banque centrale (précisées plus loin)[17].

Notons bien que, dans ce système, les banques ne peuvent pas créer du crédit à partir de rien, et que le montant de la monnaie créée chaque mois est connu avec une précision considérable. Les gagnants des enchères du crédit peuvent uniquement transférer l'argent de leur compte à ceux des emprunteurs.

La vente aux banques des «droits de prêter» serait assortie de conditions. On fixerait des pourcentages planchers pour le crédit aux petites et moyennes entreprises et aux nouvelles entreprises. On plafonnerait les prêts immobiliers (peut-être selon la localisation, sur la base de l'évolution locale des prix), le crédit servant à l'achat d'autres actifs existants, ou celui qui finance les activités spéculatives, par exemple les fonds spéculatifs. Aucun crédit ne serait alloué aux activités socialement interdites, comme celles qui contribuent au réchauffement de la planète ou sont liées à la promotion de la mort, par exemple les cigarettes. Bref, il y aurait des normes minimales de responsabilité sociale. Il y aurait des limites sur les taux d'intérêt facturés. Le crédit discriminatoire et autres pratiques abusives des compagnies de cartes de crédit seraient prohibés. Le crédit à des proches aussi. Il y aurait des restrictions supplémentaires pour garantir que le portefeuille de prêts de la banque est sain et sûr, et une supervision stricte des régulateurs de l'État pour assurer le respect des réglementations régissant ce type de programme.

Dans un système bancaire du XXIe siècle, en un sens, la banque ne reçoit la capacité de prêter qu'à titre temporaire. On la lui octroie à condition qu'elle respecte les règles et normes établies. L'État autorise l'entrée de nouvelles sociétés dans le système bancaire ; de fait, si les fonctions de dépôt et de crédit sont séparées et les droits d'émission du crédit octroyés par des enchères ouvertes, il sera plus facile d'entrer dans le secteur, donc la concurrence sera plus vigoureuse qu'avec le système actuel.

Néanmoins, puisque le crédit est une activité fondée sur l'information et que la collecte de l'information est un coût fixe, il est souhaitable que le nouveau système bancaire soit stable, ce qui suppose que les banques ne vivent pas sur le fil du rasoir

– autrement dit que leur capitalisation soit suffisante et leur rentabilité aussi. Par « rentabilité suffisante », je n'entends pas les 25 % de retour sur les fonds propres qu'une des banques européennes, la Deutsche Bank, s'est notoirement fixé comme objectif normal. Donc, les nouvelles sociétés dont l'entrée sera encouragée devront être dotées d'un capital suffisant, et satisfaire aussi d'autres conditions propres à renforcer la présomption qu'elles agiront en prêteurs responsables[18]. La mise aux enchères du crédit garantirait que les banques ne gagnent pas trop, ne s'assurent pas des rendements excessifs ; le gros de la valeur du soutien public à la création de monnaie/crédit serait capté par les pouvoirs publics, et non, comme aujourd'hui, par les banquiers. En même temps, le nouveau système de création du crédit rend plus probable que le secteur financier exercera ses fonctions sociales, du moins mieux que dans le système actuel.

C'est un exemple de la façon dont on pourrait mettre en place un système bancaire du XXIe siècle, qui utilise les avantages de la technique électronique et fait des choses qu'on aurait eu bien plus de mal à accomplir dans les décennies précédentes. Ce système bancaire est mieux à même de garantir le crédit responsable et la stabilité macroéconomique que celui qui existe aujourd'hui, et il est débarrassé des rentes gigantesques et de l'exploitation massive, ces facteurs essentiels de la montée de l'inégalité qui paralyse les pays avancés dans le monde entier.

Mais cette réforme ne se limite pas à empêcher les banquiers d'exploiter. Elle renforce la stabilité macroéconomique. Un des moteurs principaux de l'instabilité macroéconomique est l'instabilité dans l'offre de crédit, et, en particulier, dans l'offre de crédit pour l'achat de biens et services *produits*. La crise de 2008 a démontré que tous les progrès des marchés et de notre compréhension des marchés *n'ont pas* abouti à stabiliser davantage cette variable capitale – ils ont fait le contraire. Non seulement le système que je propose ici renforce la stabilité de cette variable essentielle, mais il pose les bases d'un cercle vertueux qui accroît la stabilité globale de l'économie. Les fluctuations macroéconomiques constituent l'une des grandes raisons pour lesquelles les petites entreprises ne remboursent pas leurs prêts : quand l'économie est en dépression, il leur devient tout bonnement impossible de rembourser. Plus que n'importe quoi d'autre, c'est l'affermissement de la macrostabilité (plus solide que dans le régime actuel) qui assurera la viabilité du système bancaire.

D'où vient le capital des banques ?

C'est le charme du système de crédit moderne : il ne nécessite pas réellement le même type de capital qu'auparavant. Pour recapitaliser un système bancaire détruit dans un pays de la zone euro, nul besoin d'avoir de l'or ni d'emprunter afin d'acheter du grain, comme jadis. L'État, nous l'avons vu, peut simplement créer lui-même du crédit (à travers une banque publique), ou déléguer la création du crédit par le système d'enchères que je viens d'exposer.

La monnaie créée par l'État est utilisable pour payer les impôts dus à l'État, et l'État a le pouvoir de lever des impôts : voilà ce qui garantit la valeur du crédit qu'il a créé. Et puisque le crédit qu'il a créé est de la monnaie électronique, dont il est facile de suivre les mouvements, l'État n'est pas seulement capable de lever des impôts ; il est aussi capable de mieux les faire rentrer.

Dans ce monde-là, les fonds propres des banques n'ont qu'une seule raison d'être : constituer une garantie partielle de la capacité de la banque à rembourser le crédit – lorsque la banque « achète » à l'État le droit d'émettre du crédit, c'est un droit temporaire, et le crédit ainsi créé doit être remboursé à l'État. (La perspective de perdre son propre capital a aussi de puissants effets incitatifs sur la banque. Cela l'incite à prendre de bonnes décisions quand elle choisit l'emprunteur, et à bien surveiller le déroulement du remboursement.) Mais si l'État fait correctement son travail de supervision des banques et s'il a imposé les réglementations adaptées (par exemple sur le crédit à des proches et l'excès de risque), le montant des fonds propres nécessaires sera limité. Et cela seul devrait intensifier la concurrence sur le marché de la fourniture du crédit – donc réduire les retours excessifs qui vont aujourd'hui aux banques.

GÉRER LE DÉFICIT DES COMPTES COURANTS DANS UN DIVORCE À L'AMIABLE

La crise de l'euro a été provoquée par l'incapacité de la Grèce à financer ses déficits, commercial et budgétaire – ou, plus précisément, à faire reconduire sa dette existante. La Grèce a recouru massivement à l'aide de la zone euro, mais, nous l'avons dit, l'immense majorité des fonds de cette prétendue aide est allée en réalité à ses créanciers européens, pas à la Grèce. Ce qui, en soi, est une bonne nouvelle pour la Grèce (ou pour tout autre pays en crise) : cela prouve qu'elle peut se prendre en charge elle-même.

Avec une restructuration convenable de sa dette (examinée plus loin dans ce chapitre), le pays n'aggraverait pas sa situation en sortant de l'euro, même si ses « partenaires » ne lui tendaient pas une main secourable dans un divorce à l'amiable. En fait, libéré des conditions imposées dans le cadre de l'« assistance », libéré de l'austérité et des réformes structurelles contre-productives, il se porterait mieux. À ce stade, cinq ou six ans après le début de la crise de l'euro, il y a une nouvelle meilleure encore : la Grèce, le plus durement touché des pays en crise, a pratiquement éliminé son déficit commercial et son déficit budgétaire (primaire). Si la disparition de ces déficits avait été le seul objectif des programmes de la Troïka, et qu'on se moquait totalement du prix payé pour l'atteindre, on pourrait dire que ces programmes ont réussi. Mais leurs objectifs étaient plus généraux : ils prétendaient remettre la Grèce sur pied, la ramener au plein emploi et à la croissance. La Grèce se trouve, au contraire, dans une dépression profonde. Et, comme ce livre l'a montré, la réduction des déficits du commerce extérieur et du budget a eu des coûts absolument énormes.

Si l'on regarde l'avenir, le résultat net, c'est que l'argent va couler *dans l'autre sens*. Il n'ira pas *de* l'Allemagne et d'autres pays européens vers la Grèce, mais de la Grèce *vers* l'Allemagne et la Troïka en général. Il est prévu que ce flux inversé se poursuive *pendant des décennies*. La Grèce n'aura pas besoin d'aide extérieure – et n'en recevra aucune.

Si elle n'appartenait pas à la zone euro, la Grèce (ou tout autre pays en crise) pourrait utiliser la flexibilité de son taux de change (le fait que la valeur de l'euro grec peut être inférieure à celle de l'euro) pour corriger n'importe quel déséquilibre commercial et renforcer son économie. L'impossibilité d'ajuster le taux de change, nous l'avons vu, est une des causes majeures du déficit commercial. Quand le taux de change diminue, les exportations deviennent plus attrayantes, les importations moins intéressantes, et, en général (même si parfois ce n'est pas immédiat), cela permet de ramener le déficit des comptes courants à un niveau gérable, sinon de l'éliminer réellement. Le passage à l'euro grec accomplirait cette dévaluation de fait.

La Grèce exporte des produits comme l'huile d'olive, et possède aussi un secteur minier important. Cela dit, comme toute économie moderne, elle ne vend pas seulement des biens mais aussi des services – en fait, les services représentent 80 % du PIB. À lui seul, le tourisme grec représente environ 7 % du PIB[19]. La dévaluation de fait donnerait à la Grèce un avantage compétitif dans ce domaine, où les consommateurs sont sensibles aux prix, et cet avantage augmenterait ses recettes en devises étrangères[20].

Bien sûr, à long terme, il y a d'autres activités qu'elle pourrait et devrait entreprendre. Elle pourrait, on l'a vu, développer sa production d'énergies renouvelables. Une dévaluation lui permettrait de tirer de la vente de cette énergie au reste de l'Europe davantage d'euros grecs. Elle pourrait aussi se positionner en *Sunbelt* de l'Europe (comme l'ont fait la Floride et l'Arizona aux États-Unis) – en lieu attrayant pour les retraités (notamment si elle renforce son secteur de la santé) et pour les entreprises, comme American Express, qui sont basées dans l'espace électronique et peuvent, au fond, se localiser n'importe où.

Autre inquiétude : ceux qui exportent vers la Grèce accepteront-ils d'être payés en euros grecs ? Oui, c'est à peu près sûr, notamment s'il y a eu développement de marchés financiers qui permettent de se couvrir contre les changements de valeur de l'euro grec et de l'euro ordinaire. Bien sûr, il y aura certaines fluctuations, exactement comme pour les nombreuses devises qui existent au sein de l'Union européenne, telles la couronne suédoise et la livre britannique. Mais les marchés financiers modernes savent très bien gérer ces risques.

GÉRER LE DÉFICIT DES COMPTES COURANTS AU MOYEN DE CERTIFICATS D'IMPORTATION

Il existe une autre réforme qui, simultanément, dissiperait tous les doutes sur l'acceptabilité de l'euro grec et favoriserait le processus d'ajustement – cette idée a été suggérée même pour les États-Unis (où le déficit persistant des comptes courants contribue à la faiblesse de l'économie) par nul autre que Warren Buffett[21]. Elle garantirait aussi le flux de crédit nécessaire au commerce extérieur. Dans le système proposé (celui des *trade chits*, les « certificats d'importation » – ou d'exportation –, ou « certificats Buffett »), l'État remettrait à tout exportateur un certificat, un « jeton symbolique » (sous forme électronique, en l'occurrence), d'un montant proportionnel à la valeur de ce qu'il a exporté. Celui qui voudra importer un euro grec de produits aura obligation de payer, en plus, un certificat ou « jeton d'importation » d'un euro grec. Il y aurait un marché libre de ces certificats, donc l'offre et la demande seraient égales ; et en égalisant la demande et l'offre des certificats, on équilibrerait automatiquement les comptes courants.

En pratique, la valeur du certificat pourrait normalement être très réduite. Par exemple, avant la tourmente qui a frappé l'économie grecque à partir du début de l'année 2015, la Grèce avait un excédent des comptes courants, et dans ce cas la valeur du certificat serait nulle. Mais ce système serait une façon de faire face à la forte instabilité des économies de marché. Avec la libre circulation des capitaux, le taux de change est déterminé par les caprices du marché. Après quoi ces changements fantasques du taux de change deviennent la force motrice de l'évolution des exportations, des importations, du déficit commercial et de l'emprunt – et, ce faisant, provoquent l'instabilité macroéconomique. Avec le système des certificats d'importation, on peut garder le contrôle du déficit commercial, ce qui renforce la stabilité globale[22].

Dans l'analyse qui précède, où chaque importation nécessite un certificat d'importation, la balance commerciale est soit en excédent, soit en équilibre. L'État pourrait également utiliser ce système pour limiter la taille du déficit ou de l'excédent. Par exemple, s'il veut limiter les importations pour qu'elles ne dépassent pas les exportations de plus de 20 %, il peut émettre un certificat d'importation de 1,2 euro grec par euro grec d'exportation. Quand il y aura un excédent excessif, chaque importateur recevra un certificat d'exportation. C'est alors pour exporter qu'il faudra un certificat. Cela ramènera automatiquement les exportations au niveau des importations. En émettant à la fois des certificats d'importation et d'exportation, on peut maintenir la balance commerciale à l'intérieur de n'importe quelle fourchette prédéfinie.

Pouvoir ainsi stabiliser l'envergure de son déficit ou de son excédent commercial a pour le pays un immense avantage macroéconomique : cette capacité facilite la stabilisation macroéconomique elle-même. Elle signifie, par exemple, qu'un petit pays n'aura pas à souffrir des tribulations de sa « balance extérieure », de sa position exportatrice nette. Ces fluctuations imposent à la société des coûts énormes, dont le marché ne tient aucun compte quand il les engendre.

Mais la stabilité du déficit/excédent entraîne aussi une stabilité à plus long terme, puisque la dette nationale, qui s'accumule sur de nombreuses années, peut soudain, nous l'avons vu, devenir insoutenable. Le marché voit le monde d'un œil très myope. Il prête bien volontiers année après année – jusqu'au jour où, brusquement, il change d'avis. En limitant le déficit commercial, un pays limite en fait l'emprunt national; ce cadre réduit donc une source essentielle de l'instabilité.

L'expérience de l'Europe – et d'ailleurs – l'a montré : ce qui suscite les crises, c'est moins l'emprunt public que l'emprunt national. Dans certains cas, l'emprunt national était un emprunt public (comme en Grèce), mais dans beaucoup d'autres (comme en Irlande et en Espagne), c'était un emprunt privé. Lorsqu'une crise frappe, la dette passe prestement des bilans privés aux comptes publics.

De plus, nous pouvons constater que ce système contribuerait à renforcer l'euro grec. En l'absence du mécanisme des certificats, si les Grecs demandent davantage de produits importés (plus d'euros allemands, disons, pour acheter des voitures allemandes), la valeur de l'euro grec va baisser. Mais là, avec ce système qui décourage les importations en imposant un paiement supplémentaire pour acheter un certificat, la hausse de la demande de produits importés va se traduire par une hausse du prix du certificat et non par une baisse de la valeur de l'euro grec. L'euro grec sera plus fort qu'il ne l'aurait été en l'absence des certificats. La chute spectaculaire de la valeur de l'euro grec, qui, sans ce mécanisme, aurait été à prévoir en cas de Grexit, est donc évitée[23].

GÉRER LE DÉFICIT BUDGÉTAIRE

Hors de la zone euro, la Grèce (ou les autres pays en crise) pourrait gérer sans assistance non seulement son déficit commercial mais aussi son déficit budgétaire. La croissance étant plus dynamique, elle aurait davantage de recettes fiscales, et, avec la restructuration de la dette (évoquée plus loin), les ressources du pays cesseraient d'être drainées vers l'étranger. À plus long terme, l'usage prudent des certificats d'importation empêcherait l'accumulation de grosses dettes extérieures (publiques ou privées).

Notons-le bien : aujourd'hui, même *à l'intérieur* de la zone euro, la Grèce n'a pas de problème sérieux pour financer son déficit budgétaire. Le pays peut aisément survivre sans les fonds du FMI et de la zone euro. La Grèce a si bien œuvré pour ajuster son économie qu'en dehors des sommes qu'elle doit payer au titre du service de la dette, elle était en excédent en 2014. La tourmente de l'été 2015 a créé quelques tensions dans les finances publiques, mais au début de l'année 2016 elles étaient revenues à l'équilibre, et elles sont censées dégager un gros excédent en 2018[24].

Néanmoins, dans un divorce à l'amiable, on comprendrait, bien sûr, qu'une aide pendant la marche à la création d'une monnaie indépendante serait très utile. Il y aura des à-coups et des incertitudes dans le processus de sortie de la zone euro. L'Europe devrait accorder une « assistance à l'ajustement » pendant la transition. La solidarité suggère que ces fonds parviennent sous forme de dons[25].

Même si cette aide n'était pas accordée, il serait possible, dans une certaine mesure, de gérer les transitions en douceur. L'État a besoin d'argent pour financer trois choses : l'achat de biens et services à l'intérieur du pays ; le service de la dette ; et l'achat de biens et services à l'étranger. Le premier point est le plus facile à traiter, au moins conceptuellement. L'État peut, de fait, s'octroyer un crédit à lui-même (de la même façon qu'il en octroie à d'autres parties, comme on l'a vu plus haut). Il s'ensuivra une augmentation de la demande globale, qui sera bénéfique pour l'économie. Certains critiqueront cette démarche en s'inquiétant de l'inflation. Mais les pays en crise sont confrontés à la déflation, à un manque de demande globale.

S'il faut à l'État plus de fonds que le montant nécessaire pour ramener l'économie au plein emploi, il devra augmenter les impôts. Notons toutefois que l'information disponible dans le mécanisme électronique des paiements lui permettra d'être beaucoup plus efficace pour percevoir ceux qui existent déjà, ce qui devrait réduire d'autant la nécessité de relever les taux d'imposition.

Le besoin de financements pour le service de la dette sera considérablement réduit par la restructuration de la dette, qui doit être un élément important de tout divorce à l'amiable. Elle sera examinée dans la section suivante. Quant aux besoins en devises étrangères, ils sont aussi faciles à satisfaire si les autres composantes du programme sont mises en œuvre (notamment l'utilisation des certificats Buffett). De fait, il n'y aura dans ce cas aucune vraie « pénurie » de devises étrangères[26].

RESTRUCTURER LA DETTE

La plupart des pays en crise ont une lourde dette, libellée en euros. Comme on l'a vu au chapitre précédent, dans certains cas, tel celui de la Grèce, il est déjà évident que cette dette doit être restructurée. Mais ce sera encore plus évident après la sortie du pays de la zone euro. Il est probable, en effet, que sa monnaie (pour faire simple, nous continuerons à l'appeler l'euro grec et non la drachme) vaudra moins que l'euro ordinaire, que nous continuons à appeler simplement l'euro.

J'ai expliqué au chapitre 7 que les restructurations de dette (les faillites) sont une caractéristique centrale du capitalisme moderne. Néanmoins, elles sont souvent conflictuelles.

L'État grec pourrait prendre un petit nombre de mesures pour adoucir le processus. D'abord, il doit déclarer que toutes les dettes libellées en euros sont payables en euros grecs. Des conversions de ce type ont déjà eu lieu. Quand les États-Unis ont quitté l'étalon-or, les dettes libellées en or ont été relibellées en dollars. De fait, au moment de l'entrée de la Grèce dans la zone euro, les dettes libellées en drachmes ont été converties en euros[27].

Si l'euro grec vaut moins que l'euro ordinaire, cette opération équivaut à une restructuration de la dette, mais en douceur, sans la complexité inhérente aux restructurations de dettes habituelles. Notons bien que le système des certificats exposé plus haut réduirait l'ampleur de la baisse du taux de change[28].

Dans quelques cas – la Grèce en est un –, il faudra une réduction explicite de la dette. Il en faudra aussi pour les dettes éventuellement contractées sous juridiction étrangère : dans ce cas, le pays en crise ne peut pas les relibeller. (Si le divorce est vraiment à l'amiable, les autres pays de l'Union européenne devraient admettre que les dettes soumises à la législation d'autres États de l'Union peuvent être relibellées.)

Dans le cas des dettes privées, le gouvernement doit faire voter une loi prévoyant une restructuration rapide[29]. Les États-Unis ont compris l'importance de permettre aux entreprises de prendre un nouveau départ, et de le prendre vite, dans le chapitre 11 de leur Code des faillites. Quand de nombreuses compagnies sont en défaut de paiement – ce qui pourrait bien être le cas si leurs dettes libellées en euros ne sont pas relibellées –, c'est encore plus important. Comme nous l'avons dit au chapitre précédent, les pays européens en crise doivent absolument adopter l'idée sous une forme ou sous une autre – et cela, qu'ils quittent ou non la zone euro.

Ce chapitre porte sur un divorce à l'amiable, et, puisque la Grèce doit l'essentiel de ses dettes à ses partenaires européens, on espère qu'ils comprendront l'importance de permettre un nouveau départ, l'importance et la nécessité d'une forte réduction de la dette, et qu'au lieu d'assaillir le pays par un tir de barrage de poursuites judiciaires, ils useront de leur pouvoir et de leur influence pour limiter l'ampleur des actions en justice lancées par les créanciers privés. Dans un esprit de solidarité européenne, ils pourraient effectuer une restructuration de dette allant bien au-delà des principes minimaux adoptés par la communauté internationale en 2015 ; le processus de restructuration serait alors encore plus souple et encore plus réussi[30].

LES AVANTAGES D'UN DÉPART DE L'ALLEMAGNE

L'analyse précédente a présenté plusieurs réformes et innovations institutionnelles pouvant mettre en place les conditions d'une transition en douceur pour tout pays en crise qui sortirait de la zone euro. Notre analyse suggère aussi qu'une simple sortie de la Grèce ne résoudra pas les problèmes de la zone euro, ni dans l'immédiat ni à long terme. D'autres pays vivent une dépression ou une récession qui ne prendra pas fin dans un avenir prévisible. Au lieu de faire sortir un par un ces pays en crise, ou de garder les pays de la zone euro indissociablement liés, englués dans une quasi-stagnation qui va mal se terminer, une autre solution est possible : c'est l'Allemagne qui pourrait sortir, ainsi peut-être que certains autres pays d'Europe du Nord (par exemple les Pays-Bas et la Finlande, si elle se relève bientôt de ses problèmes actuels). Ce serait un moyen plus simple de guérir l'Europe[31].

Le départ de certains pays du Nord permettrait aux autres d'ajuster leur taux de change par rapport à ces pays. Cet ajustement les aiderait à rétablir leur balance des comptes courants – sans qu'ils aient à recourir aux récessions ou à la stagnation pour réprimer les importations. Un taux de change plus bas orienterait les exportations à la hausse et les importations à la baisse, ce qui stimulerait la croissance. La reprise de la croissance apporterait davantage de recettes fiscales à l'État, ce qui mettrait fin à l'austérité. Le cercle vicieux du déclin, à l'œuvre en Europe depuis le début de la crise, ferait place à un cercle vertueux de croissance et de prospérité.

Devenues plus fortes, les économies d'Europe du Sud pourraient assurer le service de leur dette, et même en rembourser une partie. Si ce sont les pays du Nord qui s'en vont, la monnaie des pays du Sud restera l'euro (nous appellerons celle des pays du Nord l'euro nordique). Puisque les dettes sont libellées en euros et que les pays du Sud ont conservé l'euro, il n'y aura pas d'augmentation du levier, alors qu'il aurait augmenté si c'étaient les pays du Sud qui avaient quitté la zone euro – avec tous les effets négatifs qui accompagnent une hausse du levier.

Simultanément, en Europe du Nord, l'euro nordique plus fort fera merveille pour éliminer l'excédent commercial persistant, qui n'était pas un problème seulement pour les partenaires des pays du Nord dans la zone euro mais aussi pour l'économie mondiale. L'Allemagne sera alors forcée de trouver d'autres moyens de stimuler son économie – elle devra prendre certaines des initiatives suggérées au chapitre précédent, par exemple augmenter les salaires des plus défavorisés, réduire l'inégalité et accroître les dépenses publiques. Dans la conjoncture actuelle, la politique monétaire (même celle des pays du Nord) serait relativement inefficace, donc si l'Allemagne souhaite maintenir le plein emploi, il lui faudra recourir à la politique budgétaire.

Puisque, en Europe du Nord, les entreprises, les ménages et même les États ont des dettes libellées en euros et que l'euro nordique s'apprécie par rapport à l'euro, il y aurait un allégement automatique du levier dans l'économie, ce qui stimulerait la croissance. Ce phénomène devrait compenser en partie l'effet de contraction qu'aura la disparition de l'excédent commercial.

CONCLUSION

Ce chapitre a montré comment on peut gérer un divorce à l'amiable. Nous avons démontré que les grands problèmes auxquels font face les pays en crise pourraient tous être réglés dans ce type de séparation. Les déficits des comptes courants pourraient être éliminés ou même transformés en excédents. Les États seraient capables de financer leurs dépenses publiques. On pourrait ramener au plein emploi les économies – enlisées depuis des années dans la récession et la dépression –, sans inflation ni déflation. J'ai présenté un système qui permettrait aux économies, y compris à celles qui sont traditionnellement « faibles », d'éviter d'accumuler les dettes extérieures qui ont tant de fois provoqué des crises. Même dans ce cadre, il y aura des décisions à prendre : dans les premières années de la transition au moins, je suggère que ces pays choisissent de mettre leurs comptes courants en excédent, d'orienter leurs dépenses publiques vers l'investissement, d'avoir un petit excédent budgétaire et, si nécessaire, de recourir au multiplicateur de budget équilibré pour assurer la demande globale.

Certes, les choses se passent rarement en douceur. Comme toujours, il y aura probablement de la rancœur, des accusations. À qui la faute ? Le mariage aurait-il pu tourner autrement si... ? Si la Grèce s'était mieux conduite ? Si la Troïka n'avait pas commis tant d'abus ? Il est à peu près sûr que les Grecs auront certaines réactions de la victime d'une relation de maltraitance (ce qu'on appelle parfois le « syndrome de la femme battue ») – ils diront : si nous avions été plus accommodants... si nous avions...

Mais les chapitres précédents ont dit ce qu'il en était : c'est la faute de la *structure même* de la zone euro. J'ai expliqué qu'il est fort peu probable que le résultat aurait été bien différent si les négociateurs grecs avaient été plus accommodants – au fil de la crise, la Grèce a eu des négociateurs de tout style, et aucun n'a obtenu de résultats. Il n'y a vraiment pas de quoi se flageller.

Beaucoup en Europe seront attristés par la mort de l'euro. Ce n'est pas la fin du monde : les monnaies naissent et meurent. L'euro n'est qu'une expérience vieille de dix-sept ans, piètrement conçue, et agencée pour ne pas fonctionner. Dans le projet européen, la grande vision d'une Europe intégrée, il y a tellement plus qu'un système monétaire ! La monnaie était censée promouvoir la solidarité, pousser plus loin l'intégration et répandre la prospérité. Elle n'en a rien fait : telle qu'elle est construite, elle est devenue un obstacle qui barre la route vers chacun de ces objectifs. Et si les réformes de la zone euro présentées au chapitre précédent sont aujourd'hui hors d'atteinte, mieux vaut abandonner l'euro pour sauver l'Europe et le projet européen.

CHAPITRE 11

La piste de l'euro flexible

En regardant l'Europe aujourd'hui, nous pourrions dire qu'elle est dans l'impasse. Elle veut conserver l'euro, même s'il ne fonctionne pas. Elle aimerait pouvoir prétendre que, si les pays membres avaient respecté les règles, s'il n'y avait pas eu cette crise financière *made in America*, tout irait pour le mieux. Mais au fond du cœur, l'Europe sait sûrement que ce n'est pas vrai. Des pays qui ont respecté les règles sont aussi entrés en crise. Et pas seulement des pays périphériques du Sud : l'Irlande aussi. Même la vertueuse Finlande a du mal à s'ajuster, et le chômage y a grimpé à un niveau inacceptable : 9,3 % début 2016.

C'est la nature de l'économie de marché : « il arrive des choses ». Et les choses qui arrivent touchent différemment des pays différents. Elles nécessitent de gros ajustements. L'euro rend ces ajustements difficiles, dans le meilleur des cas.

Les Européens du Nord fustigent le Sud pour la prodigalité budgétaire des « mangeurs d'ail », comme ils disent, mais les ennuis de la Finlande ont montré que les problèmes étaient plus graves et d'un autre ordre. La Finlande avait été l'un des grands succès de l'Europe. Autrefois quasi-vassale de la Russie, elle avait en 1960 un PIB réel par habitant de 10 500 dollars seulement – 68 % de celui des États-Unis à l'époque. Après quoi, grâce à des investissements massifs dans l'éducation, elle était entrée en croissance, au point qu'en 2007 son revenu par habitant était de 42 300 dollars, soit 93 % de celui des États-Unis. Mais ensuite, des problèmes en série ont frappé le pays. Dans le monde à évolution accélérée des équipements techniques de pointe, sa principale compagnie, Nokia, a perdu face à ses concurrents. La Finlande avait des liens étroits avec l'Estonie, qui a été durement touchée par la crise de 2008. Et, après la chute du mur de Berlin, la Finlande avait tiré profit d'un commerce actif avec la Russie. Les sanctions contre ce pays nuisent autant à la Finlande qu'à la Russie, qui souffre également de la baisse des prix du pétrole et du gaz.

Le PIB de la Finlande a diminué de 8,3 % en 2009, et en 2015 il était encore inférieur d'environ 5,5 % à son sommet de 2008. Sans l'euro, la Finlande aurait baissé son taux de change, donc la réduction des importations et la hausse des exportations auraient stimulé son économie. Sans les contraintes budgétaires imposées par son appartenance à la zone euro, elle aurait pu emprunter pour financer des dépenses publiques, qui auraient stimulé l'économie. Mais là, elle s'est trouvée emportée par la vague d'austérité qui dévaste l'Europe. Le pays s'est divisé à propos des coupes dans les salaires des fonctionnaires, censées, pour des raisons bien mystérieuses, accroître la compétitivité des exportations finlandaises. En réalité, ces baisses de salaires ont réduit la demande et aggravé la récession. Bref, l'euromédecine n'a pas mieux fonctionné chez les Finlandais bien élevés que chez les patients récalcitrants du Sud.

Que la solution du « plus d'Europe », la création d'une zone euro qui fonctionne, soit la meilleure voie pour l'avenir du continent, c'est pratiquement sûr, mais il est clair que, du point de vue de certains pays au moins de la zone euro, elle passe les bornes du tolérable. Quant à la solution envisagée au chapitre précédent, le divorce à l'amiable, elle paraît tout aussi insupportable. Pour ceux qui ont vu dans l'euro l'étape suivante et cruciale de l'intégration européenne, divorcer, ce serait abandonner, baisser les bras. J'ai expliqué pourquoi ils ont tort – utiliser la même monnaie n'est pas, ou ne devrait pas être, au cœur du projet européen –, mais la façon dont on voit les choses est, dans une certaine mesure au moins, la réalité. Si un très grand nombre de gens en Europe considèrent qu'un divorce, même à l'amiable, est une capitulation, au moins temporaire, ce divorce risque effectivement de retarder la marche à l'intégration européenne[1].

Dans ce chapitre, je voudrais évoquer brièvement une dernière solution possible, que j'appelle l'« euro flexible ». Elle reconnaît que, depuis l'éclatement de la crise de l'euro, il y a eu certains progrès dans la création d'institutions de la zone euro, mais qu'ils n'ont pas été suffisants pour faire fonctionner un système de monnaie unique. L'euro flexible s'appuie sur ces succès pour espérer que la mise en place d'un système où des pays (ou groupes de pays) différents pourraient avoir chacun leur propre euro est possible. La valeur des différents euros serait flottante, mais au sein d'une fourchette qu'influenceraient les politiques de la zone euro elle-même. Avec le temps, si une solidarité suffisante se développe, la fourchette pourrait peut-être se réduire et, finalement, on parviendrait à une monnaie unique – le but visé par le traité de Maastricht de 1992. Mais cette fois, puisque les institutions requises seraient en place, la monnaie unique pourrait vraiment atteindre ses objectifs : promouvoir la prospérité, la solidarité européenne et l'intégration politique.

L'IDÉE DE BASE

L'idée de base s'appuie sur les analyses des chapitres 9 et 10 : si nous comprenons les lacunes qui existent aujourd'hui dans la structure de la zone euro, et qui vont probablement perdurer dans les prochaines années, nous pouvons nous servir de certains instruments que nous aurions utilisés en cas de divorce à l'amiable afin de coordonner suffisamment les politiques pour limiter les fluctuations des diverses eurodevises.

Nous reprenons une observation faite au chapitre précédent : globalement, au XXIe siècle, nous sommes passés à une économie numérique – et accélérer ce processus améliorerait l'efficacité et faciliterait la perception de l'impôt. Au lieu d'une monnaie unique pour le territoire actuel de la zone euro dans son intégralité, il y aurait plusieurs regroupements, chacun doté de sa propre monnaie. Chaque pays ou groupe de pays créerait une monnaie électronique – sur le modèle exposé au chapitre 10. L'argent pourrait être aisément transféré d'un compte à un autre, par exemple en cas d'achat de biens et services. Les entreprises verseraient les salaires de leur personnel et régleraient leurs fournisseurs sur des comptes de ce type, et c'est aussi sur ce type de comptes qu'elles seraient payées par leurs clients. J'ai montré au chapitre 10 comment on peut ajouter de la « monnaie » au système électronique ou en retirer – par exemple en créant de nouveaux crédits ou en réduisant l'offre de crédit.

J'ai présenté aussi un système par lequel on pourrait maintenir en équilibre les paiements nets en provenance et à destination de l'étranger : les exportateurs reçoivent des certificats, en plus des paiements en euros locaux qui sont versés sur leur compte, et ceux qui souhaitent importer doivent acheter un nombre correspondant de ces certificats, en plus des paiements qu'ils doivent effectuer à partir de leurs comptes. Ce système de certificats d'importation commercialisables garantit que la valeur des exportations est égale à celle des importations – il ne crée dans le système des paiements aucun flux net, ni entrant ni sortant. Comme nous l'avons vu au chapitre 10, les pays pourraient décider de s'autoriser un déficit commercial, ou de s'octroyer un excédent commercial, par simple changement de la valeur des certificats délivrés pour un euro d'exportation en fonction du niveau souhaité des importations.

Dans ce système, l'euro d'un pays pourrait varier en valeur par rapport à celui d'un autre (et si l'on ajoute à la valeur de l'euro celle du certificat qui lui est associé, la variation entre les pays sera encore plus forte). C'est la flexibilité des taux de change qui manque au système actuel. En même temps, j'ai expliqué que le système des certificats allait probablement limiter la variabilité de la valeur d'une eurodevise par rapport à une autre.

LA STABILISATION DES TAUX DE CHANGE RELATIFS

L'Europe aurait de nombreux moyens d'œuvrer, collectivement, à limiter l'envergure des mouvements de taux de change dans notre système d'euros flexibles. Je les ai analysés au chapitre 9, donc, ici, je serai bref.

Limiter les excédents

D'abord, les pays (tout particulièrement l'Allemagne) qui ont traditionnellement des excédents commerciaux – en imposant de grosses externalités coûteuses à leurs voisins européens et aux économies du monde entier par les déséquilibres qui en résultent – pourraient s'engager à réduire ces excédents. Ils le feraient au moyen du même système de certificats. Et cette politique ne réduirait pas seulement les déséquilibres mondiaux : le même raisonnement qui suggère que le système des certificats rend l'euro grec plus fort qu'il ne l'aurait été sans lui (puisque les certificats limitent les déficits commerciaux) suggère aussi que ce système rend l'euro allemand plus faible qu'il ne l'aurait été sans lui (puisque les certificats limitent l'ampleur des excédents).

Les dirigeants de la zone euro, s'ils le souhaitaient, pourraient donc atteindre une quasi-parité entre les divers euros nationaux ou régionaux par simple ajustement du système des certificats.

Partager plus efficacement le fardeau de l'ajustement

Les chapitres précédents ont indiqué que les déséquilibres commerciaux ont été créés par la rigidité des taux de change réels, conséquence de la rigidité des taux de change nominaux. La zone euro a tenté de réaliser les ajustements souhaités des taux de change réels par des ajustements magiques de la productivité (par exemple dans les programmes de réformes structurelles) ou par la dévaluation interne, mais cette politique n'a pas fonctionné – et a été très douloureuse.

Une des raisons de l'échec de l'ajustement est que l'Allemagne a exigé un processus asymétrique où le fardeau de l'ajustement est supporté par les pays déficitaires (à travers une baisse des salaires et des prix) – alors que tous les travaux théoriques et empiriques indiquent qu'il est infiniment plus coûteux d'ajuster à la baisse qu'à la hausse. Il serait beaucoup plus efficace que l'Europe engage un autre processus asymétrique, cette fois en sens inverse : les pays en excédent suivraient des politiques (par exemple budgétaires et salariales) conduisant à l'ajustement par le haut des salaires et des prix.

Faire converger les productivités

Nous avons vu aussi dans les chapitres précédents que l'Europe a mis en place un processus de divergence des productivités, puisque, dans les pays faibles, les sources de financement se tarissent et les investissements publics dans les infrastructures, l'éducation et la technologie s'effondrent.

L'Europe a déjà mis en place certaines institutions chargées d'agir en sens inverse, et elle se dit décidée à faire plus. Par exemple, la Banque européenne d'investissement peut investir davantage dans les pays faibles. Si la zone euro concrétise rapidement son engagement de créer une union bancaire réelle, avec garantie commune des dépôts, cela fera beaucoup pour empêcher les formes de divergence extrêmes dans l'accès aux financements privés. Mais il est pratiquement certain que les petites et moyennes entreprises des pays faibles auraient malgré tout un désavantage compétitif. Répétons-le : une agence de prêt aux PME au niveau de la zone euro, particulièrement attentive aux pays faibles, pourrait contribuer à corriger ces situations d'infériorité. Si l'Europe créait un fonds de solidarité pour la stabilisation, ou prenait plus de responsabilité dans le financement de dépenses sociales comme les allocations de chômage dans les pays en difficulté, elle libérerait dans les budgets de ces pays des ressources qui leur permettraient de faire davantage d'investissements pour l'avenir[2]. De même, si l'Europe encourageait les politiques industrielles au lieu de les interdire, les pays en retard auraient plus de chances de converger avec les pays avancés.

LA LOGIQUE ÉCONOMIQUE

Les chapitres précédents ont expliqué les problèmes que pose le système de monnaie unique de la zone euro. Dans les années qui ont précédé la crise, de gros déséquilibres commerciaux se sont accumulés dans les pays de la périphérie – et le système n'a rien fait pour les empêcher de s'amplifier. Après quoi, au lendemain de la crise, il a imposé un ajustement coûteux et douloureux – dont les coûts, très généralement, ont été supportés par les pays en déficit. Si nous observons ce qui se passe *à l'intérieur* des pays, c'est encore pire : les travailleurs et les petites entreprises paient le prix de ce processus d'ajustement asymétrique ; mais ce n'étaient pas eux qui avaient profité de la création des déséquilibres antérieurs – en Espagne, par exemple, c'étaient les entreprises du bâtiment et les spéculateurs de l'immobilier. Nous demandons à des passants innocents de payer pour les fautes commises par d'autres.

Le système regorge d'externalités macroéconomiques : les actes de certaines personnes et de certaines entreprises imposent des coûts très lourds à d'autres. Chaque fois qu'il y a des externalités, on a besoin d'action publique. C'est évident pour les externalités environnementales, comme la pollution ; l'action publique a imposé que l'air et les fleuves soient plus propres. Ça a marché. Au contraire, quand les banques des États-Unis ont pollué l'économie mondiale avec leurs prêts hypothécaires toxiques, les régulateurs auraient dû prendre des mesures, mais ils n'ont rien fait. Dans la zone euro, il s'est passé à peu près la même chose. Dans certains cas (l'Irlande et l'Espagne), il y a eu une bulle immobilière ; dans d'autres, les excès ont pris des formes différentes.

Le système que je présente ici instaure un cadre simple dans lequel les externalités macroéconomiques sont mieux combattues. Il est pratiquement sûr que ce n'est pas une panacée. Il y aura toujours des fluctuations macroéconomiques ; mais si elles sont bien traitées, elles seront moins graves, et leurs conséquences aussi. Ce système permettrait à l'Europe de sortir de la stagnation.

Certains diront peut-être : n'allons-nous pas interférer avec le marché ? Mais la zone euro elle-même est une ingérence massive dans le marché ! Elle fixe un prix déterminant : le taux de change. Elle décrète qu'il doit y avoir un seul taux d'intérêt pour toute la région, fixé par un organisme *public*, la Banque centrale européenne. La vraie question est : avec cette rigidité imposée par les pouvoirs publics, comment se comporte le reste du marché ? Peut-il assurer la stabilité ? Nous avons aujourd'hui plus d'une décennie de données, et la réponse est un non retentissant.

La proposition que j'avance ici suppose une intervention minimale dans le marché, et, même pour l'accomplir, elle utilise les mécanismes du marché. Elle corrige une externalité bien connue, l'externalité du marché associée aux déséquilibres extérieurs. Une des raisons pour lesquelles l'Europe s'est mise dans une situation inextricable, c'est qu'elle a cru les marchés plus parfaits qu'ils ne le sont. Les marchés font preuve d'une immense instabilité, dans les prix comme dans les quantités : les taux d'intérêt exigés des emprunteurs de pays différents se sont déplacés brutalement dans des directions différentes, et les flux de capitaux et de crédit ont varié de façon pratiquement irrépressible dans le cadre des dispositifs actuels.

On dit aux travailleurs qu'ils doivent simplement accepter d'être ballottés par ces maelströms, qui ne sont pas dus à des lois de la nature mais provoqués par des marchés irrationnels et inefficaces. Les travailleurs devraient accepter baisses de salaires et réduction des protections sociales afin que les marchés des capitaux puissent jouir de leur «liberté». Le système de l'euro flexible vise à mettre un minimum d'ordre dans ce chaos, qui n'a même pas produit l'accélération de la croissance du PIB qu'on avait promise – sans parler des avantages sociaux censés accompagner ce PIB plus élevé.

Il y a certaines différences philosophiques fondamentales entre le cadre d'une zone euro flexible et celui de l'euro d'aujourd'hui. Le second postule que, si la BCE fixe correctement le taux d'intérêt et si chaque pays respecte les limites sur la dette et le déficit, tout ira bien. Ce n'est pas ce qui s'est passé. Il existe une théorie abstraite (la théorie de l'équilibre concurrentiel Arrow-Debreu) qui explique dans quelles conditions un tel système de marché concurrentiel sans entraves peut fonctionner et conduire à l'efficacité globale : il faut des marchés et une information infiniment plus parfaits que tout ce qui existe sur terre. Et même dans ce cas, ces prix Nobel d'économie ont été incapables de démontrer que le système économique était dynamiquement stable. C'était une théorie de l'*équilibre*; il n'y avait aucune explication de la façon dont l'économie allait parvenir à cet équilibre.

Dans le monde réel, celui où nous vivons, il vaut souvent mieux ne pas se fier uniquement aux prix – essayer, comme le fait notre système de l'euro flexible, de contrôler la *quantité* du crédit et celle des exportations nettes, et de réglementer les usages qu'on fait du crédit et le montant des dettes libellées en devises étrangères. La gestion de l'économie dans le cadre général que nous proposons se fie néanmoins beaucoup aux prix, mais pas totalement ; il n'y a aucune microgestion, mais plus de macrogestion qu'aujourd'hui.

Nous le savons depuis des décennies : on ne peut pas laisser une économie de marché s'autogérer. C'est pour cela, par exemple, que tous les pays ont une banque centrale qui détermine les taux d'intérêt et des autorités de réglementation qui supervisent les banques. Certains archiconservateurs aimeraient remonter le temps, revenir à un monde sans banques centrales et avec la « banque libre », sans aucune restriction. Quiconque a lu son histoire économique sait à quels désastres il faudrait s'attendre.

Mais tous les observateurs de la situation macroéconomique de ces dernières années voient que les choses tournent mal. Le chapitre 3 a montré que le gaspillage des ressources est massif. Il serait inadmissible de ne rien tenter pour améliorer ce bilan déplorable. Le cadre général que je propose ici et dans les chapitres précédents le fait. Ce sont des réformes modestes, qui ne vont pas renverser le système. Mais elles s'attaquent systématiquement à certains des principaux points faibles des mécanismes économiques actuels, à certaines des instabilités majeures qui se sont révélées si coûteuses pour nos économies et pour nos sociétés.

Certes, il y a de nombreux détails à régler. Il est sûr que le système que je propose n'est pas parfait. Mais il est à peu près sûr aussi qu'il est meilleur que celui d'aujourd'hui, qui a imposé des coûts écrasants à une multitude d'habitants de la zone euro. Avec ce cadre de coopération économique au sein de la zone euro, autour de l'euro flexible, nous aurions plus de stabilité économique et plus de croissance[3].

IL FAUT UNE COOPÉRATION AU SEIN DE LA ZONE EURO

Comme elle est nécessaire pour qu'il y ait divorce à l'amiable, la coopération européenne serait utile pour assurer le fonctionnement en douceur de l'euro flexible. Même s'il y a chez certains des hésitations face à cette solution que je propose[4], elle peut être mise en œuvre par une « coalition des volontaires ». Tout regroupement de pays au sein de la zone euro pourrait adopter ce système ; ces pays pourraient alors œuvrer ensemble à garantir la stabilité relative des mouvements de taux de change de leurs euros locaux, de la façon que j'ai exposée plus haut dans ce chapitre. Évidemment, si la totalité, ou même la grande majorité, des pays de la zone euro, à l'exception peut-être de l'Allemagne, entrent dans cette coalition des volontaires, même le taux de change de l'Allemagne deviendrait flexible *de facto*, puisqu'il serait alors variable par rapport à tous les autres euros locaux. L'Allemagne aurait alors intérêt à se joindre au système global, pour contribuer à garantir la stabilité de son taux de change par rapport à ceux des autres.

S'il y a assez de solidarité et de coopération européennes, ce cadre aboutirait à limiter les mouvements de taux de change au sein de bandes de plus en plus étroites. Et si l'on réussit à coordonner suffisamment les taux de change, à rétrécir la bande, il pourrait permettre à l'Europe, un jour, d'aller de l'avant vers une monnaie unique.

CHAPITRE 12

L'avenir

Ce livre a peint un sombre tableau de l'état de la zone euro et de ses perspectives d'avenir. J'ai souligné les vices inhérents à sa construction, et j'ai montré leur origine : en partie une mauvaise compréhension de l'économie, mais en partie aussi un manque de volonté politique et de solidarité. Et nous avons vu cette même incompréhension économique et cette même absence de solidarité conduire à une réaction aberrante à la crise.

Ce n'est pas seulement le présent de l'Europe qu'on sacrifie, c'est aussi son avenir. L'euro était censé «servir» les Européens; aujourd'hui, on leur demande d'accepter des baisses de salaires, des augmentations d'impôts et des réductions de prestations sociales pour sauver l'euro. Et ce n'est pas seulement l'économie de l'Europe qu'on sacrifie. C'est aussi, à bien des égards, la confiance dans sa démocratie.

Les Allemands et les autres dirigeants de la zone euro disent et répètent qu'«il n'y a pas d'autre option» que leurs politiques draconiennes : TINA (*There is no alternative*). J'ai expliqué qu'il y en a – des options avec lesquelles même les créanciers se trouveraient mieux.

Dans ce chapitre de conclusion, je voudrais répondre à trois questions : où va aller, selon toute probabilité, la zone euro?

Pourquoi suit-elle ce cap – y a-t-il, en profondeur, *autre chose* qui se joue ? Et pourquoi le projet européen est-il si important ?

DISPARITION DE LA ZONE EURO ?

J'ai esquissé trois autres voies possibles que la stratégie actuelle de navigation à vue. Je sais laquelle je préférerais si j'étais européen : les réformes exposées au chapitre 9, qui feraient fonctionner la zone euro.

Les économistes font de mauvais prévisionnistes – la Troïka a peut-être battu tous les records par ses lamentables prévisions en série sur les résultats de ses programmes dans toute la zone euro –, mais prévoir en politique est encore plus difficile. Je crains cependant que même le divorce à l'amiable et l'euro flexible ne soient écartés, et que la stratégie actuelle, la navigation à vue, ne continue. On donnera aux pays frappés par la crise juste assez d'espoir en l'avenir pour qu'ils restent à l'intérieur de la zone euro. L'Allemagne et d'autres acteurs de la zone euro joueront sur le soutien puissant à l'euro en Grèce et ailleurs : aux yeux des citoyens de ces pays, ne pas être dans la zone euro, c'est ne pas être en Europe ou dans l'Union européenne. Cette conception est tout à fait irrationnelle : ils oublient que le Danemark, la Suède et le Royaume-Uni sont dans l'Union européenne mais pas dans la zone euro, et que la Suisse, l'Islande et la Norvège ne sont même pas dans l'Union européenne mais font tout à fait partie de l'Europe.

Le scénario politique qui nous attend n'a donc rien d'agréable : les partis centristes attachés à l'euro vont perdre du terrain au profit des extrêmes ; en Espagne, les partis qui demandent l'indépendance régionale vont poursuivre leur ascension. Dans toute l'Europe, la peur du chômage s'intensifiant, nous allons probablement assister à la montée en puissance de partis qui rejettent l'ouverture de l'Europe, et qui veulent, en particulier, fermer ses frontières aux migrants. Nul ne peut savoir à quel moment la volonté politique de rester dans l'euro va se rompre dans un pays ou dans un autre. Mais il est clair qu'il y a un risque, et même d'importantes probabilités que cela arrivera. On peut déjà le voir dans les urnes.

Et quand cette rupture aura lieu, il y a un risque que les vannes s'ouvrent : si un pays sort en douceur, il est pratiquement sûr que d'autres l'imiteront, sauf si, avant cet instant critique, la Troïka s'est assouplie ou si ces pays se sont relevés – deux éventualités qui, à l'heure qu'il est, semblent extrêmement faibles. Dire que ces événements spectaculaires auront des conséquences économiques et politiques profondes, non seulement pour l'Europe mais pour le monde entier, est sûrement au-dessous de la vérité.

Les dirigeants européens pensaient être des visionnaires quand ils ont créé l'euro. Ils croyaient voir plus loin que les exigences du court terme, qui préoccupent en général les responsables politiques. Aujourd'hui, l'avenir de l'Europe et de l'euro dépend de l'aptitude des dirigeants politiques actuels de la zone euro à voir loin : pourront-ils associer un minimum de compréhension de l'économie à une vision forte – et à un souci réel – de la solidarité européenne ?

QUE SE PASSE-T-IL ? L'INTERACTION ENTRE POLITIQUE ET ÉCONOMIE

J'en ai fait plusieurs fois la remarque : il y a quelque chose d'étrange dans les politiques qu'on impose aux pays frappés par la crise. Normalement, quand les créanciers dictent des conditions aux débiteurs, elles sont conçues pour accroître leurs chances d'être remboursés. En revanche, celles qu'a imposées la Troïka ont réduit la capacité de remboursement des pays, notamment dans le cas de la Grèce. À l'heure où j'écris ces lignes, la Grèce est dans une dépression profonde, qui dure depuis des années, avec une chute du PIB de 27 % par rapport au sommet qu'il avait atteint, un taux de chômage de 24 % et plus du double pour le chômage des jeunes : je ne peux penser à aucune dépression, jamais, qui ait été aussi délibérée et qui ait eu des conséquences aussi catastrophiques.

Il est donc naturel de se demander : que se passe-t-il ?

L'idéologie – encore !

Une possibilité – réelle – est que les architectes de l'austérité croient vraiment aux théories économiques qu'ils professent, malgré les preuves écrasantes qui s'accumulent contre elles depuis plus de trois quarts de siècle.

Les progrès de l'économie comportementale et de la psychologie apportent certaines explications sur la persistance de ces croyances – la *théorie du biais de confirmation* soutient que les individus ne tiennent pas compte de l'information qui n'est pas compatible avec leurs convictions antérieures. Et, dans notre monde complexe, il est facile de le faire. On aurait du mal, bien sûr, à nier la baisse du PIB en Grèce. Mais il est toujours possible de l'expliquer autrement – la Grèce n'a pas fait tout ce qu'elle aurait dû faire.

J'ai vu ce type de « rationalisation » à l'œuvre chez les experts du FMI face aux multiples échecs de leurs plans dans les pays en développement et les marchés émergents. Les plans étaient bien conçus, disaient-ils ; ils échouaient parce qu'ils étaient mal appliqués par le pays. J'estime que ces raisonnements sont de mauvaise foi – c'est une tentative de faire porter la responsabilité de l'échec du programme à la victime du programme.

Le coupable, c'est la victime

Comme nous l'avons vu, dans le cas du programme imposé à la Grèce en 2015, on a tenté d'accuser la Grèce des mauvais résultats, et même de la mauvaise conception, du programme. S'ils avaient mieux négocié… S'ils avaient eu un ministre des Finances plus conciliant que Yanis Varoufakis, quelqu'un qui respectait mieux les conventions (les ministres des Finances portent *toujours* la cravate, mais Varoufakis ne veut pas), qui n'était pas si agressif… Même de nombreux Grecs se sont accusés.

Cela faisait cinq ou six ans que je regardais la Grèce négocier ses programmes avec la Troïka. Elle avait d'abord été représentée par un Georges Papandréou affable, intelligent et conciliant, puis par son successeur Antonis Samaras, et enfin par le gouvernement

Syriza. Il est difficile de détecter une différence sensible, voire la moindre différence, dans les résultats.

Il n'est pas surprenant que l'Allemagne et d'autres pays de la zone euro accusent la Grèce. Ils veulent s'accrocher à leurs théories incohérentes et discréditées ; pour concilier ce qui s'est passé avec ce qu'avaient prédit leurs théories, ils *doivent* accuser la Grèce : le patient n'a pas suivi la prescription du médecin. En réalité, peu de démocraties, voire aucune, ont été capables de réaliser en l'espace de quelques années un « assainissement budgétaire » – une réduction de leur déficit budgétaire – du calibre de celui qu'a réussi la Grèce. Elle a transformé en cinq ans un gros déficit primaire en excédent.

Même la façon dont on remet l'argent a pour effet de faire *paraître* la Grèce plus dépendante de l'Allemagne et de ses autres partenaires de la zone euro qu'elle ne l'est. Ce crédit à court terme, découpé en tranches, aggrave la mauvaise image de la Grèce. Comparons un prêt de 100 milliards de dollars sur cinq ans et une succession de cinq prêts de 100 milliards de dollars sur un an, où il faut constamment reconduire la dette. Dans le second cas, la Grèce a dû emprunter 500 milliards de dollars – et elle n'a toujours pas résolu son problème. Financièrement, bien sûr, les deux situations sont identiques. Mais pour les simples citoyens, peu habitués aux astuces de la haute finance, cela fait une sacrée différence qu'on ait prêté à la Grèce 100 milliards ou 500 milliards de dollars ! Le second chiffre semble prouver clairement que la Grèce est une assistée.

Comme nous l'avons vu, la Grèce n'a reçu qu'une misère sur l'argent prêté – l'essentiel est allé à ses créanciers du secteur privé –, mais elle a payé très cher le sauvetage des systèmes bancaires d'autres pays.

Le scénario ressemble étrangement au crédit prédateur qui fait rage aujourd'hui aux États-Unis. Un Américain pauvre achète un canapé valant 500 dollars à deux ou trois fois son prix, pour obtenir un crédit. Ce crédit lui est accordé au taux annuel de 200 %. S'il omet de régler une mensualité, des pénalités s'ajoutent à sa dette. Un ou deux ans plus tard, cet indigent doit 2 000 dollars. Mais pas parce qu'il a mené la belle vie à crédit. La seule folle dépense qu'il s'est permise, c'est le canapé à 500 dollars. Tout le reste, ce sont des intérêts, des intérêts sur les intérêts, des intérêts sur les intérêts des intérêts. Dans le cas du prêteur prédateur, l'objectif de l'opération, c'est l'argent – les banques et les autres professionnels du crédit prédateur ont trouvé jusqu'où ils pouvaient pousser la spoliation des pauvres sans violer la loi.

Mais ici, ce qui se passe est différent. Le FMI et les autres créanciers « officiels » n'ont pas besoin de l'argent qu'ils exigent. Et ils n'ont pas non plus pour but de faire du profit. S'ils agissaient selon leurs habitudes, l'argent reçu de la Grèce lui serait très probablement reprêté (en général, presque aussitôt) – pour être rendu plus tard aux prêteurs, dans une vaste mascarade, un jeu de bonneteau, mais un jeu aux conséquences bien réelles.

Pour chaque prêt, chaque tranche de chaque prêt, dès que la discussion s'engage, la Troïka avance des exigences que la Grèce juge inacceptables. Et bien sûr, politiquement, il est insupportable pour tout dirigeant grec qui se soucie de son pays d'expulser les gens de chez eux et de les jeter à la rue, comme l'impliquait une exigence de la Troïka. Mais puisque la Grèce ne cesse de résister aux exigences de la Troïka, elle fait de plus en plus figure d'emprunteur récalcitrant et incorrigible. Au moins aux yeux de son opinion intérieure, l'argumentaire de l'Allemagne pour traiter si durement la Grèce en sort renforcé.

TINA

L'attitude allemande analysée au chapitre 1, celle du TINA, a fixé le ton des négociations : sur la variable la plus déterminante pour les résultats macroéconomiques, l'excédent primaire, il y a eu fort peu de concessions, voire aucune – en 2015, le gouvernement Syriza a réussi à décaler un tout petit peu dans le temps la progression de l'étranglement, pour tenir compte du changement de situation, mais l'excédent primaire de 3,5 % du PIB en 2018 n'a pas bougé. L'Allemagne n'a même pas voulu négocier avec le FMI sur la question de la restructuration de la dette, que chacun savait inéluctable. Comme nous l'avons vu au chapitre 7, on a forcé la Grèce à signer un programme que toutes les parties savaient incohérent

– l'application du principe « feindre et prolonger » à la non-restructuration de la dette.

Certains en Europe, qui ne connaissent pas grand-chose à l'économie, ont pu se faire des illusions, s'imaginer que le programme allait fonctionner. Quand des gens ont des croyances qui sont contredites par les faits – des croyances que la réalité ne peut pas ébranler et n'ébranlera pas –, nous disons que l'idéologie les aveugle. Ces dernières années, nous avons vu des idéologies façonner les comportements dans plusieurs domaines de la vie publique et privée. Dans la pensée économique, si étroitement liée à la politique et aux politiques publiques qui orientent la société, il ne faut pas s'étonner que les idéologies jouent souvent un rôle important.

Incapables d'apprendre

Il y a presque aussi surprenant que l'inaptitude de la Troïka à apprendre les leçons de l'histoire, qui prouvent que l'austérité publique et privée apporte pratiquement toujours la récession et la dépression : c'est l'incapacité des dirigeants européens à tirer les leçons même de leurs propres expériences en Europe.

Félicitons le FMI d'admettre, au moins, que les politiques de contraction ont un effet de contraction, et de reconnaître certaines, au moins, des erreurs commises dans les programmes qui ont été imposés à la Grèce et à l'Irlande[1]. Apparemment, les autres membres de la Troïka n'ont guère apprécié sa franchise[2].

La Troïka, nous l'avons dit, exige *encore* que la Grèce dégage, dans son budget, un excédent primaire (excluant les paiements d'intérêts) égal à 3,5 % du PIB en 2018 et au-delà. C'est un objectif punitif. L'ironie de la situation, c'est que ces politiques n'ont pas seulement coûté à la Grèce une dépression : elles ont déjà coûté aux pays créanciers des sommes importantes et elles leur coûteront probablement encore plus cher à l'avenir.

Un manque de foi dans la démocratie

Pourquoi l'Europe agit-elle de cette façon ? Pourquoi les dirigeants de l'Union européenne ont-ils tant résisté à la première proposition de référendum faite par Papandréou, ou au référendum du gouvernement Syriza en 2015 – refusant même de prolonger de quelques jours la date limite du 30 juin pour le paiement que la Grèce devait effectuer au FMI ? La démocratie, n'est-ce pas la raison d'être de l'Europe ? Papandréou pensait qu'il allait gagner le référendum – qu'une majorité soutiendrait ses mesures douloureuses ; et il estimait ce soutien nécessaire à la mise en œuvre efficace du programme. Le gouvernement Syriza voulait garantir une légitimité démocratique à son acceptation d'un programme si contraire à ce que tant de gens en Grèce avaient demandé, si contraire aux résultats des élections de janvier 2015.

Ce souci de la légitimité populaire était incompatible avec la politique de la zone euro, *qui n'avait jamais été un projet très démocratique*. La plupart de ses États-membres n'avaient pas sollicité l'approbation directe de leur peuple pour céder leur souveraineté monétaire à la BCE. De plus, la responsabilité politique de la BCE, qui est la principale institution de la zone euro, a été limitée. Quand la Suède et le Danemark ont demandé l'aval de leur population à leur entrée dans la zone euro, leurs citoyens ont dit non. Peut-être ces électorats comprenaient-ils que le chômage allait augmenter si c'était une banque centrale obsédée par l'inflation qui fixait la politique monétaire du pays. Au début des années 1990, les Scandinaves avaient appris dans la douleur ce qui se passe lorsqu'on est insuffisamment attentif à la stabilité financière : ils avaient connu leur pire crise économique depuis la Grande Dépression.

Aujourd'hui, la résistance populaire à l'euro s'explique en partie par la crainte d'une influence excessive de l'Allemagne et des idées et idéologies qui dominent dans ce pays. Au cours de ce livre, nous avons maintes fois souligné combien le néolibéralisme a contribué à donner forme à la structure et aux politiques de la zone euro. Dans beaucoup d'autres pays, l'opinion dominante est d'accord avec les idées exprimées par le département des études du FMI et par ce livre : l'austérité provoque la contraction et les politiques de la Troïka sont contre-productives. Mais, dans la zone euro, ces idées ont été traitées par le mépris. Je ne veux pas dire, bien sûr, que l'Allemagne *dirige* la BCE ou la Commission européenne, les deux autres membres de la Troïka.

La BCE n'a d'ailleurs jamais été présidée par un Allemand et certaines de ses politiques, comme l'assouplissement quantitatif, violent l'orthodoxie. Néanmoins, le vieil adage « Qui paie les violons choisit la musique » s'est globalement vérifié. Que l'Allemagne, avec l'économie la plus forte de la zone euro, domine la politique suivie n'a peut-être rien d'étonnant[3].

Dans ces conditions, on pourrait croire que les Allemands sont enthousiastes pour l'euro. À l'époque où il a été créé, nombre d'entre eux craignaient que, ligoté aux pays dépensiers de l'Europe du Sud, l'euro ne devienne une monnaie faible et la zone euro une région marquée par l'inflation. Ils ont eu ce qu'ils voulaient, et peut-être plus : une monnaie forte et une région frisant la déflation. Mais même en Allemagne, à en croire certains sondages, environ les deux tiers des citoyens pensent que leur pays se porterait mieux en dehors de la zone euro[4] – certes pour des raisons différentes. Ils sont persuadés qu'ils seront finalement contraints de « partager » avec leurs voisins plus pauvres du Sud dans quelque renflouement.

Il est clair que les événements qu'on a vus se dérouler seize ans après la naissance de la zone euro ont été l'antithèse de la démocratie : de nombreux dirigeants européens ont voulu la chute du gouvernement de gauche du Premier ministre Alexis Tsipras. Ils semblaient croire qu'ils finiraient par abattre le gouvernement grec en l'obligeant à accepter un accord qui serait en contradiction avec son mandat.

En fin de compte, ils n'ont pas réussi à faire tomber le gouvernement – Tsipras a reçu un nouveau mandat en 2015 avec une majorité encore plus large. Mais il a été forcé d'accepter des conditions qui étaient aux antipodes de ce que voulait l'immense majorité du peuple grec. La Grèce a renoncé à sa souveraineté économique pour rester dans la zone euro. Quand j'ai vu Tsipras rentrer de Bruxelles après avoir finalement cédé aux exigences de la Troïka, une image m'est revenue à l'esprit : celle du président Suharto livrant au FMI, dix-huit ans plus tôt, la souveraineté économique de l'Indonésie – la photo où le directeur général du FMI, Michel Camdessus, dominait en suzerain le dirigeant naguère puissant[5].

Si désastreuse que puisse être la situation actuelle, il y a des propositions de « réforme » de la zone euro qui l'aggraveraient encore. L'Allemagne s'accroche à sa thèse : les pays doivent vivre dans les limites de leur budget et, s'ils le font, tout ira bien. Pour faire respecter les règles, Wolfgang Schäuble, le ministre allemand des Finances, et Karl Lamers, l'ancien responsable des affaires étrangères à la CDU (le parti conservateur allemand), ont proposé « un commissaire européen au budget, ayant pouvoir de rejeter les budgets nationaux s'ils ne correspondent pas aux règles acceptées d'un commun accord[6] ». Cela revient à admettre qu'un commissaire nommé pourrait s'opposer aux décisions des parlements nationaux[7].

Idéologie et pouvoir

Bien que peu de gens soient prêts à l'admettre, le débat – l'affrontement – sur l'euro porte autant ou plus sur le pouvoir et la démocratie, sur la lutte entre les idéologies, entre les visions du monde et de la nature de la société, que sur la monnaie et l'économie.

Ce n'est pas un simple débat théorique entre la gauche et la droite. Certains mettent l'accent sur la bataille politique : les conditions terribles imposées au gouvernement de gauche Syriza sont un avertissement à tous les Européens sur ce qui pourrait leur arriver s'ils se défendaient[8]. D'autres braquent les projecteurs sur la bataille économique : on a saisi l'occasion pour imposer à la Grèce un cadre économique qu'on n'aurait pu faire voter par aucun autre moyen.

En Grèce, au Portugal et en Espagne, l'incapacité de la Troïka à convaincre les citoyens du bien-fondé de ses politiques a été tout à fait frappante. Je crois fermement aux processus démocratiques – à mon sens, la mise en place d'un cadre général qu'on estime bon pour l'économie passe par la persuasion. En l'occurrence, les citoyens grecs, portugais et espagnols semblent mieux comprendre l'économie que le ministre allemand des Finances ou la Troïka.

Même si l'on n'est pas profondément attaché à la démocratie et aux processus démocratiques, une des conditions pour qu'un programme imposé à un pays en crise réussisse est que ce pays

« se l'approprie » – qu'il croie vraiment que le remède, si douloureux soit-il, est le bon. La Troïka en a effectivement persuadé certains dans les pays en crise (plus nombreux que je ne l'aurais cru, puisque la théorie et les faits pèsent lourdement dans l'autre sens). Mais les sondages prouvent de façon convaincante que la majorité n'a pas été convaincue.

Tous ceux qui mènent une politique publique savent combien la vision qu'en a la population est importante. Si l'opinion publique a des idées fausses, il faudra les contrer pour que cette politique soit mise en œuvre avec succès. Par exemple, dans tous les pays, la perception des impôts dépend largement du respect volontaire des obligations fiscales. Mais quand la fiscalité paraît injuste et inéquitable, inutile d'attendre un meilleur respect volontaire – quel que soit le nombre de leçons qu'on donnera sur la paresse et la mauvaise volonté fiscale des citoyens grecs. De même, lorsqu'un programme mécontente et démoralise l'administration chargée de le mettre en œuvre, et prévoit de réduire ses ressources, on peut prévoir d'emblée qu'il sera mal appliqué.

À l'époque des crises à répétition sur les marchés émergents, quand les programmes du FMI échouaient, le FMI disait qu'ils étaient bien conçus. Il voulait faire peser la responsabilité de leur échec sur les pays : le problème, c'était l'application. Il en a été de même pour les échecs répétés des programmes de la Troïka. Mais dire que des programmes sont bien conçus quand leur mise en œuvre échoue constamment et régulièrement, c'est une contradiction dans les termes. Les programmes doivent être conçus de façon à être applicables par des mortels ordinaires – par des fonctionnaires disposant de ressources limitées et par des dirigeants politiques responsables devant leurs électeurs. Et pour réussir, ils doivent être soutenus à la fois par l'électorat et par la fonction publique. La Troïka semble ne pas l'avoir compris ; de fait, par ses prises de position antidémocratiques, par exemple contre les référendums, elle s'est montrée ouvertement hostile à ces points de vue.

Je n'ai pas la naïveté de croire que la politique démocratique conduit nécessairement à de bonnes politiques économiques ou sociales. Les Américains qui ont vu les politiques économiques promues par les conservateurs aux États-Unis, avec un puissant soutien de l'électorat dans certains États, doivent l'admettre : le résultat dans ces États a été l'austérité, à une époque de taux d'intérêt réels négatifs, alors que les rendements réels des investissements publics sont énormes. Les résurrections répétées de l'économie de l'offre, quelques années après un démenti cinglant infligé à ses prédictions par les faits, en offrent un autre exemple. Mais je ne suis pas naïf non plus au sujet des experts : ce sont les soi-disant experts du secteur financier qui ont élaboré les modèles de réglementation et de macrogestion à l'origine de la crise de 2008. Ce sont les experts qui croyaient que l'euro conduirait à une économie plus dynamique.

Dans une grande partie du monde, on comprend de mieux en mieux que l'idéologie de la droite a échoué, et ses théories économiques néolibérales aussi. En tant qu'Américain, je l'ai vu de mes yeux, j'en ai été directement témoin. À partir de 1980 environ, le pays s'est lancé dans une expérience audacieuse : il a entrepris de réduire les impôts des riches, prétendument pour améliorer les incitations, et de «libérer l'économie», de déréglementer, notamment le secteur financier. Aujourd'hui, les résultats sont là : le revenu des 90 % les plus pauvres a globalement stagné, et pour un gros pourcentage il a baissé ; ce n'est qu'à la pointe du sommet de la pyramide qu'on s'est enrichi. Et l'économie a été globalement moins dynamique, avec une croissance inférieure à celle des décennies d'après la Seconde Guerre mondiale. La droite a réécrit les règles de l'économie de marché au bénéfice de quelques-uns ; c'est pourquoi il y a aujourd'hui une campagne pour les réécrire à nouveau, mais cette fois au bénéfice de l'immense majorité des Américains[9].

La zone euro a été une autre tentative de réécrire les règles – qui a conduit à la montée de l'inégalité et à la stagnation économique. Puisque ces idées ont à présent échoué des deux côtés de l'Atlantique, ne soyons pas surpris que leurs dévots soient sur la défensive et obligés de recourir à la force (ou, dans certains cas, à l'illusionnisme et à des alliances honteuses avec les organisations hostiles aux migrants) pour atteindre leurs objectifs politiques.

L'austérité est récessionniste; le capitalisme inclusif – l'antithèse du système que crée aujourd'hui la Troïka – est la seule voie pour créer une prospérité durable et partagée[10]. Mais l'austérité n'est qu'un élément d'une stratégie plus générale, qui porte sur le rôle de l'État. Par exemple, Wolfgang Schäuble a soutenu que, « dans des conditions économiques normales, les dépenses publiques ne doivent pas augmenter plus vite que le taux de croissance nominal[11] ». Il n'existe pourtant aucune théorie générale – ni en science économique ni en philosophie politique – qui soutienne une telle conclusion. Supposons que, comme dans la plupart des pays, l'État soit chargé d'assurer la santé publique et que les citoyens, puisqu'ils s'enrichissent et vivent plus longtemps, décident, en tant que société démocratique, d'augmenter les dépenses publiques pour la santé. Pourquoi faudrait-il *ne pas* le faire ?

L'évolution structurelle de notre économie et de notre société peut très bien nécessiter une augmentation de la part des dépenses publiques : dans une économie de l'innovation, la recherche fondamentale devient toujours plus importante, et seul l'État peut la financer; puisque les citadins sont de plus en plus nombreux, les besoins d'équipements urbains fournis par les pouvoir publics augmentent; puisque l'inégalité associée à l'économie de marché s'intensifie, une société stable et juste peut souhaiter prendre des mesures plus énergiques pour la combattre; face au réchauffement de la planète et à d'autres risques environnementaux, l'État peut être tenu de faire davantage pour protéger l'environnement.

Mais le problème ici n'est pas de savoir qui a raison, ou quelle opinion est juste. Ce qui me préoccupe, c'est qu'on utilise le cadre économique de la zone euro pour promouvoir un ensemble d'idées bien précis sur l'économie et sur la société – et que ces points de vue sont, de fait, imposés aux pays en crise[12].

POURQUOI LE PROJET EUROPÉEN EST SI IMPORTANT

Il n'est pas dans l'intérêt de l'Europe – ni du monde – qu'il y ait à sa périphérie un pays exaspéré contre ses voisins, notamment dans la conjoncture actuelle, où l'instabilité géopolitique est déjà si claire.

Le Moyen-Orient tout proche est dans la tourmente ; l'Occident s'efforce de contenir une Russie depuis peu plus agressive ; et la Chine, déjà première source d'épargne, première puissance commerciale et première économie du monde (en parité de pouvoir d'achat), oppose à l'Occident de nouvelles réalités économiques et stratégiques. Ce n'est vraiment pas le moment pour l'Europe de sombrer dans la désunion et l'affaiblissement économique.

Je le souligne avec encore plus de force : tout le monde a intérêt au succès du projet européen. L'Europe a été la source des Lumières, à l'origine de la hausse des niveaux de vie qui a caractérisé les deux derniers siècles. Les Lumières ont engendré la science et la technologie modernes. Nous oublions trop souvent qu'avant elles, les niveaux de vie avaient fort peu changé pendant des temps immémoriaux[13].

Dans de nombreuses régions du monde, et, souvent, même aux États-Unis, si l'on jouit sans problème des fruits des Lumières, on conteste leurs valeurs fondamentales. Un de mes amis dans l'administration Obama, épuisé par ses combats pour prévenir le réchauffement de la planète et le changement climatique, a dit qu'il devait replaider la cause des Lumières tous les jours. L'Europe a été à la pointe du combat pour sauver la planète ; plus unie, elle livrerait mieux cette bataille.

Les Lumières se sont également distinguées par un sens nouveau de la tolérance, notamment à l'égard de ceux qui sont différents. Elles ont aussi engendré la notion de droits humains fondamentaux dont tous les êtres humains devraient jouir. Les États-Unis ont eu la chance d'être fondés dans la période où se diffusaient ces idées, qui se sont donc exprimées puissamment dans leur Déclaration d'indépendance et leur Déclaration des droits. La lutte pour créer des systèmes politiques et sociaux reflétant pleinement les valeurs des Lumières est sans fin ; il y a constamment de nouvelles frontières, et, dans beaucoup de ces domaines, c'est aussi l'Europe qui a ouvert la voie – du combat pour l'égalité des sexes à la lutte pour le droit à la vie privée ; de l'effort pour imposer la transparence des institutions publiques et faire respecter le « droit de savoir » à la démocratisation de la participation à tous les aspects de la vie.

Le moment historique où se trouve aujourd'hui le monde a besoin de ces valeurs. Il y a le combat existentiel pour empêcher des niveaux inacceptables de changement climatique. Bien qu'Obama ait été un puissant avocat de la coopération mondiale, les climatosceptiques sont si nombreux au parti républicain et au Congrès des États-Unis que l'Europe devra jouer un rôle prépondérant. L'Europe pourrait décider de taxer à ses frontières communes les marchandises produites avec force émissions de carbone, en provenance de pays comme les États-Unis et la Chine.

Le monde est également en guerre contre Daech et le terrorisme en général. Et d'abord, il fait face à une crise humanitaire, celle des migrants – dont l'Europe a vu les effets saisissants quand elle a éclaté à l'été 2015. La cause immédiate de cette crise est le conflit en Syrie, qui s'inscrit dans le vaste affrontement contre Daech et le terrorisme. Ces crises lancent aux valeurs occidentales et au projet européen de nombreux défis – notamment celui de trouver comment faire la guerre à Daech et au terrorisme sans sacrifier indûment les valeurs mêmes que nous cherchons à protéger. L'Europe jouera un rôle décisif pour faire en sorte que le monde réagisse avec équilibre et efficacité ; une Europe unie sera plus à même de garantir que les réactions soient en cohérence avec nos valeurs.

L'Amérique célèbre de longue date son ouverture aux migrants, mais ces dernières années la réalité a été tout autre. Les États-Unis n'ont reçu qu'une faible proportion du nombre de réfugiés irakiens qu'a accueillis la Suède, qui est beaucoup plus petite – alors que ces réfugiés sont dans cette situation à cause de la guerre américaine contre l'Irak. De toute évidence, l'administration Bush ne ressentait aucune responsabilité morale envers les millions de personnes déplacées, qui sont pourtant une conséquence de sa guerre. Le monde a besoin d'une Europe unie pour formuler une réponse humanitaire à ces crises des migrants.

Mais, comme l'a souligné notre analyse des chapitres précédents, pour que l'Europe puisse avoir une réponse consensuelle, avec un partage équitable du fardeau, encore faut-il que son économie fonctionne. Les migrants ne veulent pas aller dans des pays où il y a un chômage massif, et les pays plongés dans la récession, ou même en stagnation, peuvent difficilement se permettre de les accueillir. Tant les migrants que les pays d'accueil savent que, s'il n'y a pas d'emplois, les nouveaux arrivés ne pourront pas commencer la nouvelle vie à laquelle ils aspirent ; et si les migrants se retrouvent en concurrence pour les emplois avec de gros contingents de chômeurs de longue durée, il y aura de la rancœur et de l'hostilité à leur égard.

Ironie de l'histoire : les politiques imposées à la Grèce ont contribué à créer et configurer un aspect de la crise des migrants. La Grèce avait été un pays d'accueil pour de nombreux migrants venus des Balkans. Quand l'économie grecque s'est effondrée, ils ont dû aller chercher du travail ailleurs. Puisque tant de pays de la zone euro sont accablés par le chômage, leur seule destination possible était l'Allemagne, et les quelques autres pays au plein emploi dans la zone euro[14].

Ces flux migratoires déséquilibrés sont un résultat prévisible des déséquilibres économiques créés par l'euro en Europe. Le chapitre 5 a montré que la structure actuelle de la zone euro a produit la divergence ; mais les pays, assez peu nombreux, qui réussissent sont outrés de devoir porter tout le poids des réfugiés. À l'heure où ce livre va sous presse, l'incapacité de l'Union européenne à résoudre la crise des migrants ouvre pour elle une crise existentielle : un de ses principes fondamentaux est la libre circulation de la main-d'œuvre, mais ce principe, dans une zone euro divergente, implique inévitablement que le fardeau des migrants va peser sur les pays qui, comme l'Allemagne, connaissent une prospérité *relative*. Si elle ne partage pas réellement la prospérité – ou du moins mieux que ne le fera probablement la structure divergente de la zone euro –, l'Europe aura du mal à respecter simultanément ses principes humanitaires et son principe de libre circulation. Quelque chose devra céder. Mais la meilleure solution, et de loin, serait de changer le système monétaire en empruntant l'une des voies que nous avons suggérées.

Avec la divergence économique, notamment quand s'y ajoutent un sentiment d'injustice et des désaccords de fond sur les valeurs et les principes économiques, il est difficile de forger un consensus européen sur d'autres problèmes. Là encore, c'est la crise des migrants qui en apporte l'illustration la plus frappante. La Grèce est limitrophe de la Turquie et du Moyen-Orient, et, après la baisse de 27 % de son PIB que lui ont infligée les programmes de la zone euro, elle n'est absolument pas en mesure de faire face à l'afflux massif des migrants qui arrivent à ses frontières. Après les exactions que lui ont fait subir ses « partenaires », elle leur fait évidemment moins confiance pour traiter ce problème. Obliger la Grèce, déjà en proie à la dépression, à supporter, par ses propres moyens, une si large part du fardeau créé par la vague massive des migrants, notamment venus de Syrie ! Cette attitude a confirmé l'impression qu'on avait déjà : la solidarité européenne a disparu, et même un sens minimal de la justice et de l'équité.

INTÉGRATIONS POLITIQUE ET ÉCONOMIQUE : LES LEÇONS DE LA ZONE EURO

Avec la mondialisation, le monde est plus intégré qu'il ne l'a jamais été. Donc ce que fait un pays a des effets sur les autres, ce que font les habitants d'un pays peut avoir des effets sur les habitants d'autres pays. À bien des égards, nous sommes devenus une communauté mondiale – une communauté dotée d'un système de gouvernance mondiale sans État mondial.

Un processus est en cours pour configurer cette communauté mondiale, et la façon dont elle sera configurée reflétera les valeurs et les préoccupations des diverses régions du monde. La voix de l'Europe, avec les valeurs que j'ai exposées dans les paragraphes qui précèdent, doit se faire entendre, et elle se fera entendre plus clairement si le projet européen réussit. On ne l'entendra pas si l'Europe est en désarroi et s'il n'y a pas sur son sol de prospérité partagée.

Les expériences de la zone euro enseignent une autre leçon importante au reste du monde : prenez garde, ne laissez pas l'intégration économique aller plus vite que l'intégration politique ! Si quelqu'un suggère que l'intégration politique découlera naturellement de l'intégration économique, ne l'écoutez pas ! Si quelqu'un propose une union monétaire sans intégration politique adéquate, ne l'écoutez surtout pas ! Le seul bon côté du désastre européen peut-être, c'est que le monde a compris cette dernière leçon : toute une série de projets d'union monétaire sur d'autres continents ont été discrètement mis de côté.

Il existe de par le monde de nombreux efforts pour faire avancer l'intégration économique sans progresser parallèlement dans l'intégration politique. Les forces motrices de cette intégration – et la source des défauts dans sa conception – ressemblent souvent beaucoup à celles que nous avons vues dans la création de l'euro. L'euro a été construit sur des prémisses simplistes : une monnaie unique allait faciliter la circulation des marchandises et des capitaux; l'intégration économique qui en résulterait allait améliorer le bien-être social *partout* dans la zone euro. Dans de nombreux changements économiques, il y a des gagnants et des perdants; pour justifier un changement, on dit que les gains des premiers sont de loin supérieurs aux pertes des seconds et qu'à long terme la quasi-totalité des gens y gagneront. Pour la zone euro aussi, on a fait valoir que tout le monde, ou presque, allait en bénéficier. La réalité, on l'a vu, est tout autre : l'Allemagne est la grande gagnante; de nombreux pays de la zone euro, notamment les pays en crise, sont les grands perdants; et la zone euro dans son ensemble s'en sort très mal, car les pertes des perdants ont été de loin supérieures aux gains de la gagnante[15]. Moralité : les marchés sont des institutions complexes; la navigation à vue simpliste, fondée sur l'idéologie et non sur une compréhension approfondie des mécanismes réels des marchés, sans évaluation sérieuse de leur complexité, peut conduire à des résultats désastreux.

Aujourd'hui, les États-Unis se font les promoteurs de projets d'accords de commerce transpacifique et transatlantique fondés sur une idée-force : une circulation *plus libre* des marchandises à travers plus de frontières va accroître le bien-être de *tous* les pays participants – et bénéficier, en fait, à tous les pays du monde. Mais, là aussi, la conjonction des intérêts particuliers et de l'idéologie simpliste du marché libre étant à l'œuvre, les accords de commerce qui se dessinent – le Partenariat transpacifique et le Partenariat transatlantique de commerce et d'investissement – ont moins de chances encore de tenir leurs promesses que la zone euro. Il y aura des gagnants : les grandes entreprises, notamment les compagnies pharmaceutiques et celles du charbon et du pétrole, qui menacent l'environnement. Mais, comme dans la zone euro (sous sa forme actuelle), les pertes des perdants pèseront plus lourd que les gains des gagnants. Avec ces traités, il sera plus difficile d'avoir accès aux médicaments génériques, il y aura presque certainement une montée de l'inégalité et, en matière d'environnement, de santé, de sécurité ou même d'économie, les États auront plus de mal à réglementer dans l'intérêt public[16].

SAUVER LE PROJET EUROPÉEN

Le débat en cours sur l'euro – sa structure et les politiques et programmes imposés aux pays en crise – pose des questions de fond sur les valeurs et sur les objectifs. Trop souvent, manifestement, on a fait comme si sauver les banques, ou même seulement l'euro, avait priorité sur le bien-être humain. On a mesuré le succès aux spreads des obligations souveraines – l'écart entre le rendement des bons d'État grecs ou italiens et celui des bons d'État allemands. Quand ces spreads ont diminué, on a proclamé la victoire.

De même, on a proclamé la réussite de certains programmes dès que le chômage a commencé à refluer ou le PIB à augmenter – on n'a pas attendu que le chômage redescende à un niveau acceptable ou que le niveau de vie redevienne ce qu'il aurait dû être sans la crise ou même, plus modestement, ce qu'il était avant la crise.

Curieusement, quand on évalue le succès des programmes de la Troïka – programmes souvent motivés par des inquiétudes au sujet de l'endettement et des déficits de l'État –, on est fort peu attentif au rapport dette sur PIB, mesure de la soutenabilité de la dette qui ne s'est pas améliorée. De fait, nous l'avons vu, le rapport dette sur PIB a augmenté dans les pays en crise – parfois jusqu'à des niveaux qu'en temps normal on jugerait insoutenables –, en raison des effets négatifs des programmes sur le PIB[17] : on a réduit le dénominateur plus fortement qu'on n'a contenu le numérateur.

Le succès de tout programme économique ne doit avoir qu'une seule mesure, et elle est simple : c'est le bien-être des citoyens du pays, pas seulement du 1 % le plus riche. Le bien-être *ne se réduit pas* au revenu, et pour mesurer le succès il ne suffit pas d'évaluer ce qui est arrivé au PIB, ni même au PIB par habitant. Pour la plupart des gens, avoir un travail décent et riche de sens est une part importante de leur vie, et lorsqu'une économie refuse un travail riche de sens à une proportion importante de ses citoyens – lorsqu'elle refuse un emploi à un gros pourcentage de ses jeunes, voire à la majorité d'entre eux –, cette économie est un échec. Lorsqu'un système économique ou un jeu de règles économiques s'avère, à de multiples reprises, incapable d'apporter le bien-être à de vastes composantes de sa population, ce système économique est un échec, ce jeu de règles économiques est un échec. De même pour un système économique qui laisse une grande partie de sa population dans une forte insécurité : c'est un échec.

La perspective de vivre leurs rêves, une existence d'espoirs et d'aspirations : voilà ce qui est indispensable au bien-être des jeunes. Pour les personnes âgées, une retraite dans la dignité et un minimum de sécurité sont essentiels au bien-être. Nombre d'entre elles avaient prévu de *ne pas* prendre leur retraite, de continuer à travailler. Mais le chômage est si haut et l'économie a tant ralenti que leurs emplois ont disparu. On dira peut-être : elles auraient dû prévoir, prendre leurs précautions. Mais comment auraient-elles pu imaginer que les dirigeants de l'Europe créeraient un système aussi dysfonctionnel ? Ou imposeraient des politiques aux résultats aussi épouvantables ? On disait que les progrès de l'analyse économique avaient mis fin à la structure expansion-récession du cycle des affaires, ou du moins l'avaient atténuée.

Les recherches sur le bien-être individuel et social ont prouvé ce qui était peut-être d'emblée une évidence : les gens veulent de la sécurité et des emplois. La zone euro et les politiques qui ont été imposées aux pays frappés par la crise ont accru l'insécurité et réduit l'emploi. Un symptôme de la terrible dégradation de la situation dans de nombreux pays en crise a été, on l'a dit, la hausse spectaculaire des suicides[18]. Sur l'objectif le plus important de la politique économique, l'amélioration du bien-être individuel et social, la zone euro a été décevante, pour ne pas dire plus.

Les systèmes monétaires naissent et meurent. Le système de Bretton Woods, qui a gouverné le monde après 1944, a été exalté à ses débuts comme l'ordre monétaire qui allait prendre la place de l'étalon-or. Il a paru fonctionner dans les années qui ont suivi la Seconde Guerre mondiale, mais finalement il n'a pas même duré trente ans. L'heure de gloire de l'euro a été encore plus brève ; et, je l'ai montré, même à la courte époque où il a *paru* fonctionner, les déséquilibres qui allaient finalement provoquer la crise de l'euro grandissaient, et le grand coupable de leur aggravation, c'était l'euro (et les règles économiques qui l'accompagnaient).

Ce livre a montré que l'euro peut être sauvé, doit être sauvé, mais sauvé d'une façon qui apporte la prospérité partagée et la solidarité qu'il avait promises. L'euro était un moyen au service d'une fin, pas une fin en soi. J'ai exposé un programme de réformes de la structure de la zone euro et des politiques à suivre quand l'un de ses membres est confronté à une crise. Ces réformes ne sont pas difficiles *sur le plan économique*; elles ne sont même pas difficiles *sur le plan institutionnel.* Mais elles exigent une solidarité européenne – une forme de solidarité fondamentalement différente du pacte de suicide collectif que préconisent certains dirigeants en Europe.

Malgré toutes les émotions qu'il a inspirées, malgré tous les engagements qu'on a pris de le sauver, l'euro n'est en fin de compte qu'un artifice, une création humaine, une institution faillible construite, comme tant d'autres, par des hommes faillibles. Il a été créé avec les meilleures intentions par des dirigeants visionnaires, comprenant imparfaitement ce qu'exigeait une union monétaire, ce qui a brouillé leur vision. Peut-être étaient-ils excusables : rien de tel n'avait jamais été tenté. La vraie faute serait que l'Europe ne tire pas les leçons de ce qui s'est passé depuis près de deux décennies.

Trois messages émergent clairement de mon analyse. La monnaie unique menace l'avenir de l'Europe. La navigation à vue ne marchera pas. Et le projet européen est trop important pour être sacrifié sur la croix de l'euro. L'Europe mérite mieux. Le monde aussi. J'ai montré qu'il y a d'autres voies que le système actuel. Passer de la situation présente de la zone euro à l'une de ces autres voies ne sera pas facile, mais c'est possible. Pour l'Europe, pour le monde, espérons que l'Europe le fera.

POSTFACE

Le Brexit et ses suites

Le référendum du 23 juin 2016, par lequel le Royaume-Uni a décidé – par 52 % des voix contre 48 % – de quitter l'Union européenne, a déclenché une tempête économique et politique sur les deux rives de la Manche. Le Premier ministre, David Cameron, a démissionné. Accusé de n'avoir pas fait campagne assez vigoureusement pour le maintien dans l'Union européenne, le chef de l'opposition travailliste a été appelé de divers côtés à quitter ses fonctions. En quatre jours à peine, la livre a atteint sa plus basse valeur par rapport au dollar depuis trente ans : elle a chuté de 11 % – mais de 8 % seulement par rapport à l'euro. On a vu clairement que les partisans de la « sortie » n'avaient aucun plan sur ce que devait faire le pays s'ils l'emportaient, et qu'il y avait eu de folles exagérations, voire des mensonges éhontés, parmi les arguments en faveur du Brexit.

La réaction de l'Europe après le référendum britannique a été aussi implacable qu'après le rejet par les électeurs grecs, en juin 2015, du plan de renflouement prévu pour leur pays. Herman Van Rompuy, ancien président du Conseil européen[1], a dit tout haut ce que beaucoup pensaient : en choisissant d'organiser ce référendum, a-t-il déclaré, Cameron avait pris « la pire décision politique depuis des décennies ». Ces mots révèlent une profonde antipathie pour la responsabilité démocratique. Elle est compréhensible : dans la plupart des cas où l'on a consulté directement les électeurs, ils ont rejeté l'euro[2], l'Union européenne[3] et la Constitution européenne[4]. De plus, au moment du Brexit, les sondages montraient que le Royaume-Uni n'était pas un cas isolé : dans de nombreux pays d'Europe (notamment en Grèce, en France et en Espagne), la majorité de la population avait une mauvaise opinion de l'Union européenne[5].

Les conséquences politiques et économiques du Brexit dépendront beaucoup, bien sûr, de la réaction de l'Europe. On suppose en général qu'elle ne va pas se punir pour punir l'autre – « se couper le nez pour châtier son visage », comme dit le proverbe anglais. Un « divorce à l'amiable » est manifestement dans l'intérêt de tous : il faut trouver la meilleure relation économique compatible avec les souhaits et les préoccupations démocratiques des populations de part et d'autre de la Manche. Les avantages de l'intégration commerciale et économique sont mutuels, et si l'Union européenne croit vraiment, comme elle le professe, que plus l'intégration économique est forte, mieux cela vaut, il est clair qu'elle doit chercher à établir les liens *les plus forts* possible dans la nouvelle situation. Toute mesure que l'Union européenne prendra contre le Royaume-Uni pour essayer de le punir aura un « effet égal en sens contraire » : elle frappera l'Europe elle-même au moins autant. Le Brexit a provoqué une forte baisse des bourses européennes et il a ébranlé particulièrement les banques européennes : cela suggère, pour ne pas dire plus, qu'il est mauvais également pour l'Europe[6].

Mais Jean-Claude Juncker, fier architecte au Luxembourg des programmes massifs d'évitement fiscal pour les grandes entreprises et aujourd'hui président de la Commission européenne, a opté pour la ligne dure – peut-être est-ce compréhensible, car il risque fort d'entrer dans l'histoire comme celui qui était aux commandes quand l'Union européenne a commencé à se dissoudre. Son intention est claire : l'Europe doit châtier le Royaume-Uni sans faiblesse, lui offrir ce que lui garantissent les accords mondiaux en vigueur comme celui de l'OMC et guère plus, de peur que d'autres pays ne se ruent vers la sortie[7]. Quelle réaction ! Pour Juncker, ce n'est pas par les avantages qu'elle apporte qu'il faut maintenir l'unité de l'Europe, par des avantages très supérieurs aux coûts, comme la prospérité économique, le sentiment de solidarité, la fierté d'être européen. Non, il faut maintenir l'Europe unie par la menace, par la peur – la peur de ce qui arrivera à un pays s'il en sort.

C'est un scénario catastrophe – une convergence de circonstances malheureuses – qui a conduit à ce que les élites du monde entier (et 48 % des électeurs britanniques) ont perçu comme un grand désastre, un courant d'arrachement en sens inverse du courant principal de la mondialisation et de l'intégration économique croissante. Il y aura des controverses entre historiens sur *ce qui aurait pu se passer si* – si les dirigeants, en Europe ou au Royaume-Uni, en avaient fait plus pour éviter une issue à laquelle ils étaient presque unanimement opposés. Mais ce qui est incontestable, c'est que le résultat du référendum va reconfigurer l'avenir de l'Union européenne, de la zone euro et de la mondialisation.

À l'heure où ce livre va sous presse, les tensions entre les diverses orientations possibles sont déjà évidentes. Au Royaume-Uni, la plupart des responsables politiques préconisent un divorce prudent, judicieux; ils espèrent même un divorce à l'amiable. En Europe, beaucoup (en France, François Hollande l'a dit ouvertement) veulent simplement un divorce rapide. L'incertitude coûte cher, et la précarité de l'actuelle relation entre le Royaume-Uni et l'Europe peut décourager l'investissement, en Europe comme en Grande-Bretagne. Enfin, nous l'avons vu, certains dirigeants, comme Juncker, souhaitent un règlement si douloureux que nul ne pensera plus jamais à quitter l'Union.

L'Europe s'enorgueillit de son état de droit. Juridiquement, les traités de l'Union européenne laissent au pays demandeur du divorce le soin de déclencher la procédure, et ils ne fixent à partir de cette date qu'un délai de deux ans pour la mener à bien. Mais la realpolitik et le droit international ne font pas toujours bon ménage. Les menaces et contre-menaces sont une réalité. À ce stade, même les meilleures boules de cristal sont embrumées.

Le sujet de ce livre a été plus étroit que l'Union européenne. Nous avons concentré notre attention sur une devise mal conçue, l'euro, la monnaie unique partagée par dix-neuf des vingt-huit membres de l'Union européenne, et sur les institutions défectueuses qui ont maladroitement tenté de la faire fonctionner, en élaborant un ensemble de politiques dont le résultat réel a été la divergence économique et politique. Le Royaume-Uni a bien fait de ne pas adopter l'euro. Comme je l'expliquerai plus loin, les désastres de l'euro n'en ont pas moins influencé le référendum britannique. Certaines des mêmes forces qui ont contribué à la création d'un euro vicié étaient également à l'œuvre dans toute l'Union européenne, et elles ont miné le soutien populaire à l'Union dans toute la région. De même, dans les solutions à mettre en œuvre, que j'ai exposées aux chapitres 9 et 12, nombre des réformes proposées s'étendent au-delà de la zone euro : à toute l'Union européenne. Certaines sont nécessaires pour faire de l'Union européenne le brillant succès qu'avaient prévu ses fondateurs : une union soudée par la solidarité et l'intérêt commun, pas par la peur de l'inconnu, ou pire, des représailles qu'infligeraient aux pays ceux qui feignent d'être leurs amis. Dans la section finale de cette postface, j'analyserai certaines réformes supplémentaires qui sont essentielles. Avec le point de vue des élites dirigeantes des grandes entreprises, le néolibéralisme a été l'étoile polaire intellectuelle qui a guidé la création de l'euro, mais aussi, en grande partie, l'évolution de l'Union européenne[8]. Ce livre a expliqué l'échec de ces idées sur le plan monétaire. Mais leurs effets désastreux ont été plus généraux, et, si elle veut réussir – s'épargner de nouveaux divorces tumultueux, comme celui qu'elle vit avec le Royaume-Uni –, l'Union européenne doit se désengager de cette idéologie et rompre avec les intérêts qu'elle sert.

LE SCÉNARIO CATASTROPHE

Le Royaume-Uni a été piégé, en partie, dans le maelström qui a frappé les États-Unis. Des deux côtés de l'Atlantique, les citoyens en ont assez. Il y a un paramètre qui relie les résultats des primaires républicaines américaines et ceux du référendum britannique sur l'Union européenne : de vastes composantes de la population sont en situation d'échec. Le programme néolibéral des trente-cinq dernières années a peut-être été bon pour le 1 % mais pas pour les autres. J'avais prédit depuis longtemps que cette stagnation – pire qu'une stagnation, en fait, pour ceux qui n'ont pas fait d'études supérieures – finirait par avoir des conséquences politiques. Il est clair que l'heure a sonné.

Pour les États-Unis, les chiffres révèlent la situation désespérante où nous nous trouvons : le revenu médian réel des ménages dépasse aujourd'hui de moins d'1 % son niveau de 1989[9]. Les hommes blancs en colère, d'âge moyen et appartenant à la classe moyenne comptent parmi les partisans les plus déterminés de Donald Trump. Aucune surprise, là encore : le revenu réel du travailleur ordinaire à temps plein de sexe masculin est plus bas qu'il ne l'était il y a plus de quarante ans[10]. L'angoisse créée par la stagnation des salaires, par l'aggravation de l'insécurité économique et par la réduction des dispositifs de protection de l'emploi – sans syndicats pour freiner les exactions des patrons – a été trop forte pour beaucoup de gens : la mortalité a augmenté, notamment celle des victimes de maladies sociales comme la toxicomanie et l'alcoolisme, ainsi que les cas de suicide[11]. Au bas de l'échelle des revenus, la situation est pire encore : les salaires réels sont du même ordre qu'il y a soixante ans.

Les chiffres du Royaume-Uni et de l'Europe ne sont que légèrement meilleurs[12]. Branko Milanović a montré que, de 1988 à 2008, les revenus des différents groupes sociaux dans le monde avaient évolué en accusant des écarts saisissants. Les grands gagnants ont été le 1 % mondial – les très riches du monde entier – et les nouvelles classes moyennes des marchés émergents comme la Chine et l'Inde. Les revenus de la classe moyenne mondiale ont augmenté de 70 à 80 %, tandis que ceux du 1 % supérieur se sont accrus de 60 % – et captent à eux seuls 27 % du total des gains.

Par contre, deux catégories ont perdu du terrain pendant ces deux décennies, et continuent à reculer ou à stagner. Les plus défavorisés, d'abord, notamment les agriculteurs pauvres des pays pauvres, ont été durement frappés par les accords de commerce qui autorisent les pays riches à maintenir leurs subventions massives. Les intérêts privés agricoles des États-Unis et de l'Union européenne ont été cupides au point d'obtenir de leurs gouvernements qu'ils se retirent du Doha Round, le «cycle du développement» des négociations commerciales, qui, a fini par rendre l'âme en décembre 2015, après quatorze ans de discussions. Ils ont préféré que les négociations échouent plutôt que de renoncer à leurs plantureuses subventions; la plupart de ces aides, notamment aux États-Unis, vont à des agriculteurs riches, souvent à des entreprises agro-industrielles, et les poussent à produire plus, ce qui déprime les cours mondiaux, donc frappe durement les plus pauvres des pauvres dans les pays en développement. Même quand les États-Unis ont été déclarés coupables de violer les règles de l'OMC en subventionnant massivement le sucre, au détriment de paysans pauvres en Afrique, en Inde et en Amérique latine, ils ont refusé de supprimer ces subventions.

Mais la catégorie qui a eu *les pires résultats de tous* – pratiquement aucune croissance de ses revenus en deux décennies – a été la classe ouvrière d'Europe et d'Amérique[13]. La situation de ces travailleurs, déjà mauvaise *avant* la crise financière mondiale de 2008, a été encore aggravée par la crise, celle des plus vulnérables, surtout[14]. Les banques ont été sauvées: de fait, des milliards ont servi à les sauver, elles, les banquiers qui avaient provoqué la crise, leurs actionnaires et les détenteurs de leurs obligations. Mais il y a eu très peu d'argent pour les gens qui ont été victimes de la crise. Ceux-là ont perdu leur emploi. Dans de nombreux pays, comme les États-Unis, l'Irlande, l'Espagne et la Grèce, ils ont perdu leur maison, dans des vagues d'expulsions massives. Au Royaume-Uni, comme dans les pays en crise sur lesquels je me suis concentré dans ce livre, ils ont souffert encore davantage quand l'idéologie de l'austérité s'est imposée. Pour compenser les largesses faites aux banques, elle a exigé des coupes massives et controversées dans le tissu social de base: la santé et les prestations sociales. Tout cela paraissait si injuste – et l'était.

La grande expérience

Il y a une trentaine d'années, les banquiers et d'autres membres de l'élite avaient fait implicitement une série de promesses tout à fait différentes, qui n'étaient pas sans ressembler à celles qu'on avait entendues à la naissance de l'euro. La mondialisation, la financiarisation, l'intégration économique, la baisse des taux d'imposition pour les entreprises et les particuliers, et la libéralisation en général allaient créer un nouvel ordre économique. Par leurs incitations, les réductions d'impôts allaient stimuler l'économie ; la libéralisation allait accélérer son développement. Les deux effets réunis provoqueraient une explosion d'énergie économique dont tout le monde profiterait. Peut-être y aurait-il davantage d'inégalité, c'est vrai, mais se concentrer sur l'inégalité, c'était céder à l'envie. Si la situation de tous s'améliorait, si, globalement, le gâteau économique était plus gros, qui pouvait se plaindre que certains réussissent mieux que d'autres – notamment quand ceux qui s'enrichissaient particulièrement vite étaient les créateurs d'emplois, les innovateurs, à l'origine des progrès du niveau de vie de tous les autres ?

Un seul élément de ce grand récit s'est révélé véridique : ces « réformes » ont effectivement aggravé l'inégalité – encore plus que les adversaires les plus acharnés de cette politique l'avaient craint. Mais le fait est que la croissance a ralenti, et le résultat a été la stagnation économique et la montée de l'insécurité pour de vastes composantes de la société – aux États-Unis, pour les 90 % inférieurs. La plupart des pays européens (sauf en Scandinavie) n'étaient pas loin derrière.

Le Royaume-Uni pouvait se vanter d'avoir un chômage plus faible que le reste de l'Europe : 5 % contre 8,7 % (et 10,2 % pour la zone euro) en mars 2016[15]. Mais, pour ceux qui n'avaient pas d'emploi et ne pouvaient espérer en trouver, les statistiques étaient un piètre réconfort. Et ceux qui avaient un emploi n'étaient pas particulièrement bien lotis non plus : les salaires et la productivité stagnaient, et la menace constante de coupes dans les dépenses publiques finançant le système de sécurité sociale, dont tant de gens dépendaient en dernier recours, aggravait le sentiment de vulnérabilité.

Sur les deux rives de l'Atlantique, beaucoup, à gauche, ont accepté en partie les idées néolibérales. Ils reprochaient seulement à la droite d'être sans cœur. Il est devenu de plus en plus difficile de faire la distinction entre conservateurs compatissants et « nouvelle gauche ». Bill Clinton aux États-Unis, Tony Blair au

Royaume-Uni et Gerhard Schroeder en Allemagne ont effectué des réformes que depuis des décennies, la droite cherchait à faire sans y parvenir. Aux États-Unis, par exemple, Clinton a réduit le taux d'imposition sur les revenus du capital – source principale des revenus des très riches – et il a engagé une libéralisation massive des marchés financiers. Au Royaume-Uni, Blair et son successeur Gordon Brown ont parlé de « réglementation légère », expression presque aussi intrinsèquement contradictoire qu'« autoréglementation ». Il y a eu une course au moins-disant réglementaire : les banques en ont été les grandes gagnantes et nos sociétés, les grandes perdantes.

Tous ces dirigeants ont été d'actifs promoteurs des accords commerciaux, et ces accords ne se limitaient pas à réduire les droits de douane : ils renforçaient aussi les droits de propriété intellectuelle, assuraient la libéralisation et l'intégration des marchés financiers et servaient les intérêts des grandes entreprises par divers autres moyens, par exemple en compliquant la promulgation de nouvelles réglementations économiques, sanitaires et environnementales.

La nouvelle vie politique qui se dessinait avait quelque chose de très bizarre. Les élites, de gauche comme de droite, semblaient être parvenues à un large consensus sur de nombreux principes de l'ordre économique. Certes, il y avait des désaccords sur les détails. La gauche, par exemple, se préoccupait davantage de l'environnement, et elle évoquait, au moins dans son discours, la justice sociale et les droits de l'homme fondamentaux. Mais, au centre droit et dans la « nouvelle gauche », il y avait un large soutien à un programme économique qui comprenait la libéralisation et la déréglementation, la mondialisation, et la baisse des impôts (même si la gauche ne les réduisait pas tout à fait autant que le souhaitait la droite). Sur le plan macroéconomique, ce consensus comprenait la lutte contre l'inflation et le maintien de l'équilibre budgétaire. En Europe, au cœur du nouveau consensus, il y avait la poursuite du projet européen, et, dans la plupart des pays-membres, cela signifiait l'euro. Mais, pour la grande majorité des citoyens, ce consensus des élites du centre gauche et du centre droit ne fonctionnait pas vraiment. L'ordre économique et politique n'apportait pas à la plupart des Américains ou des Européens ce qu'ils souhaitaient.

La crise économique et financière de 2008 a probablement joué un rôle primordial pour précipiter la crise politique actuelle. Les responsables politiques qui ont alors promis le changement n'ont pas donné ce qu'on attendait d'eux. Les citoyens savaient que le système était injuste et truqué, mais, après la crise et la «reprise» déséquilibrée, il leur est apparu encore plus injuste, encore plus truqué qu'ils ne l'imaginaient. Et ils ont perdu le peu de confiance qu'ils avaient dans le processus politique pour le corriger. Ils avaient voté pour des personnalités politiques qui promettaient de rectifier la situation. Barack Obama avait fait campagne sur un programme de «changement auquel on peut croire». Même s'il a apporté du concret dans certains domaines – il a effectué avec succès une réforme de la santé que les démocrates cherchaient à réaliser depuis des décennies –, dans des champs de l'économie qui étaient vitaux pour le bien-être des citoyens, le changement n'a pas eu lieu. Il ne faut pas s'en étonner: la plupart des nouveaux dirigeants politiques – aux États-Unis, au Royaume-Uni et ailleurs – avaient le même profil, servaient la même idéologie, rendaient des comptes aux mêmes intérêts particuliers que ceux qui avaient promis que la mondialisation allait être bénéfique à tous.

Comment expliquer l'échec? Le centre droit a doublé la mise.

Nos épreuves actuelles ont suscité une énorme bousculade d'explications et de prescriptions, et d'innombrables théories pour expliquer pourquoi, après avoir *promis* de tels avantages à *tous*, la construction de l'«ordre néolibéral», en cours depuis plus de trente ans, a échoué si lamentablement, avec des effets si négatifs sur tant de gens. Un bouleversement de l'équilibre entre les partenaires sociaux – les syndicats, les employeurs et l'État – avait changé la dynamique économique, sociale et politique. L'affaiblissement de la position des travailleurs dans les négociations, par exemple, avait réduit leur part dans le revenu national et aggravé leur insécurité. Il signifiait aussi qu'il n'y avait plus de contrepoids à l'influence politique des grandes entreprises. La financiarisation, avec le court-termisme qui l'accompagnait, avait ralenti la croissance, si bien que les travailleurs avaient désormais une part plus petite d'un gâteau plus petit.

La droite (les conservateurs en Grande-Bretagne comme les républicains aux États-Unis) a dit que nous devions simplement doubler la mise; il fallait en faire plus dans le même sens et cela marcherait: davantage de coupes dans les budgets, davantage de traités de commerce, davantage de libéralisation et d'intégration des marchés financiers, de nouvelles réductions des taux d'imposition des entreprises et des particuliers. C'était comme pour la saignée au Moyen Âge: quand les médecins constataient que le malade ne guérissait pas, ils prescrivaient de nouvelles saignées, puisqu'il était clair que les humeurs mauvaises à l'origine de la maladie étaient toujours là. George Osborne, alors chancelier de l'Échiquier (l'équivalent au Royaume-Uni du ministre des Finances, ou du secrétaire au Trésor aux États-Unis), s'est montré particulièrement retors. Tout en préconisant sans cesse l'austérité, il a pris soin de lever le pied du frein pour le poser sur l'accélérateur dans la période précédant l'élection de 2015, ce qui lui a permis de proclamer que sa politique d'austérité réussissait[16]. Mais même son tour de passe-passe n'a rien pu faire pour la productivité en berne du Royaume-Uni ni pour son chômage de longue durée, notamment dans le nord de l'Angleterre; et en menaçant continuellement de réduire les dépenses publiques, il intensifiait l'angoisse économique et sociale.

Comment expliquer l'échec ? Le centre gauche a été intégré au système néolibéral

Dans la zone euro, le centre gauche défendait les politiques qui avaient échoué, alors que l'expérience avait montré quel était leur résultat: la stagnation, ou pire encore. Certes, il faisait campagne en promettant d'en finir avec l'austérité – les citoyens comprenaient que l'austérité, ça ne marchait pas. Mais l'Allemagne ne voulait pas: hors de question. Donc l'austérité continuait, et les citoyens se sentaient de plus en plus impuissants. Manifestement, les décisions qui leur tenaient le plus à cœur – celles qui influençaient directement leur vie et leurs moyens d'existence – leur échappaient, et elles étaient entre les mains de gens qui n'avaient de compte à rendre dans aucun processus démocratique.

Dans les pays de la zone euro qui vont mal, la population peut à juste titre accuser l'euro d'une partie au moins de ses épreuves, nous l'avons vu. Mais pas les Britanniques, du moins pas aussi directement (il est clair que l'atonie économique de ses principaux partenaires commerciaux outre-Manche a été mauvaise aussi pour le Royaume-Uni). C'est de lui-même que le Royaume-Uni s'est imposé l'austérité. Les Tories étaient sous l'influence des mêmes théories économiques erronées, de la même idéologie que l'Allemagne : ils étaient persuadés que le déficit était la cause de la faiblesse de l'économie britannique ; régler le problème du déficit leur paraissait nécessaire et presque suffisant pour retrouver une croissance robuste. Ils croyaient aussi qu'en vertu de l'économie du ruissellement, cette croissance profiterait à tous.

Le centre gauche et le centre droit avaient deux problèmes : ils ne pouvaient ni expliquer de façon convaincante pourquoi leurs promesses ne s'étaient pas réalisées, ni proposer d'autres stratégies viables. Et surtout, ils avaient perdu leur crédibilité. Au vu de l'abîme qui séparait leurs promesses de leurs résultats, pourquoi leur aurait-on fait confiance ?

Cette situation a ouvert un espace aux « extrêmes », à gauche comme à droite. En réalité, les positions qu'on appelle aujourd'hui « d'extrême gauche » sont celles qu'à une autre époque on qualifiait de modérées. Le centre, avec son idéologie néolibérale, s'est déplacé si loin à droite que les anciens « modérés » n'ont plus du tout l'air de l'être. Ces modérés, aujourd'hui perçus comme des extrémistes, ont élaboré un programme qui permettrait, dans les faits, d'avoir une croissance plus forte avec plus d'égalité. Ils préconisent de mettre fin à l'austérité et d'admettre que *tout* changement de politique économique peut avoir sur la répartition de grosses conséquences, qui doivent être prises en compte. Nous reviendrons à ce programme plus loin dans cette postface.

Quant à l'extrême droite, elle s'est concentrée sur deux thèmes (en dehors des excès du secteur financier) : le commerce extérieur et l'immigration. Il y a plus qu'un grain de vérité dans les thèses qui accusent la libéralisation du commerce et l'immigration d'avoir joué un rôle important dans les épreuves de la classe ouvrière, si inconfortable que puisse être cette réalité pour les forces politiques du centre. Bien entendu, d'autres forces (comme les changements techniques) ont joué également un rôle, souvent encore plus important. Mais les changements techniques échappent largement à notre pouvoir, du moins en apparence. La libéralisation du commerce international et l'immigration sont des questions d'action publique: elles reflètent des *choix*. D'autres politiques auraient pu conduire à de meilleurs résultats: davantage d'emplois, mieux payés et mieux protégés. Et même en s'ouvrant au commerce extérieur et à l'immigration, les pays auraient pu suivre d'autres politiques, qui auraient mieux réussi à en atténuer les effets négatifs. Ironie de l'histoire: les enthousiastes de la libéralisation du commerce, en particulier aux États-Unis, ont combattu activement les politiques de ce genre.

En Grande-Bretagne, en revanche, l'ancien chancelier de l'Échiquier, le conservateur George Osborne, a pris quelques mesures pour aider les plus défavorisés et leur donner davantage de chances de progresser, mais elles ont été insuffisantes. Le salaire minimum des travailleurs de plus de vingt-cinq ans a été relevé: son taux horaire est passé de 6,70 livres à 7,20 livres, et il est prévu de continuer à l'augmenter pour le porter à environ 9 livres en 2020. Ce n'était pas assez, mais c'était déjà quelque chose, notamment en comparaison de ce qui se passe aux États-Unis, qui sont pourtant manifestement beaucoup plus riches: le salaire minimum reste à 7,25 dollars de l'heure, ce qui constitue un salaire réel – tenant compte de l'inflation – plus bas qu'à la fin des années 1950 (au taux de change d'avant le vote sur le Brexit, il correspond à un taux horaire de 4,83 livres). Puisque la classe ouvrière est en meilleure posture dans certains pays, comme la France, le Danemark et la Suède, que dans d'autres, comme le Royaume-Uni et les États-Unis, tout indique que l'action des pouvoirs publics compte vraiment[17].

Osborne a aussi lancé un programme de prêts d'études liés au revenu futur (le montant du remboursement dépend des revenus que l'intéressé gagnera plus tard), afin d'élargir les possibilités d'éducation au Royaume-Uni. Il a ainsi attaqué de front un problème qui s'est imposé sur le devant de la scène de la campagne présidentielle américaine : le fardeau de la dette étudiante (plus de mille milliards de dollars au total), qui rend l'enseignement supérieur de moins en moins abordable pour les Américains ordinaires. Mais cette mesure compense-t-elle pleinement les effets de la hausse considérable des frais de scolarité en Angleterre ? Sur ce point, le débat n'est pas clos[18].

Ironie de la situation : la principale politique qui aurait pu conduire à développer l'emploi, puis, grâce à l'augmentation de la demande de main-d'œuvre, à faire monter les salaires, aurait été l'abandon de l'austérité. Mais les conservateurs, avec l'aide et la complicité du centre gauche (le New Labour), avaient convaincu la population de l'importance de la réduction du déficit. Osborne n'a peut-être pas réussi aussi brillamment que Merkel, avec ses allusions constantes à la conduite responsable de la ménagère souabe (voir chapitre 7), à promouvoir le fétichisme du déficit, mais il n'était pas loin derrière. Donc le débat national s'est tourné vers les problèmes bien plus complexes et encore plus controversés du commerce extérieur et de l'immigration.

Le commerce extérieur

De part et d'autre de l'Atlantique, les citoyens se sont déchaînés contre les accords de commerce, qu'ils tiennent pour la source de tous leurs maux. Bien que ce soit une simplification abusive, on peut le comprendre. Les traités commerciaux (y compris les tout derniers, comme le Partenariat transpacifique [TPP], qui réunit douze pays des deux rives du Pacifique, et le Partenariat transatlantique de commerce et d'investissement [Ttip ou Tafta], en discussion entre les États-Unis et l'Europe) se négocient en secret, avec les intérêts des grandes entreprises autour de la table – mais pas ceux des citoyens ni des travailleurs. Le résultat est évidemment unilatéral. Ces accords ont détérioré encore plus la position des travailleurs face aux employeurs, donc aggravé les effets d'autres législations qui avaient affaibli les syndicats et les droits des salariés, ainsi que les conséquences des évolutions techniques.

L'opposition à la libéralisation du commerce n'a pas pris pour cible le libre-échange *au sein* de l'Union européenne mais les accords de commerce conclus par l'Union européenne (et par les États-Unis) avec le reste du monde. Il existe sur la question une idée simple, qui a été développée par Paul Samuelson, un des plus grands économistes du XXe siècle : si l'on postule des marchés parfaits (comme le font la plupart des analyses économiques néolibérales), le libre-échange a pour effet d'égaliser les salaires des travailleurs non qualifiés dans le monde entier. Le commerce des biens est un substitut du mouvement des personnes[19]. Importer des biens de Chine – des biens dont la production demande un très grand nombre de travailleurs non qualifiés –, c'est réduire la demande de main-d'œuvre non qualifiée en Europe et aux États-Unis. Et cette force est si puissante que, s'il n'y avait aucun coût de transport (et si les États-Unis et l'Europe n'avaient aucune autre source d'avantage compétitif, par exemple dans les techniques[20]), ce serait finalement *comme si* on avait une libre circulation de la main-d'œuvre, *comme si* les travailleurs chinois émigraient continuellement vers l'Europe et les États-Unis, jusqu'au moment où il n'y aurait plus aucune différence de salaire. Bien entendu, les néolibéraux n'ont jamais crié sur les toits cette conséquence de la libéralisation du commerce, puisque leur discours – on pourrait dire : leur mensonge – était que tout le monde allait en bénéficier. Aux États-Unis, les républicains du Congrès ont fait encore pire : ils sont allés jusqu'à refuser toute aide aux victimes directes de ces mesures. Des recherches récentes ont montré qu'aux États-Unis, dans les localités qui produisaient des biens dont certains articles importés massivement de Chine sont des substituts, les salaires sont plus bas et le chômage est plus élevé[21]. Même s'il n'y a pas eu d'études complexes et détaillées du même type pour l'Union européenne, il serait bien surprenant que des effets comparables ne se soient pas également produits en Europe[22].

Les économistes néolibéraux, qui soutenaient que le commerce extérieur allait être bénéfique à tous, faisaient deux erreurs capitales. D'abord, ils postulaient que les marchés fonctionnent bien, et que l'économie est donc toujours au plein emploi. Effectivement, dans les analyses néolibérales, les marchés fonctionnent parfaitement et une hausse des importations est contrebalancée par une hausse des exportations. Les exportations créent des emplois, les importations en détruisent, mais, dans des économies qui fonctionnent parfaitement – avec une banque centrale qui œuvre pour le plein emploi et un État qui n'est pas contraint par l'austérité –, la politique macroéconomique garantit le maintien du plein emploi en permanence. Le passage de la main-d'œuvre au secteur exportateur, plus productif, fait monter les niveaux de vie.

Mais les faits constatés vont nettement en sens contraire – en Europe, le taux de chômage reste obstinément élevé. Et cela signifie que la libéralisation du commerce peut détruire plus d'emplois qu'elle n'en crée, notamment à court et moyen terme. Destruction d'emplois dans un secteur ne signifie pas automatiquement création d'emplois dans un autre.

Deuxièmement, ces économistes néolibéraux ont ignoré les effets des traités commerciaux sur la répartition. Même si le PIB augmente, il y a, nous l'avons vu, de gros perdants. L'argument « le commerce extérieur est bon » n'a qu'un seul sens : les gagnants *pourraient* indemniser les perdants. Et pour que le libre-échange profite effectivement à tous, il *faudrait* que les gagnants indemnisent les perdants, mais cela ne veut pas dire qu'ils le *feront*. Avec les politiques néolibérales, *ils ne l'ont pas fait*. Même dans des pays comme les États-Unis, qui ont fait en sorte de maintenir le taux de chômage « officiel » à bas niveau, les effets sur la répartition ont été énormes. Si la libéralisation des échanges détruit des emplois dans le textile et l'habillement, mais en crée dans les techniques de pointe, les travailleurs du textile n'ont ni les aptitudes ni les compétences nécessaires pour être productifs dans les secteurs en expansion. De plus, les nouveaux emplois sont souvent créés loin des anciens qui sont détruits, ce qui signifie, au minimum, bouleversement des collectivités locales et déchirement des familles. En l'absence d'indemnisations généreuses et de politiques actives de formation, la libéralisation du commerce extérieur a fait de nombreuses victimes[23]. Et ceux qui en ont souffert sont en colère : ils estiment que les politiciens centristes leur ont menti en déclarant qu'avec les nouveaux accords commerciaux tout le monde vivrait mieux. Leur colère se fait encore plus vive quand on leur dit, à présent, qu'ils doivent accepter non seulement des baisses de salaire et l'affaiblissement des dispositifs de protection de leur emploi, mais aussi des coupes dans les programmes sociaux sur lesquels ils comptent, et ce, au nom de la «compétitivité». Les dirigeants politiques qui leur garantissaient que ces traités commerciaux allaient améliorer leur situation leur disent aujourd'hui que, pour «réussir» dans le cadre de ces mêmes traités, ils doivent absolument accepter une baisse importante de leur niveau de vie. Comment s'étonner qu'ils ne fassent plus confiance à ces dirigeants, ni au système politique?

L'immigration

L'immigration est devenue un sujet encore plus passionnel que le commerce extérieur. De nombreux réfugiés sont des victimes de guerres civiles auxquelles les puissances occidentales ont contribué, par ce qu'elles ont fait comme par ce qu'elles n'ont pas fait. Les puissances coloniales ont moins fait qu'elles ne l'auraient dû pour inculquer les valeurs démocratiques; elles ont fait l'inverse: de l'autoritarisme. Cet héritage accable encore beaucoup d'anciennes colonies, et venir en aide aux réfugiés qui fuient cette oppression est un devoir moral pour tous, mais en particulier pour les anciens pays colonisateurs.

Du point de vue purement économique, même si beaucoup le nieront peut-être, les lois standard ont des prédictions fortes: quand les courbes de la demande sont orientées à la baisse (ce qui est le cas en général), une augmentation de l'offre aboutit *normalement* à une baisse du prix d'équilibre. Sur les marchés du travail, cela signifie qu'un afflux de travailleurs peu qualifiés fait baisser les salaires. Et quand on ne peut pas ou ne veut pas baisser les salaires, il en résulte une hausse du chômage. Le phénomène est particulièrement préoccupant dans les pays qui, à cause d'une mauvaise gestion de l'économie, souffrent déjà d'un chômage global élevé.

Il y a des exceptions à cette présomption générale: un afflux de travailleurs très qualifiés peut conduire à une hausse de la productivité (donc des salaires) des travailleurs non qualifiés. Un afflux de réfugiés riches peut accroître la demande de biens, avec un effet positif sur la demande supérieur à l'effet négatif sur l'offre.

Mais même dans ce cas, il y aura peut-être d'importantes conséquences sur la répartition: ces migrants riches feront monter les prix de l'immobilier à New York, Vancouver ou Londres, si bien qu'habiter dans ces centres urbains deviendra impossible pour des Américains, des Canadiens ou des Britanniques aux revenus ordinaires. Et ces derniers ne seront guère réconfortés si on leur dit que dans ces villes, grâce à ce phénomène, les riches propriétaires sont devenus encore plus riches.

En Europe, on peut prédire que les pays qui ont *mieux* réussi à réduire le chômage auront plus que leur juste part de réfugiés. Dans ces pays, les travailleurs en paieront le prix, avec des salaires plus bas et un chômage plus élevé qu'ils ne l'auraient été sans cela, tandis que les grandes entreprises se féliciteront de pouvoir bénéficier d'une main-d'œuvre à meilleur marché. Le fardeau pèse sur ceux qui sont les moins capables de le supporter.

Le problème avait déjà éclaté au grand jour plus tôt, à l'époque où l'Union européenne avait accueilli les pays d'Europe de l'Est, beaucoup plus pauvres. Il est très surprenant que ses dirigeants n'aient pas réfléchi davantage à ces lois fondamentales de l'économie quand ils ont préconisé l'élargissement de l'Union aux pays baltes et aux pays d'Europe orientale. C'était un geste de générosité qui a eu des conséquences de grande ampleur pour les habitants de ces pays. La plupart des études suggèrent que, parmi les facteurs qui ont déterminé le succès des transitions du communisme à l'économie de marché, la variable la plus importante a été l'intégration dans l'Union européenne. Elle a contribué à créer le cadre juridique et institutionnel nécessaire à une économie de marché moderne.

Mais ce sont surtout les travailleurs ordinaires qui ont fait les frais de cette générosité – et, parmi ses bénéficiaires, il y a eu les grandes entreprises d'Europe occidentale, qui ont pu ainsi obtenir de la main-d'œuvre à meilleur coût. Il y a ici deux interprétations rivales: soit les dirigeants de l'Europe ont été d'une négligence criminelle en n'intégrant pas à leurs calculs les coûts économiques et sociaux, et en ne se demandant pas qui allait les payer; soit ils ont obéi aux ordres des grands intérêts d'affaires, car mettre sous pression les travailleurs, c'était exactement ce que voulaient les grandes compagnies, pour avoir un marché du travail plus docile, sur lequel elles pourraient – enfin – briser le pouvoir des syndicats. La négligence des effets négatifs sur les travailleurs était parfaitement cohérente avec la thèse de ceux qui voient le programme néolibéral de l'Union européenne, pour l'essentiel, comme un instrument au service des grandes entreprises.

Comme pour le commerce, les partisans de la libéralisation de l'immigration ont surestimé ses avantages globaux, et sous-estimé ses effets sur la répartition et leurs conséquences. On a abondamment soutenu que, *globalement*, le pays d'accueil des migrants bénéficie de leur immigration. Pour un pays qui assure à tous ses habitants de faibles prestations garanties – un mauvais système de protection sociale, un filet de sécurité de bas niveau, un mauvais système scolaire, un mauvais système de santé, etc. –, c'est peut-être le cas. Mais pour ceux qui fournissent tout ce qui ressemble à des services sociaux égalitaristes, c'est le contraire qui est vrai. Même si le pays est globalement gagnant, nous l'avons vu, il est probable que certaines catégories de travailleurs souffriront. Dans le cas d'un pays globalement bénéficiaire, les gagnants *pourraient* indemniser les perdants, mais cette indemnisation ne se produit pratiquement jamais. Elle n'a jamais fait partie du cadre politique de l'Union européenne.

De même, on a généralement *supposé* que les pays d'origine des migrants seraient gagnants. Pour les individus qui émigrent, cela paraît évident : ils n'émigreraient pas s'ils ne se sentaient pas certains d'améliorer ainsi leur situation. Mais au niveau de la société, l'analyse est plus complexe. Si les éléments les plus talentueux de Grèce quittent le pays, il peut en résulter une moindre création d'emplois et une baisse des salaires pour les travailleurs non qualifiés qui restent[24]. Au chapitre 5, nous avons souligné qu'il y aurait alors diminution des recettes fiscales et alourdissement du fardeau de la dette publique par habitant pour ceux qui sont restés. Dans le cas de la Grèce, on dit que les coupes imposées par l'Allemagne et par la Troïka dans le système de santé ont conduit 7 500 médecins grecs à émigrer à l'étranger, y compris en Allemagne[25]. Par conséquent, l'Allemagne et d'autres pays européens ont amélioré leurs services de santé, tandis que les Grecs ont moins de médecins

– après avoir investi des centaines de milliers d'euros dans leur formation[26].

Aux premiers temps de la transition du communisme à l'économie de marché, cette émigration des jeunes les plus talentueux a eu sur l'économie des pays de l'Est des effets si graves qu'on l'a qualifiée de «perte de substance» de l'économie – on aurait dit qu'elle se vidait de l'intérieur. Seuls restaient les personnes âgées, les handicapés et les enfants trop jeunes pour voyager. Certes, le pays bénéficiait des envois d'argent des migrants, mais ils ont périclité au fil du temps et, de toute manière, ils ne pouvaient pas compenser réellement les conséquences de cette «perte de substance[27]».

Donc, comme je l'ai expliqué au chapitre 5, hors des modèles irréalistes des marchés parfaits où il n'y a aucun impôt, aucune dette, aucune imperfection de l'information, etc., la libre circulation du capital et du travail risque de conduire à la *divergence* plutôt qu'à la convergence. Le corollaire est que la liberté de migration peut aboutir à une réduction du bien-être, à la fois dans le pays d'accueil *et* dans le pays d'origine des migrants. Même quand le pays est globalement bénéficiaire, il peut y avoir de gros effets sur la répartition: la situation de larges composantes de la population – parfois de la majorité – peut se dégrader. Les seuls gagnants assurés sont les migrants eux-mêmes et les entreprises qui obtiennent ainsi une main-d'œuvre moins chère.

Bien que l'analyse néolibérale des flux migratoires soit clairement erronée, il est aussi faux de voir la source de tous les maux des travailleurs dans l'immigration que de la voir dans le commerce extérieur. Si les gouvernements européens, y compris celui de Londres, avaient suivi d'autres politiques – une stratégie de croissance et non d'austérité, des politiques fortes du marché du travail, avec un salaire minimum plus élevé, de meilleurs programmes de recyclage et réformes pour renforcer le pouvoir de négociation des syndicats au lieu de l'affaiblir –, davantage de travailleurs auraient vu leur situation s'améliorer.

La liberté de migration est comme l'euro: un exemple d'intégration économique qui est allée plus vite que l'intégration politique. À long terme, il est inconcevable d'avoir une Europe unie sans liberté de migration. Mais, comme je l'ai maintes fois répété, j'ai retenu de mes années d'économiste en chef de la Banque mondiale une leçon essentielle : quand on réforme, le rythme et le respect des étapes comptent énormément. Ce livre a montré que créer une monnaie unique avant de mettre en place les institutions qui l'auraient fait fonctionner a été un désastre économique et politique, qui *empêche* de poursuivre l'intégration économique et politique. On peut en dire autant de la liberté de migration.

Comment les échecs de la zone euro ont alimenté la désillusion à l'égard de l'Union européenne

Le Royaume-Uni a eu raison de ne pas entrer dans la zone euro. On aurait pu s'attendre, notamment à la lecture de ce livre, que le premier à sortir serait un pays de la zone euro. Mais au Royaume-Uni, l'Union européenne suscitait un grand scepticisme à l'époque de la création de l'euro, peut-être plus grand que partout ailleurs dans la région, et ce qui s'est passé depuis n'a fait qu'aggraver les choses.

L'Europe, en particulier la zone euro, a été terriblement mal gouvernée, à tel point que le taux de chômage moyen, ces dernières années, a été continuellement supérieur au taux américain – et souvent à deux chiffres. Il est clair que cette situation a fragilisé la confiance dans l'Europe. Mais elle a eu plusieurs autres conséquences.

D'abord, la liberté de migration au sein de l'Europe a un résultat évident, déjà relevé : les pays qui ont mieux réussi à réduire le chômage auront plus que leur juste part de réfugiés. Dans l'Europe de la liberté de circulation, le Royaume-Uni occupe une place à part. C'est un pays qui est déjà devenu multiethnique, multiculturel. Puisque l'anglais devient la langue universelle, les migrants jugent ce pays particulièrement attrayant. Puisqu'il n'est pas lié à l'euro, il a été capable aussi de mettre en place une économie où le taux d'emploi est élevé, ce qui le rend très séduisant pour des migrants avides de trouver du travail.

Deuxièmement, comme la zone euro est en plein dysfonctionnement et foule aux pieds la souveraineté des pays en crise, l'Europe fait figure de « club » toujours moins attirant – d'autant plus que l'Allemagne semble le dominer, dans un style autoritaire que beaucoup estiment révoltant. Si ces politiques avaient réussi à ramener rapidement ces pays au plein emploi, passe encore. Mais leur échec lamentable – associé à l'arrogance et à l'intransigeance avec laquelle on les applique – aggrave encore cette réaction de rejet.

Tout cela a conforté une vision de l'Union européenne qui existait de longue date: une bureaucratie inepte qui applique aveuglément des règles. Le parti conservateur britannique jouait depuis longtemps de cette image. C'était un stratagème utile, de reprocher à la bureaucratie européenne tout ce qui n'allait pas dans le pays, et ces idées renforçaient peut-être aussi des stéréotypes existants. Dans la campagne pour la «sortie», il y a eu beaucoup trop d'exagérations fallacieuses – on a dit par exemple que l'Union européenne allait exiger que les bananes soient droites. Ces rumeurs mensongères étaient assez courantes pour qu'on leur donne un nom: les «euromythes[28]». Quantité de fausses histoires circulaient, mais certaines étaient fondées sur un grain de vérité. Tout le monde au Royaume-Uni connaissait (ou croyait connaître) une réglementation qu'il désapprouvait: par exemple, ce qu'on pouvait vendre sous le nom de «crème glacée»; ou qu'on n'avait pas le droit de vendre les œufs à la douzaine mais seulement au poids.

Ce qui se passait à l'intérieur de la zone euro alimentait un autre point de vue bien ancré sur l'Union européenne: elle avait un gros déficit démocratique. Les idées que j'ai exposées dans ce livre sur ce déficit – éclatant dans la gouvernance de ses institutions centrales, comme la BCE (analysée au chapitre 6), et dans les politiques apparues en réaction à la crise – ne sont pas de moi, elles sont répandues dans toute l'Europe. Et l'hostilité de Rompuy à l'idée de demander son avis au peuple est tout aussi répandue au sein des élites de gouvernement: j'en ai donné de multiples exemples. Donc, même si les Britanniques n'ont pas souffert *directement* du déficit démocratique qui est apparu si clairement dans la crise de l'euro[29], il confirmait directement leur perception de l'Union européenne elle-même.

La crise des migrants

Depuis le milieu de l'année 2015, l'attention publique est passée de la crise de l'euro à celle des migrants: les centaines de milliers de réfugiés, qui viennent surtout du Moyen-Orient ravagé par la guerre, notamment de Syrie, mais dont beaucoup arrivent aussi d'Afrique du Nord et d'Afrique subsaharienne, ou même de plus loin.

Ce sont ces derniers que l'Allemagne, on l'a vu, qualifie pour la plupart de «réfugiés économiques», qui ne méritent pas le droit de migrer. En réalité, la distinction est moins nette que cette différence de traitement ne pourrait le suggérer. L'Occident est peut-être pour une part non négligeable responsable de la situation de ces migrants économiques aussi. Nous avons un système économique mondial qui fixe si bas les prix internationaux du coton qu'un agriculteur du Mali ne peut pas faire vivre sa famille: émigrer est le seul moyen dont il dispose pour sauver la vie de ses enfants. Une des raisons pour lesquelles les cours du coton sont si bas, c'est que les pays avancés subventionnent massivement leur coton. Le réchauffement de la planète – qui résulte, historiquement, des émissions de carbone de ces pays avancés – contribue à la désertification du Sahel, laquelle grossit également les effectifs des migrants économiques.

Quelle que soit sa responsabilité morale à l'égard des migrants, quels que soient ses devoirs de les accepter en vertu du droit international comme de son propre droit européen, l'Europe, de l'avis presque général, n'a pas su affronter la crise migratoire. Avec ses dynamiques de divergence interne, auxquelles l'euro a contribué, c'était presque inévitable: mettre sur pied un système équitable de partage du fardeau était bien difficile. Économiquement, il était logique que les pays proches du plein emploi reçoivent la grande majorité des migrants et que les pays riches aident les pays pauvres à supporter les coûts sociaux de l'immigration. Mais l'Allemagne a dit et répété: «l'Europe n'est pas une union de transferts», excluant ainsi cette solution juste et raisonnable. La suite était fatale: une situation bloquée, une impasse. Les camps de migrants de Calais, le coin de France le plus proche du Royaume-Uni pour ceux qui espèrent traverser la Manche, servent de rappel quotidien de l'échec.

LES CONSÉQUENCES DU BREXIT

Les lendemains immédiats du référendum ont été aussi mauvais, ou pires, que l'avaient prédit ceux qui préconisaient de rester dans l'Union. La livre, on l'a vu, a chuté de près de 11 % en quatre jours : elle n'était jamais descendue aussi bas depuis trente ans. L'effondrement de la bourse a été spectaculaire. Les agences de notation ont baissé la note de la dette britannique[30]. Mais l'euro aussi a baissé par rapport au dollar et les bourses européennes ont chuté, ce qui tendrait à confirmer que l'intégration économique et commerciale est *mutuellement* avantageuse. Comme en 2008, on a « couru aux abris » : les taux obligataires allemands et américains sont tombés à leur plus bas niveau depuis cinq ans[31].

Toutefois, nous avons l'habitude de voir les marchés surréagir, et réagir négativement lorsque l'incertitude s'accroît. Quelques jours après le résultat du référendum, l'indice boursier du *Financial Times*, le FTSE 100, était plus élevé que dix mois plus tôt. Mais cet indice est surtout composé de multinationales. Les fonds immobiliers britanniques ont été matraqués, et un très grand nombre d'investisseurs ont eu peur qu'ils ne baissent encore plus – si peur qu'ils ont demandé à retirer leur argent, et plusieurs fonds leur ont alors répondu que c'était impossible, du moins pour le moment. La seule certitude est que l'avenir est devenu encore plus incertain. Et l'incertitude décourage l'investissement. Ce qui va se passer dépend de la nouvelle relation économique (et politique) qu'on va forger. Les commentateurs ont exposé toute une gamme de scénarios.

Selon l'un d'eux, le Royaume-Uni remet à plus tard l'invocation de l'article 50 du traité de Rome, geste à partir duquel commence à courir le délai de deux ans nécessaire à la mise au point du divorce. Dans l'intervalle, des négociations réussissent à serrer les freins de l'immigration et on introduit d'autres réformes démocratiques, suffisantes pour justifier qu'on redemande son avis au peuple britannique. Selon ce scénario, c'est la ligne «réformer et rester» qui l'emporte – et le Brexit n'a pas lieu[32].

À l'autre extrême, on a un scénario selon lequel le Brexit est bien réel, avec une Europe inflexible qui refuse d'emblée d'accorder au Royaume-Uni le moindre statut spécial. Elle pourrait même le menacer d'un «accord» qui serait d'autant plus désastreux que le Royaume-Uni tarderait à invoquer l'article 50[33]. C'est le scénario de l'autopunition pour punir l'autre – et pour décourager tout pays membre de quitter l'Union européenne, devenue si impopulaire aux yeux des peuples qu'on ne peut empêcher sa décomposition que par ce type de menaces.

En réalité, la situation du Royaume-Uni ne va probablement pas trop se dégrader – elle va peut-être même s'améliorer –, tant que le divorce n'est pas trop désagréable et que l'Europe ne viole pas ses obligations dans le cadre de l'OMC (notamment la clause cruciale de la «nation la plus favorisée», qui fait obligation de ne traiter aucune nation extérieure à un marché commun plus défavorablement qu'une autre, si bien que le Royaume-Uni ne pourrait pas être moins bien traité que les États-Unis).

On a fait grand bruit de l'intégration économique, et il est à peu près sûr que la réduction des droits de douane a été bénéfique pour le monde. L'OMC a créé l'amorce d'un état de droit international – je dis seulement «l'amorce» parce que les pays puissants violent les règles quand ils le souhaitent pour des raisons de politique intérieure. Mais les accords récents – même ceux qu'on qualifie de «commerciaux» – portent plus sur l'«harmonisation» des réglementations, la protection de la propriété intellectuelle et la libéralisation des marchés financiers que sur le commerce à proprement parler. S'ils servent admirablement les intérêts des grandes entreprises, leurs avantages pour la société sont plus discutables. Par exemple, l'intégration économique «plus étroite» réalisée par le gigantesque accord de commerce régional qu'est le Partenariat transpacifique aura, selon diverses estimations, des conséquences minuscules pour le PIB des États-Unis: elles vont d'un effet légèrement négatif à une augmentation de 0,15 %, et cela, seulement après une longue période, et avec des postulats d'un optimisme irréaliste[34]. Même le FMI a fini par douter des bienfaits de l'élimination de toute barrière à la libre circulation des capitaux: au lendemain de la crise financière mondiale, sa nouvelle «vision institutionnelle» a recommandé un recours sélectif aux contrôles des capitaux, pour ce qu'on a baptisé la «gestion du compte de capital[35]». En l'absence de ces contrôles des capitaux, des «flux spéculatifs» déstabilisants peuvent exacerber l'instabilité.

Notons bien que les États-Unis et le Canada ont tous les deux été prospères – de fait, ils ont eu de bien meilleurs résultats que la zone euro (voir chapitre 3) – sans liberté de migration de l'un à l'autre, sans constitution d'un marché unique et sans intégration économique totale. En réalité, le Canada peut se féliciter que son intégration économique avec les États-Unis soit limitée; dans le cas contraire, la catastrophe de la crise de 2008 l'aurait frappé de plein fouet, puisque son secteur financier aurait été contraint d'adopter les idées fausses néolibérales qui régissent le système financier américain. (Le monde aussi peut se féliciter qu'il y ait de la «diversité» dans les cadres économiques: sans elle, la crise financière mondiale aurait été infiniment plus grave qu'elle ne l'a été.)

J'ai évoqué dans ce livre les avantages et les coûts des intégrations économique et politique. Le monde a immensément souffert des guerres entre les pays et il est clair qu'une certaine coopération mondiale est avantageuse. L'ONU a été extrêmement bénéfique, même si cette institution est très loin d'être parfaite. Mais, même à l'époque de la formation des États-Unis, de larges domaines de compétence ont été laissés à chaque État. C'était une structure fédérale, pas un État unitaire. Déterminer à quel degré et sur quels sujets il faut décentraliser le pouvoir et jusqu'à quel point il faut le centraliser est une question complexe, qui n'a aucune réponse «juste». Il existe de nombreuses solutions possibles. Le principe de subsidiarité est essentiel: les activités qui sont de nature locale, dont les externalités sur les autres sont limitées, doivent rester du ressort de pouvoirs publics locaux. Le problème est de repérer les décisions qu'on ne peut pas ou qu'on ne doit pas décentraliser, et de comprendre quelles combinaisons entre le décentralisé et le centralisé ont peu de chances de fonctionner.

J'ai souligné que les fondateurs de la zone euro se sont trompés : ils ont cru que limiter les déficits *budgétaires* et les dettes publiques était indispensable pour faire fonctionner une monnaie unique. Avec cette idée en tête, ils ont créé un système divergent, qui a puissamment contribué à la stagnation de la zone euro et à l'affaiblissement continu de sa solidarité politique. Mais l'Union européenne aussi a commis des erreurs semblables, à la fois dans ce qu'elle a fait et dans ce qu'elle n'a pas fait.

J'en ai déjà commenté deux : craignant de fausser la concurrence, et influencée par l'idéologie néolibérale, elle a interdit les formes de politique industrielle qui auraient permis aux pays entrant dans l'Union en position de faiblesse de rattraper leur retard, de converger. Une vision étroite de l'« aide déloyale de l'État » a semé le doute sur le droit de l'Italie à secourir ses banques en difficulté – mais sans cette aide, le crédit aux petites et moyennes entreprises sera limité et la croissance italienne restera paralysée en permanence.

J'ai observé aussi qu'on s'est abstenu d'harmoniser les politiques fiscales et d'instaurer un impôt progressif au niveau de toute l'Europe : cette inaction a contribué à une concurrence fiscale destructrice et à la montée de l'inégalité en Europe. Chaque pays se trouve dans une position impossible s'il veut imposer une fiscalité progressive sur son territoire : ses citoyens très fortunés menacent d'aller s'installer ailleurs, en sachant pertinemment qu'ils peuvent le faire tout en continuant à gérer leurs entreprises. L'actuel président de la Commission européenne, Jean-Claude Juncker, dans son rôle de Premier ministre du Luxembourg, a été le maître d'œuvre de cette course au moins-disant fiscal. Évidemment, cette course – où l'on se concurrence en réduisant plus qu'ailleurs les taux d'imposition des particuliers et des entreprises – a bien servi les intérêts des grands groupes[36].

Il y a eu d'autres erreurs. Il est tout à fait clair que l'Union européenne a imposé plus d'harmonisation réglementaire que nécessaire – et que cette ardeur excessive à harmoniser les règles est un des aspects qui l'a brouillée avec les Britanniques. Les coûts de cet excès de zèle sont évidents, les avantages le sont moins, sauf peut-être pour les fonctionnaires de Bruxelles, qui semblent éprouver du plaisir à formuler des réglementations: pourquoi faut-il que tout le monde, partout en Europe, ait exactement les mêmes normes (que ces réglementations soient trop laxistes ou trop rigoureuses) pour les glaces ou pour les pare-brise? Les États-Unis et le Canada ont une sphère conjointe de prospérité, avec un commerce massif à travers leur frontière, sans ce genre de réglementations communes strictes et détaillées à tout bout de champ.

L'Union européenne aurait dû fonder sa politique sur un principe simple: quand l'absence d'harmonisation a d'importants effets *transfrontières*, il est peut-être nécessaire d'harmoniser. Si en Angleterre on n'est pas tenu de mettre de la crème dans les glaces mais qu'en Italie c'est obligatoire, on peut estimer qu'il y a concurrence «déloyale». Les coûts de production des glaces en Angleterre seraient plus bas. Notons bien que, dans le monde idéal du néolibéralisme où règne l'information parfaite, ce ne serait pas un problème. Les glaces anglaises – ou des marques particulières de glaces anglaises qui n'auraient pas de crème – perdraient leur bonne renommée. Les consommateurs, bien informés, prendraient leur décision en se demandant si l'avantage d'avoir la glace avec crème vaut son coût. S'ils pensaient que oui, ils choisiraient le produit italien; sinon, le produit anglais. En réalité, les consommateurs sont loin d'être bien informés, mais il y a une solution beaucoup plus simple que d'imposer que toutes les glaces contiennent une dose précise de crème: un étiquetage révélant convenablement leur composition. Donnons l'information pertinente et laissons les consommateurs choisir eux-mêmes.

Les pare-brise offrent un exemple un peu plus compliqué. Imposer le même verre standard sur toutes les voitures pourrait faire légèrement baisser leur prix – mais de très peu. Les États-Unis et l'Europe se sont vendu réciproquement, sans difficulté, des voitures répondant à des normes différentes. Il est évident qu'on n'a pas besoin de standardiser les couleurs. Les automobiles seraient peut-être un peu moins chères si tous les constructeurs pouvaient les peindre toutes en noir, mais les consommateurs sont différents, ils veulent des couleurs différentes, et l'avantage de la diversité du produit dépasse de très loin la réduction moyenne des coûts que permettrait une couleur unique. De même, adapter un modèle de voiture à des pare-brise de types différents – teinté ou non, incassable ou non – a un coût négligeable[37].

Avoir une norme sur les OGM pour les semences est une autre question. Transportées par le vent, des semences génétiquement modifiées peuvent traverser une frontière et aller féconder un champ non OGM. De nombreux Européens tiennent absolument à savoir si les aliments qu'ils consomment sont génétiquement modifiés, et ils sont prêts à payer plus cher pour avoir des aliments sans OGM. Dans ces conditions, la présence d'un champ voisin, dans un autre pays, qui cultive des semences génétiquement modifiées impose une externalité, un coût transfrontière. C'est un domaine dans lequel une réglementation uniforme peut être nécessaire.

Mais même ici, il peut y avoir commerce sans réglementation uniforme. Les États-Unis et l'Europe peuvent avoir des réglementations différentes. Évidemment, si les consommateurs se soucient des OGM, ils doivent avoir le droit de savoir s'il y en a ou non. Dans les négociations commerciales entre les États-Unis et l'Europe, les États-Unis ont exigé que les consommateurs *n'aient pas* le droit de savoir – qu'il n'y ait *aucun* étiquetage, parce que, s'il y en avait un, les produits OGM américains seraient désavantagés. Mais il est judicieux pour l'Europe d'exiger cet étiquetage, de ne pas céder aux pressions des négociateurs commerciaux américains. Obliger les produits américains à mettre des étiquettes accroît le bien-être en Europe. Interdire cet étiquetage le réduit. Jusqu'à présent, *dans ce cas*, les négociateurs de l'Union européenne n'ont pas cédé.

Lorsqu'on adopte des réglementations, cette comparaison attentive des avantages et des coûts semble trop souvent faire défaut. Parfois, même si ce n'est pas toujours le cas, il semble que les intérêts des grands groupes priment. Nous avons vu le même problème au sujet des réformes dites structurelles dans les pays en crise. Il n'y avait aucune raison d'obliger la Grèce à qualifier de « frais » du lait vieux de dix jours – sauf que c'était dans l'intérêt des gros producteurs de lait des Pays-Bas et d'ailleurs.

Le lien entre libre-échange, libéralisation des marchés financiers, droits de l'homme et liberté de migration

Beaucoup – notamment le Premier ministre David Cameron pendant la campagne référendaire – ont laissé entendre que le Royaume-Uni d'avant le Brexit avait «le meilleur des mondes possibles». Sans être encombré de l'euro dysfonctionnel, il jouissait de tous les avantages de l'intégration économique de l'Union européenne. Il est difficile de quantifier ces avantages de façon convaincante, et l'analyse qui précède a suggéré qu'ils ont été accompagnés de coûts.

Beaucoup en Europe soutiennent que, si l'on accorde au Royaume-Uni des avantages particuliers (supérieurs à ceux auxquels il a droit dans le cadre des règles de l'OMC), il doit accepter en échange le principe de la liberté de migration. Ce faisant, ils s'efforcent de lier l'intégration des échanges commerciaux et des marchés financiers à celle des marchés du travail.

Ce lien n'a guère de sens. On ne peut pas dire que la position du Royaume-Uni sur l'immigration donne à ses banques ou à ses constructeurs automobiles un avantage compétitif – bien au contraire, si l'on en croit le discours de l'Europe sur les avantages économiques de l'immigration. Manifestement, si l'on veut s'attaquer aux avantages compétitifs «déloyaux» sur les marchés du travail, il faut s'inquiéter de l'absence d'un salaire minimum suffisant ou de protections suffisantes de l'emploi, ou encore d'une structure de négociations qui contribue à faire baisser les salaires. Mais l'Europe est restée muette sur tous ces sujets, ce qui confirme que le programme économique de l'Union européenne semble plus soucieux de promouvoir les intérêts des grandes entreprises que la «juste concurrence commerciale».

En même temps, l'Europe a eu une politique active des droits de l'homme et, dans certains cas, ces droits ont été élargis pour inclure les droits des travailleurs, avec certaines sauvegardes et normes minimales. Notons-le bien: c'est pour ces raisons-là que de nombreux membres du Parti travailliste, notamment son chef, Jeremy Corbyn, qui par ailleurs n'était guère enthousiaste pour l'Union européenne, se sont prononcés pour le maintien dans l'Union – et que certains conservateurs ont préconisé d'en sortir.

Dans le secteur financier, certains ont dit que, sans le marché unique, sans liberté de migration entre le Royaume-Uni et l'Union européenne, et avec des systèmes de réglementation différents de part et d'autre de la Manche, ils allaient devoir quitter Londres et se relocaliser ailleurs en Europe. Ce raisonnement n'a aucun sens non plus. Comme nous l'avons dit, les banques mondiales opèrent au niveau mondial. Les transactions sur les dérivés américains ont lieu en grande partie à Londres. Pratiquement toutes les opérations financières émanant des places offshore comme les îles Caïman s'effectuent en réalité à Londres et à New York. Dans ces centres offshore, il n'y a souvent qu'une boîte aux lettres ou une adresse postale. Tout le travail réel se fait ailleurs. Les banques et les autres sociétés financières ont appris à opérer dans une multiplicité d'espaces juridiques (aux États-Unis, il y a cinquante régulateurs différents pour les compagnies d'assurances). Bien sûr, elles préféreraient un système unique – pourvu que ce soit celui où la réglementation est la plus légère. Et c'est peut-être ce qui éclaire la véritable motivation de ces financiers : le Royaume-Uni a été, au sein de l'Union européenne, le plus puissant avocat de la réglementation « légère », sous les travaillistes comme sous les conservateurs. Le secteur financier craint peut-être que, sans la pression des Britanniques, les très nombreuses voix en Europe qui exigent qu'on le réglemente davantage ne l'emportent.

Les coûts – ou avantages – réels pourraient être politiques

Au lendemain immédiat du référendum sur le Brexit, toute l'attention s'est portée sur ses conséquences économiques, mais ses conséquences politiques, pour le Royaume-Uni comme pour l'Europe, seront peut-être beaucoup plus importantes. La tendance longue à l'intégration croissante, vieille de plus d'un siècle, s'est inversée. Certains redoutent que cet événement ne conduise l'Écosse, qui a voté à une majorité écrasante le maintien dans l'Union, à se séparer du Royaume-Uni. Certains s'inquiètent du nouvel élan qu'il risque de donner, en Espagne et ailleurs, aux mouvements séparatistes.

D'autres craignent qu'il n'encourage les électeurs d'Italie, de Grèce, d'Espagne ou du Portugal à sortir de la zone euro, surtout si le Royaume-Uni réussit relativement bien sur le plan économique. Mais la réalité est claire : l'attachement inflexible de la Commission européenne à l'austérité fera probablement plus pour inciter à quitter la zone euro que tout ce que fera le Royaume-Uni – en ce moment, elle menace d'imposer des pénalités à l'Espagne et au Portugal parce que ces pays n'ont pas réduit leur déficit *suffisamment*, même après des années d'austérité très douloureuse. Ce qui finira par dissoudre la zone euro, c'est son propre échec – pas le Brexit.

Espérons que le référendum sur le Brexit réveillera les dirigeants européens : s'ils ne rendent pas l'Union européenne plus démocratique, plus responsable démocratiquement et plus prospère économiquement, les probabilités d'une poursuite de l'intégration, politique ou économique, sont nulles. Si l'Union européenne n'apporte pas la prospérité à de vastes composantes de sa population, ce n'est pas à cause de forces économiques inexorables, c'est à cause de politiques économiques précises, trop souvent inspirées par l'idéologie néolibérale et par les intérêts des grandes entreprises et du secteur financier.

QUE FAUT-IL FAIRE ?

Le slogan des Britanniques qui voulaient demeurer dans l'Union européenne était *Remain and Reform*, « rester et réformer ». Il faudra des réformes pour que l'Union puisse survivre et prospérer – et par ce mot je n'entends pas seulement la croissance du PIB mais une prospérité partagée, où les valeurs démocratiques sont honorées et respectées. Les citoyens doivent être dans l'Union européenne parce qu'ils le *veulent*, parce qu'elle leur apporte la prospérité, pas parce qu'ils ont peur de la rage que déchaîneront contre eux leurs amis et voisins s'ils en sortent.

Le débat sur ces réformes dans toute l'Europe après le référendum sur le Brexit a été presque aussi âpre que la campagne référendaire elle-même en Grande-Bretagne. On a pris conscience très largement de l'écart entre l'intégration économique et l'intégration politique, qui est manifestement à l'origine des problèmes de l'Union européenne comme des problèmes de l'euro. J'ai soutenu ici que, pour faire fonctionner l'euro, il doit y avoir *plus* d'Europe – pas nécessairement l'équivalent de la structure fédérale des États-Unis, où les deux tiers des dépenses publiques ont lieu au niveau du gouvernement central, mais malgré tout beaucoup plus d'Europe qu'aujourd'hui. L'autre voie possible, c'est *moins* d'Europe, y compris l'abandon de la monnaie unique. Quant au système actuel du «milieu du gué», ce livre a montré qu'il est insoutenable. Un raisonnement du même ordre vaut pour l'Union européenne en général. Pour qu'il y ait un système unique de réglementations applicables dans toute l'Europe, il faut qu'on puisse être sûr que ces règles sont établies en fonction des intérêts de l'ensemble de ses citoyens, pas seulement des grandes entreprises. Pour qu'il y ait la liberté de migration, le système économique doit être mieux conçu – il faut faire en sorte que davantage de pays soient au plein emploi et que les dispositifs de protection sociale soient à la hauteur. Il faut un meilleur mécanisme de partage du fardeau, au sein des pays comme entre les pays, y compris pour le système de protection sociale des migrants. On ne peut pas avoir une union *économique* sans un certain partage des risques et des charges. Si l'on s'en tient au refrain selon lequel «l'Europe n'est pas une union de transferts», l'Union européenne ne peut pas fonctionner.

De nombreux dirigeants européens ont été prompts à exclure toute initiative du type «plus d'Europe». L'Europe n'y est pas prête, ont-ils tranché. Mais si c'est vrai, c'est que l'Europe n'est pas prête non plus à avoir une monnaie unique, ni la liberté de migration, ni un marché unique. La thèse de ce livre est qu'une monnaie unique exige *plus* d'Europe. La thèse de cette postface est qu'un marché unique et la liberté de migration exigent aussi *plus* d'Europe. Ce qu'il faut en plus, du point de vue économique, n'est pas énorme. Incontestablement, c'est à la portée de l'Europe. Que ce soit réalisable *politiquement*, dans la situation politique actuelle en Europe, c'est une autre affaire.

Le dernier chapitre de ce livre a présenté un programme qui explique quelles mesures doivent être prises pour que l'euro fonctionne. Plusieurs points de ce programme s'appliquent aussi à l'Union européenne en général: l'harmonisation fiscale, et un système d'impôt progressif et un dispositif de sécurité sociale couvrant toute l'Europe, des politiques industrielles pour aider les pays en retard à rattraper les autres.

Cette postface a attiré l'attention sur plusieurs autres réformes nécessaires: une politique commerciale et migratoire plus raisonnable, qui reconnaît les coûts de l'immigration pour le pays et ses effets sur la répartition, les charges inégales qu'imposent la libéralisation du commerce et l'immigration, et qui assure, au niveau européen, une aide aux pays et aux catégories sociales supportant une part disproportionnée de ces charges. C'est comme pour l'euro: les problèmes qu'on a créés collectivement doivent être réglés collectivement.

Il faut du temps et des ressources pour intégrer les migrants dans des localités et, sans cette intégration, les risques d'effets négatifs sont encore plus grands. Les pays doivent donc avoir le droit d'imposer certaines restrictions. Les pays que quittent les migrants doivent aussi recevoir une certaine indemnisation pour la perte du capital humain dans lequel ils ont investi. Bien entendu, l'envergure de ces restrictions dépendra de l'ampleur de la solidarité européenne elle-même et du succès du projet européen en général. Si davantage de pays en Europe réussissent à atteindre le plein emploi, le partage du fardeau en sera automatiquement amélioré et on sera plus disposé à accueillir de nouveaux migrants.

Mais si l'Europe continue à introduire, dans sa législation du travail, des changements qui affaiblissent les droits de négociation des travailleurs, et si, comme il faut s'y attendre (puisque c'est en partie un résultat de ces réformes), les salaires n'augmentent pas beaucoup, la résistance à l'accueil des migrants va s'intensifier. Que l'Union européenne accroisse son budget et en consacre une plus grande part à aider à ouvrir la voie à l'immigration, au lieu de subventionner l'agro-industrie ou de renflouer les sociétés financières, et il y aura probablement plus de tolérance à l'égard de l'immigration.

Surtout, l'Union européenne doit ouvrir les yeux sur ce qui se passe en Europe : exactement comme aux États-Unis, il y a une fracture, un fossé qui s'élargit, une élite politique qui a perdu le contact avec le réel, de larges composantes de la population qui vivent la stagnation économique, et un système économique qui, pour beaucoup – et même, dans certains endroits, pour la majorité –, n'est pas efficace.

L'assaut contre les classes moyennes et ses conséquences sont à peu près les mêmes des deux côtés de l'Atlantique. Il y a de la colère – une colère compréhensible. Mais voter dans la colère – ce que certains au moins ont fait au référendum britannique, suffisamment nombreux pour faire basculer le résultat vers le Brexit –, ce n'est pas résoudre le problème. Ce vote peut porter au pouvoir des politiciens qui créeront pour leurs électeurs une situation politique et économique encore pire. Il ne faut pas réagir à ce vote par une bordée de récriminations et par la colère, encore, contre ceux qui ont « mal » voté, ou contre les dirigeants politiques, qui auraient peut-être pu mieux faire pour convaincre l'électorat de « leur faire confiance » une fois de plus – de croire que les réformes qui avaient été promises seraient faites, et qu'une nouvelle Union européenne régénérée tiendrait enfin ses promesses. Au Royaume-Uni, les partis établis ont été jugés *conjointement* coupables ; aux yeux de ceux qui se sentaient trahis par la politique des trente-cinq dernières années, le simple fait que ces partis coopèrent contre le Brexit a même pu renforcer l'image d'un establishment londonien bipartisan qui, une fois de plus, défendait les politiques de l'establishment.

Le projet européen avait pour but de rapprocher les peuples et les pays d'Europe. À certains égards, il l'a fait. Dans toute l'Europe, les jeunes se considèrent aujourd'hui comme des Européens. Même au Royaume-Uni, environ les trois quarts des jeunes ont voté pour le maintien dans l'Union européenne[38]. Ils étaient pleins d'espoir dans l'avenir de l'Europe, ils pensaient qu'elle pouvait être réformée et qu'elle le serait. Peut-être était-ce simplement l'enthousiasme naïf de la jeunesse. Leurs aînés n'avaient plus d'espoir, et pour de bonnes raisons. Ils avaient vu un projet censé promouvoir la solidarité et le bien-être œuvrer dans le sens diamétralement opposé ; les intérêts des grandes entreprises et l'idéologie néolibérale semblaient l'avoir détourné. Même si les pires effets de cette situation avaient été épargnés au Royaume-Uni parce que ses dirigeants avaient judicieusement choisi de ne pas entrer dans la zone euro, les sans-emploi et tous ceux, encore plus nombreux, qui travaillaient dans des emplois mal payés *savaient* que leur situation était mauvaise ; ils *savaient* que le système était injuste ; ils *savaient* que les dirigeants politiques qui leur avaient promis une ère nouvelle de prospérité leur avaient menti. Trop de Britanniques avaient perdu non seulement espoir mais aussi confiance. Ils ont voté en conséquence.

Lorsque j'écoute les débats qui se sont ouverts de part et d'autre de la Manche après le Brxit, j'oscille entre espoir et consternation. Oui, je suis consterné de voir tant de gens, des deux côtés, ne rien comprendre à ce qui s'est passé, consterné par la ligne dure de certains dirigeants, qui ont si fidèlement servi les intérêts des grandes entreprises et qui sont eux-mêmes si nettement à l'origine des problèmes de l'Europe, consterné face à l'impossibilité de faire comprendre à ces dirigeants les principes de base de l'économie, afin qu'ils fassent les réformes de structure de la zone euro qui permettraient à l'Europe de retrouver la prospérité partagée. S'ils sont incapables de prendre, assez rapidement, des mesures dont la nécessité paraît flagrante, comment feront-ils les réformes profondes qui sont indispensables pour faire fonctionner l'Union européenne, économiquement et politiquement ?

Il y a en économie un principe de base : le passé est le passé. Des deux côtés de la Manche, la politique doit chercher à comprendre les raisons profondes de la colère, à comprendre comment, dans une démocratie, le monde politique établi a pu faire si peu pour répondre aux préoccupations de tant de citoyens, et à trouver le moyen de répondre à ces préoccupations *immédiatement*, en créant avec chaque pays, par des accords transfrontières, une Europe nouvelle, plus démocratique, qui se donne pour objectif d'améliorer le bien-être de ses citoyens. On ne le fera pas avec l'idéologie néolibérale, qui domine depuis plus de trente ans : c'est impossible. Et on ne le fera pas non plus en confondant les fins et les moyens : l'euro n'est pas une fin en soi, c'est un moyen ; bien géré, il *pourrait* apporter plus de prospérité à tous, mais mal géré, il *fera* baisser le niveau de vie d'un très grand nombre de citoyens, peut-être de la majorité. Le fait que si peu de dirigeants, sur les deux rives de la Manche, le comprennent me consterne aussi.

Mais, plus importantes peut-être que toutes ces raisons d'être pessimiste, il y a les raisons d'espérer. Un très grand nombre de gens, dans toute l'Europe, croient toujours au projet européen. Même dans des pays où l'on a toutes les raisons de désespérer, on espère encore : on espère que l'Union européenne est réformable et qu'elle sera réformée. Il existe des dirigeants politiques, dans toute l'Europe, qui comprennent les idées que j'ai exposées ici, et ils sont entrés en politique parce qu'ils croient encore que la politique démocratique peut réaliser les changements qui apporteront à tous les citoyens une prospérité équitablement répartie. Et, dans toute l'Europe, il y a en particulier les jeunes, qui manifestent par dizaines de milliers pour une Europe différente, une Europe où les nouveaux accords commerciaux, par exemple, ne serviront pas les seuls intérêts des grandes entreprises mais les intérêts généraux de la société.

Heureusement, il existe d'autres modes d'organisation possibles que ceux d'aujourd'hui, et ils peuvent créer une véritable prospérité partagée : notre tâche est de tirer les leçons du passé pour créer cette nouvelle économie et cette nouvelle politique du futur. Le référendum sur le Brexit a été un choc. J'espère que les ondes de choc qu'il déclenchera de part et d'autre de la Manche conduiront à cette Union européenne nouvelle et réformée.

Notes

PRÉFACE

1. Pour être exact, environ 45 % au début de l'année 2016, selon Eurostat.

2. Ce discours a été publié : Robert E. Lucas Jr., « Macroeconomic Priorities », *American Economic Review*, vol. 93, n° 1, 2003, p. 1-14 ; la citation se trouve p. 1.

3. Puisque chaque pays avait fixé sa monnaie à l'or, la valeur de chaque devise *par rapport* aux autres était fixe aussi.

4. Bryan a prononcé cette phrase dans son discours du 9 juillet 1896 à la convention nationale du Parti démocrate à Chicago.

5. Voir Barry Eichengreen, *Golden Fetters : The Gold Standard and the Great Depression, 1919-1939*, New York, Oxford University Press, 1992.

6. Les chiffres correspondants pour les PIB des États-Unis et de la Chine sont 17 900 milliards de dollars et 11 000 milliards de dollars, respectivement. (En parité de pouvoir d'achat [PPA], méthode souvent utilisée pour effectuer des comparaisons entre pays, on a estimé que l'Union européenne était inférieure à la Chine d'environ 1 %, mais supérieure aux États-Unis de 7 %.) En raison des variations de taux de change (la valeur de l'euro par rapport au dollar a fluctué, dans la seule année 2015, entre 1,06 et 1,13), la taille relative est variable (aux taux de

change en vigueur). En 2014, l'Union européenne a été de fait le premier bloc économique. Son recul reflète surtout l'évolution du taux de change, qui a chuté d'environ 17 %.

7. Dont le nom officiel est « Traité sur l'Union européenne ».

8. Bien évidemment, beaucoup d'autres économistes et politologues ont été, eux aussi, fascinés par la crise de l'euro, et on a vu grandir une vaste littérature qui tente de le comprendre, en abordant le sujet de nombreux points de vue différents – ceux de la crise financière, de la crise politique et de la crise économique. L'approche particulière que j'adopte dans ce livre consiste à se concentrer sur les aspects de la structure même de la zone euro – ses règles, ses réglementations et sa gouvernance – qui ont, fondamentalement, rendu presque inévitables la crise et une performance économique globalement mauvaise. Pour une vue d'ensemble des premières phases de la crise, voir Philip R. Lane, « The European Sovereign Debt Crisis », *Journal of Economic Perspectives*, vol. 26, nº 3, été 2012, p. 49-68. Pour un point de vue européen réfléchi, formulé dans les premières années de l'union monétaire, voir Tommaso Padoa-Schioppa, *The Euro and Its Central Bank : Getting United After the Union*, Cambridge, MA, MIT Press, 2004 ; et pour une vision des étapes suivantes, voir Henrik Enderlein *et al.*, « Completing the Euro : A Roadmap Towards Fiscal Union in Europe, Report of the "Tommaso Padoa-Schioppa Group" », *Notre Europe*, 2012, en ligne à l'adresse <http://www.notre-europe.eu/media/completingtheeuro-reportpadoa-schioppagroupnejune2012.pdf?pdf=ok>. Pour une vue d'ensemble un peu plus récente, voir Enrico Spolaore, « What Is European Integration Really About? A Political Guide for Economists », document de travail de la Tufts University et du NBER, juin 2013, et un numéro spécial de la revue *Journal of Macroeconomics* consacré à la crise de l'euro, « The Crisis in the Euro Area. Papers Presented at a Bank of Greece Conference », vol. 39, part B, mars 2014. Ce numéro comprend des articles des auteurs suivants (par ordre d'apparition dans la revue) : Heather D. Gibson, Theodore Palivos, George S. Tavlas, George A. Provopoulos, Vítor Constâncio, Seppo Honkapohja, Michael Bordo, Harold James, Barry Eichengreen, Naeun Jung, Stephen Moch, Ashoka Mody, John Geanakoplos, Costas Azariadis, Paul De Grauwe, Yuemei Ji, Vito Polito, Michael Wickens, C. A. E. Goodhart, Lucrezia Reichlin, Stephen G. Hall, Karl Whelan, Anabela Carneiro, Pedro Portugal et José Varejão, entre autres.

9. Dans *La Grande Désillusion* (trad. fr. de Paul Chemla, Paris, Fayard, 2002), j'expose ces échecs et mon interprétation des réalités politiques, des intérêts et des idéologies qui les sous-tendent.

10. Voir *La Grande Désillusion, op. cit.*

11. Voir, en particulier, *Le Prix de l'inégalité*, trad. fr. de Françoise et Paul Chemla, Paris, Les Liens qui libèrent, 2012 ; *La Grande Fracture : les sociétés inégalitaires et ce que nous pouvons faire pour les changer*, trad. fr. de Françoise, Lise et Paul Chemla, Paris, Les Liens qui libèrent, 2015 ; et *Rewriting the Rules of the American Economy : An Agenda for Growth and Shared Prosperity* (avec Nell Abernathy, Adam Hersh, Susan Holmberg et Mike Konczal), New York, W. W. Norton, 2015. Ces livres récents sont fondés sur mes travaux antérieurs – par exemple « Distribution of Income and Wealth Among Individuals », *Econometrica*, vol. 37, n° 3, juillet 1969, p. 382-397 – et sur « Dynastic Inequality, Mobility and Equality of Opportunity », écrit avec Ravi Kanbur, document d'analyse du Centre for Economic Policy Research n° 10542, avril 2015, à paraître dans la revue *Journal of Economic Inequality* en 2016. Kanbur a été l'un de mes principaux conseillers à la Banque mondiale.

12. Robert E. Lucas Jr., « The Industrial Revolution : Past and Future », *The Region*, Federal Reserve Bank of Minneapolis, mai 2004, p. 5-20, <https://www.minneapolisfed.org/publications/the-region/the-industrial-revolution-past-and-future>. Il poursuit : « Pour améliorer la vie des pauvres, le potentiel de la recherche d'autres façons de répartir la production actuelle n'est rien comparé au potentiel apparemment illimité de l'augmentation de la production. » Ce potentiel d'amélioration de la vie des pauvres est peut-être énorme, mais trop souvent il ne s'est pas concrétisé. L'Europe et les États-Unis en sont aujourd'hui deux vivants exemples.

13. Voir, par exemple, Stiglitz, *Le Prix de l'inégalité, op. cit.*, et les références qui y sont citées ; OCDE, « Tous concernés : pourquoi moins d'inégalité profite à tous », 21 mai 2015, en ligne à l'adresse <http://www.oecd-ilibrary.org/employment/tous-concernes-pourquoi-moins-d-inegalite-profite-a-tous_9789264235519-fr> ; Andrew G. Berg et Jonathan D. Ostry, « Inequality and Unsustainable Growth : Two Sides of the Same Coin ? », Note d'analyse du personnel du FMI 11 août, 8 avril 2011, en ligne à l'adresse <https://www.imf.org/external/pubs/ft/sdn/2011/sdn1108.pdf> ; et Jonathan D. Ostry, Andrew Berg et Charalambos G. Tsangarides, « Redistribution, Inequality, and Growth »,

Note d'analyse du personnel du FMI 14 février, février 2014, en ligne à l'adresse <https://www.imf.org/external/pubs/ft/sdn/2014/sdn1402.pdf>.

14. Bruce C. Greenwald et Joseph E. Stiglitz, « Externalities in Economies with Imperfect Information and Incomplete Markets », *Quarterly Journal of Economics*, vol. 101, n° 2, 1986, p. 229-264.

15. Je me suis particulièrement engagé dans l'étude de l'« économie des crises » quand je travaillais à la Banque mondiale et j'ai beaucoup écrit sur le sujet, seul ou avec mes collègues de cette institution. *La Grande Désillusion* donne une analyse pour le grand public. Voir aussi mes articles « Lessons from the Global Financial Crisis », *in* Joseph R. Bisignano, William C. Hunter et George G. Kaufman (éd.), *Global Financial Crises : Lessons from Recent Events*, Boston, Kluwer Academic Publishers, 2000, p. 89-109 (initialement, communication à la Conférence sur les crises financières mondiales, Banque des règlements internationaux et Federal Reserve Bank of Chicago, 6 mai 1999) ; « Financial Market Stability and Monetary Policy », *Pacific Economic Review*, vol. 7, n° 1, février 2002, p. 13-30 ; « Lessons from East Asia », *Journal of Policy Modeling*, vol. 21, n° 3, mai 1999, p. 311-330 (communication aux assemblées générales annuelles de l'American Economic Association, New York, 4 janvier 1999) ; « Responding to Economic Crises : Policy Alternatives for Equitable Recovery and Development », *Manchester School*, vol. 67, n° 5, septembre 1999, p. 409-427 (communication au North-South Institute, Ottawa, Canada, 29 septembre 1998) ; « The Procyclical Role of Rating Agencies : Evidence from the East Asian Crisis », avec G. Ferri et L.-G. Liu, *Economic Notes*, vol. 28, n° 3, novembre 1999, p. 335-355 ; « Must Financial Crises Be This Frequent and This Painful ? », *Policy Options*, vol. 20, n° 5, juin 1999, p. 23-32 (initialement conférence McKay de l'université de Pittsburgh, 23 septembre 1998) ; « Knowledge for Development : Economic Science, Economic Policy, and Economic Advice », *in* Boris Pleskovic et Joseph E. Stiglitz (éd.), *Annual World Bank Conference on Development Economics*, Washington, DC, Banque mondiale, 1998, p. 9-58.

Quels types de réformes des systèmes financiers – au niveau national et au niveau mondial – conduiraient à une plus grande stabilité ? J'ai écrit plusieurs articles sur ce thème : « Reforming the Global Economic Architecture : Lessons from Recent Crises », *Journal of Finance*, vol. 54, n° 4, août 1999, p. 1508-1521 ; « The Underpinnings of a Stable and Equitable Global Financial System : From Old Debates to New Paradigm », avec Amar Bhattacharya, *in* Boris Pleskovic et Joseph E. Stiglitz (éd.), *Annual World Bank Conference on Development Economics 1999*, Washington, DC, Banque mondiale, 2000, p. 91-130 ; « Robust Financial Restraint », avec Patrick Honohan (qui deviendrait plus tard gouverneur de la Banque centrale d'Irlande, et avec qui j'ai eu l'occasion de discuter de nombreux aspects de la crise irlandaise – dont certains sont analysés dans ce livre), *in* Gerard Caprio, Patrick Honohan et Joseph E. Stiglitz (éd.), *Financial Liberalization : How Far, How Fast ?*, Cambridge, G.-B., Cambridge University Press, 2001, p. 31-63.

Avec Jason Furman, qui allait plus tard présider le comité des conseillers économiques du président Obama, j'ai écrit un article pour tenter de comprendre les facteurs à l'œuvre non seulement dans la crise asiatique, mais dans les crises en général : « Economic Crises : Evidence and Insights from East Asia », documents de la Brookings Institution sur l'activité économique n° 2, septembre 1998, p. 1-114 (communication à la commission de la Brookings Institution sur l'activité économique, Washington, DC, 3 septembre 1998).

J'ai également écrit avec trois collègues de la Banque mondiale – Daniel Lederman, Ana María Menéndez et Guillermo Perry – deux articles pour essayer de comprendre la crise mexicaine de 1994-1995 : « Mexican Investment after the Tequila Crisis : Basic Economics, 'Confidence' Effect or Market Imperfection ? », *Journal of International Money and Finance*, vol. 22, n° 1, février 2003, p. 131-151 ; et « Mexico – Five Years After the Crisis », in *Annual Bank Conference on Development Economics 2000*, Washington, DC, Banque mondiale, 2001, p. 263-282. Enfin, avec deux autres collègues de la Banque mondiale – Wiliam R. Easterly et Roumeen Islam –, j'ai écrit deux articles qui s'efforçaient de comprendre les forces qui sous-tendent l'instabilité économique : « Shaken and Stirred : Explaining Growth Volatility », in *Annual Bank Conference on Development Economics 2000*, Washington, DC, Banque mondiale, 2001, p. 191-212 ; et « Shaken and Stirred : Volatility and Macroeconomic Paradigms for Rich and Poor Countries », *in* Jacques Dreze (éd.), *Advances in Macroeconomic Theory*, Conférence de l'International Economic Association, vol. 133, Houndsmills, G.-B., Palgrave, 2001, p. 353-372 (discours prononcé pour la conférence à la mémoire de Michael Bruno, 12e Congrès mondial de l'IEA, Buenos Aires, 27 août 1999).

Mes travaux sur ces crises ont eu un effet important : ils m'ont aidé à comprendre ce qui n'allait pas dans l'économie monétaire traditionnelle, comme je l'explique dans *Économie monétaire : un nouveau paradigme* (trad. fr. de Philippe Ricalens, Paris, Economica, 2005). Je ferai souvent référence à ce livre dans les pages qui suivent.

16. Le modèle s'appelle « modèle d'équilibre dynamique stochastique ». Il n'explique même pas comment cet « équilibre » est atteint. Il postule simplement qu'il l'est.

17. Voir, par exemple, Joseph E. Stiglitz et Bruce Greenwald, *Économie monétaire : un nouveau paradigme, op. cit.* ; et mon livre *Le Triomphe de la cupidité*, trad. fr. de Paul Chemla, Paris, Les Liens qui libèrent, 2010.

REMERCIEMENTS

1. Ces communications ont ensuite été publiées : « Can the Euro Be Saved? An Analysis of the Future of the Currency Union », *Rivista di Politica Economica*, n° 3, juillet-septembre 2014, p. 7-42 ; et « Crises : Principles and Policies : With an Application to the Eurozone Crisis », *in* Joseph E. Stiglitz et Daniel Heymann (éd.), *Life After Debt : The Origins and Resolutions of Debt Crisis*, Houndmills, G.-B., et New York, Palgrave Macmillan, 2014, p. 43-79.

2. Le rapport de la commission a été publié sous le titre *Le Rapport Stiglitz : pour une vraie réforme du système monétaire et financier international*, avec les membres de la commission d'experts sur les réformes du système monétaire et financier international réunie par le président de l'Assemblée générale des Nations unies, trad. fr. de Françoise et Paul Chemla, Paris, Les Liens qui libèrent, 2010.

3. Il allait ensuite devenir président de la Banque centrale de Tunisie au lendemain du Printemps arabe. Nous avons travaillé ensemble, après 2011, pour faciliter un passage en douceur à la démocratie. Précédemment, nous avions coopéré en tant que membres du Groupe d'experts de haut niveau établi par le secrétaire général des Nations unies en 1993 pour analyser des aspects cruciaux de la politique de développement à la lumière de la pensée nouvelle sur les problèmes économiques et sociaux. Les conclusions de ce groupe de travail ont été publiées : Edmond Malinvaud *et al.* (éd.), *Development Strategy and the Management of the Market Economy*, t. I, Oxford, Clarendon Press, 1997.

4. Nous avons travaillé ensemble, avec John Page, à un important projet d'évaluation des leçons à tirer, pour le développement, des

succès de l'Asie orientale, qui a été plus tard publié : Banque mondiale, *The East Asian Miracle : Economic Growth and Public Policy*, New York, Oxford University Press, 1993. Marilou Uy et moi avons aussi étudié le rôle précis du secteur financier : « Financial Markets, Public Policy, and the East Asian Miracle », *World Bank Research Observer*, vol. 11, n° 2, août 1996, p. 249-276.

5. Nous avons publié ensemble un article sur une question vitale dans la crise : « Sovereign Debt and Joint Liability : An Economic Theory Model for Amending the Treaty of Lisbon », *Economic Journal*, vol. 125, n° 586, août 2015, p. F115-F130.

CHAPITRE 1

1. Par souci de cohérence, partout où c'est possible, la source des chiffres est le FMI, sauf mention contraire. (Au moment où j'écris, certains chiffres de 2014 et de 2015 sont des estimations des services du FMI.) D'autres sources donneront des chiffres différents mais le profil général restera le même.

L'Union européenne compte vingt-huit pays. La Bulgarie, la Croatie, le Danemark, la Hongrie, la Pologne, la République tchèque, la Roumanie, le Royaume-Uni et la Suède appartiennent à l'Union mais n'utilisent pas l'euro. Le Royaume-Uni et la Suède ont dit clairement qu'ils ne comptaient pas passer à l'euro dans l'avenir prévisible. Dix-neuf pays font actuellement partie de la zone euro, mais en 2007 encore ils n'étaient que treize : l'Allemagne, l'Autriche, la Belgique, l'Espagne, la Finlande, la France, l'Irlande, l'Italie, le Luxembourg, les Pays-Bas, le Portugal, la Grèce et la Slovénie. (Chypre, l'Estonie, la Lettonie, la Lituanie, Malte et la Slovaquie sont passées à l'euro entre 2008 et 2015.) Comme nous le préciserons plus loin au chapitre 2, il existe en Europe de nombreux autres regroupements économiques.

Tout au long du livre, quand je fais des comparaisons entre le présent et l'époque qui a précédé la crise financière, je n'utilise en général que les chiffres des treize pays qui appartenaient à la zone euro au 1er janvier 2007. Lorsque j'analyse les chiffres d'années plus récentes, je définis généralement la zone euro telle qu'elle était au moment dont il s'agit. Dans la mesure du possible, je précise quels sont les pays inclus dans telle ou telle analyse – quand cela n'interrompt pas indûment le fil du texte.

2. Il est passé de 30 294 dollars en 2007 (produit intérieur brut par habitant, prix constants, 2010) à 29 752 dollars en 2015 (chiffre estimé).

3. Il n'existe chez les économistes aucune définition communément admise du mot « dépression ». Je l'emploie dans son sens courant : une affaiblissement grave de l'économie avec un chômage élevé et un PIB inférieur à son pic précédent.

4. Tout au long du livre, j'utilise la base de données Eurostat pour le chômage, la pauvreté, l'inégalité, le coût du travail et les chiffres sur l'émigration, sauf mention contraire. (Eurostat est l'agence statistique officielle de l'Union européenne.) Le taux de chômage de la zone euro était de 10,2 % en mars 2016, après un pic au-dessus de 12 % en 2013. Il est généralement resté à deux chiffres depuis la fin de l'année 2009. En revanche, le taux américain a connu un pic de courte durée au-dessus de 10 % en octobre 2009, puis a entamé depuis 2010 une baisse presque régulière, qui l'a conduit à 5 % en avril 2016. J'examinerai plus précisément ces statistiques au chapitre 3.

5. En mars 2016, le taux de chômage des jeunes dans la zone euro était de 21 %. En Grèce et en Espagne, les pays les plus durement touchés, il était de 52 % (en janvier, dernier mois pour lequel nous avons un chiffre) et 46 % respectivement.

6. Ou, dans le cas de l'Espagne, jusqu'à 5,9 % en 2012. Le moyen habituel de mesurer la gravité de la situation est d'examiner le spread, le supplément de taux d'intérêt qu'un pays doit payer en plus de ce que paie l'Allemagne. En 2012, le spread a atteint 21 % pour la Grèce et 4,4 % pour l'Espagne. Source : chiffres de l'OCDE sur les taux d'intérêt à long terme (rendements des obligations d'État à 10 ans) en ligne à l'adresse <https://data.oecd.org/interest/long-term-interest-rates.htm>.

7. Cela dit, la responsabilité de fixer la politique publique, souvent, n'est pas vraiment décentralisée en pratique – tout provient du Conseil des ministres. Et la subsidiarité est un principe qu'on honore en le violant plus qu'en le respectant.

8. Chiffres de l'Union européenne.

9. Congressional Budget Office, « Summary of the Budget and Economic Outlook : 2016 to 2026 », 19 janvier 2016, en ligne à l'adresse <https://www.cbo.gov/publication/51129>.

10. C'est vrai, il est important de le comprendre, même pour les pays qui ne sont pas soumis à un « programme » – qui ne sont pas dans la situation où ils ont emprunté de l'argent à leurs partenaires dans un prêt assorti de *conditions* qu'ils doivent satisfaire. La Commission

européenne (CE) a le pouvoir de mettre son veto à un budget lorsqu'elle estime qu'il ne satisfait pas certaines conditions.

En octobre 2015, 62 % des électeurs portugais ont voté pour des partis hostiles à l'austérité. C'était l'enjeu central du scrutin. Quand le gouvernement fraîchement élu d'António Costa a proposé un budget *moins* austère, la Commission européenne a menacé de lui mettre son veto. Finalement, un compromis a été conclu : Costa a accepté une coupe de 135 millions d'euros, ce qui montre à quel degré de détail descend la Commission européenne (135 millions d'euros représentent moins de 0,01 % du PIB du Portugal) (Peter Spiegel et Peter Wise, « Portugal Agrees Extra 135m Euro Budget Cuts to Avoid Brussel Veto », *Financial Times*, 7 février 2016, p. 4).

11. Le Royaume-Uni aussi, *à présent*, a retenu l'objectif de stabilité – parce qu'il a tiré les leçons de la crise. Un des problèmes majeurs de la zone euro est qu'elle n'a pas la flexibilité nécessaire pour intégrer les « leçons de l'histoire » à mesure qu'elles apparaissent.

12. Comme je l'ai dit, ce livre ne peut pas retracer l'histoire de l'euro. Un des facteurs essentiels dans sa création a été le travail du président de la Commission européenne Jacques Delors, qui avait été ministre français des Finances, et son rapport de 1989 (le rapport Delors), qui a ouvert la voie au traité de Maastricht trois ans plus tard.

13. J'emploierai les expressions *fondamentalisme du marché* et *néolibéralisme* de façon interchangeable et un peu imprécise. Évidemment, tout le monde n'adhère pas à ces théories au même degré. Certains peuvent estimer, par exemple, que *normalement* les marchés opèrent une allocation efficace des ressources et que nous pouvons leur faire confiance, tout en jugeant malgré tout nécessaire de réglementer les banques, parce qu'ils reconnaissent qu'il y a, dans ce secteur précis, de gros échecs du marché. La plupart des néolibéraux européens ne sont jamais allés aussi loin que ceux de certains pays, qui préconisent de privatiser pratiquement tout ce que fait l'État, même le système judiciaire.

14. Le scepticisme sur l'Union européenne, très répandu, aurait dû inspirer aux dirigeants européens encore plus de circonspection pour l'idée d'aller de l'avant avec un projet « incomplet ». Au chapitre suivant, je décrirai l'ampleur du sentiment « eurosceptique », tel qu'il s'exprime dans les sondages et les référendums.

15. Tout au long de ce livre, je parle du « PIB réel », des « salaires réels », etc. Cela signifie que j'ajuste le PIB courant, ou les salaires courants, pour tenir compte de l'inflation.

16. Comme je l'ai déjà expliqué, ici, quand je parle du PIB de la zone euro, je veux dire celui des treize pays membres de la zone euro au 1er janvier 2007 (voir note 1 du présent chapitre).

17. Tout au long du livre, j'entends par « taux de croissance moyen » le taux de croissance moyen annualisé – le taux de croissance qui aurait réalisé l'augmentation constatée pendant la période.

18. Et, comme nous le soulignons au chapitre 3, la performance de l'Allemagne a même été nettement inférieure à celle du Japon.

19. Voir Oxfam, «The True Cost of Austerity and Inequality : Germany Case Study», septembre 2013. Selon Oxfam, les salaires réels en Allemagne ont baissé en moyenne de 1,6 % par an de 2002 à 2012. Les chiffres de l'OCDE montrent une forte diminution des salaires du neuvième décile par rapport à ceux du cinquième, et une augmentation du pourcentage de travailleurs à bas salaires (travailleurs à temps plein gagnant moins des deux tiers de la rémunération médiane brute de l'ensemble des travailleurs à temps plein), passé de moins de 16 % à près de 20 %. Même si l'Allemagne a fait un bien meilleur travail que les États-Unis pour « corriger » la forte hausse de l'inégalité des revenus marchands, la montée de la pauvreté suggère que son effort est loin d'être un succès total.

20. La naissance de l'euro est généralement datée du 1er janvier 1999, date à laquelle les taux de change entre les pays sont devenus fixes, bien que l'euro proprement dit ne soit entré en circulation qu'en 2002.

21. J'analyse la crise asiatique dans mon livre *La Grande Désillusion.*

22. Le travail fondateur dans ce domaine est celui de Robert Mundell. Voir son article « A Theory of Optimum Currency Areas », *American Economic Review,* vol. 51, nº 4, 1961, p. 657-665.

23. Deux études, l'une publiée en 2013 dans le *British Medical Journal* et l'autre en 2014 dans le *British Journal of Psychiatry,* ont établi que le nombre de suicides a augmenté particulièrement en Europe dans le sillage de la Grande Récession. Une autre, publiée par la revue *BMJ Open,* a révélé qu'il s'est accru de 35 % en Grèce entre 2010 et 2012. Une autre encore, publiée en 2014 dans la revue *Social Science & Medicine,* a démontré que l'augmentation des suicides en Grèce pouvait être étroitement liée à l'austérité budgétaire. Voir Nikolaos Antonakakis et Alan

Collins, «The Impact of Fiscal Austerity on Suicide : On the Empirics of a Modern Greek Tragedy», vol. 112, 2014, p. 39-50.

24. La balance des comptes courants comprend la balance commerciale, le revenu primaire net ou revenu des facteurs (les gains rapportés par les investissements à l'étranger moins les paiements effectués aux investisseurs étrangers) et les transferts de liquidités nets, pendant une période donnée.

25. Comme Keynes l'a écrit un jour, à long terme, «nous serons tous morts» (*La Réforme monétaire*, trad. fr. de Paul Franck, Paris, Éd. du Sagittaire, 1924, p. 100).

26. Par exemple, ils n'intègrent pas, ou pas autant qu'il le faudrait, des imperfections essentielles du marché – comme l'irrationalité des marchés financiers, que soulignent les travaux du prix Nobel d'économie Rob Shiller (voir notamment son livre *Exubérance irrationnelle*, trad. fr. d'Antoine Dublanc, Hendaye, Valor, 2000), ou les omniprésentes imperfections de l'information (mises en lumière par les prix Nobel d'économie Michael Spence, George Akerlof et moi).

Pour une plus longue analyse des échecs des modèles macroéconomiques standard, voir par exemple Stiglitz, «Rethinking Macroeconomics : What Failed and How to Repair It», *Journal of the European Economic Association*, vol. 9, n° 4, 2011, p. 591-645; et Stiglitz, «Stable Growth in an Era of Crises : Learning from Economic Theory and History», *Ekonomi-tek*, vol. 2, n° 1, 2013, p. 1-38 (initialement prononcé comme conférence d'orientation à la Turkish Economic Association, Izmir, novembre 2012). Voir aussi Olivier J. Blanchard, David Romer, Michael Spence et Joseph E. Stiglitz (éd.), *In the Wake of the Crisis : Leading Economists Reassess Economic Policy*, Cambridge, MA, MIT Press, 2012.

27. Certains observateurs ont souligné que même l'Allemagne, sur son territoire, suit un modèle social contraire à bien des égards aux conditions imposées à la Grèce et à d'autres pays. Mais, comme je le soutiendrai plus loin, ces dispositifs économiques et sociaux naissent d'un sentiment de solidarité; la solidarité interne de l'Allemagne est manifestement très différente de celle qu'elle exprime en dehors de ses frontières.

Les débats en cours démontrent la complexité de la politique : si l'Allemagne a récemment imposé pour la première fois un salaire minimum, elle a aussi imposé des contraintes à ses dépenses publiques (ce qu'on appelle un « frein à l'endettement »), forme modérée d'austérité qui risque de ralentir la croissance allemande en deçà de sa performance anémique de ces dernières années.

La crise des migrants, qui suscite une attention sans précédent depuis l'été 2015, illustre aussi la complexité de ces problèmes. L'Allemagne s'est montrée extrêmement généreuse, au moins au départ. Environ un million de migrants sont arrivés dans le pays au cours de l'année 2015, et Berlin a annoncé son intention d'accepter 500 000 réfugiés par an au cours des prochaines années. Néanmoins, l'Allemagne fait une distinction forte entre les réfugiés et ceux qui veulent entrer sur son territoire à seule fin d'échapper à la souffrance économique. Et vers la fin de l'année, on ne savait plus très bien si le pays allait ou non accorder une protection durable à ceux qui fuyaient la guerre.

Début 2016, la situation des migrants en Allemagne était suffisamment mauvaise pour que beaucoup choisissent de regagner les zones de guerre au lieu de rester dans le pays, et l'Allemagne a facilité ce flux de retours en payant le voyage. En 2015, 37 000 migrants se sont portés candidats à son programme de rapatriement volontaire, trois fois plus qu'en 2014. (Guy Chazan, « Frustrated Iraqis Head Home as German Services Struggle », *Financial Times*, 7 février 2016, p. 4.)

28. Le modèle social européen a de nombreuses variantes. Certaines comprennent une coopération des syndicats et des employeurs avec l'État (les partenaires sociaux) pour résoudre les problèmes de la société. Il peut y avoir une négociation collective au niveau national ; dans d'autres cas, ce sont des négociations sectorielles. Les systèmes de protection sociale sont plus forts dans certains pays que dans d'autres.

29. Il existe toutefois en économie comportementale une littérature fournie qui suggère que les individus ne font pas preuve de ce type de rationalité.

30. C'est ce qu'on appelle le biais de confirmation. Une vaste littérature montre l'importance de ce phénomène.

31. C'est au moyen d'obligations que les pays, les entreprises et d'autres institutions empruntent sur les *marchés des capitaux*, et non aux banques. Ces obligations ne sont rien d'autre qu'une reconnaissance de dette, une promesse de payer avec des intérêts, qui peut être achetée et vendue.

32. Dans un de mes livres précédents, *Le Triomphe de la cupidité*, j'ai montré comment l'idéologie néolibérale sur laquelle on a fondé la zone euro a conduit à la crise financière, et, dans *La Grande Désillusion*, j'ai expliqué que c'est à cause de la même idéologie que la mondialisation n'a pas tenu ses promesses. Dans la suite de ce livre, je décris certaines des recherches économiques de base qui ont détruit les prémisses du fondamentalisme du marché ou néolibéralisme.

33. Le travail fondateur a été celui de Kenneth Arrow et Gerard Debreu (pour lequel ils ont tous deux reçu le prix Nobel) : Kenneth J. Arrow, « An Extension of the Basic Theorems of Classical Welfare Economics », *in* J. Neyman (éd.), *Proceedings of the Second Berkeley Symposium on Mathematical Statistics and Probability*, Berkeley, University of California Press, 1951, p. 507-532 ; Gerard Debreu, « Valuation Equilibrium and Pareto Optimum », *Proceedings of the National Academy of Sciences*, vol. 40, n° 7, 1954, p. 588-592 ; et Debreu, *Théorie de la valeur*, trad. fr. de J.-M. Comar et Janine Quintard, Paris, Dunod, 1965, 3e éd. 2001. Les situations repérées par ces auteurs dans lesquelles les marchés ne conduisaient pas à l'efficacité ont été appelées *échecs du marché*. Par la suite, Greenwald et Stiglitz ont montré que, chaque fois que l'information était imparfaite et les marchés incomplets – autant dire : toujours –, les marchés n'étaient pas efficaces (« Externalities in Economies with Imperfect Information and Incomplete Markets »). Et, bien sûr, Keynes avait déjà souligné auparavant que les marchés laissés à eux-mêmes ne maintiennent pas le plein emploi.

34. Voir James Edward Meade, *The Theory of International Economic Policy*, t. II, *Trade and Welfare*, Londres, Oxford University Press, 1955 ; et Richard G. Lipsey et Kelvin Lancaster, « The General Theory of Second Best », *Review of Economic Studies*, vol. 24, n° 1, 1956, p. 11-32.

35. Voir David Newbery et J. E. Stiglitz, « Pareto Inferior Trade », *Review of Economic Studies*, vol. 51, n° 1, 1984, p. 1-12.

36. Le MCE a été brisé *de facto* en 1992 par l'attaque contre la livre britannique, suivie par les assauts contre les devises de la Suède et de l'Espagne. Depuis la naissance de l'euro, il perdure dans ce qu'on appelle parfois le MCE II, une bande de fluctuation liant la couronne danoise à l'euro.

37. Si le sens fondamental de « plein emploi » est clair – tous ceux qui souhaitent un emploi peuvent en trouver au salaire en vigueur pour les personnes de mêmes qualifications et compétences –, la définition

précise de l'expression est quelque peu controversée. L'idée générale est que le marché du travail est juste assez fluide – il y a autant de demandeurs d'emploi que d'employeurs qui recherchent des salariés –, et qu'il n'y a aucune pression inflationniste. En raison des frictions du marché du travail – il faut du temps pour trouver une bonne correspondance entre employeurs et employés –, ce « taux naturel » du chômage est supérieur à zéro, il se situe normalement autour de 2 à 3 %. Le chômage peut aussi être dû à des rigidités dans l'ajustement des salaires relatifs – il est possible que le marché du travail qualifié soit si tendu que les salaires augmentent, mais qu'il y ait malgré tout du chômage chez les non-qualifiés. On appelle parfois ce niveau de chômage le « chômage structurel ». L'expression « plein emploi » indique simplement que le chômage existant n'est pas dû à la faiblesse de la demande dans l'économie. (Pour une analyse plus approfondie de ce concept et des problèmes que pose la détermination du taux de chômage au-dessous duquel l'inflation commence à monter, voir chapitre 9, note 9.)

CHAPITRE 2

1. Avec les États-Unis, si l'on mesure en appliquant le taux de change. Le classement précis dépend des fluctuations de ce taux.

2. Voir le livre que j'ai écrit avec Linda Bilmes, *Une guerre à trois mille milliards de dollars*, trad. fr. de Paul Chemla, Paris, Fayard, 2008.

3. Le fait qu'elle a été prête à soutenir des sanctions économiques fortes montre l'importance des considérations non économiques.

4. En fait, dans la conception des programmes destinés à la Grèce et aux autres pays en crise, nous constatons les « bienfaits » douteux de l'action collective de l'Europe : des politiques qui entraînent un pays après l'autre dans la dépression. Même dans ce cas, l'unité n'a pas été atteinte par un rapprochement des points de vue. Il y a, certes, de nombreux pays qui sont d'accord avec l'Allemagne et le « consensus ». Mais le consensus de la zone euro s'est instauré, au moins en partie, par peur de l'Allemagne. L'Italie et la France ont exprimé haut et fort leur désaccord avec l'austérité. Elles *savent* que l'austérité ne fonctionne pas, notamment poussée à l'extrême comme on l'a fait. Certains des autres pays en crise pensent de même. Mais les pays qui sont dépendants de l'aide allemande – ou le sont potentiellement – ne veulent pas contrarier l'Allemagne. Dans d'autres pays encore, la question n'est pas de savoir

si l'austérité va fonctionner ou non. Elle est simple : leurs électeurs ne supportent pas l'idée de venir en aide à des États dont les citoyens sont mieux lotis qu'eux-mêmes. Dans ce sens, le soutien consensuel aux politiques de crise reflète en réalité le manque de solidarité interne en Europe.

5. Il y a bien sûr d'autres domaines que l'interventionnisme militaire où l'Europe, si elle parlait d'une seule voix, pourrait avoir plus d'influence – aux Nations unies, à la Banque mondiale, au FMI et dans les négociations internationales en général.

6. Il importe ici de faire une distinction entre les espoirs et les attentes qu'avaient les dirigeants de l'Europe à l'égard de l'Union européenne et de l'euro précisément – c'est surtout la première qu'ils ont présentée comme un effort pour rassembler le continent. Néanmoins, il est indéniable que, pour nombre d'entre eux, l'instauration d'une monnaie commune faisait partie intégrante de cette vision. Quand le chancelier allemand Helmut Kohl a déclaré en 1995 que les enjeux de l'intégration européenne étaient «la guerre et la paix au XXIe siècle», ce n'était pas seulement pour promouvoir l'idée de l'Union européenne – qui, bien que naissante, avait déjà été créée avec succès –, mais aussi l'intégration économique et monétaire totale de l'Europe. À en croire sa biographie, «l'objectif ultime de Kohl était [...] [de] garantir que la paix prévaudrait. “Nous sommes déterminés à rendre ce processus irréversible”, dit-il. De son point de vue, le moyen d'y parvenir [est] la monnaie commune, qui va créer un lien fort entre les économies européennes» (Henrik Bering, *Helmut Kohl : The Man Who Reunited Germany, Rebuilt Europe, and Thwarted the Soviet Empire*, Washington, DC, Regnery, 1999, p. 164). La formulation de son objectif, rendre le processus d'intégration irréversible, souligne combien il était important pour les créateurs de l'euro de régler judicieusement tous les détails – ce que malheureusement ils n'ont pas fait. Voir le chapitre 1 pour une plus longue analyse de la création de l'euro, et voir également Alan Cowell, «Kohl Casts Europe's Economic Union as War and Peace Issue», *New York Times*, 17 octobre 1995. On se dira, bien sûr, que l'interdépendance économique accroît les coûts d'une guerre, donc la rend moins probable. Mais l'Union européenne avait déjà réalisé une intégration économique très étendue. La question est donc : l'intégration économique supplémentaire (s'il y en a une) qui résulte d'une union monétaire a-t-elle un effet additionnel important?

7. L'ouvrage classique d'Adam Smith est *La Richesse des nations* (1776).

8. Ricardo (1772-1823) est le père de la théorie de l'avantage comparatif.

9. Dont l'existence peut en fait renforcer les arguments en faveur de l'intégration économique.

10. Joseph E. Stiglitz, « Devolution, Independence, and the Optimal Provision of Public Goods », *Economics of Transportation*, vol. 4, nº 1-2, mars-juin 2015, p. 82-94.

11. Voir le livre que j'ai écrit avec Bruce C. Greenwald, *Creating a Learning Society : A New Approach to Growth, Development, and Social Progress*, New York, Columbia University Press, 2014 ; éd. abrégée, 2015 ; trad. fr. de l'éd. abrégée, *La Société de l'apprentissage*, Paris, Les Liens qui Libèrent, à paraître.

12. Les économistes utilisent l'expression *biens publics*, ou *biens publics purs*, dans un sens technique, pour désigner les biens qui sont *intrinsèquement* publics – c'est-à-dire tels que, lorsqu'un individu supplémentaire en jouit, il n'y a aucun coût. De nombreux biens fournis par les pouvoirs publics ne sont pas des biens publics dans ce sens. Le savoir est un exemple de ce type de bien public : quand un individu de plus sait quelque chose, cela n'enlève rien à ce que les autres savent.

13. On attribue généralement l'obsession de l'Allemagne pour l'inflation à son expérience de l'entre-deux-guerres et à l'ascension d'Hitler. Mais disons-le clairement : Hitler est arrivé au pouvoir quand l'Allemagne a subi le chômage massif. Ce n'est pas l'inflation, c'est le chômage qui a provoqué la montée du nazisme. (Voir Robert Skidelsky, *John Maynard Keynes : The Economist as Saviour 1920-1937*, Londres, Macmillan, 1992.) Ceux qui prétendent le contraire réécrivent l'histoire. Puisque les dirigeants allemands connaissaient les coûts politiques et sociaux du chômage de masse, on aurait pu croire qu'ils consacreraient toute leur attention à faire en sorte qu'il *ne se produise pas*. Mais, comme nous l'expliquerons au chapitre 7, ils ont fait exactement l'inverse : les politiques qu'ils ont exigées en Grèce et en Espagne ont entraîné, de façon tout à fait prévisible, des taux de chômage *très* élevés ; et nous commençons déjà à en voir les inquiétantes conséquences politiques.

14. Les citoyens roumains, par exemple, ont le droit d'*émigrer* au Royaume-Uni (puisque les deux pays sont dans l'Union européenne),

mais, puisque le Royaume-Uni n'est pas dans l'espace Schengen, ils doivent encore se soumettre au contrôle des passeports.

15. La Croatie, la Hongrie et la Roumanie sont candidates mais pas encore membres.

16. La politique agricole commune de l'Union européenne, fort controversée, représente environ 40 % de son budget. Voir Commission européenne, *Comprendre les politiques de l'Union européenne : agriculture*, Luxembourg, Office des publications de l'Union européenne, 2014, en ligne à l'adresse <http://europa.eu/pol/pdf/flipbook/fr/agriculture_fr.pdf>; et Commission européenne, «Adoption du budget de l'UE pour 2016», 25 novembre 2015, en ligne à l'adresse <http://ec.europa.eu/budget/news/article_fr.cfm?id=201511251641>.

17. Bien que, comme l'ont démontré les récents événements en Grèce, même ce risque-là n'ait pas été pleinement éliminé. Le passage à une union monétaire peut changer la nature du risque – les petits réalignements fréquents font place à de grands changements épisodiques et cataclysmiques. Fondamentalement, les seconds peuvent faire courir un risque encore plus grand.

18. Les partisans des taux de change fixes suggèrent qu'au lieu des taux, on pourrait ajuster les salaires et les prix. Dans les chapitres qui suivent, nous expliquerons pourquoi, très généralement, les ajustements des salaires et des prix ne peuvent servir efficacement de substitut.

19. Ce défaut de paiement était, à cette date, le plus gros de l'histoire. Bien entendu, les cours élevés des matières premières, essentiellement dus à la croissance rapide de la Chine, ont joué un rôle important dans le succès de l'Argentine après la dévaluation.

20. J'ai expliqué ailleurs pourquoi, en particulier dans ce type de situation, le PIB n'est pas une bonne mesure de la performance économique globale. Voir Joseph E. Stiglitz, Amartya K. Sen et Jean-Paul Fitoussi, *Performances économiques et progrès social*, 2 vol., *Vers de nouveaux systèmes de mesure* et *Richesse des nations et bien-être des individus*, Paris, Odile Jacob, 2009.

21. Ces remarques valent aussi pour la situation intérieure de chaque pays : quand il y a trop d'inégalités, il est souvent difficile de financer les formes d'action collective nécessaires pour garantir la performance globale de la société. C'est l'une des raisons pour lesquelles l'inégalité coûte si cher. Voir Stiglitz, *Le Prix de l'inégalité*, *op. cit.*

22. Voir Scott J. Wallsten, « An Econometric Analysis of Telecom Competition, Privatization, and Regulation in Africa and Latin America », *Journal of Industrial Economics*, vol. 49, nº 1, 2001, p. 1-19 ; Anzhela Knyazeva, Diana Knyazeva et Joseph E. Stiglitz, « Ownership Change, Institutional Development and Performance », *Journal of Banking and Finance*, vol. 37, nº 7, 2013, p. 2605-2627.

23. Voir David E. Sappington et Joseph E. Stiglitz, « Privatization, Information and Incentives », *Journal of Policy Analysis and Management*, vol. 6, nº 4, 1987, p. 567-582 ; Herbert A. Simon, « Organizations and Markets », *Journal of Economic Perspectives*, vol. 5, nº 2, printemps 1991, p. 25-44.

24. Si l'on utilise l'indice du coût de la main-d'œuvre (ICM) d'Eurostat sur les salaires et traitements, l'ICM de la Grèce était de 108,7 en 2007 ; en 2014 (dernière année pour laquelle nous avons des chiffres), il était de 91,5 ; il a donc baissé de 15,8 %. D'autres mesures des coûts de main-d'œuvre donnent des réductions un peu plus faibles.

25. Voir par exemple l'analyse détaillée, au chapitre 8, de l'accord conclu par le Premier ministre grec Alexis Tsipras avec la Troïka le 12 juillet 2015 (que beaucoup considèrent comme les « termes de la capitulation » de la Grèce).

26. Ces questions de droits des travailleurs sont analysées plus longuement au chapitre 8.

27. Voir Robert N. Mefford, « The Effect of Unions on Productivity in a Multinational Manufacturing Firm », *Industrial and Labor Relations Review*, vol. 40, nº 1, 1986, p. 105-114 ; et Kim B. Clark, « The Impact of Unionization on Productivity : A Case Study », *Industrial and Labor Relations Review*, vol. 33, nº 4, 1980, p. 451-469.

28. Les économistes soulignent aussi qu'aucune règle ne peut envisager pleinement toutes les éventualités pertinentes. C'est l'une des raisons, par exemple, pour lesquelles, avec les autres membres de l'administration Clinton, je me suis opposé si fermement à un amendement à la constitution des États-Unis qui aurait interdit les déficits (c'est-à-dire exigé que le budget soit en équilibre) : nous savions qu'il y aurait des situations comme la Grande Récession de 2008. On peut, bien sûr, écrire des règles plus compliquées, en prévoyant certaines éventualités. Mais il est impossible de les anticiper toutes. Dans la même veine, des conservateurs comme Milton Friedman avaient recommandé aux autorités monétaires d'utiliser des règles simples, comme l'expansion

de la masse monétaire à un taux fixe. Mais le modèle qui fondait cette recommandation, si satisfaisantes qu'aient pu être ses prévisions dans les décennies antérieures, a perdu toute validité à partir des années 1970. Les États qui ont adopté sa règle simpliste ont constaté que leurs économies fonctionnaient mal.

29. Notons bien que, si les pays d'Europe centrale et orientale qui sont entrés dans l'Union européenne ont eu de bien meilleurs résultats que ceux qui ne l'ont pas fait, la croissance de la plupart de ces pays a été décevante, à l'exception de la Pologne.

30. La participation aux référendums qui ont rejeté l'euro a été impressionnante : au Danemark, 53 % ont voté contre, avec un taux de participation de 87,6 %, le 28 septembre 2000 ; en Suède, 56 % ont voté contre, avec un taux de participation de 81 %, le 14 septembre 2003. Les Irlandais ont voté à 69 % oui au traité de Maastricht en 1992, mais, après le rejet de la constitution européenne par les électeurs en France et aux Pays-Bas, le référendum prévu en Irlande sur le sujet n'a jamais eu lieu. Le Royaume-Uni a décidé de ne pas entrer dans la zone euro mais sans soumettre la question à un vote populaire. Un sondage de 2015 a montré que 70 % des électeurs britanniques étaient opposés à une entrée dans l'euro (*Daily Mail*, 30 décembre 2015). Un sondage de 2009 avait indiqué une opposition du même ordre (71 %) (*Guardian*, 1er janvier 2009). Un sondage de 2012 est à remarquer : il a révélé que même chez les Allemands, 65 % pensaient qu'ils seraient mieux sans l'euro, et que, s'ils avaient dû revoter cette année-là, 64 % des Français auraient rejeté le traité de Maastricht (qui a créé l'euro) (Reuters, 17 septembre 2012).

31. On trouvera ces points et les autres détails du programme dans le document « Memorandum of Understanding between the European Commission Acting on Behalf of the European Stability Mechanism and the Hellenic Republic and the Bank of Greece », 19 août 2015, en ligne à l'adresse <http://ec.europa.eu/economy_finance/assistance_eu_ms/greek_loan_facility/pdf/01_mou_20150811_en.pdf>. Les articles de presse du moment décrivent les négociations qui ont abouti à ces accords, mais les documents officiels, bien sûr, ne font aucune allusion à des différences de position entre les parties.

CHAPITRE 3

1. Selon les chiffres du FMI, l'Irlande a eu un taux de croissance de 7,8 % en 2015, taux qui dépasse d'environ 1,5 point de pourcentage celui de la deuxième économie par ordre de taux de croissance, Malte. Dans le reste de l'Europe, seule Malte a eu une croissance supérieure à 5 % sur l'année.

Tout au long de ce chapitre (et du livre), j'examine la hausse du PIB réel – autrement dit, je corrige en fonction de l'inflation. Lorsqu'on fait ces comparaisons, on doit choisir une année de base et exprimer le PIB de chaque année par sa valeur dans les dollars ou les euros de cette année-là. Quand on étudie la croissance, le choix des années de base ne fait guère de différence ; mais, bien sûr, le PIB de 2015 exprimé en prenant comme base 2010 ne sera pas le même que si on avait pris comme base 2009. Dans la plupart des cas, j'ai ajusté le PIB pour prendre comme base 2010, parce que c'est l'année qu'utilisent la plupart des sources officielles. Dans les cas où d'autres années de base ont été utilisées, j'ai dû ajuster les chiffres à la base 2010. (Dans le cas des États-Unis, par exemple, puisque le niveau des prix américains – tel qu'on le calcule pour le PIB, ce qu'on appelle le déflateur du PIB – a augmenté de 8,4 % entre 2010 et 2015, pour convertir des chiffres du PIB de 2010 en dollars de 2015, il suffit de multiplier les chiffres de 2010 par 1,084.)

Effectuer des comparaisons dans le temps pose un problème technique. Il peut y avoir des changements dans le panier de biens marchands, et le taux d'inflation peut dépendre du panier de biens marchands. Il peut donc y avoir de légères différences dans les taux estimés de croissance réelle suivant l'année que l'on choisit comme base. Les économistes ont « résolu » ce problème en ajustant constamment la base (c'est ce qu'on appelle le PIB chaîné). Puisque nous examinons la croissance sur une période relativement courte, ces difficultés techniques, dans l'ensemble, sont d'importance secondaire.

Il y a un dernier problème technique : un décalage dans la production des chiffres. On veut que les chiffres soient le plus à jour possible. Tous les chiffres font l'objet de révisions. Ces révisions se produisent parfois des années après la publication initiale, et il arrive même parfois qu'elles donnent une image légèrement différente de ce qui s'est passé.

2. Comme je le signalerai plus loin dans ce chapitre, la commission internationale sur la mesure de la performance économique et du

progrès social (commission Stiglitz-Sen-Fitoussi) a expliqué pourquoi le PIB n'est pas une bonne mesure de la performance économique. (Voir Joseph E. Stiglitz, Amartya Sen et Jean-Paul Fitoussi, *Performances économiques et progrès social*, 2 vol., *Vers de nouveaux systèmes de mesure* et *Richesse des nations et bien-être des individus, op. cit.*)

3. Partout, les PIB sont ajustés en fonction de l'inflation. Mais comme les taux d'inflation diffèrent d'un pays à l'autre, d'importants problèmes techniques se posent dans l'analyse des agrégats, comme le PIB de la zone euro. La comparaison des PIB entre pays pose des problèmes encore plus complexes, parce que le panier de biens marchands consommés dans des pays différents n'est pas le même, et que les biens n'ont pas le même prix selon les pays. Dans ce livre, nous étudions l'effet de l'euro sur la croissance, et nous évaluons la croissance en utilisant le déflateur propre à chaque pays. Quand nous comparons les PIB, pour prendre en compte les différences de prix des biens selon les pays, une approche courante consiste à calculer le PIB réel en PPA (parité de pouvoir d'achat), méthode évoquée brièvement à la note 6 de la préface. Elle compare les revenus en utilisant un panier de biens standardisé.

4. Les treize pays qui avaient adopté l'euro à la date du 1er janvier 2007 ont eu en 2015 un PIB supérieur de 0,6 % seulement à celui de 2007 (calcul effectué avec les chiffres définitifs publiés par le FMI, sauf pour la Belgique et le Luxembourg).

5. Ce graphique indique les plus grandes contractions pour la période 2007-2015. Pour les pays qui en ont connu plusieurs pendant cette période, j'ai pris la moyenne pondérée dans le temps. Voir Social Democracy for the 21st century : A Post Keynesian Perspective, « The Great Depression in Europe : Real GDP Data for 22 Nations », 7 juillet 2013, en ligne à l'adresse <http://socialdemocracy21stcentury.blogspot.com/2013/07/the-great-depression-in-europe-real-gdp.html>.

6. Tout au long de ce chapitre, l'expression « Europe hors zone euro » désigne la Norvège, la Suède, la Suisse et le Royaume-Uni.

7. Moyenne des taux de croissance du PIB réel des pays hors zone euro, pondérée en fonction du PIB de 2007. Bien que le PIB réel de la zone euro ait augmenté en 2015, le PIB réel par habitant a diminué, point que nous préciserons plus loin. L'idée essentielle – l'Europe hors zone euro a eu de bien meilleurs résultats que l'Europe de la zone euro – reste vraie.

8. Source des statistiques sur l'émigration : Eurostat. Les chiffres définitifs les plus récents sont ceux de 2013, et il n'y a pas de données sur la Grèce pour 2007.

9. De plus de 1 % de 2008 à 2013, selon les chiffres de la Banque mondiale. Si l'on inclut 2014 (dernière année pour laquelle nous avons des chiffres), le déclin démographique est d'environ 2 %. Cette situation a probablement changé, bien sûr, puisque la Grèce est devenue le principal lieu d'arrivée des réfugiés de Syrie et d'ailleurs dans les deux dernières années. Mais il s'agit d'une forme de migration totalement différente : les réfugiés ont choisi la Grèce en tant que porte d'entrée en Europe, pas en tant que destination la plus attrayante pour s'établir.

10. En pourcentage de la population totale, la population grecque en âge de travailler a diminué : elle est passée de 66,7 % en 2007 à 64,6 % en 2015. Donc, dans une population totale elle-même en baisse, la part des personnes en âge de travailler s'est réduite de plus de 2 points de pourcentage. Même si le taux de chômage n'avait pas évolué et même si la productivité était restée identique, le PIB, pour cette seule raison, aurait chuté de plus de 4 %, réduisant ainsi la capacité du pays à rembourser ses dettes.

11. Dépenses publiques converties en termes réels à l'aide du déflateur de PIB, sur la base des chiffres du FMI.

12. Chiffres de la Banque mondiale.

13. Chiffres d'Eurostat.

14. Et bien au-dessous du Japon, tant décrié, dont le PIB réel par habitant en âge de travailler est considérablement supérieur à ceux de l'Europe et des États-Unis. Source : *Economic Report of the President*, 2015, fondé sur les chiffres de la Banque mondiale, en ligne à l'adresse <https://www.whitehouse.gov/blog/2015/02/19/2015-economic-report-president>.

15. Ces chiffres sur la productivité sont fondés sur la production réelle par travailleur. Mais la crise n'a pas seulement fait monter le chômage, elle a aussi fait baisser le nombre d'heures travaillées par actif employé, ce qui signifie que la productivité, mesurée à la production *par heure travaillée*, est meilleure que ne le suggèrent ces chiffres. Les Grecs, par exemple, travaillaient plus que les Américains avant la crise : ils faisaient, en moyenne, 17 % d'heures de travail en plus. Aux États-Unis, la crise n'a pratiquement eu aucun effet sur le nombre d'heures travaillées par actif employé (moins de 0,5 % en 2014), mais en Grèce, il a diminué

d'environ 3,3 %, ce qui signifie que la baisse de la production horaire n'est que de 2,1 % ; simultanément, en Allemagne, les heures travaillées par actif employé ont baissé de 3,7 % ; il y a donc eu une légère hausse de la production horaire. Source : le nombre d'heures travaillées provient de la base de données de l'OCDE.

16. En Espagne, de 26,3 % en 2013 à 20,5 % au début de 2016, et en Grèce de 27,9 % en 2013 à 24,4 % à la fin de 2015 (chiffres les plus récents). Source : Eurostat.

17. Un vaste corpus de travaux économiques montre que les jeunes entrés dans la population active une année où le chômage était élevé ont, toute leur vie, des revenus nettement plus faibles que leurs pairs qui y sont entrés quelques années plus tôt ou plus tard, dans un contexte de chômage faible. T. von Wachter, Oreopoulos et A. Heisz, « Short- and Long-Term Career Effects of Graduating in a Recession », *American Economic Journal : Applied Economics*, vol. 4, n° 1, janvier 2012, p. 1-29.

18. Source : chiffres de l'OCDE. Notons que, lorsqu'on tient compte de la baisse du nombre d'heures travaillées, la productivité, mesurée par la production horaire, paraît meilleure. En même temps, le fait que le nombre d'heures travaillées soit à ce point plus élevé en Grèce qu'en Allemagne signifie que la productivité par heure travaillée est beaucoup plus faible.

19. Source : Oxfam, « The True Cost of Austerity and Inequality : Greece Case Study », septembre 2013, en ligne à l'adresse <https://www.oxfam.org/sites/www.oxfam.org/files/cs-true-cost-austerity-inequality-greece-120913-en.pdf> ; et Autorité statistique hellénique (2013), « Living Conditions in Greece, 2013 », en ligne à l'adresse <http://www.statistics.gr/documents/20181/1216584/LivingConditionsInGreece_0413.pdf/991e648b-e175-4be0-8d2b-1bf70d297966>

20. Voir UNICEF, *Les Enfants de la récession*, septembre 2014, en ligne à l'adresse <https://www.unicef.fr/sites/default/files/userfiles/2014_Bilan12_Innocenti.pdf>. Voir aussi Yekaterina Chzhen, « Child Poverty and Material Deprivation in the European Union During the Great Recession », document de travail Innocenti n° 2014-06, bureau de recherche de l'UNICEF, Florence, 2014, en ligne à l'adresse <http://www.unicef-irc.org/publications/pdf/wp_2014_yc.pdf>.

21. Ici, la zone euro comprend l'Allemagne, l'Autriche, la Belgique, l'Espagne, la Finlande, la France, la Grèce, l'Irlande, l'Italie,

le Luxembourg, les Pays-Bas et le Portugal. La Slovénie n'est pas incluse dans cette analyse, car les chiffres la concernant ne sont pas disponibles pour les années 1980. Le PIB de la zone euro est calculé par addition des PIB des pays cités (en devises nationales, à prix constants) en utilisant les chiffres des *Perspectives de l'économie mondiale* du FMI, consultés le 4 mai 2016. Nous avons aussi utilisé le déflateur du PIB (indice d'ajustement des prix) des pays concernés, provenant de la même source, les *Perspectives de l'économie mondiale* du FMI consultées le 4 mai 2016, afin que toutes les séries de chiffres sur les PIB (en devises nationales, à prix constants) dans notre agrégation aient la même année de base : 2010. Les PIB (en devises nationales, à prix constants) de la Belgique et du Luxembourg en 2015 sont des estimations du FMI et non les chiffres réels. La projection (c'est-à-dire la détermination de la tendance) est fondée sur les chiffres de la période 1980-1998.

22. On assigne aux dollars du futur une valeur inférieure à celle des dollars du présent. Pour refléter cette réalité, les économistes utilisent le concept de «valeur actuelle». La valeur actuelle dépend du taux d'intérêt (réel). La perte de 200 000 milliards d'euros est calculée sur la base d'un taux d'actualisation réel de 1 % (un peu plus élevé que le taux d'intérêt réel en vigueur aujourd'hui).

23. Les économistes appellent la relation entre intrants et produit «fonction de production». Apparemment, tout se passe comme si la fonction de production s'était déplacée vers le bas – sûrement au-dessous de l'endroit où elle se serait trouvée sans cela, étant donné la nature du progrès technique.

24. Kenneth J. Arrow, «The Economic Implications of Learning by Doing», *Review of Economic Studies*, vol. 29, n° 3, juin 1962, p. 155-173. La théorie générale évoquée ici est longuement développée dans le livre que j'ai écrit avec Bruce C. Greenwald, *Société de l'apprentissage, op. cit.*

25. Dans *Rewriting the Rules of the American Economy*, j'évoque certaines des forces profondes qui contribuent à ce comportement à courte vue.

26. Pour une plus longue analyse de ces grandes évolutions, voir Kai Daniel Schmid et Ulrike Stein, «Explaining Rising Income Inequality in Germany, 1991-2010», Institut de politique macroéconomique, Düsseldorf, Allemagne, 2013. Suivant l'une des mesures utilisées dans cet

article, la part de revenu du 10 % inférieur des Allemands s'est réduite de 11,2 % de 1991 à 2010.

De plus, répétons l'idée importante énoncée plus haut : comme dans la plupart des pays, le niveau de vie des travailleurs ordinaires peut souffrir encore plus que ne l'indiquent les statistiques conventionnelles, puisqu'ils sont confrontés à davantage d'insécurité et de coupes dans des programmes publics qui sont essentiels à leur bien-être.

27. La part du revenu du 1 % supérieur des Allemands, revenus du capital compris, est passée d'environ 10,6 % en 1992 à environ 13,1 % en 2010. Chiffres les plus récents de la World Wealth and Income Database [Base de données mondiale sur la fortune et le revenu], en ligne à l'adresse <http://www.wid.world/#Database>.

28. Voir OCDE, « Country Note : Germany », liée à la publication de 2008 de l'OCDE *Croissance et inégalités* [*Divided We Stand*], en ligne à l'adresse <http://www.oecd.org/els/soc/41525346.pdf>.

29. Une étude plus récente de l'OCDE illustre ce point, en relevant que « les personnes à faible niveau d'instruction en Allemagne possèdent 60 % de moins que celles qui ont une éducation supérieure/postsecondaire, tandis que celles qui ont un diplôme de fin du supérieur possèdent 120 % de plus. C'est l'écart le plus large après celui des États-Unis. » En outre, « en Allemagne, les 60 % inférieurs de la population ne possèdent que 6 % de la fortune immobilière » (« Country Note : Germany », liée à la publication de 2015 de l'OCDE *Tous concernés* [*In It Together*]).

30. Les problèmes sont évidemment trop complexes pour leur rendre justice dans ce résumé. Les partisans de l'euro pourraient aussi faire valoir que la dévaluation risque de déclencher une spirale inflationniste et que, lorsque les salaires et les prix augmentent, les bénéfices de la réduction du taux de change nominal diminuent. Mais, d'ordinaire, les salaires et les prix n'augmentent pas quand il y a un chômage important et des capacités de production inutilisées – et c'est la situation que nous analysons ici.

31. Outre les travaux auxquels j'ai renvoyé au chapitre 1, une étude d'Oxfam relève une hausse de 26,5 % du taux de suicides en Grèce de 2010 à 2011 seulement. Elle se fonde sur des chiffres de l'Autorité statistique hellénique et de l'organisation non gouvernementale Klimaka. Voir Oxfam, « The True Cost of Austerity and Inequality : Greece Case Study », septembre 2013, en ligne à l'adresse <https://www.

oxfam.org/sites/www.oxfam.org/files/cs-true-cost-austerity-inequality-greece-120913-en.pdf>.

CHAPITRE 4

1. À sa naissance, la zone euro rassemblait onze pays.

2. Autrefois, la plupart des pays fixaient la valeur du taux de change en or ; et, puisque chacun précisait à quelle quantité d'or équivalait sa devise, les taux de change relatifs – celui qui existait, disons, entre le dollar américain et la livre britannique – étaient fixes. Depuis le début des années 1970, les taux de change ne sont pas fixes. Dans certains cas, ils sont déterminés par le marché – autrement dit, la valeur du dollar par rapport à la livre résulte des lois de l'offre et de la demande. Mais dire qu'ils sont déterminés *exclusivement* par le marché serait simplifier outrageusement les choses, puisque certains des facteurs les plus importants qui déterminent la demande sont fixés par des politiques de l'État. Dans d'autres cas, les États interviennent directement sur les marchés des changes pour influencer la valeur de leur devise ; on dit alors que le pays a un taux de change « dirigé ». Dans quelques rares cas, les pays arriment leur monnaie à une autre ; pour qu'elle reste arrimée, ils doivent ajuster les taux d'intérêt et acheter et vendre des devises étrangères. Souvent, ils finissent par constater que maintenir l'arrimage est impossible – c'est ce qui s'est passé pour l'Argentine en 2001.

3. L'importance relative des différents canaux par lesquels la politique monétaire influence l'économie est un sujet extrêmement controversé. Si de nombreux économistes estiment qu'une baisse des taux d'intérêt a un effet direct sur la consommation et sur l'investissement, d'autres pensent qu'en réalité l'important est l'expansion du crédit qui accompagne cet assouplissement de la politique monétaire (la baisse des taux d'intérêt). Voir, par exemple, un livre que j'ai écrit avec Bruce Greenwald, *Économie monétaire : un nouveau paradigme, op. cit.*

4. On appelle *zone monétaire optimale* une zone pouvant facilement partager une monnaie commune : assez étendue pour que cette monnaie paraisse *sérieuse*, mais pas si vaste que les différences entre les pays compromettent la stabilité macroéconomique et imposent des coûts excessifs. Cela dit, le débat sur la zone euro n'a jamais porté sur la question : « est-ce ou non un regroupement "optimal" ? », mais : « est-ce un

regroupement que l'on peut *faire* fonctionner ? » Comme l'illustre l'analyse qui suit sur les États-Unis, le degré de diversité compatible avec le partage d'une monnaie dépend de dispositifs politiques et de toute une série de facteurs économiques et sociaux. Le problème crucial est clair : comment, avec une monnaie unique, une zone diversifiée peut-elle maintenir le plein emploi dans toutes ses régions ? Si la migration est facile, les gens n'auront pas de mal à passer d'une région où il y a pénurie d'emplois à une autre où ils sont surabondants. Si l'État mène des politiques actives de création d'emplois dans les régions où le chômage est élevé, ce mécanisme peut se substituer à la flexibilité des taux de change et des taux d'intérêt. Évidemment, si toutes les régions de la zone sont semblables, la *même* politique des taux d'intérêt et le *même* taux de change permettront à toutes de jouir du plein emploi simultanément. L'analyse qui suit va montrer clairement que ces conditions ne sont pas satisfaites dans la zone euro. Voir Robert Mundell, « A Theory of Optimum Currency Areas », *American Economic Review*, vol. 51, n° 4, 1961, p. 657-665.

5. Je n'ai vu aucune analyse convaincante qui justifierait ces chiffres précis. Il est pratiquement sûr qu'ils étaient en partie d'inspiration politique : on a voulu les chiffres les plus rigoureux que les pays envisageant de rejoindre la zone euro pourraient réellement respecter. De fait, ils se sont révélés assez rigoureux pour que la France et l'Allemagne manquent la cible dans les premières années de l'euro. Des conditions supplémentaires étaient imposées aux pays souhaitant se joindre à la zone euro pendant les années *précédant* leur entrée – par exemple des dispositions touchant à la stabilité de leurs taux de change et de leurs taux d'intérêt à long terme.

6. Les obligations ne se limitent pas aux niveaux du déficit et de la dette : elles comprennent aussi des « objectifs budgétaires à moyen terme », conçus pour garantir la viabilité du budget à un horizon plus éloigné. Les détails des exigences et des procédures sont complexes et nous n'avons pas besoin de nous y arrêter.

7. Les habitants du Dakota du Sud s'en inquiètent peut-être, bien sûr, mais sûrement pas aussi passionnément qu'en Grèce.

8. Notons toutefois que, même aux États-Unis, la liberté de migration n'a pas supprimé les gros écarts de niveau de vie entre les États.

9. Dans une économie purement agraire, lorsque beaucoup d'habitants quittent le pays, il y a davantage de terre par travailleur, donc les

revenus augmentent. Cela limite l'ampleur de l'émigration. Dans une économie industrielle moderne, il peut y avoir des économies d'échelle. Quand beaucoup d'habitants s'en vont, on est moins capable d'entretenir les bases d'une économie moderne fondée sur le savoir. La productivité peut en réalité diminuer.

10. En fait, sa situation aurait été un peu moins mauvaise – les actifs de Washington Mutual étaient approximativement égaux au PIB de l'État du Washington. Néanmoins, si cet État avait dû renflouer WaMu, lui aussi aurait connu une crise budgétaire.

11. Les chiffres du Portugal, de l'Allemagne et de la Lettonie sont ceux du FMI, comparaison des PIB par habitant, à prix constants ; ceux du Connecticut et du Mississippi proviennent du Bureau de l'analyse économique et du Bureau du recensement des États-Unis. Lors de la création de l'euro, l'écart entre le Portugal et l'Allemagne était le plus grand de tous.

12. Chiffres d'Eurostat. L'Estonie non plus n'a pas dépassé la limite du déficit, mais elle n'est entrée dans la zone euro qu'en 2011.

13. Voir « Cela sera-t-il douloureux ? Les effets macroéconomiques du rééquilibrage budgétaire », chapitre 3 de Fonds monétaire international, *Perspectives de l'économie mondiale : reprise, risques et rééquilibrage*, Washington, FMI, 2010, p. 97-130. Voir aussi les excellents travaux antérieurs cités au chapitre 7, note 57.

14. Évidemment, si dans la même période l'euro *s'apprécie*, ce pays, même s'il est devenu plus compétitif par rapport aux autres membres de la zone euro, sera moins compétitif par rapport aux autres pays du monde.

La valeur de la devise britannique, la livre sterling, par rapport au dollar s'appelle le taux de change *nominal*. Même s'il ne change pas, quand l'inflation est plus faible au Royaume-Uni qu'aux États-Unis, nous disons que le taux de change *réel* a diminué.

15.

Pays	Taux d'inflation moyen 2010-2015 (en %)
Portugal	1,41
Espagne	1,36
Grèce	0,89
Irlande	0,38

Autriche	2,03
Luxembourg	1,97
Finlande	1,90
Belgique	1,77
Italie	1,57
Pays-Bas	1,55
Allemagne	1,38
France	1,32
Slovénie	1,28

16. Taux de croissance moyen 2010-2015 des exportations de biens et services, en volume : Chypre, 1,75 % ; Grèce, 1,18 % ; Irlande, 6,40 % ; Portugal, 4,68 % ; Espagne, 5,42 %.

17. Source : chiffres d'Eurostat.

18. Je pense qu'ils vont trop loin. Ces chercheurs commettent une confusion. Ils constatent que les pays qui se sont retirés de l'étalon-or ont eu de meilleurs résultats, et que certains ont connu une reprise assez forte. Mais c'était, en partie, parce que d'autres pays restaient dans l'étalon-or, et que ceux qui étaient sortis ont pu bénéficier à leur égard d'une dévaluation compétitive. Si tout le monde avait quitté l'étalon-or, ils n'auraient pas eu cet avantage. Néanmoins, même dans ce cas de figure, dans un monde où les autorités monétaires se sentaient contraintes par leurs réserves d'or quand elles voulaient augmenter la masse monétaire, une sortie de l'étalon-or aurait pu permettre une expansion monétaire, qui aurait eu d'importants effets bénéfiques sur la demande globale.

Voir Barry J. Eichengreen, *Golden Fetters : The Gold Standard and the Great Depression, 1919-1939, op. cit.* ; Ben Bernanke et Harold James, « The Gold Standard, Deflation, and Financial Crisis in the Great Depression : An International Comparison », *in* R. Glenn Hubbard (éd.), *Financial Markets and Financial Crises*, Chicago, University of Chicago Press, 1991, p. 33-68 ; Peter Temin, *Lessons from the Great Depression*, Cambridge, MA, MIT Press, 1989 ; Barry Eichengreen et Jeffrey Sachs, « Exchange Rates and Economic Recovery in the 1930s », *Journal of Economic History*, vol. 45, n° 4, 1985, p. 925-946.

19. Même d'un point de vue social, certaines restrictions de l'État sur les licenciements (exiger des indemnités de licenciement) peuvent

être souhaitables. Voir Carl Shapiro et Joseph E. Stiglitz, « Equilibrium Unemployment as a Worker Discipline Device », *American Economic Review*, vol. 74, n° 3, 1984, p. 433-444 ; et Patrick Rey et Joseph E. Stiglitz, « Moral Hazard and Unemployment in Competitive Equilibrium », document de travail, 1993.

20. Les théories qui font valoir qu'une baisse des salaires réduit la productivité des travailleurs ont d'abord été élaborées dans le contexte des pays en développement, où l'on avait constaté qu'une nutrition insuffisante, due à la faiblesse des salaires, nuisait à la productivité. Voir Harvey Leibenstein, *Economic Backwardness and Economic Growth*, New York, Wiley, 1957. Dans une série d'articles, j'ai ensuite étendu l'idée aux pays avancés, en me concentrant sur le fait qu'une baisse des salaires accélère la rotation du personnel, ce qui alourdit les coûts de formation – mon premier article a été : « Alternative Theories of Wage Determination and Unemployment in L.D.C.'s : The Labor Turnover Model », *Quarterly Journal of Economics*, vol. 88, n° 2, 1974, p. 194-227. Puis j'ai montré que des effets semblables s'expliquent aussi par l'information imparfaite : une baisse des salaires aboutit à une baisse de la qualité et à une démotivation du personnel. Cette recherche s'inscrivait dans les travaux qui m'ont valu le prix Nobel. Il existe aujourd'hui une abondante littérature sur le sujet, qui comprend aussi des confirmations empiriques. Voir, par exemple, George A. Akerlof et Janet L. Yellen (éd.), *Efficiency Wage Models of the Labor Market*, New York, Cambridge University Press, 1986 ; et Jeremy Bulow et Laurence Summers, « A Theory of Dual Labor Markets with Application to Industrial Policy, Discrimination, and Keynesian Unemployment », *Journal of Labor Economics*, vol. 4, n° 3, 1986, p. 376-414.

21. Le mélange d'austérité et de réformes structurelles mal pensées qui caractérise les programmes FMI/Troïka n'a fait qu'accroître cette incertitude. En Europe, avec la libre circulation des capitaux, l'argent a quitté les banques des pays en crise, ce qui a encore aggravé les problèmes, comme je l'expliquerai au chapitre suivant.

22. Et c'est pourquoi il est si difficile d'analyser chaque effet séparément. En Asie orientale, où les taux de faillite et de défaut de paiement sur les dettes ont atteint ou dépassé 50 %, les effets négatifs de l'intensification du risque de livraison sur la demande ont été palpables. L'importance quantitative de cet effet dans différents pays européens n'a pas été évaluée.

23. Source : chiffres d'Eurostat pour 2015. Le pourcentage des exportations des États membres de l'Union européenne, en valeur, vers d'autres États membres a été de 63,2 %.

24. Le fait que quelques pays et la BCE aient « brisé » la limite en ayant des taux d'intérêt légèrement négatifs ne change pas l'analyse. L'idée essentielle est claire : lorsque les économies sont très faibles, la politique monétaire est en général relativement inefficace. Bien que les économistes débattent des raisons de ce phénomène, il y a un large consensus sur les limites de la politique monétaire – que soulignent même, par exemple, les présidents successifs de la Federal Reserve. (J'ai soutenu ailleurs que la limite inférieure zéro n'est pas la raison cruciale de l'inefficacité de la politique monétaire. Même si l'on pouvait réduire les taux d'intérêt, disons, de moins 2 % à moins 4 %, cela n'aurait guère d'effets sur l'investissement. Ce qui domine, c'est la très forte incertitude économique, et les entreprises ne réagiront pas beaucoup à ces changements de taux d'intérêt.)

25. Voir Joseph E. Stiglitz et Bruce C. Greenwald, « A Modest Proposal for International Monetary Reform », *in* S. Griffith-Jones, J. A. Ocampo et J. E. Stiglitz (éd.), *Time for a Visible Hand : Lessons from the 2008 World Financial Crisis*, collection « Initiative for Policy Dialogue », Oxford, G.-B., Oxford University Press, 2010, p. 314-344.

26. Par mon ancien étudiant, et collègue à Columbia, Guillermo A. Calvo, ex-économiste en chef de la Banque interaméricaine de développement. Voir, par exemple, « Capital Flows and Capital-Market Crises : The Simple Economics of Sudden Stops », *Journal of Applied Economics*, vol. 1, n° 1, 1998, p. 35-54.

27. De nombreux pays tentent de retarder ce choix fatidique en trouvant un moyen coûteux de lever des fonds à court terme tout en pratiquant des coupes sévères dans leur budget. Ce ne sont en général que des palliatifs temporaires.

28. De plus, le prêt est généralement libellé dans une devise étrangère. Puisque le flux d'argent qui entre dans le pays s'amenuise, il y a une pénurie de dollars (ou d'autres devises « fortes »). Cela conduit à une *crise monétaire*.

29. On retrouve ici l'inversion du lien de cause à effet évoquée dans la section précédente : ce n'est pas le déficit budgétaire qui a *causé* le déficit commercial ; c'est le contraire.

30. Lorsque des pays qui ont un taux de change flottant se retrouvent dans la situation que nous venons d'évoquer, la valeur du dollar monte en flèche – celle de la monnaie locale s'effondre. (Parfois, les États tentent de retarder le jour fatidique en utilisant leurs maigres réserves de devises étrangères pour empêcher le taux de change de s'effondrer. Mais ces interventions, elles aussi, sont en général des palliatifs à court terme.) La crise monétaire entre en interaction avec la crise de la dette. Les habitants du pays qui ont emprunté en devises étrangères mais ont un revenu en monnaie locale ont désormais encore plus de mal à rembourser – leur revenu n'achète plus autant de devises étrangères qu'avant. La crise monétaire exacerbe à la fois la crise de la dette et la crise financière. (Ces résultats n'ont rien à voir avec ce qui se passerait en l'absence de dette : la chute du taux de change stimulerait simplement la demande.)

Quand le pays sollicite l'aide du FMI, celui-ci intervient parfois pour empêcher le taux de change de baisser. L'argent qu'il prête au pays sert à soutenir la devise. De plus, le FMI contraint généralement le pays à augmenter les taux d'intérêt et les impôts et à réduire les dépenses. Cela fonctionne parfois – en matraquant suffisamment l'économie pour que les consommateurs cessent d'importer et que la demande de devises étrangères s'aligne sur l'offre. Mais la devise est sauvée au prix fort.

31. Les économistes anglophones appellent ce genre de choses *political economy problems*, « problèmes d'économie politique ».

32. Le *haircut* a pris à Chypre une forme particulière : celle d'une taxe sur les dépôts. L'égoïsme des partenaires de Chypre a peut-être été la motivation dominante, mais beaucoup de déposants semblaient être des Russes qui tentaient de faire sortir de l'argent de leur pays, par des moyens pas toujours entièrement légaux. Chypre avait acquis la réputation d'être une des places offshore privilégiées des Russes. Bien évidemment, beaucoup, dans la zone euro, étaient réticents à verser ce qu'ils ressentaient comme une subvention à ces Russes. Quelles qu'aient été leurs motivations, le simple fait d'avoir largement débattu d'un possible prélèvement sur les dépôts a eu de graves conséquences.

Finalement, on n'a pas imposé de *haircut* aux petits déposants. Et les dirigeants européens accusent régulièrement le gouvernement de Chypre d'être à l'origine de la proposition, aujourd'hui tenue pour extravagante, de les y soumettre. Comme nous le précisons plus bas, l'identité des responsables importe peu : le résultat est une perte de confiance dans le système bancaire des pays faibles.

33. De même, quand le FMI, en 1998, après avoir fermé seize banques privées en Indonésie, a annoncé qu'il allait en fermer d'autres et que leurs déposants ne seraient pas protégés, il a provoqué une ruée sur le système bancaire. Pour une analyse plus détaillée de ces idées et de leur application à la crise asiatique, voir mon livre *La Grande Désillusion, op. cit.*

34. Selon les chiffres de l'OCDE sur les taux d'intérêt à long terme (rendements des obligations d'État à 10 ans).

35. Selon des chiffres additionnés par la Federal Reserve Bank de Saint Louis.

36. Ce qui a échappé, apparemment, à l'une des agences de notation, S & P, puisqu'elle a baissé la note de la dette des États-Unis en 2011. La valeur de ces dollars pourrait s'amoindrir en cas de recours à de telles mesures, mais rien n'indiquait que l'emprunt public avait le moindre effet sur les anticipations inflationnistes; d'ailleurs, au moment où S & P a baissé la note de la dette américaine, ces anticipations étaient si faibles que les taux auxquels les États-Unis pouvaient emprunter, même à long terme, n'avaient jamais été aussi bas.

37. Mais nous disposons de preuves massives démontrant que les marchés ne fonctionnent pas bien à cet égard.

38. Par exemple, en exigeant qu'il y ait équivalence entre les dettes des banques en devises étrangères et leurs actifs en devises étrangères.

39. Un mécanisme de ce genre, le Mécanisme européen de stabilité (MES), a été créé en 2012.

40. Évidemment, les pays créanciers ont fait tout ce qu'ils ont pu pour empêcher la création d'un état de droit international réglant le traitement de ce type de défauts de paiement. Une résolution des Nations unies qui préconisait un cadre juridique de ce genre a été votée le 9 septembre 2014. Un ensemble de principes a été adopté le 10 septembre 2015 à une majorité écrasante – malgré l'opposition des pays créanciers.

41. En 2014, l'excédent commercial de la Chine a représenté 3,7 % de son PIB; celui de l'Allemagne, 6,7 %. Source : chiffres de la Banque mondiale.

42. Certains en Allemagne se plaisent à faire une distinction entre leur excédent, qu'ils jugent vertueux, et celui de la Chine. L'excédent de

la Chine résulte de sa « manipulation du taux de change », affirment-ils. Mais les taux de change et les excédents commerciaux sont la résultante d'une large gamme de politiques. Si la Chine levait ses restrictions sur les investissements de ses citoyens à l'étranger, il est pratiquement certain que son taux de change chuterait et que son excédent commercial augmenterait. C'est aussi ce qui se passerait si elle suivait l'exemple de l'Europe et de l'Amérique en baissant ses taux d'intérêt. Les politiques de l'Allemagne en matière de salaires et de dépenses publiques comptent parmi les facteurs qui contribuent à l'excédent allemand. D'ailleurs, début 2016, seule une intervention directe de l'État sur le taux de change a empêché une dévaluation substantielle de la devise chinoise. En revanche, le FMI, dans son examen régulier de l'économie allemande pour 2014 (ce qu'on appelle la « consultation au titre de l'article 4 »), a estimé que le taux de change de l'Allemagne était *sous-évalué* de 5 à 15 %.

43. Voir John Maynard Keynes, *Théorie générale de l'emploi, de l'intérêt et de la monnaie* [1936], trad. fr. de Jean de Largentaye, Paris, Payot, 1969, chapitre 23, « Notes sur le mercantilisme, les lois contre l'usure, la monnaie estampillée et les théories de la sous-consommation ».

44. La macroéconomie se concentre sur les flux de capitaux *nets*. Derrière ces flux nets, il peut y avoir des structures compliquées : rien n'impose que l'Allemagne prête directement, disons, à l'Espagne. Une banque allemande peut prêter à une partie dans un pays tiers, et une partie (peut-être une autre) dans ce pays tiers prêter à l'Espagne.

45. Chiffres de l'OIT pour 2015. Voir OIT, *World Employment Social Outlook—Trends 2016* [Emploi et questions sociales dans le monde – tendances 2016], en ligne à l'adresse <http://www.ilo.org/global/research/global-reports/weso/2016/WCMS_443480/lang--en/index.htm>. Cette situation d'insuffisance de la demande globale dure depuis longtemps. De fait, c'est une des raisons qu'a eues la Federal Reserve d'encourager le crédit imprudent qui a conduit à la crise de l'immobilier : elle voulait, par ce moyen, compenser la faiblesse de la demande globale qu'on aurait constatée, sans cela, sur le territoire américain.

Ben Bernanke, ancien président de la Federal Reserve, a défini la situation comme une « surabondance d'épargne ». Voir « The Global Saving Glut and the U.S. Current Account Deficit », discours du gouverneur Ben S. Bernanke à la conférence Sandridge, Association des économistes de Virginie, Richmond, Virginie, 10 mars 2005, en ligne à l'adresse <http://

www.federalreserve.gov/boardDocs/Speeches/2005/200503102/default.htm>.

Les bonnes occasions d'investissement sont évidemment nombreuses, mais le système financier mondial n'était pas à cette époque – et n'est toujours pas – capable de servir d'intermédiaire efficace entre les épargnants et ces investissements.

46. Ce chiffre est plus élevé que le salaire minimum des États-Unis, mais beaucoup plus bas que les 15 dollars de l'heure qui ont été adoptés dans certaines villes américaines, et même inférieur aux 10,10 dollars de l'heure qu'on exige des entreprises en rapports d'affaires avec l'État américain.

47. L'excédent de la zone euro a donc été bien supérieur à celui de la Chine, qui s'est situé à 293,2 milliards de dollars. L'excédent proprement allemand a été estimé à 285,2 milliards de dollars en 2015. En 2014, l'excédent allemand (286 milliards de dollars) dépassait à lui seul celui de la Chine (220 milliards de dollars), et si nous lui ajoutons ceux de l'Italie et des Pays-Bas, ces trois excédents réunis surpassaient celui de la Chine de plus de 50 %.

48. Keynes a suggéré de taxer les excédents. Plus récemment, Bruce C. Greenwald et moi avons proposé un nouveau système de réserves mondial qui inciterait fortement les pays à ne pas être en excédent. Voir Joseph E. Stiglitz et Bruce C. Greenwald, « Towards a New Global Reserves System », *Journal of Globalization and Development*, vol. 1, nº 2, 2010, art. 10. L'idée qui sous-tend ce type de système a été mise en avant par la Commission internationale d'experts sur la réforme du système monétaire et financier international réunie par le Président de l'Assemblée générale des Nations unies, qui a remis son rapport en septembre 2009 – il a ensuite été publié sous le titre : *Le Rapport Stiglitz. Pour une vraie réforme du système monétaire et financier international*, *op. cit.* Voir aussi John Maynard Keynes, « The Keynes Plan », 1942-1943, reproduit *in* J. Keith Horsefield (éd.), *The International Monetary Fund 1945-1965 : Twenty Years of International Monetary Cooperation*, t. 3, *Documents*, Washington, DC, Fonds monétaire international, 1969, p. 3-36 ; et Martin Wolf, *Fixing Global Finance*, Baltimore, Johns Hopkins University Press, 2010.

CHAPITRE 5

1. Une force antigravité tout à fait différente a été à l'œuvre ailleurs dans le monde quand l'argent est passé des marchés émergents et en développement aux pays développés. Dans *Un autre monde* (trad. fr. de Paul Chemla, Paris, Fayard, 2006), je montre que ce phénomène est en partie un résultat du système de réserve mondial.

2. Par exemple, en 2000, le PIB par habitant de l'Italie du Sud représentait 55 % de celui du Nord-Ouest prospère, et ce chiffre n'avait pas changé en 2014. Et de 2007 à 2014, le PIB par habitant du Sud a légèrement diminué comparé à celui du Nord-Est. Comparaisons effectuées sur la base des chiffres d'Eurostat.

3. L'histoire a voulu que beaucoup de ces pays soient confrontés à une situation extérieure qui aurait de toute manière compliqué les choses. Avec l'ascension de la Chine, sa demande de biens manufacturés complexes produits en Allemagne a augmenté. Simultanément, il y a eu baisse de la demande chinoise pour certains produits plus simples qu'on fabrique ailleurs en Europe – la Chine fournit des substituts bon marché de ces produits. Pour une analyse de certaines de ces grandes évolutions, voir Stephan Danninger et Fred Joutz, « What Explains Germany's Rebounding Export Market Share ? », *CESifo Economic Studies*, vol. 54, nº 4, 2008, p. 681-714 ; et Christoph Schnellbach et Joyce Man, « Germany and China : Embracing a Different Kind of Partnership ? », document de recherche du centre de politique appliquée de l'université de Munich, septembre 2015, en ligne à l'adresse <http://www.cap-lmu.de/download/2015/CAP-WP_German-China-Policy-Sep2015.pdf>.

4. Chacun de ces chiffres indique le pourcentage de baisse, à partir du sommet atteint avant la crise, des nouveaux prêts aux sociétés non financières inférieurs ou égaux à 1 million d'euros, tels que les rapportent les banques nationales des pays cités. Le sommet atteint avant la crise varie selon le pays, mais se situe en général en 2007 ou en 2008. Les chiffres concernant la Grèce proviennent de l'Institute of International Finance, « Restoring Financing and Growth to Greek SMEs », 18 juin 2014, en ligne à l'adresse <https://www.iif.com/publication/research-note/restoring-financing-and-growth-greek-smes>. Voir aussi Institute of International Finance, « Addressing SME Financing Impediments in Europe : A Review of Recent Initiatives », 12 janvier 2015, en ligne à l'adresse <https://www.iif.com/publication/research-note/

addressing-sme-financing-impediments-europe-review-recent-initiatives>. La source des chiffres sur le Portugal, l'Espagne, l'Irlande et l'Italie est un rapport de Bain et de l'Institute of International Finance, « Restoring Financing and Growth to Europe's SMEs », 2013, en ligne à l'adresse <http://www.bain.com/Images/REPORT_Restoring_financing_and_growth_to_Europe's_SMEs.pdf>.

5. Voir Commission européenne, *Annual Report on European SMEs 2014/2015*, novembre 2015.

6. Voir Helmut Kraemer-Eis, Frank Lang et Salome Gvetadze, « European Small Business Finance Outlook », Fonds européen d'investissement, juin 2015, en ligne à l'adresse <http://www.eif.org/news_centre/publications/eif_wp_28.pdf>.

7. J'évoquerai plus loin d'autres raisons pour lesquelles les rendements du capital dans les pays en crise peuvent être plus faibles que dans le reste de la zone euro.

8. De même, il y a une corrélation forte entre les primes d'assurance que l'État et ses banques doivent payer pour s'assurer contre les risques de défaut de paiement. Voir V. V. Acharya, I. Drechsler et P. Schnabl, « A Pyrrhic Victory? Bank Bailouts and Sovereign Credit Risk », *Journal of Finance*, vol. 69, n° 6, décembre 2014, p. 2689-2739.

Le lien entre le risque souverain de l'État et les banques qui se trouvent soumises à sa juridiction se manifeste sous beaucoup d'autres formes. Les banques détiennent en général dans leur portefeuille d'importantes quantités de bons d'État de leur pays. L'affaiblissement du souverain affaiblit donc directement ses banques, ainsi que leur capacité et leur volonté de prêter. Voir Nicola Gennaioli, Alberto Martin et Stefano Rossi, « Banks, Government Bonds, and Default : What Do the Data Say? », document de travail du FMI, juillet 2014. (Il est clair qu'une banque dont le bilan s'est dégradé va probablement réduire ses prêts. Voir Stiglitz et Greenwald, *Économie monétaire : un nouveau paradigme, op. cit.*)

En même temps, puisqu'en pratique les États renflouent les banques, un affaiblissement des banques équivaut à une hausse des dettes implicites de l'État, qui accroît le risque souverain.

Pour des analyses plus poussées, voir, par exemple, Adrian Alter et Yves Schueler, « Credit Spread Interdependencies of European States and Banks during the Financial Crisis », *Journal of Banking and Finance*, vol. 36, n° 12, décembre 2011, p. 3444-3468; et Patrick Bolton et Olivier

Jeanne, « Sovereign Default Risk and Bank Fragility in Financially Integrated Economies », *IMF Economic Review*, vol. 59, n° 2, 2011, p. 162-194.

9. Voir, par exemple, l'analyse effectuée dans mon livre *Le Triomphe de la cupidité, op. cit.*, ou dans *13 Bankers* de Simon Johnson, New York, Pantheon Books, 2010.

10. La sortie de l'argent hors des banques espagnoles, certes importante – et à l'origine d'un étranglement du crédit –, a été plus lente que certains ne l'avaient prévu. On l'a qualifiée de « footing des capitaux » plus que de « fuite des capitaux ». C'est le résultat d'imperfections institutionnelles et d'imperfections du marché (par exemple, les règles imposant de connaître son client, conçues pour freiner le blanchiment), que le modèle néoclassique qui sous-tend une large part des politiques de l'Europe a ignorées, ce qui ne manque pas d'intérêt. Il y a beaucoup moins de « marché unique » qu'on ne le croit souvent.

11. Il existe des distorsions du même ordre *à l'intérieur* des pays. Puisque la probabilité d'un renflouement par l'État est plus importante pour les grandes banques – notamment celles qui sont perçues comme trop grosses pour faire faillite –, elles peuvent acquérir des fonds à plus faible taux que les petites. Elles peuvent donc se développer, non parce qu'elles sont plus compétentes ou plus efficaces, mais parce que la subvention implicite qu'elles reçoivent de l'État est de plus grande envergure. Là aussi, le système est divergent : quand les grandes banques s'étendent encore plus, la probabilité d'un renflouement s'accroît, donc la différence de subvention implicite augmente.

12. Cela ne réglerait pas *pleinement* le problème : comme les banques des pays faibles seraient de toute façon plus faibles et jugeraient les risques qu'elles courent plus élevés, ceux qui prêtent à ces banques exigeraient des taux d'intérêt plus élevés, et elles-mêmes feraient donc payer à leurs emprunteurs des taux d'intérêt plus élevés, ce qui mettrait les entreprises de leur pays en situation d'infériorité. Le terrain resterait donc inégal. Mais il le serait *moins* que dans le système actuel. Voir Stiglitz et Greenwald, *Économie monétaire : un nouveau paradigme, op. cit.*

13. Les banques centrales sont censées prêter aux banques qui ont des problèmes de liquidités et ne peuvent avoir accès aux fonds, mais pas aux banques qui sont insolvables et dont la valeur nette est négative. En fait, si chacun savait que la banque était solvable, on peut présumer, à supposer que les marchés fonctionnent bien, qu'elle n'aurait aucun

problème d'accès aux fonds. Bien entendu, les banquiers sont toujours persuadés d'être fondamentalement solvables ; leur problème n'est dû, selon eux, qu'à une irrationalité temporaire des marchés. Les banquiers comptent parmi ceux qui prêchent avec le plus de constance la religion du fondamentalisme du marché. Mais, de toute évidence, quand les « marchés » les tiennent en moins haute estime qu'ils ne pensent le mériter, leur foi dans le marché s'évanouit, et, tout aussi brusquement, ils ont un élan de foi dans l'État – du moins dans l'idée que l'État doit renflouer des banques méritantes comme la leur.

14. Si, avant la crise, Londres et New York se livraient une rude concurrence dans le démantèlement des réglementations, la vraie gagnante – ou pour mieux dire perdante – a été l'Islande, qui s'est assuré un système bancaire dont les actifs représentaient au moins dix fois la taille de son PIB. L'Islande a aussi montré les conséquences : les Britanniques et les Néerlandais qui avaient déposé de l'argent dans ses banques l'ont perdu. Non seulement ils avaient supposé (à tort) que les banques islandaises étaient réglementées efficacement, mais ils avaient cru que la garantie des dépôts allait vraiment jouer. En général, ils n'avaient pas consulté leurs avocats avant de mettre de l'argent sur des comptes en banque islandais, pour vérifier si le mécanisme de garantie des dépôts était suffisamment capitalisé et quelles seraient les obligations de l'État islandais s'il ne l'était pas. Tout le monde pensait que la garantie des dépôts était convenablement capitalisée (elle ne l'était pas). Quant aux obligations de l'État islandais en cas de faillite du fonds de garantie des dépôts, elles étaient illimitées – mais, finalement, les ressources du fonds de garantie des dépôts ont été insuffisantes pour couvrir les pertes, et le tribunal européen compétent a jugé que l'État islandais n'était pas tenu de combler l'écart. Les déposants ont subi de lourdes pertes.

15. Beaucoup d'autres banques de première grandeur ont payé des milliards d'amendes ou conclu des règlements négociés liés au scandale du Libor. Citons notamment Citigroup, la Deutsche Bank, JPMorgan, Rabobank, la Royal Bank of Scotland et UBS. À l'heure où ce livre va sous presse, des traders condamnés dans le scandale faisaient appel de leurs verdicts. Simultanément, des enquêtes étaient encore en cours sur certaines banques. Dans un autre cas de manipulation massive, Citigroup, JPMorgan, Barclays, la Royal Bank of Scotland et UBS ont accepté de plaider coupable du crime de manipulation du marché.

16. George A. Akerlof et Robert A. Shiller, *Phishing for Phools : The Economics of Manipulation and Deception*, Princeton, NJ, Princeton University Press, 2015.

17. Aux États-Unis, le secteur financier verse des contributions de campagne presque illimitées au candidat et au parti qui vont le plus loin dans le sens de sa déréglementation totale, et des sommes importantes aussi à l'opposition, pour faire bonne mesure. Cette technique de diversification du portefeuille appliquée aux contributions de campagne a bien réussi aux banques : elle leur a valu de gros renflouements sous des administrations démocrates comme républicaines. Leurs investissements dans le processus politique américain ont été beaucoup plus payants que leurs investissements financiers, qui en principe étaient leur spécialité mais qui se sont révélés épisodiquement désastreux.

18. J'analyserai plus bas l'expérience de l'abolition de la quasi-totalité des réglementations au Chili.

19. En décembre 2014, le Congrès des États-Unis a introduit une disposition abrogeant l'un des éléments cruciaux de la loi Dodd-Frank de réforme de Wall Street et de protection des consommateurs qui réglemente les banques – un article interdisant aux banques qui bénéficient de la garantie de l'État de se livrer à des transactions à risque sur les dérivés – dans une loi budgétaire que le président était obligé de signer pour maintenir l'État en fonctionnement.

20. Exemple : il aurait le droit d'interdire les produits d'assurance où l'acheteur n'a pas de risque assurable – autrement dit, je ne peux pas acheter une assurance-vie sur quelqu'un dont la mort n'aurait pour moi aucune conséquence. Bref, je ne peux pas faire ce genre de pari. C'est un principe bien connu, car ces paris créent des incitations perverses – faire tuer celui contre qui on s'est assuré. Mais les marchés financiers modernes ne l'ont pas compris : une banque pourrait parier sur l'effondrement de la compagnie X, puis prendre discrètement des mesures susceptibles de pousser X vers l'effondrement. Elle aurait une incitation à le faire. Un bon régime de réglementation interdirait ce type de produits financiers.

21. C'est-à-dire une dette assumée par un pays précis au sein de la zone euro.

22. Le résultat est plus général : il vaut pour tout facteur de production mobile.

23. On verra au chapitre 7 que la BCE a obligé *secrètement* l'Irlande à le faire.

24. Ce problème – il est intéressant de le signaler – a été repéré depuis longtemps dans la théorie du fédéralisme budgétaire et des biens publics locaux. Voir, par exemple, J. E. Stiglitz, «Theory of Local Public Goods», *in* M. S. Feldstein et R. P. Inman (éd.), *The Economics of Public Services*, Londres, MacMillan, 1977, p. 274-333 ; J. E. Stiglitz, «Public Goods in Open Economies with Heterogeneous Individuals», *in* J. F. Thisse et H. G. Zoller (éd.), *Locational Analysis of Public Facilities*, Amsterdam, North-Holland, 1983, p. 55-78 ; et J. E. Stiglitz, «The Theory of Local Public Goods Twenty-Five Years after Tiebout : A Perspective», *in* G. R. Zodrow (éd.), *Local Provision of Public Services : The Tiebout Model After Twenty-Five Years*, New York, Academic Press, 1983, p. 17-53.

L'ampleur de la distorsion (de l'instabilité) est liée à l'élasticité de la demande de main-d'œuvre. Si l'on suppose que le produit marginal du travail n'augmente pas beaucoup quand il y a émigration et que le fardeau de la dette repose entièrement sur les travailleurs, les salaires après impôts peuvent baisser quand de nombreux salariés quittent le pays. Il existe alors une «solution» extrême, où plus personne ne vit dans le pays. Ou alors, on peut parvenir à un équilibre inefficace, où, par exemple, le nombre d'habitants de l'Irlande a tant diminué que le salaire après impôts y est devenu le même qu'au Royaume-Uni.

Plus largement, cette littérature a montré que la liberté de migration à l'entrée et à la sortie n'aboutit pas à une allocation efficace de la main-d'œuvre – ce qui prouve, une fois de plus, qu'en se fiant à l'économie élémentaire des manuels on peut aisément s'égarer.

25. Déterminer si ces «avantages» de l'émigration pèsent plus lourd que ses effets négatifs à long terme mentionnés plus haut est une question empirique.

26. De même, si l'on fait peser une partie du fardeau fiscal sur le capital, cette décision incitera les capitaux à quitter le pays.

27. Comme je l'expliquerai plus loin dans le livre, il y a d'autres dispositifs institutionnels possibles qui mènent à peu près au même résultat. Et de nombreux détails de la conception institutionnelle garantissent que les pays ne se surendetteront pas et/ou que leurs emprunts en eurobonds serviront à des dépenses d'équipement qui augmenteront la productivité.

28. Comme nous l'avons dit au chapitre précédent, les déficits ne peuvent pas dépasser 3 % du PIB.

29. Voir Joseph E. Stiglitz, « Economic Organization, Information, and Development », *in* H. Chenery et T. N. Srinivasan (éd.), *Handbook of Development Economics*, Amsterdam, Elsevier Science Publishers, 1988, p. 93-160 ; et Robert J. Lucas, « On the Mechanics of Economic Development », *Journal of Monetary Economics*, vol. 22, n° 1, 1988, p. 3-42.

30. C'est par exemple le cas de la CAF (Corporacion Andina de Fomento), la Banque de développement de l'Amérique latine.

31. C'est ce qu'on appelle parfois un « budget d'équipement ». On craint cependant qu'il n'amène à donner priorité à certains types d'investissement (par exemple, dans les infrastructures) sur d'autres (par exemple, dans la santé des jeunes, qui en général n'est pas considérée comme un « investissement »).

32. Voir, par exemple, J. E. Stiglitz, « Leaders and Followers : Perspectives on the Nordic Model and the Economics of Information », *Journal of Public Economics*, vol. 127, 2015, p. 3-16.

33. Voir Banque mondiale, *The East Asian Miracle : Economic Growth and Public Policy*, *op. cit.* ; et *Rapport sur le développement dans le monde 1998-1999 : le savoir au service du développement*, Paris, Eska, 1998.

34. Voir le livre que j'ai écrit avec Bruce C. Greenwald, *La Société de l'apprentissage*, *op. cit.*

35. Même la Banque mondiale a changé de point de vue sur les politiques industrielles ; mais les idées hostiles à ces politiques sont largement intégrées au cadre économique de base de la zone euro. Voir Joseph E. Stiglitz et Justin Yifu Lin (éd.), *The Industrial Policy Revolution I : The Role of Government Beyond Ideology*, Houndmills, G.-B., et New York, Palgrave Macmillan, 2013 ; Joseph E. Stiglitz, Justin Yifu Lin et Ebrahim Patel (éd.), *The Industrial Policy Revolution II : Africa in the 21st Century*, Houndmills, G.-B., et New York, Palgrave Macmillan, 2013. Pour une analyse théorique plus générale, voir Stiglitz et Greenwald, *Creating a Learning Society*, *op. cit.*

36. Les accords de commerce prétendent souvent égaliser le terrain de la même façon. Quand on les examine de près, on peut se poser des questions. S'ils limitent les subventions à l'industrie qui pourraient aider les pays défavorisés à rattraper leur retard, ils autorisent les subventions massives à l'agriculture – à cause d'un lobby puissant en Europe et en Amérique.

37. Il s'appelle le Mécanisme européen de stabilité. Les pays qui sollicitent ses fonds doivent avoir signé le pacte budgétaire (mentionné plus loin) et accepté un « programme ». Nous verrons dans d'autres chapitres que les « programmes » ont été jusqu'ici contre-productifs.

38. L'augmentation des dépenses publiques pour verser les indemnités de chômage en ascension et la réduction des recettes de l'État en temps de ralentissement économique (par exemple, parce que l'impôt est progressif) s'appellent des *stabilisateurs automatiques*. Ils contribuent à empêcher la baisse de régime de l'économie de s'aggraver. Ces stabilisateurs automatiques, intégrés à l'économie dans les années qui ont suivi la Seconde Guerre mondiale sous l'influence de l'analyse keynésienne, sont une des raisons pour lesquelles les économies ont été, depuis cette époque, beaucoup plus stables que, par exemple, avant la Première Guerre mondiale.

39. Quand les réglementations bancaires sont mal conçues ou mal appliquées, elles fonctionnent souvent comme des déstabilisateurs automatiques : lorsque l'économie s'affaiblit, les pertes des banques augmentent, et un régulateur rigide, insensible aux considérations de tolérance évoquées plus haut, les oblige à resserrer leur crédit, ce qui aggrave *automatiquement* l'affaiblissement de l'économie. Plus haut dans ce chapitre, nous avons évoqué le projet d'instaurer au niveau de toute la zone euro une réglementation uniforme plus stricte, où la tolérance n'interviendrait que marginalement, voire pas du tout. La zone euro, je le crains, créerait ainsi un puissant déstabilisateur automatique.

40. Par la suite, l'Union européenne a déclaré une partie de ces agissements en infraction avec la loi européenne.

41. Voir OCDE, « La crise amoindrit les revenus et retentit sur l'inégalité et la pauvreté », note d'information de mai 2013, en ligne à l'adresse <http://www.oecd.org/fr/els/soc/OCDE2013-La-crise-amoindrit-les-revenus-8p.pdf>. Voir aussi la série de rapports de l'OCDE sur l'inégalité, notamment *Tous concernés*.

CHAPITRE 6

1. Dans son discours du 26 juillet 2012 à Londres : « Dans le cadre de notre mandat, la BCE est prête à faire tout ce qu'il faudra pour préserver l'euro. Et, croyez-moi, ce sera suffisant. »

2. Si elle est autorisée à poursuivre des objectifs plus généraux, à apporter « son soutien aux politiques économiques générales dans

l'Union, en vue de contribuer à la réalisation des objectifs de l'Union», ces buts sont secondaires. Voir «Sur les statuts du Système européen de banques centrales et de la Banque centrale européenne», *Journal officiel de l'Union européenne*, 9 mai 2008.

3. L'obsession de l'Allemagne pour l'inflation a joué un rôle déterminant. Comme nous l'avons dit, les Allemands avaient réécrit l'histoire pour se persuader que c'était l'inflation, et non le chômage massif, qui avaient porté Hitler et le fascisme au pouvoir. Mais, si déconnectés de la réalité que soient les systèmes de croyance, une fois établis ils font partie de la réalité avec laquelle il faut traiter. L'Allemagne étant devenue la puissance dominante de la zone euro, ses croyances, qui faisaient de l'inflation le problème central, ont été intégrées à la «constitution» de la BCE.

4. «Sur les statuts du Système européen de banques centrales et de la Banque centrale européenne».

5. Source : Article 127 du Traité sur le fonctionnement de l'Union européenne.

6. Évidemment, l'étalon-or des périodes relativement récentes était différent de celui des siècles précédents, avant l'adoption massive du papier-monnaie. À l'époque de la découverte du Nouveau Monde par les Européens, de vraies espèces en or (et dans d'autres métaux précieux) circulaient sur le continent. C'était le moyen d'échange. Plus tard, ces pièces encombrantes ont été remplacées par des billets de tissu ou de papier, gagés sur des quantités d'or précises. Mais pour ce qui nous intéresse dans cette analyse particulière, l'effet est le même : la valeur de la monnaie était liée aux fluctuations de la valeur de l'or, et non à une politique que l'État pouvait ajuster.

7. Cette loi a aussi créé le comité des conseillers économiques, pour conseiller l'État sur la façon d'atteindre ces objectifs. J'ai présidé ce comité sous le président Clinton.

8. Voir Charles P. Kindleberger, *Histoire mondiale de la spéculation financière*, trad. fr. de Pierre-Antoine Ullmo et Guy Russell, Hendaye, Valor, 2004.

9. Expression utilisée par Alan Greenspan dans un célèbre discours prononcé à Washington, à l'American Enterprise Institute, le 5 décembre 1996, intitulé «The Challenge of Central Banking in a Democratic Society» [Le défi de l'action des banques centrales dans une société démocratique]. J'étais là quand il a tenu ces propos, et j'ai

observé avec intérêt la réaction des auditeurs et des médias. Ils lisaient le discours pour voir ce qu'il laissait présager de la politique monétaire à court terme (et Greenspan savait, comme il me l'a expliqué, que c'était cela qu'ils allaient chercher). Ce que le texte impliquait globalement pour la conduite de la politique monétaire – notamment le raisonnement selon lequel les autorités monétaires ne devaient pas orienter leurs politiques vers une inflation du prix des actifs – est passé pour l'essentiel inaperçu. Ses commentaires visaient en partie ce que beaucoup considéraient comme la bulle boursière du Japon, et ils ont provoqué une baisse quasi immédiate de 3 % à la Bourse de Tokyo, suivie de répercussions dans le monde entier. L'expression « exubérance irrationnelle » est aujourd'hui entrée dans le vocabulaire économique courant, et, bien qu'on l'attribue généralement à Greenspan, il l'a peut-être empruntée au prix Nobel d'économie Robert Shiller, qui la lui aurait soufflée dans une conversation privée. Voir le billet de blog à l'adresse <http://ritholtz.com/2013/01/did-greenspan-steal-the-phrase-irrational-exuberance>. Voir aussi mon analyse plus développée dans mon livre *Quand le capitalisme perd la tête*, trad. fr. de Paul Chemla, Paris, Fayard, 2003.

10. En général, leur rémunération n'était pas fondée sur les résultats à long terme. Les stock-options, options sur titre, ont joué un rôle particulièrement nocif : elles ont encouragé les dirigeants à annoncer des résultats, et à prendre des mesures, de nature à faire monter le cours de l'action dans l'immédiat, sans se soucier de leurs effets sur la durée. Voir mon livre *Quand le capitalisme perd la tête, op. cit.*, et Stiglitz *et al.*, *Rewriting the Rules of the American Economy, op. cit.*

11. Il n'existe aucune théorie générale qui soutienne que la réaction optimale à une hausse des cours du pétrole doit être la réduction de la demande de tous les biens « non échangés » (hors commerce extérieur) afin qu'un indicateur particulier, le prix moyen pondéré, reste inchangé.

12. De fait, comme nous l'avons signalé ailleurs, la BCE, par peur de l'inflation, a en réalité relevé deux fois les taux d'intérêt en 2011.

13. Pour une analyse de la dévaluation compétitive, voir chapitre 4.

14. Voir Milton Friedman et Anna J. Schwartz, *A Monetary History of the United States, 1867-1960*, Princeton, NJ, Princeton University Press, 1963.

15. Ce taux lui-même était déterminé mécaniquement : c'était le taux de croissance de l'économie *réelle*.

16. Le Japon a commencé sérieusement son assouplissement quantitatif en 2011, et depuis il a consacré plusieurs centaines de milliards de dollars à ces achats d'obligations. Les États-Unis ont entamé le leur en 2008, et il a été encore plus important en termes absolus (mais pas relativement à la taille de leur économie) : plusieurs milliers de milliards de dollars au total ont été dépensés pour acheter des obligations. Le programme de la Banque d'Angleterre, un peu plus modeste, a été mis en œuvre de 2009 à 2012. La théorie qui sous-tend le QE sera évoquée plus longuement en fin de chapitre.

17. Ce qui suppose que les banques locales aient la *capacité* de prêter. Comme nous l'avons vu au chapitre précédent, l'un des problèmes de la construction de la zone euro est qu'elle a facilité la fuite des capitaux hors des banques des pays faibles, ce qui a compromis leur aptitude à consentir des prêts. En pratique, il y a un risque de voir l'Europe déséquilibrer encore plus le terrain : si elle traite le crédit aux pays faibles comme plus risqué, elle va décourager même les banques fortes des pays forts de se livrer à des prêts transfrontières vers les pays faibles. Pour une analyse des principes généraux qui sont à l'œuvre, voir Stiglitz et Greenwald, *Économie monétaire : un nouveau paradigme, op. cit.*

18. Il y a eu des mesures encore plus ambitieuses aux États-Unis : les exigences du CRA (Community Reinvestment Act) ont réussi à amener les banques à consentir davantage de prêts dans les collectivités insuffisamment desservies.

19. Les défenseurs de ces politiques font valoir que l'État a été remboursé. Mais qu'il l'ait été ou non n'est pas la question : l'État a prêté de l'argent aux banques à un taux très inférieur à celui du marché, ce qui est en soi un cadeau de première grandeur. Les banques centrales ont utilisé bien d'autres canaux (parfois en conjonction avec l'État, parfois de façon apparemment indépendante) pour fournir aux banques des subventions cachées. Elles ont perpétué la position dominante des banques « trop grosses pour faire faillite » (« trop corrélées pour faire faillite » et « trop interconnectées pour faire faillite ») [« trop corrélées » parce qu'elles investissent toutes de la même façon et ont donc le même profil de risque ; « trop interconnectées » à cause du réseau inextricable des transactions qu'elles effectuent entre elles – *NdT*] ; d'ailleurs, sur les deux rives de l'Atlantique, les gouvernements ont encouragé les fusions, donc aggravé le problème. Les taux d'intérêt plus bas que peuvent obtenir ces banques constituent une subvention

camouflée. L'assouplissement quantitatif lui-même a été, en partie, une recapitalisation cachée des banques, comme l'avaient été les politiques suivies par l'administration Clinton après la crise des caisses d'épargne. Les obligations à long terme se sont revalorisées, et les banques qui en détenaient ont bénéficié, de fait, d'un transfert de fortune majeur. Dans le cas des États-Unis pendant la crise des caisses d'épargne, les banques avaient été encouragées à détenir ces obligations par le bais de règles comptables qui traitaient ces titres comme si leur risque était nul, alors qu'il était évident que leurs prix variaient considérablement et que leurs rendements reflétaient cette volatilité. (Voir mon livre *Quand le capitalisme perd la tête, op. cit.*) Au lendemain de la crise de 2008, ces recapitalisations cachées (qu'on appelle parfois recapitalisations furtives) sont devenues encore plus importantes, et les analystes des marchés ont commencé à en parler. Meredith Whitney, par exemple, dans un débat avec Jonathan Weil de *Bloomberg*, a estimé que « 100 milliards de dollars de capital ont été reconstitués par le seul biais du "grand commerce administratif" de la Federal Reserve, comme elle dit » (cité par Edward Harrison, « Q1 Bank Earnings Due to Marking Up Assets, Not Fundamentals – Meredith Whitney », *Seeking Alpha*, 6 mai 2010, en ligne à l'adresse <http://seekingalpha.com/article/203263-q1-bank-earnings-due-to-marking-up-assets-not-fundamentals-meredith-whitney>).

Dans la zone euro, l'opération d'« autoamorçage de la pompe » exposée au chapitre 7 a créé les conditions d'une recapitalisation cachée du même type. Un programme de la BCE, le LTRO (*Long-Term Refinancing Operations*, « opérations de refinancement à long terme »), inauguré fin 2011, a prêté de l'argent aux banques à de faibles taux d'intérêt. Beaucoup ont utilisé ces fonds pour acheter des bons d'État à long terme. Neuf mois plus tard, un autre programme de la BCE, l'OMT (*Outright Monetary Transactions*, Opérations monétaires sur titres), a autorisé l'achat de bons d'État sur le marché. Bien que ce programme n'ait jamais été utilisé, l'impression d'assurance qu'il a donnée a contribué à faire monter les prix de ces bons d'État, ce qui a recapitalisé les banques. Le QE a poursuivi les recapitalisations – Markus K. Brunnermeier, économiste de l'université de Princeton, et ses coauteurs ont parlé à ce sujet de « recapitalisations furtives » (voir sa présentation à la conférence du G-7 à Francfort, 27 mars 2015, en ligne à l'adresse <https://scholar.princeton.edu/sites/default/files/markus/files/diabolicloop_sovereignbankingrisk.pdf>).

20. Dans les rapports *Global Risks* 2012 et 2013 du Forum économique mondial, la « grave disparité des revenus » a été classée première.

21. Voir Jonathan D. Ostry, Andrew Berg et Charalambos G. Tsangarides, « Redistribution, Inequality, and Growth », note d'analyse du personnel du FMI, SDN/14 février, 2014, en ligne à l'adresse <https://www.imf.org/external/pubs/ft/sdn/2014/sdn1402.pdf>; et Federico Cingano, « Trends in Income Inequality and its Impact on Economic Growth », document de travail sur les questions sociales, l'emploi et les migrations de l'OCDE, nº 163, 2014, en ligne à l'adresse <http://www.oecd.org/els/soc/trends-in-income-inequality-and-its-impact-on-economic-growth-SEM-WP163.pdf>.

22. Dans des pays où existent d'importants écarts entre groupes ethniques (comme les États-Unis et la France), il peut y avoir d'autres dimensions à cette montée de l'inégalité. Quand l'économie ralentit, ce sont les travailleurs de certaines ethnies qui sont licenciés les premiers. Lorsque l'économie est en pleine expansion (comme à la fin des années 1990 aux États-Unis), ces écarts rétrécissent nettement.

23. *El Dilema*, Barcelone, Planeta, 2013. Trad. angl. trouvée à l'adresse <http://openeuropeblog.blogspot.com/2013/11/whats-best-place-to-publish-ecb-letter.html>.

24. Les exigences étaient remarquablement précises et de grande portée. La lettre réclamait l'élimination de l'indexation des salaires sur les prix, qui est importante pour protéger les travailleurs de l'inflation, mais qui, manifestement, ne posait alors aucun problème puisque, s'il y avait un mouvement des prix, c'était à la baisse. (« Nous sommes énormément préoccupés par le fait que le gouvernement n'a pris aucune mesure pour abolir les clauses d'indexation sur l'inflation. Ces clauses ne sont pas un élément approprié pour les marchés du travail dans une union monétaire, car elles représentent un obstacle structurel à l'ajustement des coûts du travail. ») La lettre exigeait aussi la suppression de la quasi-totalité des dispositions assurant la sécurité de l'emploi, au moins temporairement. (« Nous voyons d'importants avantages à l'adoption d'un nouveau contrat de travail exceptionnel, prévu pour une période limitée dans le temps, et où l'indemnisation du licenciement est très faible. ») Elle faisait au gouvernement la « suggestion » de trouver des moyens d'étouffer les augmentations de salaires (ce qu'elle appelait « des mesures exceptionnelles pour promouvoir la modération salariale dans le secteur privé »).

Bien entendu, la BCE s'intéressait également aux politiques budgétaires, mais là elle était plus rigoureuse, et de loin, que les règles officielles de la zone euro. (« Le gouvernement doit prouver clairement, par des actes, son engagement inconditionnel à atteindre ses cibles de politique budgétaire, *quelle que soit la situation économique* » [c'est moi qui souligne].) Et la BCE n'hésitait pas une seconde à s'ingérer dans un domaine ultrasensible en Espagne, les relations budgétaires entre le gouvernement central et les régions : le gouvernement central devait prendre « le contrôle des budgets régionaux et locaux (y compris l'autorisation des émissions d'obligations des autorités régionales) ».

25. Notons que ces réformes du marché du travail et d'autres du même style restent au cœur des tensions politiques en Espagne à l'heure où ce livre va sous presse.

26. Dans la plupart des cas, nous l'avons dit, si la banque centrale doit agir comme prêteur de dernier ressort – en fournissant des liquidités quand les autres ne veulent pas le faire, du moins à un taux d'intérêt « raisonnable » –, c'est que le « marché » a jugé qu'il y a un risque élevé de ne pas être remboursé, parce que la société financière en question est peut-être insolvable. Même si les banques centrales sont censées ne prêter seulement qu'aux sociétés *solvables mais à court de liquidités*, quand elles le font, elles opposent nécessairement leur propre jugement à celui du marché.

27. Aux États-Unis, les centaines de milliards de dollars des renflouements ont servi dans leur quasi-totalité à aider les banques, leurs actionnaires et les détenteurs de leurs obligations. Les propriétaires de maison en difficulté n'ont reçu qu'un montant négligeable, bien que la crise ait été au départ une crise de l'immobilier. L'administration et la Federal Reserve croyaient à l'économie du ruissellement vers le bas : déversons suffisamment d'argent sur les banques et toute l'économie en profitera. Il eût été bien meilleur pour l'économie qu'elles essaient une plus forte dose de « ruissellement vers le haut » : aidons les propriétaires de maison en difficulté et tout le monde en bénéficiera.

28. En effet, la Troïka a menacé de déclarer l'Irlande en faillite si l'État essayait de faire supporter aux détenteurs d'obligations certains des coûts de la restructuration des banques. Les menaces ont été tenues secrètes. Elles n'ont été révélées que plus tard par le gouverneur de la banque centrale, Patrick Honohan. Voir Brendan Keenan, « Revealed – the Troika Threats to Bankrupt Ireland », *Independent*, 28 septembre 2014.

29. Comme dans le cas des États-Unis, il était nécessaire et souhaitable de sauver les déposants, mais pas de sauver les banquiers, les détenteurs d'obligations et les actionnaires. Pour une plus ample analyse de ces questions, voir mon livre *Le Triomphe de la cupidité*, *op. cit.*

30. Les problèmes de gouvernance sont aggravés par le goût des banquiers pour le secret et pour l'opacité. (Nous avons déjà vu deux exemples : la lettre secrète à Zapatero et l'exigence secrète de la BCE qui a forcé l'Irlande à renflouer ses banques.) Presque par nature, les banquiers sont enclins au secret. Ils comprennent que, s'il est vrai que le savoir, c'est du pouvoir, il est encore plus vrai que le savoir, c'est du profit : le différentiel d'information est la source des rentes économiques. Bien que les banques centrales soient des institutions publiques, leur culture est trop souvent contaminée par la culture des banques *privées.*

31. Cité par William Greider dans *Secrets of the Temple*, New York, Simon et Schuster, 1987, p. 473.

32. En général, les banques centrales ne représentent pas les intérêts de tous les acteurs du marché financier ; elles sont bien plus sensibles, par exemple, aux préoccupations des banques qu'à celles des fonds spéculatifs ou des investisseurs de capital-risque.

33. Il existe néanmoins d'autres sources d'expertise (l'université), et la compétence essentielle pour une banque centrale – comprendre la macroéconomie et le comportement du secteur financier en tant que *système* – est nettement différente de celle de l'acteur moyen du secteur financier. (Draghi, avec son doctorat d'économie obtenu au MIT, est une exception, car il associe l'expérience du monde réel à la formation intellectuelle appropriée, que d'autres banques centrales devraient s'efforcer d'acquérir.) Certaines banques centrales interdisent toute présence de professionnels du secteur financier, même dans leur conseil, parce qu'elles comprennent les conflits d'intérêts et les dangers de la « capture cognitive ».

34. Aux États-Unis et dans beaucoup d'autres pays, les renflouements massifs, où les banques ont pratiquement exigé des fonds publics, ont révélé que les combats qu'elles avaient livrés pour mettre l'État hors jeu n'étaient pas pour elles une question de principe mais une question d'argent. Elles ont également exigé que l'État suspende les règles normales du capitalisme, en vertu desquelles les pertes d'une compagnie sont assumées par ses actionnaires et par les détenteurs de ses obligations.

35. Dans le cas des États-Unis, on a au moins vu Alan Greenspan, le président de la Federal Reserve dans la période de la marche à la crise, faire son *mea culpa*, puisqu'il a admis la faille dans son raisonnement : sa croyance à l'autoréglementation. « J'ai repéré une erreur », a-t-il dit au Congrès en octobre 2008. « Je ne sais pas quelle est au juste son importance ou sa permanence. Mais j'en ai été très troublé. » (Voir « The Financial Crisis and the Role of Federal Regulators : Hearing before the Committee on Government and Oversight Reform », 23 octobre 2008, en ligne à l'adresse <https://www.gpo.gov/fdsys/pkg/CHRG-110hhrg55764/pdf/CHRG-110hhrg55764.pdf>.) Toutefois, même alors, il n'a dit mot des incitations perverses auxquelles étaient confrontés les banques et les banquiers, et *dont il aurait dû être conscient.* Mais notons bien que Ben Bernanke, qui a accédé à la présidence de la Federal Reserve le 1er février 2006, n'a jamais prononcé de *mea culpa* de ce genre, alors que les pires abus dans le système bancaire ont eu lieu, en fait, après son entrée en fonction. De même, on n'a entendu aucun aveu comparable de la part des responsables de la réglementation bancaire en Europe.

36. Cependant, le marché, d'ordinaire, a compris que les anciennes obligations ne seront jamais remboursées, donc leur prix de marché est très inférieur à leur valeur nominale. Le prix de marché des nouvelles obligations est souvent étroitement lié au prix de marché des anciennes.

37. Même dans ces conditions, si les banques allemandes, par exemple, avaient eu un problème, il aurait été facile à l'État allemand de les renflouer – le fardeau aurait été relativement léger pour ce pays très riche, comparé à son énormité relative pour un petit pays plus pauvre. Là encore, ce sont les rapports de forces internes en Europe qu'exprimait et reflétait la politique de la BCE.

38. En revanche, pendant la crise asiatique, le FMI a exigé que le gouvernement indonésien ne renfloue pas ses banques, ni même les déposants.

39. Voir Sebastian Gechert, Katja Rietzler et Silke Tober, « The European Commission's New NAIRU : Does It Deliver? », Institut für Makroökonomie und Konjunkturforschung (Institut de politique macroéconomique), janvier 2015, en ligne à l'adresse <https://ideas.repec.org/p/imk/wpaper/142-2014.html>. Pour plus de précisions sur ce point, voir chapitre 9, note 9.

40. Voir Stiglitz *et al.*, *Rewriting the Rules of the American Economy*, *op. cit.*

41. Dans le passé, certains gouvernements ont peut-être essayé de manipuler l'économie avant des élections par la politique monétaire. Mais les temps de réaction sont longs et incertains, donc la politique monétaire n'est pas un très bon instrument à cette fin. La politique budgétaire est, de fait, plus efficace. Certains ont suggéré que, dans l'histoire, des banques centrales qui n'étaient pas indépendantes ont au moins tenté ce type de manipulation. Même si c'est vrai, quand le remède consiste à rendre les banques centrales si indépendantes qu'elles peuvent être aisément capturées par le secteur financier, il est pire que le mal. Il existe, en fait, un large éventail de dispositifs institutionnels possibles entre l'indépendance complète et le statut de simple service de l'État. La gouvernance de la BCE va trop loin dans la première direction.

42. L'âge d'or du monétarisme dans les banques centrales a eu lieu dans les années 1980 et 1990 ; le ciblage de l'inflation a d'abord été adopté explicitement par la Nouvelle-Zélande en 1984, puis s'est répandu dans le monde entier. Après la crise financière de 2008, la plupart des banques centrales ont révisé les cadres de leurs politiques pour les rendre plus flexibles, avec des mandats supplémentaires (notamment la stabilité financière) et une vision plus nuancée de l'inflation – désormais, leurs réactions dépendraient de la source de la hausse des prix. Voir Luis Jácome et Tommaso Mancini-Griffoli, « A Broader Mandate », *Finance and Development*, vol. 51, nº 2, 2014, p. 47-50.

43. De plus, comme l'administration et la Federal Reserve n'avaient pas fait grand-chose pour régler les problèmes de fond sur les marchés de l'immobilier et des prêts hypothécaires, les prix de l'immobilier restaient bas ; puisque l'immobilier était une source majeure de nantissement pour les prêts aux petites et moyennes entreprises, sa dévalorisation contribuait aussi à inhiber le crédit aux PME.

44. Voir Milton Friedman, « The Role of Monetary Policy », *American Economic Review*, vol. 58, nº 1, 1968, p. 1-17 ; Milton Friedman, « Inflation and Unemployment », *Journal of Political Economy*, vol. 85, nº 3, 1977, p. 451-472 ; Edmund S. Phelps, « Money-Wage Dynamics and Labor-Market Equilibrium », *Journal of Political Economy*, vol. 76, nº 4, partie 2, 1968, p. 678-711.

45. Voir, par exemple, Roger E. A. Farmer, « The Natural Rate Hypothesis : An Idea Past Its Sell-By Date », document de travail du NBER

n° 19267, 2013, en ligne à l'adresse <http://www.bankofengland.co.uk/publications/Documents/quarterlybulletin/2013/qb130306.pdf>.

CHAPITRE 7

1. Voir, par exemple, Suzanne Daley, « Hunger on the Rise in Spain », *New York Times*, 25 septembre 2012.

2. Voir Commission européenne, direction générale des affaires économiques et financières, « The Economic Adjustment Program for Ireland », février 2011, en ligne à l'adresse <http://ec.europa.eu/economy_finance/publications/occasional_paper/2011/pdf/ocp76_en.pdf>.

3. Voir FMI, « Letter of Intent of the Government of Portugal », 17 mai 2011, en ligne à l'adresse <https://www.imf.org/external/np/loi/2011/prt/051711.pdf>.

4. Voir Commission européenne, Commission européenne, « The Economic Adjustment Program for Portugal 2011-2014 », octobre 2014, en ligne à l'adresse <http://ec.europa.eu/economy_finance/publications/occasional_paper/2014/pdf/ocp202_en.pdf>, p. 71. En fait, le taux avait atteint un pic de plus de 13 % en 2012 avant de redescendre.

5. Voir Ricardo Reis, « Looking for a Success : The Euro Crisis Adjustment Programs », Brookings Papers on Economic Activity, BPEA Conference Draft, 10-11 septembre 2015, en ligne à l'adresse <http://www.brookings.edu/~/media/projects/bpea/fall-2015_embargoed/conferencedraft_reis_eurocrisis.pdf>. Voir aussi <http://ec.europa.eu/economy_finance/publications/occasional_paper/2014/pdf/ocp202_en.pdf>.

6. L'austérité avait deux composantes : celle qu'avait imposée la Troïka et celle que le gouvernement conservateur avait adoptée de lui-même, dans son effort pour se conformer à l'idéologie dominante.

7. Le Conseil allemand des experts en économie écrit, dans un communiqué de presse du 28 juillet 2015 annonçant la parution d'un rapport détaillé sur le sujet : « Les redressements économiques en Irlande, au Portugal, en Espagne et – jusqu'à la fin de l'année dernière – aussi en Grèce montrent que le principe "prêts contre réformes" peut conduire au succès. Pour que le nouveau programme fonctionne, la Grèce doit s'approprier davantage les profondes réformes structurelles. Et elle doit utiliser l'expertise technique que lui offrent ses partenaires européens. » (Voir Conseil allemand des experts en économie, « German Council of Economic Experts Discusses Reform Needs to Make the Euro Area More

Stable and Proposes Sovereign Insolvency Mechanism », 28 juillet 2015, en ligne à l'adresse <http://www.sachverstaendigenrat-wirtschaft.de/fileadmin/dateiablage/download/pressemitteilungen/gcee_press_release_07_15.pdf> et Conseil allemand des experts en économie, « Executive Summary », juillet 2015, en ligne à l'adresse <http://www.sachverstaendigenrat-wirtschaft.de/fileadmin/dateiablage/download/sondergutachten/executive_summary_special_report07-2015.pdf>.)

Le chapitre 3 a précisé certaines des raisons pour lesquelles ce point de vue paraît peu convaincant. Pour d'autres critiques, voir Suzanne Daley, « For Many in Spain, a Heralded Economic Recovery Feels Like a Bust », *New York Times*, 10 août 2015, en ligne à l'adresse <http://www.nytimes.com/2015/08/11/world/europe/for-many-in-spain-a-heralded-economic-recovery-feels-like-a-bust.html?_r=0> et Zero Hedge, « Sorry Troika, Spain's Economic Recovery Is 'One Big Lie' », 12 août 2015, en ligne à l'adresse <http://www.zerohedge.com/news/2015-08-12/sorry-troika-spains-economic-recovery-one-big-lie>.

8. L'interdiction portait sur la saisie des maisons pour lesquelles la somme due au titre du prêt immobilier était inférieure ou égale à 200 000 euros.

9. C'est un drame qui s'est joué un peu partout aux États-Unis : les maisons vides se dégradent rapidement. Les banques ne pourront les revendre que pour une misère. Comme les familles, les localités sont détruites. Il y a un cercle vicieux de l'effondrement, car les maisons qui ne sont pas correctement entretenues font baisser la valeur des maisons voisines, ce qui accroît le nombre des défauts de paiement.

10. Voir Kerin Hope, «Athens Backs Reforms to Unlock Bailout Funds», *Financial Times*, 19 novembre 2015.

11. En 2007, la Grèce ne payait que 0,3 % d'intérêts de plus que l'Allemagne. En 2010, ce pourcentage avait grimpé à 6,4 %. Source : chiffres de l'OCDE sur les taux d'intérêt à long terme (rendements des obligations d'État à 10 ans).

12. Elle s'attendait à voir l'économie bien engagée sur la route de la reprise deux ans après le début du programme. En fait, la récession s'est poursuivie, tout simplement. La Troïka ne pouvait ignorer la réalité. Mais, au lieu de repenser le programme, ou même son modèle, elle a repris le même modèle, et il a prédit une reprise rapide – à partir d'une base plus faible, désormais. À nouveau, cette reprise ne s'est pas produite. La Troïka a répété de multiples fois cette démarche. On pourrait

raconter la même histoire pour chacun des pays en crise – par exemple en Espagne ou au Portugal.

13. Projections des *Perspectives de l'économie mondiale* du FMI (*World Economic Outlook*, WEO), septembre 2011, en ligne à l'adresse <https://www.imf.org/external/pubs/ft/weo/2011/02/pdf/text.pdf>.

14. Papandréou est devenu Premier ministre en 2009. Comme nous le verrons plus loin, son mandat a pris fin en 2011, après sa proposition de référendum sur le programme qu'on imposait à son pays – proposition accueillie presque avec horreur par ses collègues de la zone euro. Son père, Andréas Papandréou, avait été Premier ministre de 1981 à 1989 et de 1993 à 1996, et l'un des principaux fondateurs du parti de centre gauche, le PASOK. Son grand-père, Georges Papandréou, avait été Premier ministre en 1944-1945, en 1963 et en 1964-1965; il avait été arrêté pendant le putsch militaire de 1967, qui, de l'avis de beaucoup, avait le soutien des États-Unis (ou du moins de la CIA). Le combat contre la cruelle occupation allemande en Grèce, avec ses prêts forcés à l'Allemagne qui n'ont jamais été remboursés, a marqué l'histoire de la Grèce et influence aussi la perception des événements récents.

15. Certains de ces truquages budgétaires avaient commencé plus tôt, à l'époque où la Grèce tentait de satisfaire les conditions requises pour entrer dans la zone euro. Goldman Sachs a joué dans cette affaire un rôle crucial et méprisable, en construisant un dérivé non transparent qui a aidé la Grèce à dissimuler sa situation réelle. Voir Louise Story, Landon Thomas Jr. et Nelson D. Schwartz, «Wall St. Helped to Mask Debt Fueling Europe's Crisis», *New York Times*, 13 février 2010; et Beat Balzli, «Greek Debt Crisis : How Goldman Sachs Helped Greece to Mask Its True Debt», *Spiegel*, 8 février 2010.

16. Néanmoins, on ne peut s'étonner de la concentration sur les déficits, quand on pense que la fixation sur les déficits et l'endettement avait été intégrée à la construction de la zone euro, comme nous l'avons vu au chapitre 4.

17. À un moment donné, la Troïka avait exigé un excédent primaire de 6 % en 2014! En 2015, elle a exigé un excédent de 3,5 % en 2018.

18. J'ai vu à l'œuvre un processus du même ordre quand j'étais économiste en chef de la Banque mondiale. Fondamentalement, chaque fois qu'il était question de restructurer une dette, les prévisions étaient optimistes – plus elles sont optimistes, moins il est nécessaire de réduire

la dette, et c'est bien sûr ce que veulent les créanciers. Ce qui me paraissait particulièrement étrange, c'est la façon dont on parvenait, dans bien des cas, à ces prévisions : elles résultaient d'une négociation autant que d'un modèle économique.

19. Même une hausse de l'investissement, s'il n'est pas du bon type et si l'État n'a pas mis en marche les bonnes politiques, peut avoir un effet négatif sur le taux de chômage. Il y a un effet positif côté offre, qui, *en présence d'une insuffisance de la demande globale future,* conduira à une hausse du chômage. Cet effet sera particulièrement important si les investissements se substituent à la main-d'œuvre, par exemple si des caisses automatiques remplacent un personnel non qualifié dans les supermarchés et les drugstores.

20. D'autres initiatives de la Troïka ont contribué à l'évasion fiscale. L'un des moyens importants de réduire l'ampleur de cette évasion est de faire en sorte que les transactions passent par le système bancaire. Dans toute économie, les transactions en liquide sont difficiles à taxer. Mais la fermeture prolongée des banques en Grèce autour du référendum de l'été 2015 et la proposition, pendant la crise de Chypre, d'imposer un prélèvement sur les comptes des petits déposants également (même si cette mesure n'a pas été retenue) ont incité les particuliers à ne pas laisser leur argent dans les banques.

21. Voir, par exemple, Tariq Ali, « Diary », *London Review of Books*, vol. 37, n° 15, 30 juillet 2015, p. 38-39. Si Hochtief, la compagnie allemande en question, qui avait construit l'aéroport, ne possédait que 45 % des actions, elle avait tous les droits de gestion. Un tribunal grec a décidé que Hochtief devait des sommes substantielles au titre de la TVA sur les services qu'elle avait fournis (TVA qu'elle avait collectée mais pas remise au fisc, à en croire certains articles de presse, et qui se montait à un demi-milliard d'euros). D'autres paiements non effectués, par exemple aux caisses de sécurité sociale, pourraient porter le montant dû à 1 milliard d'euros. Des informations de presse suggèrent aussi qu'aucune TVA n'avait été payée sur la construction de l'aéroport. L'affaire est controversée d'un bout à l'autre; même le contenu de la décision du tribunal fait débat. Ce qui est clair, c'est que le tribunal a donné tort à Hochtief. Cette entreprise fait valoir, apparemment, que la compagnie qui possède l'aéroport doit payer *seulement* 167 millions d'euros d'amendes et d'impôts, pas les chiffres plus élevés rapportés par les médias, et que la procédure judiciaire n'est pas terminée. Hochtief

soutient aussi, semble-t-il, qu'elle n'a pas à payer d'impôts tant qu'elle n'a pas fait de profits, mais d'autres disent qu'elle a trafiqué ses comptes en déduisant le coût total de l'investissement la première année, au lieu de suivre la procédure traditionnelle de dépréciation de l'investissement au fil du temps – un investissement à long terme, qui dure, disons, cinquante ans donne lieu à une déduction de 2 % seulement des coûts de construction. Par la suite, Hochtief a été reprise par une compagnie espagnole, qui a revendu ses intérêts à d'autres. On ne sait pas clairement où cela laisse la Grèce dans ses efforts pour récupérer les impôts qui, aux termes du jugement du tribunal, lui sont dus.

22. Il est pratiquement certain que des différends fiscaux et peut-être d'autres contentieux judiciaires sont en cours entre le gouvernement grec et certains étrangers qui refusent de payer leurs impôts ; et le rapport de forces entre les parties dépend de qui détient l'argent. Aux États-Unis, par exemple, en cas de litiges fiscaux portant sur de très fortes sommes, le contribuable doit généralement s'acquitter de l'impôt exigé, après quoi il peut porter plainte à la Cour fédérale pour obtenir restitution de l'argent qui à son avis lui est dû.

23. Voir chapitre 5. S'il y avait le moindre doute sur le risque que l'on court en laissant de l'argent dans le système bancaire, il a été levé quand la BCE a cessé d'agir en prêteur de dernier ressort pour les banques grecques, ce qui a conduit le système bancaire grec à la paralysie : on ne pouvait plus retirer chaque jour que de petites sommes. Comme nous l'avons déjà signalé aussi, la proposition, à Chypre, de faire peser une part des coûts du renflouement sur les déposants avait eu un effet semblable.

24. Sur ce point, que l'interprétation soit exacte ou non n'a pas d'importance. Prenons, par exemple, le débat sur la compagnie allemande chargée de l'administration de l'aéroport d'Athènes, dont on dit qu'elle doit des centaines de millions d'euros au fisc, comme nous l'avons précisé dans une note précédente. Bien que les détails de l'affaire soient controversés, l'histoire a éveillé un tel écho qu'elle a circulé partout sur Internet et qu'elle a acquis le poids d'un fait incontestable. La réputation de l'aéroport, qui ne passait pas pour l'un des mieux gérés du monde (même si l'on s'en tient aux seuls aéroports d'Europe du Sud, il est quatrième au classement mondial des aéroports de Skytrax), a pu aggraver encore les choses. (Comme nous l'avons déjà signalé, la compagnie et l'aéroport nient, bien sûr, les allégations.) Un autre facteur aggravant a été la décision de la Troïka d'exiger qu'il n'y ait pas de retenue à la source

sur les impôts des entreprises étrangères – exigence qui n'a jamais été expliquée convenablement.

25. Voir Henry George, *Progrès et pauvreté. Enquête sur les causes des crises industrielles et de l'accroissement de la misère au milieu de l'accroissement de la richesse* [1879], trad. fr. de P.-L. Le Monnier, Paris, Guillaumin, 1887; rééd., Alcan, 1925.

26. Certains impôts peuvent en fait stimuler l'économie. Des droits de succession élevés peuvent inciter ceux qui approchent de leur décès à dépenser davantage. Malheureusement, au sein de l'Union européenne, la mobilité est si facile qu'elle peut limiter l'aptitude des États à imposer des droits de succession nettement différents de ceux qui existent ailleurs. De même, une taxe carbone peut amener le secteur privé à investir dans des technologies meilleures pour le climat – pour remplacer les anciennes technologies trop intensives en carbone.

27. Le bilan [tel qu'il est présenté aux États-Unis – *NdT*] indique les avoirs (actif) et les dettes (passif) ; la différence est la valeur nette. Une privatisation représente la vente d'un avoir contre une somme d'argent. Par conséquent, si la privatisation a lieu à une juste valeur de marché, elle n'a *aucun* effet sur le bilan. Elle modifie simplement la composition des actifs : une somme passe des «actifs réels» aux «liquidités». Mais, comme je l'explique plus loin, la Troïka exige une privatisation rapide, qui risque de se traduire par un prix inférieur à la vraie valeur (à long terme) du marché dans une vente au rabais ; dans ce cas, il y aurait une dégradation du bilan.

28. Quand j'étais économiste en chef de la Banque mondiale, j'ai constaté à maintes reprises les effets négatifs de privatisations mal faites : celle de Telmex au Mexique a conduit à une hausse des prix des télécommunications ; or les prix élevés créent d'importants obstacles à l'entrée des pays dans l'ère numérique. (Voir Organisation de coopération et de développement économiques, *OECD Review of Telecommunications Policy and Regulation in Mexico*, 2011, en ligne à l'adresse <https://www.oecd.org/sti/broadband/50550219.pdf>.)

Dans mon livre *La Grande Désillusion*, j'ai souligné que ces problèmes posés par la privatisation se manifestaient très souvent. Même en 2015, la Troïka n'avait pas encore assimilé la leçon.

29. La situation peut être encore pire quand l'acheteur étranger est protégé par un accord bilatéral d'investissement, qui donne aux parties privées le droit de poursuivre les États en justice chaque fois

qu'intervient un changement de réglementation désavantageux pour elles, même si ce changement est souhaitable du point de vue de la santé et de la sécurité et mis en œuvre sans discrimination. Ce point est pertinent pour les privatisations effectuées dans le cadre des programmes de la zone euro, parce que l'entreprise qui remporte l'appel d'offres peut être une compagnie étrangère, immatriculée dans un pays avec lequel il y a un accord bilatéral d'investissement. Toutefois, *jusqu'à présent*, ce problème ne s'est posé dans aucune des privatisations de la zone euro.

30. Voir Niki Kitsantonis, « 14 Airports in Greece to Be Privatized in $1.3 Billion Deal », *New York Times*, 14 décembre 2015. Il y a d'amples possibilités d'abuser du pouvoir de monopole que confère le contrôle d'un aéroport régional. Ce qui est à craindre, c'est que les tentatives de réglementer, d'empêcher ce type d'abus, deviennent à présent un différend international, où le gouvernement allemand, et par conséquent la Troïka, prendrait le parti du partenariat germano-oligarchique contre l'intérêt public.

31. Dans le cas de la Grèce, les relations avec la Turquie, historiquement tendues, rendent particulièrement difficile d'effectuer des coupes dans les dépenses militaires, même s'il y a eu un sérieux rapprochement entre les deux pays quand Georges Papandréou était ministre des Affaires étrangères.

32. Voir John Henley, « "Making Us Poorer Won't Save Greece" : How Pension Crisis is Hurting Its People », *Guardian*, 17 juin 2015.

33. Matthew Dalton, « Greece's Pension System Isn't That Generous After All », *Wall Street Journal*, 27 février 2015.

34. Que la pension figure sur le contrat écrit ou implicite est secondaire.

35. Il y a une exception : quand les pensions ont été augmentées gracieusement *après coup*, une fois le travail accompli. Dans ce cas, le travailleur a reçu un « cadeau », qui ne faisait pas partie du contrat. Réduire, voire supprimer, ce cadeau en cas d'extrêmes difficultés budgétaires peut alors se justifier.

36. En février 2014.

37. Les exigences de réforme des retraites sont aussi anormales pour d'autres raisons. Si le système des pensions de retraite est en difficulté, c'est en partie parce qu'il détenait des bons d'État grecs, qui ont été fortement dévalorisés dans le cadre de la restructuration de la dette

grecque. Si la restructuration avait été faite plus tôt (en 2010) et si la Troïka n'avait pas imposé des politiques aussi récessionnistes, l'ampleur de ces dévalorisations aurait été nettement moins prononcée. La Troïka est donc elle-même en partie responsable des problèmes du système des pensions de retraite.

38. Comme nous l'avons indiqué plus haut dans le livre, ce qui s'est passé a été, en partie, une recapitalisation cachée du système bancaire.

39. Selon les chiffres de l'OCDE sur les taux d'intérêt à long terme (rendements des obligations d'État à 10 ans).

40. La BCE aura-t-elle ou non la volonté et la capacité de faire tout ce qu'il faudra quand on la mettra au pied du mur? On peut se poser la question au vu des controverses et marchandages constants avec les membres allemands de son conseil – par exemple sur la désirabilité, ou même la légalité, des achats d'obligations d'un pays en crise.

41. De plus, le renflouement donne aux créanciers privés à court terme une occasion de retirer leurs fonds, ce qui alourdit encore le fardeau pour les autres.

42. Il y a quelques exceptions, qui méritent d'être signalées. En 1998, le Brésil a subi une crise. Deux équilibres paraissaient possibles – un scénario à taux d'intérêt élevés et défauts de paiement massifs, et un autre à taux d'intérêt faibles et défauts de paiement rares. Le programme du FMI a assuré la confiance qui a permis au pays de passer au « bon » équilibre.

43. Selon les chiffres du FMI, de l'Institute for Fiscal Studies, de la Federal Reserve Bank de Saint Louis et de l'US Bureau of Fiscal Services (Bureau of Public Debt).

44. Et, dans la plupart des pays européens, le secteur financier est encore plus concentré qu'aux États-Unis.

45. Autrement dit, quand l'État recapitalise une banque et le fait correctement, en prenant des actions de la banque à hauteur de la valeur complète des fonds qu'il fournit, il n'y a pas de dépense réelle. C'est une transaction d'échange d'actifs. La comptabilité de la Troïka (et du FMI) traite ces dépenses d'investissement/capital à peu près de la même façon que de folles dépenses de consommation ; mais du point de vue économique, c'est tout à fait différent. Aucun ménage (pas même la proverbiale ménagère souabe), et bien entendu aucune entreprise, ne traite un investissement de la même façon que d'autres formes de dépenses. La comptabilité, c'est important. De mauvais

cadres comptables mènent à de mauvaises politiques. En l'occurrence, on contraint les pays en crise à pratiquer une austérité excessive.

De même, le produit de la vente d'un actif national dans une privatisation ne doit pas être traité de la même façon que les recettes fiscales. Là encore, la comptabilité défectueuse de la Troïka commet l'erreur. Quand j'étais économiste en chef de la Banque mondiale, j'ai eu sur ce point des affrontements répétés avec le FMI.

46. Certes, on pourrait soutenir que le taux d'intérêt ne reflétait qu'une prime de risque raisonnable. Mais la comédie que jouaient l'Allemagne et tous les membres de la Troïka consistait à dire qu'avec le programme la Grèce allait se redresser et rembourser le prêt. Donc, dans la logique du programme, l'Allemagne proclamait qu'elle était en train de faire un gros profit aux dépens de son voisin pauvre.

47. Voir Phillip Inman, « Where Did the Greek Bailout Money Go ? », *Guardian*, 29 juin 2015. Ici, le même scénario est à l'œuvre que dans le crédit prédateur en Amérique ; la structure est familière : un particulier pauvre emprunte 100 dollars, mais quelques années plus tard il a payé à la banque des milliers de dollars et lui doit encore beaucoup plus que 100 dollars. Tout ce qu'il a payé (et emprunté) a simplement servi à régler les intérêts et les commissions de la banque.

48. C'est-à-dire à régler les intérêts et à faire les versements prévus pour le principal.

49. Quand l'argent était dû à des créanciers privés, ceux-ci ont exercé une énorme pression sur leurs gouvernements pour qu'ils obligent les pays débiteurs à prendre en charge les dettes privées et à assurer le remboursement intégral des créanciers – quel qu'ait été le débiteur qui leur devait vraiment cet argent.

50. Certaines données indiquent qu'en moyenne ils reçoivent plus que l'indemnisation du risque.

51. Luis María Drago, ministre des Affaires étrangères de l'Argentine à l'époque de la crise de la dette du Venezuela au début du siècle dernier, a déclaré (dans ce qu'on allait appeler la doctrine Drago) que les prêteurs aux États souverains devraient savoir qu'ils risquent de ne pas être remboursés. Et il a ajouté que « la dette publique ne peut pas provoquer une intervention militaire ou justifier l'occupation matérielle du sol des nations américaines par une puissance européenne ». Pour une analyse sur ce point, voir mon livre *Un autre monde, op. cit.*

52. Une autre manifestation de la nature éminemment politique des actes de la Troïka a été la tentative des autorités européennes d'empêcher la publication des conclusions du FMI sur la non-soutenabilité de la dette grecque avant le référendum sur l'acceptation ou non du programme de la Troïka. À l'évidence, elles ne voulaient pas que les électeurs connaissent la vérité sur la situation de la Grèce quand ils iraient aux urnes. Et elles ont même essayé de garder secrètes leurs interventions pour différer la publication des conclusions du FMI. Voir « Exclusive : Greece Needs Debt Relief Far Beyond EU Plans : Secret IMF Report », Reuters, 14 juillet 2015, en ligne à l'adresse <http://www.reuters.com/article/us-eurozone-greece-imf-report-idUSKCN0PO1CB20150714>.

53. La restructuration de la dette implique souvent quantité de procédures judiciaires, comme l'illustre l'expérience argentine. Si l'on regarde le résultat net, même compte tenu des coûts de ces procès, il n'y a guère de doute que la décision de restructurer sa dette a été bénéfique pour l'Argentine. De plus, il existe des façons d'organiser la restructuration qui réduisent les risques de poursuites judiciaires. Nous en présentons certaines dans les chapitres qui suivent.

54. Certains soutiennent qu'en réalité la restructuration de la dette est de loin le plus important, notamment pour la Grèce, parce que la hausse des exportations et la baisse des importations que l'on peut obtenir en modifiant un taux de change sont limitées. Ces assertions restent controversées, et elles reposent en partie sur l'omission d'une réalité : le principal secteur qui rapporte à la Grèce des devises étrangères est le tourisme, et le tourisme est sensible aux prix.

55. « Fiscal Consolidation Targets, Plans and Measures in OECD Countries », OCDE, 2012, en ligne à l'adresse <http://www.oecd.org/eco/public-finance/4.3%20Blondal%20Klepsvik.pdf>.

56. Voir Alberto Alesina et Roberto Perotti, « Fiscal Expansions and Fiscal Adjustments in OECD Countries », document de travail du NBER n° 5214, 1995 ; et Alberto Alesina et Silvia Ardagna, « Large Changes in Fiscal Policy : Taxes versus Spending », *in* J. R. Brown (éd.), *Tax Policy and the Economy*, vol. 24, Chicago, University of Chicago Press, 2010, p. 35-68.

57. Voir, par exemple, Dean Baker, « The Myth of Expansionary Fiscal Austerity », Center for Economic and Policy Research, octobre 2010, en ligne à l'adresse <http://cepr.net/documents/publications/austerity-myth-2010-10.pdf> ; et Arjun Jayadev et Mike Konczal, « The Boom

Not The Slump : The Right Time For Austerity», Roosevelt Institute, 2010, en ligne à l'adresse <http://scholarworks.umb.edu/cgi/viewcontent.cgi?article=1026&context=econ_faculty_pubs>.

58. Voir, par exemple, Fonds monétaire international, «Cela sera-t-il douloureux? Les effets macroéconomiques du rééquilibrage budgétaire», chapitre 3 des *Perspectives de l'économie mondiale* du FMI 2010.

59. Chiffre d'Eurostat pour la zone euro en mars 2016.

60. Voir, par exemple, Fonds monétaire international, «Cela sera-t-il douloureux?», art. cité.

61. Carmen M. Reinhart et Kenneth S. Rogoff, «Growth in a Time of Debt», *American Economic Review*, vol. 100, n° 2, mai 2010, p. 573-578.

62. Il existe aujourd'hui une littérature fournie sur le sujet. Voir, par exemple, Thomas Herndon, Michael Ash et Robert Pollin, «Does High Public Debt Consistently Stifle Economic Growth? A Critique of Reinhart and Rogoff», *Cambridge Journal of Economics*, vol. 38, n° 2, 2014, p. 257-279; Ugo Panizza et Andrea F. Presbitero, «Public Debt and Economic Growth : Is There a Causal Effect?», *Journal of Macroeconomics*, vol. 41, 2014, p. 21-41; et Andrea Pescatori, Damiano Sandri et John Simon, «Debt and Growth : Is There a Magic Threshold?», document de travail du Fonds monétaire international n° 14/34, février 2014, en ligne à l'adresse <https://www.imf.org/external/pubs/ft/wp/2014/wp1434.pdf>.

63. Par la suite, une vaste littérature a expliqué pourquoi les modèles standard donnent de si mauvais résultats. Voir mes articles «Rethinking Macroeconomics : What Failed and How to Repair It», *Journal of the European Economic Association*, vol. 9, n° 4, 2011, p. 591-645; et «Rethinking Macroeconomics : What Went Wrong and How to Fix It», *Journal of Global Policy*, vol. 2, n° 2, 2011, p. 165-175. Voir aussi Blanchard *et al.* (éd.), *In the Wake of the Crisis*, *op. cit.*

64. Nous avons rappelé dans la préface les fortes paroles du prix Nobel d'économie Robert Lucas qui soutenait ce point de vue.

65. Voir nos analyses précédentes (au chapitre 6 et ailleurs) sur les multiples raisons pour lesquelles elle a cet effet.

CHAPITRE 8

1. Toutefois, une économie peut avoir des caractéristiques qui l'empêchent de s'ajuster à un changement de situation. Nous envisagerons cette possibilité plus loin.

2. Le chapitre 5 a souligné le rôle qu'a joué l'exubérance irrationnelle suscitée par l'euro. Les fonds de solidarité européens ont aussi contribué à cette croissance. Néanmoins, ces taux de croissance antérieurs élevés montrent que ces pays pouvaient avoir une croissance forte, tant que la demande était suffisante. De fait, ces statistiques réfutent la thèse selon laquelle c'est la corruption généralisée qui aurait empêché la Grèce de connaître la croissance. Rien n'indique que la corruption ait augmenté après 2008 ; si changement il y a eu, le gouvernement de Georges Papandréou l'avait plutôt, à certains égards, circonscrite.

3. Certains ont peut-être tellement pris leur propre rhétorique au sérieux qu'ils ont fini par y croire vraiment, en dépit de toutes les preuves du contraire. Mais, en un sens, les dirigeants de la zone euro n'avaient pas le choix : on imagine aisément la réaction de ces pays si on leur disait qu'on était en train de sacrifier leur niveau de vie pour sauver ce système monétaire mal conçu, et que leurs citoyens – y compris les plus pauvres – devaient souffrir pour que les banques allemandes et françaises rentrent dans leurs fonds.

4. De fait, la baisse des prix dans ces secteurs, si l'élasticité de la demande est relativement faible, pourrait conduire à une hausse des dépenses en produits importés, qui aggraverait le déséquilibre de la balance des comptes courants.

Les réformes qui tentent d'intensifier la concurrence ont des effets complexes sur la répartition. Parfois, certains monopolistes locaux étaient (au moins en Grèce) des « oligarques », mais, dans d'autres cas, les bénéficiaires de la protection étaient des personnes ordinaires – des chauffeurs de taxi possédant leur voiture ou le couple possédant la pharmacie locale. Si les réformes « fonctionnaient », ces personnes seraient frappées, tandis que leurs clients y gagneraient peut-être. (Dans le cas de la réforme des pharmacies, il s'avère que même ce dernier point est contestable.)

5. La Troïka a tiré nombre de ses exigences de la volumineuse *Competition Assessment Review* publiée en 2013 par l'OCDE (en ligne à l'adresse <http://www.oecd.org/daf/competition/Greece-Competition-Assessment-2013.pdf>) sur les points prétendument problématiques de la réglementation grecque. La Déclaration du sommet de la zone euro du 12 juillet 2015 se réfère à ce rapport et appelle explicitement à l'adoption de « toutes les recommandations du volume I du

manuel de l'OCDE pour l'évaluation de la concurrence, y compris dans les domaines suivants : ouverture des magasins le dimanche, périodes de soldes, propriété des pharmacies, lait et boulangeries, à l'exception des produits pharmaceutiques vendus sans ordonnance qui feront l'objet d'une mise en œuvre à un stade ultérieur, ainsi qu'en ce qui concerne l'ouverture de professions fermées essentielles au niveau macroéconomique (par exemple, les transports par ferry) », entre bien d'autres exigences. On trouvera dans le rapport de l'OCDE tous les détails sur les réglementations existantes et les changements exigés.

6. Voir ma tribune libre dans le *New York Times*, « Greece, the Sacrificial Lamb », 25 juillet 2015, pour plus de détails sur certaines de ces réformes, notamment celle du lait frais. Après avoir publié cet article, je m'attendais à recevoir une explication détaillée de la Troïka sur les raisons de son exigence. Rien n'est venu.

7. Il est important, bien sûr, que la miche de 1 kg pèse réellement 1 kg, et dans tous les pays, en l'absence d'inspections des pouvoirs publics, on a tendance à tricher.

8. Lorsqu'on a besoin immédiatement d'un médicament prescrit, l'existence d'une pharmacie à proximité peut avoir une valeur sociale particulièrement élevée. Dans ses calculs, la Troïka ne semble pas avoir pris en compte ce type d'avantages.

9. La loi grecque contenait plusieurs autres restrictions. Certaines étaient dépassées, d'autres visaient manifestement à limiter la concurrence de façon malsaine. Voir *OECD Competition Assessment Reviews : Greece, op. cit.* Un Grec qui lirait tout ce qui est dit sur la question pourrait conclure avec raison que le bien-être dont se souciait réellement la Troïka était celui des grandes compagnies, multinationales comprises – pas des consommateurs grecs, et certainement pas des pharmaciens locaux. Le rapport de l'OCDE qui fondait le projet de réforme appelait ouvertement à lever les restrictions sur les chaînes de pharmacies.

10. Harriet Torry, « Germany Yet to Swallow Some Economic Medicine Prescribed for Greece : Overhauls Demanded by Greece's Creditors Go Beyond Those Enacted Earlier in Germany », *Wall Street Journal*, mis à jour le 14 juillet 2015.

11. « The Euro-Summit "Agreement" on Greece – annotated by Yanis Varoufakis », 15 juillet 2015, posté sur son blog à l'adresse <http://yanisvaroufakis.eu/author/yanisv>.

12. Et quand les profits passent dans un pays européen déjà en situation de plein emploi, l'effet net pour l'Europe dans son ensemble peut être fortement négatif : la Grèce va entrer en contraction, mais l'Allemagne, déjà au plein emploi, ne pourra pas entrer en expansion.

13. C'est particulièrement probable avec le nouveau programme de la Grèce, qui prévoit que, lorsque les recettes de l'État diminuent, il faut *obligatoirement* augmenter les impôts ou réduire d'autres dépenses.

14. D'autres aspects du programme de réforme ont aussi été contre-productifs, comme nous l'avons relevé au chapitre précédent. Exiger même des petites entreprises qu'elles paient leurs impôts un an à l'avance, ce n'est pas seulement encourager le non-respect des obligations fiscales : la mesure a aussi un effet négatif sur l'offre – elle crée une puissante barrière à l'entrée. Seul quelqu'un qui possède assez de capital pour payer ses impôts un an à l'avance peut entrer en activité, ou le rester. Bien qu'en apparence elle soit neutre et ne fasse aucune distinction entre les petites et les grandes entreprises, cette mesure est en fait très défavorable aux petites entreprises, qui constituent plus de 80 % de l'économie grecque – car les grandes, en général, ont un accès facile aux financements; elles peuvent emprunter. (Les très grandes peuvent emprunter sur le marché international, et ne sont donc même pas importunées par les faiblesses des banques grecques.) Nous avons vu d'autres exemples au chapitre précédent, notamment l'exigence d'une TVA élevée même pour les îles éloignées.

15. Voir mon article « The Book of Jobs » dans *Vanity Fair*, janvier 2012 (repris sous le titre « Le livre des jobs » *in* Joseph E. Stiglitz, *La Grande Fracture, op. cit.*, p. 442-452).

16. De fait, dans une économie du savoir et de l'apprentissage, la présomption d'Adam Smith selon laquelle les marchés sont efficaces est inversée : en général, les marchés ne sont pas efficaces; il y aura un sous-investissement dans le savoir. J'ai développé ces thèmes dans le livre que j'ai publié avec Bruce C. Greenwald, *La Société de l'apprentissage, op. cit.*

17. Contrairement à ce qui se passe dans le modèle néoclassique, il n'y a aucune convergence naturelle. Voir mon article « Leaders and Followers : Perspectives on the Nordic Model and the Economics of Information », *Journal of Public Economics*, vol. 127, 2015, p. 3-16.

18. Voir Maria Mazzucato, *The Entrepreneurial State*, Londres, Anthem Press, 2014. Dans la période récente, sous l'effet des perspectives

idéologiques de la droite, ces politiques ont été réduites aux États-Unis, au point qu'aujourd'hui, en pourcentage du PIB, la part du budget fédéral allouée à la recherche-développement est inférieure de plus de 70 % à ce qu'elle était il y a cinquante ans (selon les chiffres du SSTI [State, Science and Technology Institute] et de l'American Association for the Advancement of Science).

19. Pour un échantillon de l'abondante littérature qui s'est développée ces dernières années sur le sujet, voir Ha-Joon Chang, *Kicking Away the Ladder*, Londres, Anthem Press, 2002 ; Justin Yifu Lin, *New Structural Economics*, Washington, DC, Banque mondiale, 2012 ; Stiglitz et Lin (éd.), *The Industrial Policy Revolution I, op. cit.*

20. Voir mon article «The Origins of Inequality, and Policies to Contain It», *National Tax Journal*, vol. 68, nº 2, 2015, p. 425-448.

21. Voir Stiglitz *et al.*, *Rewriting the Rules of the American Economy*, *op. cit.* ; Stiglitz, *Le Prix de l'inégalité*, *op. cit.* ; Jacob S. Hacker et Paul Pierson, «Winner Take All Politics : Public Policy, Political Organization, and the Precipitous Rise of Top Incomes in the United States», *Politics and Society*, vol. 38, nº 2, 2010, p. 152-204.

22. Comme nous l'avons dit, la structure de la zone euro et celle de l'Union européenne elle-même entravent l'aptitude des pays européens à faire le nécessaire ; car si un pays imposait un système fiscal trop progressif, les très riches s'en iraient, sans que leurs entreprises cessent pour autant de faire des affaires dans ce pays – comme la France l'a découvert à son grand chagrin.

23. Voir le rapport d'Oxfam de septembre 2015, « Une Europe au service de la majorité, et non d'une élite », en ligne à l'adresse <https://www.oxfam.org/sites/www.oxfam.org/files/file_attachments/bp206-europe-for-many-not-few-090915-fr.pdf> ; et OCDE, «La crise amoindrit les revenus et retentit sur l'inégalité et la pauvreté», en ligne à l'adresse <http://www.oecd.org/fr/els/soc/OCDE2013-La-crise-amoindrit-les-revenus-8p.pdf>.

24. Voir Commission européenne, «The Economic Adjustment Programme for Greece», publication occasionnelle nº 61, mai 2010, p. 28, en ligne à l'adresse <http://ec.europa.eu/economy_finance/publications/occasional_paper/2010/pdf/ocp61_en.pdf>.

25. La source de ce chiffre est Eurostat. Point intéressant : des articles de presse ont signalé une étude, réalisée en 2014 par un syndicat grec, qui, usant d'une méthodologie différente, concluait que la hausse de la

pauvreté avait été bien plus spectaculaire. Selon ce rapport, le taux de pauvreté avait doublé de 2009 à 2012, au point que quatre Grecs sur dix vivaient sous le seuil de pauvreté. Pour certaines catégories de Grecs – comme ceux, de plus en plus nombreux, qui n'ont pu trouver qu'un emploi à temps partiel –, le taux de pauvreté dépassait 50 %. Même pour les actifs employés à temps plein, les salaires avaient tellement chuté que près d'un cinquième d'entre eux étaient pauvres – un triplement, de 7,6 % en 2009 à 19,7 % en 2012. Voir Ioanna Zikakou, « Four in Ten Greeks Live in Poverty », *Greek Reporter*, 29 juillet 2015, en ligne à l'adresse <http://greece.greekreporter.com/2015/07/29/four-in-ten-greeks-live-in-poverty>.

26. Voir le rapport 2015 d'Oxfam « Une Europe au service de la majorité, et non d'une élite »; Anthony B. Atkinson, *Inégalités*, trad. fr. de Françoise et Paul Chemla, Paris, Éd. du Seuil, 2016; et les références citées plus haut aux notes 20 et 21.

27. Voir Joseph E. Stiglitz, « New Theoretical Perspectives on the Distribution of Income and Wealth Among Individuals : Part I. The Wealth Residual », document de travail du NBER nº 21189, mai 2015; et Stiglitz, *Le Prix de l'inégalité, op. cit.*, et les références qui y sont citées.

28. Il y avait évidemment des problèmes dus au comportement de certains oligarques, qui tentaient de profiter des dispositions spéciales en faveur du transport maritime en transférant vers ce secteur des profits issus d'autres activités. Ce transfert de profits est un problème majeur dans l'ensemble du secteur des entreprises, et l'OCDE a lancé récemment un vaste effort pour tenter d'en limiter l'envergure. La Troïka aurait pu et dû concentrer son attention sur ce point.

29. Par exemple, Apple, première compagnie du monde par la capitalisation, a soutenu qu'une très large part de ses profits venait d'une filiale en Irlande. Les multinationales peuvent facilement prétendre que leurs profits sont gagnés dans un territoire à fiscalité faible. Nul besoin de nous pencher ici sur les mécanismes qu'elles utilisent à cette fin. Dans l'univers mondialisé d'aujourd'hui, la fabrication d'un produit fini comprend de multiples étapes, et les entreprises ont une liberté considérable pour déterminer où, le long de la chaîne de production, intervient la vraie valeur ajoutée. Le système s'appelle « système des prix de transfert », parce que les compagnies font comme si elles s'achetaient et se vendaient des produits semi-finis d'un pays à un autre. Les prix sont censés être des prix réels, de pleine concurrence; le problème est que,

dans le cas de la plupart de ces produits semi-finis, il n'existe pas de vrai marché pour déterminer leur valeur.

30. Une commission internationale dont j'étais membre, la commission indépendante pour la réforme de la fiscalité internationale des entreprises, a proposé un autre système, et, lors d'une grande conférence de l'ONU sur le financement du développement réunie à Addis Abeba en juillet 2015, les marchés en développement et émergents, conduits par l'Inde, ont soutenu à la quasi-unanimité le lancement d'une procédure de l'ONU pour examiner ces autres possibilités. Malheureusement, aucun des pays de la zone euro n'a soutenu l'initiative, et, face à l'opposition résolue des États-Unis, elle a sombré.

31. Nous avons également noté, au chapitre précédent, la privatisation des aéroports régionaux, vendus à un partenariat entre un oligarque grec et une compagnie allemande (où un actionnaire public détient une participation importante – en ce sens, la propriété passe simplement du secteur public grec au secteur public allemand). Le gouvernement Syriza s'est opposé à cette privatisation, entreprise avant son accession au pouvoir par le parti Nouvelle Démocratie, lié à l'oligarchie. La Troïka a exigé qu'elle se poursuive. Non seulement cette opération allait renforcer le pouvoir des oligarques, mais elle laissait présager de futurs conflits : les aéroports régionaux sont des monopoles locaux, capables d'exercer une énorme influence sur le développement de la région qui les entoure. La façon dont ils sont administrés peut bénéficier à certains et nuire à d'autres. Ce type de monopoles « naturels » doit être très fortement réglementé. Mais, soyons-en sûrs, même si le partenariat oligarchique recourt à des pratiques abusives pour s'enrichir aux dépens d'autres acteurs dans la région, toute tentative de réglementer l'aéroport dans l'intérêt public se heurtera à une résistance puissante; et l'on soupçonne que la Troïka prendra alors le parti du partenariat germano-oligarchique.

32. Comme nous l'avons signalé, son successeur, Antonis Samaras, était du parti Nouvelle Démocratie, qui, de l'avis de beaucoup, est étroitement lié aux oligarques et jouit de leur soutien. Quand ce type de « crédit à des proches» a repris – même en direction de sociétés de médias qui, sur le plan strictement commercial, n'auraient pas dû pouvoir obtenir de prêts –, la Troïka a fermé les yeux. Le *Financial Times*, dans sa couverture des élections de janvier 2015, se fait l'écho de cette analyse très répandue. Analysant la victoire électorale potentielle de Syriza, il commence par observer que, «selon les observateurs, les politiques

ont été réticents à desserrer l'étreinte des oligarques sur l'économie, car ils comptent sur leurs contributions pour financer les campagnes électorales et payer les permanents des partis», et il poursuit : «Parmi les critiques que font les responsables de la Troïka sur la gestion du renflouement par le Premier ministre Antonis Samaras, il y a sa répugnance à s'en prendre aux intérêts établis de son parti de centre droit, Nouvelle Démocratie.» L'article signale d'ailleurs que même certains membres «de la Troïka estiment qu'il y a eu trop peu de partage du fardeau dans le programme d'austérité de la Grèce : les classes laborieuses ont supporté tout le poids des coupes dans les dépenses et des augmentations d'impôts, tandis que les citoyens fortunés et les entreprises bien introduites dans les sphères politiques ont été protégés par Nouvelle Démocratie» (Kerin Hope, «Taming Greek Oligarchs Is Priority for Syriza», *Financial Times*, 6 janvier 2015). George Pleios, président du département des études en communications et médias à l'Université nationale et capodistrienne d'Athènes, a décrit dans un article d'AnalyzeGreece! («The Greek Media, the Oligarchs, and the New Media Law», 11 février 2016) les liens entre les intérêts des oligarques et les médias. Bien entendu, les rapports entre Nouvelle Démocratie et les oligarques sont vus d'un œil particulièrement critique par les partis de l'autre bord. Après la défaite de Nouvelle Démocratie aux secondes législatives de 2015, et l'élection à la présidence du parti de Kyriakos Mitsotakis, 47 ans, fils de l'ancien dirigeant de Nouvelle Démocratie et Premier ministre Constantin Mitsotakis, l'un des partis adverses a publié un communiqué déclarant : «Nouvelle Démocratie va désormais devenir un parti néolibéral pur et dur, exclusivement aux ordres des oligarques et n'ayant plus aucun lien avec le peuple» (cité *in* Demetris Nellas, «Reformist Lawmaker Elected Greek Opposition Leader», Associated Press, 10 janvier 2016).

33. Ajoutons les avantages évidents pour la sécurité de l'Europe, qui aurait été moins dépendante du gaz russe. Cela aurait mis l'Europe en meilleure posture pour promouvoir ses principes et ses valeurs, par exemple, en Ukraine.

34. En Indonésie, pendant la crise asiatique, le FMI a fermé seize banques et annoncé qu'il allait en fermer d'autres, mais que les déposants ne seraient pas couverts par la garantie des dépôts. Il a provoqué ainsi une ruée prévisible sur le système bancaire. (Pour un récit complet de cet épisode, voir mon livre *La Grande Désillusion, op. cit.*)

35. Chiffres de la Banque de Grèce pour les sociétés de crédit.

CHAPITRE 9

1. Puisqu'on ne veut pas prendre le *risque* que les banques ne puissent pas satisfaire à leurs obligations, on les ferme ou on leur impose d'autres contraintes quand leur valeur nette devient trop basse. Si vous allez retirer du liquide au distributeur de billets et qu'il vous répond : « fonds insuffisants », il est important que ce soit votre compte qui soit à découvert, pas la banque elle-même.

2. Les réglementations bancaires exigent que les banques aient des fonds propres suffisants par rapport aux prêts en cours de remboursement. Une montée des pertes réduit leurs fonds propres. Les augmenter en levant des capitaux pendant une récession est difficile et coûteux dans le meilleur des cas, et parfois impossible ; donc, en général, les banques réagissent en contractant le crédit.

3. Des réglementations macroprudentielles ont été conçues pour éviter cet écueil : elles imposent aux banques d'avoir *beaucoup* plus de fonds propres que nécessaire dans les périodes fastes, parce qu'on sait que dans les mauvaises leur capital va chuter. Jusqu'à présent, ces réglementations ne sont pas entrées en vigueur. Les mettre en œuvre est un aspect important de l'effort pour faire fonctionner la zone euro.

4. Bien que, comme nous l'avons vu au chapitre 5, de nombreuses voix en Allemagne aient récemment exprimé des doutes sur la désirabilité d'un système de garantie commune des dépôts.

5. La lenteur des réformes a causé d'autres problèmes : l'Irlande, qui avait été l'un des premiers pays à recevoir de l'aide, a craint que les suivants n'obtiennent un meilleur accord.

6. Voir Stijn Claessens, Ashoka Mody et Shahin Vallée, « Paths to Eurobonds », document de travail du FMI n° 12/172, juillet 2012 ; Guy Verhofstadt, « Mutualizing Europe's Debt », *New Perspectives Quarterly*, vol. 29, n° 3, 2012, p. 26-28 ; Jörg Bibow, « Making the Euro Viable », document de travail du Levy Economics Institute n° 842, juillet 2015 ; Paul De Grauwe et Wim Moesen, « Gains for All : A Proposal for a Common Euro Bond », série « CEPS Commentary », 3 avril 2009, en ligne à l'adresse <https://www.ceps.eu/system/files/article/2009/06/Forum.pdf> ; Peter Bofinger *et al.*, « A European Redemption Pact », *Vox*, novembre 2011, en ligne à l'adresse <http://voxeu.org/article/european-redemption-pact> ; Markus Brunnermeier *et al.*, « European Safe Bonds (ESBies) », document de travail, 30 septembre 2011, en ligne à l'adresse <http://www.columbia.

edu/~rr2572/papers/11-ESBies.pdf> ; Jacques Delpla et Jakob von Weizsäcker, « The Blue Bond Proposal », note de synthèse Bruegel [Bruegel Policy Brief], mai 2010, en ligne à l'adresse <http://bruegel.org/wp-content/uploads/imported/publications/1005-PB-Blue_Bonds.pdf> ; Commission européenne, « Livre vert sur la faisabilité de l'introduction d'obligations de stabilité », livre vert, 23 novembre 2011, en ligne à l'adresse <http://ec.europa.eu/europe2020/pdf/green_paper_fr.pdf> ; Carlo Ambrogio Favero et Alessandro Missale, « EU Public Debt Management and Eurobonds », Parlement européen, Direction générale des politiques internes, note, septembre 2010, en ligne à l'adresse <http://www.europarl.europa.eu/document/activities/cont/201106/20110607ATT20897/20110607ATT20897EN.pdf> ; Christian Hellwig et Thomas Philippon, « Eurobills, not Eurobonds », *Vox*, 2 septembre 2011, en ligne à l'adresse <http://voxeu.org/article/eurobills-not-euro-bonds> ; et Daniel Gros et Stefano Micossi, « A Bond-Issuing EU Stability Fund Could Rescue Europe », *Europe's World*, 1er février 2009, en ligne à l'adresse <http://europesworld.org/2009/02/01/a-bond-issuing-eu-stability-fund-could-rescue-europe/#.VxUArfkrJD8>. Les propositions de réforme doivent traiter à la fois la dette héritée du passé et l'emprunt futur. Il y a de nombreux détails dans ce type de propositions, notamment l'échéance de la dette – autrement dit, comme disent Hellwig et Philippon, si elle doit être à long terme (*bonds*) ou à court terme (*bills*).

7. Source : chiffres de la Commission européenne en ligne à l'adresse <https://cohesiondata.ec.europa.eu/funds/erdf>. Notons que ces fonds sont des *transferts*, à la différence des fonds fournis dans les programmes de la Troïka, qui ne sont que des prêts. Certains pourraient en conclure que l'Europe se montre moins généreuse avec ses vieux partenaires en détresse qu'avec les nouveaux entrants.

8. La zone euro a tenté de résoudre ce problème en faisant en sorte qu'en temps normal les pays aient un excédent budgétaire suffisamment important (ou un déficit suffisamment réduit) pour qu'en cas de retournement de la conjoncture économique la limite des 3 % ne soit pas franchie.

9. Ce ne serait pas le cas, bien sûr, si l'on supposait que quelque chose a changé dans ces économies qui fait que leur « plein emploi » équivaut désormais à un taux de chômage de 18 % ou 25 %. Selon une analyse courante, le « plein emploi » se définit par le taux de chômage tel que, lorsque le chômage tombe au-dessous, l'inflation des prix ou

des salaires commence. C'est le concept de taux naturel présenté plus haut, et il correspond à ce que les économistes appellent le « NAIRU », *nonaccelerating inflation rate of unemployment,* taux de chômage qui n'accélère pas l'inflation, ou le « NAWRU », *nonaccelerating wage rate of unemployment,* taux de chômage qui n'accélère pas la hausse des salaires. On appelle parfois ce niveau de chômage le « taux de chômage structurel » : quelque chose dans la structure de l'économie empêche le chômage de descendre au-dessous de ce niveau. Aussi absurde que cela puisse paraître, la Commission européenne a prétendu que l'Espagne avait un taux de chômage structurel très élevé, de l'ordre de ceux que j'ai cités au début de cette note. Voir plus haut mon analyse au chapitre 6.

De plus, au lieu de se concentrer sur le déficit réel, il faut s'intéresser au déficit primaire – le déficit tel qu'il aurait été en l'absence des versements d'intérêts, qui peuvent être extrêmement variables. L'Europe l'a fait dans le cas des pays en crise, mais les critères de convergence portent toujours sur le déficit global.

10. Le Mécanisme européen de stabilité a remplacé une institution temporaire antérieure, le Fonds européen de stabilité financière. Voir l'analyse du chapitre 1.

11. Comme nous l'avons dit, c'est l'État fédéral qui finance ces dépenses aux États-Unis.

12. Le crédit transfrontières, stimulé par la zone euro, était censé compenser cet effet, mais il n'a pas fonctionné, essentiellement pour une raison qui saute aux yeux : lorsqu'on veut déterminer quelle petite entreprise est un bon risque, l'information nécessaire pour en juger est de nature très locale. (Voir Stiglitz et Greenwald, *Économie monétaire : un nouveau paradigme, op. cit.*)

13. Le fonds de solidarité pour la stabilisation pourrait travailler avec l'agence de crédit aux PME pour fournir des prêts et des garanties partielles, portant sur les risques engendrés par l'incertitude de l'environnement macroéconomique.

14. La BCE prête aux banques et achète des bons d'État. Mais, pour l'essentiel, elle ne prête pas au secteur *réel,* aux entreprises ou pour la construction de routes, de ports ou d'autres infrastructures. Selon son site Internet, la BEI se concentre sur le crédit pour les infrastructures ; l'environnement et le climat ; l'accès des petites entreprises au financement ; l'innovation et les compétences ; et elle tente de rendre son action anticyclique. Elle se présente comme la « première institution

financière multilatérale au monde par le volume de ses prêts et de ses emprunts », qui « met ses financements et son savoir-faire au service de projets d'investissement solides et durables qui contribuent à la réalisation des objectifs des politiques de l'UE, [...] projets qui contribuent fortement à la croissance et à l'emploi en Europe » (voir Banque européenne d'investissement, « La BEI en bref », en ligne à l'adresse <http://www.eib.org/about/?lang=fr>).

15. Pour remplir cette mission plus étendue, il lui faudra être encore recapitalisée.

16. Le livre que j'ai publié avec Bruce C. Greenwald, *Économie monétaire : un nouveau paradigme*, a insisté sur l'importance de ces outils, qui ont des conséquences macroéconomiques, bien que traditionnellement les régulateurs se soient uniquement concentrés sur la sécurité et la solidité des institutions *individuelles*. La mise en œuvre de ces normes réglementaires, avec le soin et la flexibilité qui conviennent, devrait être réalisée en commun par les autorités européennes et nationales. J'ai expliqué plus haut qu'un système d'autorité unique de supervision/réglementation au niveau européen, sans flexibilité suffisante et sans garantie commune des dépôts, pourrait en fait aggraver les choses.

17. Aux États-Unis, la Federal Reserve avait reçu certains de ces outils en 1994 (la capacité de réglementer le marché des prêts hypothécaires), mais elle a délibérément refusé de les utiliser, bien qu'un des membres de son conseil des gouverneurs l'ait mise en garde contre les conséquences. Voir, par exemple, mon livre *Le Triomphe de la cupidité, op. cit.*

18. Robert J. Gordon, *The Rise and Fall of American Growth*, Princeton, NJ, Princeton University Press, 2016.

19. Et s'il en est ainsi, c'est notamment parce qu'une large part de cet investissement public est complémentaire avec l'investissement privé – autrement dit, il accroît sa productivité, donc induit *davantage* d'investissement privé. Le célèbre historien de l'économie Alexander Field montre qu'à une époque antérieure, celle de la Grande Dépression, les investissements de l'État dans les infrastructures ont eu exactement cet effet. Voir Alexander J. Field, *The Great Leap Forward*, New Haven, CT, Yale University Press, 2011.

20. Les dirigeants de la banque centrale des États-Unis sont peut-être ceux qui ont formulé le plus explicitement l'idéologie néolibérale : on ne peut repérer une bulle qu'une fois qu'elle a éclaté, et il est beaucoup moins coûteux de nettoyer après coup les dégâts créés par la bulle que

d'interférer avec les merveilleux mécanismes du marché dans leur allocation efficace des ressources. Alors que le FMI, qui joue un rôle central dans la gestion du marché financier mondial, semble avoir admis les leçons de la crise, même après la crise j'ai entendu Ben Bernanke et de hauts responsables du département du Trésor des États-Unis exprimer des vues qui semblaient remarquablement imperméables au changement. Voir, par exemple, Joseph E. Stiglitz, «Macroeconomics, Monetary Policy, and the Crisis», *in* Blanchard *et al.* (éd.), *In the Wake of the Crisis, op. cit.*, p. 31-42; Joseph E. Stiglitz, «The Lessons of the North Atlantic Crisis for Economic Theory and Policy», *in* George Akerlof, Olivier Blanchard, David Romer et Joseph E. Stiglitz (éd.), *What Have We Learned? Macroeconomic Policy after the Crisis*, Cambridge, MA, MIT Press, 2014, p. 335-347.

21. Trois autres éléments de la stratégie de convergence ont déjà été évoqués dans les trois premiers points du programme de réforme.

22. Même si, comme on l'a vu au chapitre 4, il arrive parfois, à une époque d'exubérance, que la faiblesse de la demande globale soit compensée par un investissement insoutenable.

23. Elles signifiaient aussi que les chocs venus de l'extérieur allaient toucher chaque pays différemment.

24. Il est donc naturel de se demander : est-ce par coïncidence qu'il y a une telle ressemblance entre les politiques implacables imposées à l'Afrique et à l'Asie orientale par les créanciers occidentaux et celles qu'on impose aujourd'hui à la Grèce, bien que l'on suppose dans ce dernier cas une relation de *solidarité* profonde qui n'existait pas dans les premiers? Ou ces politiques ont-elles en réalité pour moteur les mêmes idéologies et intérêts implicites, notamment les intérêts de tout créancier? J'ai longuement développé ces points dans *La Grande Désillusion, op. cit.*

25. La logique de cette taxe découle naturellement de celle des amendes actuellement prévues pour la violation des règles budgétaires. Ces règles ont été fixées parce qu'on pensait (en partie à tort) qu'en ayant un déficit on impose des coûts (des externalités) aux autres. Nous avons montré que ce sont les excédents, notamment ceux d'un grand pays comme l'Allemagne, qui imposent vraiment des coûts aux autres. Une taxe décourage ce comportement et contribue à aligner l'intérêt individuel du pays sur l'intérêt général de la zone euro.

26. Et la proportion d'emplois à bas salaires dans l'économie (ceux où l'on gagne moins de 9 euros de l'heure) a beaucoup augmenté. Voir

Fabian Lindner, «Following Germany's Lead to Economic Disaster», *Social Europe* (site Internet), 16 décembre 2011, en ligne à l'adresse <https://www.socialeurope.eu/2011/12/following-germanys-lead-to-economic-disaster>.

27. Bien entendu, il s'est aussi passé beaucoup d'autres choses, comme nous l'avons vu. La ruée des capitaux dans certains pays de la périphérie, inspirée par l'euro-euphorie – étant donné l'échec remarquable du marché à voir tant les risques, bien connus, des bulles immobilières que ceux, tout neufs, du défaut de paiement sur une dette souveraine européenne –, a alimenté dans ces pays une hausse des prix et des salaires, notamment par rapport à l'Allemagne où ils baissaient. Mais fondamentalement, dans le cadre de l'euro, ces pays ne disposaient d'aucun instrument pour juguler ces excès du secteur privé. La politique monétaire était orientée contre l'inflation dans l'ensemble de la zone euro, elle ne visait pas à servir les besoins particuliers de ces pays, et, avec l'euro, ils avaient renoncé à toute autorité sur leur propre politique monétaire. Les thèses dominantes de l'époque, les politiques néolibérales, interdisaient d'interférer avec les bulles immobilières. Et dans certains pays, la lutte pour maintenir le plein emploi, sans autres instruments ni assistance de la zone euro dans son ensemble, avait conduit à des déficits budgétaires.

28. Comme nous l'avons dit au chapitre 4, il y a deux stratégies possibles pour réaligner les taux de change réels : la dévaluation interne pour les devises «surévaluées» et l'inflation pour les devises sous-évaluées. Dans l'abstrait, ces deux mécanismes d'ajustement paraissent équivalents. Dans la pratique, ils sont nettement différents. D'abord, la dévaluation interne représente une augmentation du levier, de la valeur réelle des dettes dans ces pays, donc les avantages expansionnistes qu'on espère en tirer risquent fort de ne pas se concrétiser. En revanche, l'inflation est une forme de baisse du levier, de désendettement, dans les pays dont la monnaie est sous-évaluée, donc elle a un effet expansionniste.

De plus, il y a de nombreux témoignages des «rigidités à la baisse» des salaires et des prix; donc, en pratique, mener à bien une dévaluation interne est bien plus difficile que faire face à des hausses limitées des salaires et des prix.

29. Ces politiques pourraient en même temps régler les problèmes que rencontre l'Allemagne dans la partie basse de sa répartition des revenus.

30. La BCE aurait de nombreux moyens de le faire. Elle pourrait, par exemple, accorder des conditions préférentielles aux banques qui prêtent aux petites et moyennes entreprises. Elle pourrait accorder des conditions préférentielles aux pays où le crédit aux PME est entravé – par exemple en raison de faiblesses dans leurs systèmes bancaires. Aux États-Unis, les obligations imposées par le CRA (Community Reinvestment Act) ont encouragé à consentir un crédit de qualité aux collectivités insuffisamment desservies. (Contrairement aux récriminations des conservateurs, qui rendent ce crédit responsable de la crise financière, les taux de remboursement de ces prêts ont été comparables ou supérieurs à ceux des prêts non-CRA, et ce crédit n'a *absolument rien* à voir avec la crise financière. Voir Commission nationale sur les causes de la crise économique et financière aux États-Unis, *The Financial Crisis Inquiry Report*, 2011, en ligne à l'adresse <https://www.gpo.gov/fdsys/pkg/GPO-FCIC/pdf/GPO-FCIC.pdf> ; et Stiglitz, *Le Triomphe de la cupidité*, *op. cit.*) La BCE pourrait utiliser un autre mécanisme pour encourager le crédit à des fins productives : décider que l'accès des banques au guichet de la BCE (c'est-à-dire la possibilité pour elles d'emprunter à la BCE) dépendra de leurs efforts pour consentir des prêts au secteur productif, notamment aux PME, et pour restreindre l'octroi de crédit à des fins non productives. Il faudra probablement associer les carottes et les bâtons, les incitations à se bien conduire (notamment à prêter aux PME) et les sanctions pour ne l'avoir pas fait.

31. Ou par ses pratiques socialement destructrices comme le crédit prédateur, la manipulation du marché ou l'abus de position dominante.

32. Beaucoup de problèmes proviennent des règles et réglementations qui régissent le système financier; ou des lois fiscales qui encouragent la spéculation; ou encore des lois sur la faillite qui encouragent l'excès de risque sous la forme des dérivés et l'excès de crédit à la consommation; ou, enfin, des faiblesses de la gouvernance d'entreprise. Pour les États-Unis, voir Stiglitz *et al.*, *Rewriting the Rules of the American Economy*, *op. cit.*; et Commission nationale sur les causes de la crise économique et financière aux États-Unis, *The Financial Crisis Inquiry Report*, *op. cit.* Mon livre *Le Triomphe de la cupidité* expose certains principes généraux.

33. L'Economic Policy Institute (EPI) indique que la rémunération annuelle moyenne des P-DG des 350 plus grandes entreprises en Amérique a été de 16,3 millions de dollars en 2014 – 303 fois supérieure à

celle du travailleur ordinaire («rémunération moyenne des travailleurs de production et sans fonction d'encadrement dans les principaux secteurs d'activité des entreprises figurant dans l'échantillon»). La rémunération moyenne réelle des P-DG a augmenté de près de 997 % depuis 1978. Voir le rapport en ligne de l'EPI, «Top CEOs Make 300 Times More than Typical Workers», 21 juin 2015, en ligne à l'adresse <http://www.ecgi.org/ceo/2012/documents/unrestricted/Bolton.pdf>.

34. Aux États-Unis, certaines dispositions du code des impôts ont encouragé encore davantage les stock-options.

35. Voir, en particulier, Stiglitz *et al.*, *Rewriting the Rules of the American Economy, op. cit.* Parmi les exemples de changements de règles qui pourraient inciter les entreprises à penser à long terme, il y a les *L-shares* (*loyalty shares*, actions-loyauté), qui donnent plus de droits de vote aux investisseurs à long terme qu'aux investisseurs à court terme. Voir Patrick Bolton et Frédéric Samama, «L-Shares : Rewarding Long-Term Investors», ECGI, document de travail sur la finance n° 342/2013, janvier 2012, en ligne à l'adresse <http://www.ecgi.org/ceo/2012/documents/unrestricted/Bolton.pdf>.

36. J'ai contribué à l'élaboration de cette idée quand j'étais à la Banque mondiale, alors que la crise asiatique battait son plein : près de 70 % des entreprises étaient en situation de défaut ou quasi-défaut de paiement en Indonésie, et près de 50 % en Thaïlande et en Corée du Sud. Voir Marcus Miller et Joseph E. Stiglitz, «Bankruptcy Protection against Macroeconomic Shocks : The Case for a "Super Chapter 11"», Conférence de la Banque mondiale sur les flux de capitaux, les crises financières et les politiques à suivre, 15 avril 1999, en ligne à l'adresse <http://www2.warwick.ac.uk/fac/soc/pais/research/researchcentres/csgr/research/keytopic/global/milrstig.pdf>; et Marcus Miller et Joseph E. Stiglitz, «Leverage and Asset Bubbles : Averting Armageddon with Chapter 11 ?», *Economic Journal*, vol. 120, n° 544, mai 2010, p. 500-518.

37. Il est facile de répondre à ceux qui craignent qu'une telle mesure n'inflige aux entreprises européennes un désavantage compétitif : l'Europe doit imposer à ses frontières une taxe sur les produits en provenance des pays qui n'assignent pas au carbone un prix aussi élevé que le sien. À mon avis, cette taxe serait compatible avec les règles de l'OMC. Voir mon livre *Un autre monde, op. cit.*

38. C'est peut-être une évidence : les moins qualifiés sont les premiers à être licenciés quand il y a une crise économique; et les coupes

dans les dépenses publiques qui accompagnent ces crises frappent particulièrement les plus défavorisés, qui dépendent des dépenses sociales de l'État. De nombreux gouvernements disent qu'ils « protégeront » ces dépenses sociales, mais en réalité, dans bien des cas, les coupes sont régressives. Voir, par exemple, Jason Furman et Joseph E. Stiglitz, « Economic Consequences of Income Inequality », in *Symposium Proceedings – Income Inequality : Issues and Policy Options*, Jackson Hole, Wyoming, Federal Reserve Bank of Kansas City, 1998, p. 221-263 ; et Stiglitz, *Le Prix de l'inégalité, op. cit.*

39. C'est un acquis de longue date de la littérature sur la théorie des biens publics locaux, où les personnes peuvent passer librement d'une collectivité locale à une autre. Voir, par exemple, mon article « Theory of Local Public Goods », *in* M. S. Feldstein et R. P. Inman (éd.), *The Economics of Public Services, op. cit.*, p. 274-333 (communication à la conférence de l'International Economic Association, Turin, 1974).

40. C'est un des thèmes centraux de mon livre *La Grande Désillusion, op. cit.* : les politiques à taille unique appliquées à tous sont vouées à l'échec.

41. Comme on l'a vu au chapitre 4, beaucoup persistent à croire que, si les États réduisent leurs déficits (leurs dépenses), cela pourra rétablir la confiance, et qu'une fois la confiance rétablie il y aura croissance de l'investissement et de l'économie. Aucun modèle économétrique standard ne confirme ces croyances. Au contraire, l'effet immédiat de la réduction du déficit est un ralentissement de l'économie, et le ralentissement détruit la confiance.

42. Au chapitre 8, dans la section intitulée « Les réformes qui auraient été efficaces », j'expose plusieurs réformes structurelles dans les pays en crise, comme la Grèce, qui auraient aidé à rétablir la croissance et la prospérité.

43. Voir les chiffres présentés au chapitre précédent.

44. Ces derniers temps, dans une conjoncture où plusieurs pays sont confrontés à la possibilité de ce type de crise et où les tribunaux américains (qui tranchent sur les obligations émises aux États-Unis) prennent des positions très spéciales, rendant fondamentalement ces restructurations impossibles, la création d'un cadre de restructuration des dettes souveraines est à nouveau exigée. L'Assemblée générale de l'ONU a adopté en septembre 2014, avec le soutien de la grande majorité des pays, une résolution décidant de commencer à créer ce cadre, et un an

plus tard, à une majorité encore plus nette, un ensemble de principes directeurs pour le concevoir. J'ai montré dans un article à quoi ce cadre pourrait ressembler : voir Joseph E. Stiglitz, « Sovereign Debt : Notes on Theoretical Frameworks and Policy Analyses », *in* Barry Herman, Josè Antonio Ocampo et Shari Spiegel (éd.), *Overcoming Developing Country Debt Crises*, Oxford, Oxford University Press, 2010, p. 35-69.

45. La Russie a retrouvé l'accès aux marchés internationaux des capitaux moins de deux ans après son défaut de paiement de 1998.

46. Pour une analyse plus générale du rôle des restructurations dans le règlement des crises de la dette, voir Joseph E. Stiglitz et Daniel Heymann, « Introduction », *in* Stiglitz et Heymann (éd.), *Life After Debt : The Origins and Resolutions of Debt Crisis*, *op. cit.*, p. 1-39 ; et les autres contributions réunies dans ce volume.

47. Comme nous l'avons signalé au chapitre 2, un exemple d'initiative dans ce sens est le programme Erasmus, grâce auquel des étudiants européens vont étudier dans d'autres pays d'Europe.

48. Nous l'avons remarqué, par exemple, à propos de la mise en place d'une garantie des dépôts dans le cadre d'une union bancaire.

CHAPITRE 10

1. Martin Wolf, dans son ouvrage très sérieux sur l'euro et la crise de l'euro, en est arrivé à peu près aux mêmes conclusions ; et il a souvent utilisé la métaphore du mariage, en suggérant que l'éclatement de la zone euro, y compris par le départ de la Grèce, serait un divorce difficile. Ce chapitre montre comment il pourrait être un peu moins difficile – bien qu'il soit peut-être excessif de suggérer qu'il puisse être vraiment « à l'amiable ». Voir Martin Wolf, *The Shifts and Shocks : What We've Learned – and Have Still to Learn – from the Financial Crisis*, New York, Penguin Press, 2014.

2. Je n'aborderai pas ici la question des regroupements optimaux ; je me concentrerai sur la façon dont ce divorce peut être organisé.

3. Comme disent les financiers, le divorce est une option *in-the-money* – qui peut payer.

4. Cette logique implique, bien sûr, que, pour les pays qui ont réussi à avoir une croissance relativement satisfaisante dans les limites posées par la zone euro, l'avantage d'en sortir serait inférieur au coût.

5. Voir, par exemple, Matthew Yglesias, « How Greece Leaving the Euro Would Actually Work », *Vox*, 16 juillet 2015, en ligne à l'adresse

<http://www.vox.com/2015/7/6/8901303/greek-crisis-grexit-how-it-works>; et Jack Ewing, «Weighing the Fallout of a Greek Exit from the Euro», *New York Times*, 9 juillet 2015.

6. Les régulateurs, les parlements et les tribunaux dans les procès antitrust ont enfin commencé à intervenir pour réduire les grosses commissions et les pratiques abusives, mais les commissions restent bien plus élevées qu'elles ne devraient l'être.

7. Comme nous l'avons dit au chapitre 7, une des erreurs extravagantes de la Troïka a été de décourager par certaines de ses politiques l'usage du système bancaire, ce qui revient presque à encourager l'évitement fiscal.

Tout système monétaire est exposé à des risques de fraude, et la cybersécurité est l'un des problèmes cruciaux auxquels font face les mécanismes modernes de paiement électronique. Les avantages des transactions électroniques n'en sont pas moins écrasants; c'est pourquoi, même avec des prix de monopole, il y a eu passage à ce système.

8. L'exception majeure – l'achat de biens et services venus de l'étranger – sera examinée plus loin dans ce chapitre.

9. Les autorités européennes ont d'ailleurs encouragé, de fait, la création d'un tel système quand elles ont imposé des restrictions sur les montants que les Grecs et les Chypriotes pouvaient retirer de leurs comptes. Le système présenté ici va seulement un peu plus loin : au lieu de limiter la somme retirable de son compte en banque à un chiffre très réduit – disons, 50 euros par jour –, il fixe la limite à zéro, ce qui force le pays à passer à une économie entièrement électronique, sans liquide.

10. Dans la préface, nous avons signalé le rôle qu'a joué cette question dans l'élection présidentielle de 1896 aux États-Unis.

11. Plusieurs autres raisons expliquent qu'«il y a loin de la coupe aux lèvres». En Europe, aux États-Unis et au Japon, les banques centrales ont accru leur propre bilan en fournissant davantage de liquidités à leurs banques; mais leurs banques ont simplement remis une bonne partie de cet argent en dépôt à la banque centrale, sans même créer davantage de crédit privé. Quand il y a création de crédit, dans le contexte de la mondialisation, rien n'impose qu'il reste sur le territoire du pays qui le crée. Aux premiers temps de l'assouplissement quantitatif aux États-Unis, une large part de l'argent créé est partie à l'étranger, vers les marchés émergents en plein essor. Enfin, même quand l'argent

reste dans le pays, l'achat d'actifs existants n'est pas son seul usage possible : il peut aussi servir de « marge » dans des paris spéculatifs.

12. L'évolution du système bancaire, de l'économie primitive du blé à sa forme moderne, est intéressante et instructive. Les premières banques reposaient en réalité sur des dépôts d'or plus que de blé. Ceux qui avaient plus d'or qu'ils ne voulaient en dépenser le mettaient à la banque, et la banque le prêtait à d'autres. Les banques ont vite découvert qu'elles pouvaient créer des bouts de papier, donnant droit à l'or, que d'autres accepteraient, et qu'elles pouvaient en produire plus qu'elles n'avaient d'or – sachant bien que tous les détenteurs de ces bouts de papier n'allaient pas réclamer leur argent simultanément. Pendant qu'elles donneraient de l'or à ceux qui en demanderaient, elles recevraient l'or que d'autres déposeraient.

De temps à autre, il y avait une panique : les détenteurs des bouts de papier s'inquiétaient, se demandaient si la banque serait capable ou non de tenir ses promesses – et, bien sûr, quand ils paniquaient et venaient tous à la banque exiger leur or, il n'y en avait pas assez pour satisfaire leurs demandes. Les banques faisaient faillite, et l'économie pouvait être précipitée dans une dépression.

La garantie des dépôts a été inventée pour prévenir ces paniques : l'État s'est engagé explicitement derrière les promesses des banques. Dans ces conditions, on faisait davantage confiance à ces promesses, on était sûr qu'elles seraient honorées (tant qu'on faisait confiance à l'État), ce qui réduisait les risques de panique. Mais si l'État fournissait ces garanties, cette assurance, il devait vérifier que la banque agissait de façon responsable – par exemple, qu'elle prêtait à des gens qui pourraient effectivement la rembourser, et que les prêts n'allaient pas au propriétaire de la banque et à ses amis. Gerry Caprio, avec qui j'ai travaillé à la Banque mondiale et qui a étudié les renflouements publics dans le monde entier, aimait dire qu'il y a deux types de pays – ceux qui ont la garantie des dépôts et le savent, et ceux qui l'ont aussi et ne le savent pas. Avant sa crise financière des années 1990, la Suède n'avait aucune garantie des dépôts ; elle n'en a pas moins renfloué ses banques. Pendant la crise de 2008, subitement, dans le monde entier, la garantie des dépôts a été étendue à des comptes qui n'étaient pas pleinement assurés jusque-là.

On peut comprendre que l'État ait assumé ce nouveau rôle : c'est en partie le résultat de l'ampleur et de la fréquence des paniques et des crises dans l'économie de marché au XIXe et au début du XXe siècle. De plus, quand des pays avancés, comme les États-Unis, se sont transformés d'économies agricoles en économies industrielles, où une part croissante de la population était employée dans l'industrie manufacturière et d'autres secteurs non agricoles, ces fluctuations économiques ont fait des ravages. Tant que les citoyens ordinaires n'avaient pratiquement pas voix au chapitre sur ce que faisait l'État, cela importait peu : ces crises font terriblement souffrir quantité de gens, et alors ? Mais, avec l'élargissement du droit de vote et la montée en puissance de l'engagement démocratique, il est devenu de plus en plus difficile à l'État d'ignorer ces gigantesques échecs du marché.

13. Voir, par exemple, John Kay, *Other People's Money : The Real Business of Finance*, New York, Public Affairs, 2015 ; et Adair Turner, *Between Debt and the Devil : Money, Credit, and Fixing Global Finance*, Princeton, NJ, Princeton University Press, 2015.

14. Plus généralement, il a été prouvé que la montée de l'inégalité dans les pays avancés au cours des dernières décennies est en grande partie liée à la finance. Voir en particulier James K. Galbraith, *Inequality and Instability : A Study of the World Economy Just before the Great Crisis*, New York, Oxford University Press, 2012 ; et Stiglitz, *Le Prix de l'inégalité*, *op. cit.*

15. Pour un exposé plus développé de cette critique, voir mon livre *Le Triomphe de la cupidité*, *op. cit.*

16. Il le fait notamment en privatisant les gains et en socialisant les pertes : ce mécanisme est devenu une caractéristique normale des économies qui ont des banques « trop grosses pour faire faillite ». (Voir *Le Triomphe de la cupidité*, *op. cit.*)

17. Le système est symétrique. La banque centrale peut décider qu'il y a trop de monnaie dans l'économie – c'est-à-dire que les banques prêtent trop, en utilisant la « monnaie » qu'elles reçoivent en remboursement. Dans ce cas, l'État peut racheter des droits à émettre du crédit : il rachète la monnaie qu'il a autorisé les banques à gérer en son nom. Là encore, il peut y avoir des enchères ouvertes pour déterminer qui sont les banques les plus disposées à abandonner des droits à émettre du crédit. Cela reviendrait littéralement à drainer de l'argent hors du système bancaire.

18. L'entrée sera probablement fixée à un seuil où la rentabilité du capital avant impôts (mesurée sur l'ensemble du cycle des affaires) sera

légèrement supérieure à la rentabilité normale du capital. Un petit supplément de rendement est peut-être nécessaire pour inciter les banquiers à plus de responsabilité sociale dans leur comportement.

19. Selon le World Travel & Tourism Council [Conseil mondial du voyage et du tourisme], qui estime aussi la contribution secondaire, totale, du tourisme à l'économie grecque à environ 17 % du PIB. Voir le rapport de cette organisation, « Travel & Tourism : Economic Income 2015 : Greece », en ligne à l'adresse <https://www.wttc.org/-/media/files/reports/economic%20impact%20research/countries%202015/greece2015.pdf>.

20. Nous avons expliqué plus haut pourquoi, selon toute vraisemblance, une dévaluation interne aura des avantages limités et des coûts importants : même si elle aide (légèrement) le secteur des « biens échangés » (dans le commerce extérieur), elle frappe simultanément le secteur des « biens non échangés » (hors commerce international). Pour accomplir une dévaluation réelle, il faut qu'il y ait de grosses baisses de salaires et que ces baisses de salaires soient répercutées dans des baisses de prix des « biens échangés ». En revanche, une modification du taux de change nominal se traduit *immédiatement* par une amélioration du taux de change réel. Les risques principaux sont (*a*) qu'en raison d'une hausse de l'inflation ces bénéfices ne soient que temporaires ; et (*b*) que, comme avec la dévaluation interne, l'augmentation du levier réel quand les dettes sont libellées en devises étrangères ne fasse baisser la demande des « biens non échangés ». Dans la suite de ce chapitre, j'expose des réformes susceptibles d'atténuer ces effets.

21. Voir Warren Buffet, « America's Growing Trade Deficit Is Selling the Nation out from Under Us. Here's a Way to Fix the Problem – And We Need to Do It Now », *Fortune*, 10 novembre 2003.

22. Pour empêcher la thésaurisation des certificats – des spéculateurs pourraient les acheter en pariant qu'un certificat vaudra davantage quelques années plus tard –, il faut les dater ; ils seront utilisables, par exemple, pendant un an. (Peut-être sera-t-il nécessaire de modifier certaines règles internationales, par exemple celles que fait respecter aujourd'hui l'OMC, pour faire place au système des certificats. Mais, au moins dans le contexte d'une transition comme celle que nous envisageons ici, où un pays est confronté à un problème de comptes courants, les règles actuelles autorisent une flexibilité suffisante pour qu'il n'y ait pas de problème.)

23. En fait, nous l'avons vu, les comptes courants étaient déjà devenus excédentaires au début de l'année 2015, et, en 2015, ils ont oscillé selon les mois entre le positif et le négatif. Dans ces conditions, même sans le système des certificats, l'envergure de la dévaluation aurait peut-être été limitée. Le système des certificats, en garantissant au marché qu'il n'y aura pas de gros déficits de la balance commerciale, ajouterait un élément de stabilité supplémentaire.

On aura compris que l'espace nous a manqué pour décrire en détail tous les mécanismes de notre système électronique de monnaie/crédit/certificats. Mais les principes de base devraient être clairs. Par exemple, quand une entreprise grecque exporte des olives aux États-Unis, elle dépose les dollars qu'elle reçoit dans le système bancaire électronique, et on inscrit sur son compte en euros grecs un crédit d'un montant égal à la valeur de ces dollars en euros grecs. (Elle reçoit aussi un nombre correspondant de certificats, qu'elle peut vendre librement à d'autres.) La quantité de «monnaie» dans le système bancaire augmente en raison de ce dépôt. La banque centrale prend note de cette réalité quand elle décide le montant du crédit à mettre aux enchères. Le système est conçu pour décourager le contournement – par exemple, par la sous-facturation. Non seulement la sous-facturation est illégale, mais elle prive l'exportateur de certificats d'importation auxquels, normalement, il aurait eu droit. Il n'y a aucune incitation à la création d'un marché noir.

24. Dès aujourd'hui, elle a dépassé les attentes : on anticipait un petit déficit primaire jusqu'en juillet 2015, et en fait elle a dégagé un excédent assez important, qu'elle a maintenu au premier trimestre 2016. Voir Silvia Merler, «Greek Budget Update – August», 17 août 2015, billet de blog sur le site Internet de l'institut de réflexion européen Bruegel, en ligne à l'adresse <http://bruegel.org/2015/08/greece-budget-update-august>.

25. En fait, on pourrait soutenir que les conditions contre-productives imposées aux pays en crise, qui ont tant miné leurs économies, créent à la zone euro une obligation morale. Mais je me doute bien que de nombreux membres de la zone euro ne reconnaîtront pas cette obligation morale et rendront responsables de l'échec des programmes les pays en crise eux-mêmes. À défaut de dons, la zone euro pourrait fournir des prêts, avec un statut de créancier privilégié. (Concrètement, des «prêts à entité en situation d'arriérés». Voir plus bas.)

26. Autrement dit, on peut fixer la valeur du certificat de façon à obtenir une balance commerciale en équilibre, ou même, nous l'avons dit, en excédent.

27. Elles ont été converties au taux de change défini au moment du passage à l'euro. Néanmoins, les conséquences de cette « substitution » de devises étaient loin d'être triviales, pour le créancier comme pour le débiteur, puisque le profil de risque des deux monnaies pouvait être tout à fait différent. Une obligation à long terme émise en 1991 en drachmes payait un taux d'intérêt reflétant le risque de change. Avec la conversion en euros, ce risque était nettement réduit, donc le créancier recevait en fait un gros cadeau.

28. L'État doit traiter le paiement d'une dette extérieure en euros comme une importation. Le requérant étranger reçoit un droit à des euros grecs, utilisables pour acheter des biens à d'autres sur le territoire de la Grèce. Mais si les créanciers veulent convertir ces euros grecs en euros allemands ou en euros ordinaires, il leur faut acheter la devise étrangère, avec des certificats.

Il y a une autre solution : le pays impose un contrôle des mouvements de capitaux. Dans ce cas, il paie le créancier en euros, mais n'autorise pas ces euros à quitter le pays. Par exemple, il peut créer des comptes bancaires en euros à l'intérieur du pays : on pourrait transférer l'argent sans problème d'un compte en euros à un autre, mais pas le retirer en euros liquides, ni le faire passer sur un compte en euros à l'étranger.

Les contrôles des mouvements de capitaux ont été utilisés en temps de crise en Islande, en Grèce et à Chypre. Cette proposition constitue en fait un moyen plus simple et plus efficace de mettre en œuvre ce type de contraintes.

29. Nous avons peut-être sous-estimé les coûts d'une faillite : puisque de nombreuses dettes ont été contractées sous juridiction étrangère, leur conversion, nous l'avons dit, risque d'être impossible. Il y aura peut-être des procès pour déterminer si un paiement en « euros contraints » – en euros qu'on est contraint de dépenser en Grèce, ou qu'on ne peut faire sortir du pays qu'en payant un droit (le prix du certificat) – est ou non identique à un paiement en euros non contraints, donc s'il satisfait ou non le contrat de prêt. Sans conversion, il y aura des effets négatifs sur les bilans, mais pas pires que ceux qui accompagnent la dévaluation interne. Un super-chapitre 11 pourrait permettre aux entreprises qui ont des dettes excessives émises en devises étrangères sous juridiction

étrangère de prendre rapidement un nouveau départ. Des lois autorisant des restructurations faciles d'actifs peuvent faciliter l'opération – par exemple, une famille qui a contracté sur sa maison un prêt libellé en devises étrangères sous juridiction étrangère pourrait traiter sa maison comme s'il s'agissait d'une filiale séparée, d'une société par actions, et convertir la dette hypothécaire en actions de la maison, sans que le particulier soit acculé à la faillite totale. On pourrait en faire autant pour les entreprises. Puisque la société occidentale devient de plus en plus procédurière, tout cela sera probablement chaotique, mais malgré tout moins coûteux que la dépression en cours.

30. Dans toute faillite ou restructuration de dette, il y a une disposition qu'on appelle « prêts à entité en situation d'arriérés ». Elle permet à ceux qui prêtent à l'entité après le lancement du processus de restructuration de se faire rembourser intégralement les premiers, avant le remboursement partiel des autres requérants. Tout divorce à l'amiable devrait aussi comporter cette disposition.

31. George Soros a avancé cette idée avec autant d'énergie que d'éloquence dans son article « The Tragedy of the European Union and How to Resolve It », *New York Review of Books*, 7 septembre 2012. En fait, c'est un point de vue largement partagé chez les économistes : ils sont nombreux à penser que c'est l'Allemagne qui devrait partir. Mervyn King, ancien gouverneur de la Banque d'Angleterre, a fait ce commentaire sur la chaîne de télévision CNBC : « Ce serait la meilleure façon d'avancer, et j'espère que beaucoup de mes amis américains cesseraient alors de pousser les Européens à déverser de l'argent sur le problème et diraient que nous devons faire de l'euro une bonne monnaie » (Tom DiChristopher, « Germany Should Leave Euro Zone : Mervyn King », CNBC, 21 mars 2016, en ligne à l'adresse <http://www.cnbc.com/2016/03/21/germany-should-leave-eurozone-mervyn-king.html>).

CHAPITRE 11

1. Au moins dans les *espoirs*, sinon dans la réalité des faits.

2. Ces deux idées ont été analysées plus longuement au chapitre 9, dans l'optique de la création d'une zone euro qui fonctionne. Le présent chapitre soutient qu'en adoptant *certaines* de ces idées, l'Europe pourrait évoluer graduellement vers une situation de ce genre.

3. Il y a aussi quantité de problèmes juridiques : serait-il possible de régler une dette libellée en euros par un paiement en euros grecs ou

en euros allemands ? Le fonctionnement du système serait évidemment beaucoup plus facile si c'était le cas, comme nous l'avons dit au chapitre précédent.

4. En fait, les pays d'Europe n'y ont peut-être pas tous intérêt : l'Allemagne profite énormément du système actuel. Grâce à lui, elle a pu avoir plus facilement des excédents commerciaux gigantesques, qui ont contribué à sa puissance économique, même s'ils ont été un facteur d'instabilité dans l'économie mondiale. Il est à peu près sûr que le système de l'euro flexible aboutirait à un euro allemand plus fort. L'Allemagne risque même de ne pas pouvoir maintenir ses excédents, comme on l'a vu. Il ne serait donc pas surprenant qu'elle s'oppose à ce projet.

CHAPITRE 12

1. Voir FMI, « Greece : Ex Post Evaluation of Exceptional Access under the 2010 Stand-By Arrangement », rapport pays du FMI n° 13/156, juin 2013, en ligne à l'adresse <https://www.imf.org/external/pubs/ft/scr/2013/cr13156.pdf> ; et FMI, « Ireland : Ex Post Evaluation of Exceptional Access under the 2010 Stand-By Arrangement », rapport pays du FMI n° 15/20, janvier 2015, en ligne à l'adresse <https://www.imf.org/external/pubs/ft/scr/2015/cr1520.pdf>.

2. Voir Richard Koo, « EU Refuses to Acknowledge Mistakes Made in Greek Bailout », Nomura Research Institute, 14 juillet 2015, en ligne à l'adresse <http://ineteconomics.org/ideas-papers/blog/eu-refuses-to-acknowledge-mistakes-made-in-greek-bailout>.

3. Il y a de nombreuses raisons possibles à cette domination. L'une d'elles est l'inquiétude des autres pays de la zone euro, qui ne sont pas encore en crise : beaucoup craignent d'avoir besoin plus tard d'un renflouement, eux aussi, et ils ne veulent pas s'attirer l'animosité de l'Allemagne. Chez eux, leurs dirigeants tiennent un discours de fermeté, ils disent qu'ils vont résister à l'Allemagne. Mais ce qui sort des réunions ne reflète leurs points de vue, au mieux, que marginalement.

En général, un renflouement exige l'accord unanime de tous les pays, et, dans le cas de l'Allemagne, il faut le soumettre à l'approbation du parlement. Avec la force de l'hostilité aux renflouements dans la population allemande, celui-ci peut exercer, de fait, un droit de veto : si l'accord de renflouement n'est pas suffisamment en harmonie avec ce que pensent et veulent les dirigeants allemands, ses chances d'être voté au Bundestag sont minces.

Les initiatives de la BCE ont été attaquées à plusieurs reprises devant la justice allemande pour violation de la constitution de l'Allemagne. Jusqu'à présent, les tribunaux allemands ont renvoyé ces affaires devant des cours européennes de plus haut niveau – en janvier 2015, par exemple, la Cour de justice européenne a tranché en faveur d'un plan d'achats de bons d'État par la BCE, dans une procédure ouverte par une plainte déposée devant la Cour constitutionnelle allemande par plusieurs plaignants allemands. Mais la menace constante d'un procès fragilise les mesures prises par la BCE.

4. Selon un sondage effectué en 2012 par TNS Emnid. Voir « Most Germans Oppose Euro, French Also Losing Faith : Polls », Reuters, 17 septembre 2012, en ligne à l'adresse <http://www.reuters.com/article/us-eurozone-germany-poll-idUSBRE88G0Y720120917>.

5. Voir Seth Mydans, « Crisis Aside, What Pains Indonesia Is the Humiliation », *New York Times*, 10 mars 1998. La photo des deux hommes est facile à trouver sur Internet : Camdessus debout, l'air sévère et les bras croisés, domine un Suharto voûté en train de signer l'accord.

6. Voir Karl Lamers et Wolfgang Schäuble, « More Integration Is Still the Right Goal for Europe », *Financial Times*, 31 août 2014.

7. Voir Yanis Varoufakis, « Greek Debt Denial : A Modest Debt Restructuring Proposal and Why It Was Ignored », *in* Martin Guzman, José Antonio Ocampo et Joseph E. Stiglitz (éd.), *Too Little, Too Late : The Quest to Resolve Sovereign Debt Crises*, New York, Columbia University Press, 2016.

8. Quand 62 % des électeurs portugais ont exprimé leur opposition à l'austérité (pourcentage remarquablement similaire à celui des Grecs), le président conservateur du Portugal a exprimé publiquement ses réticences à confier le gouvernement du pays à la coalition antiaustérité qui avait remporté une victoire écrasante. (Le mouvement favorable à l'austérité, « Portugal en avant » – une alliance entre le CDS [Parti populaire] et le PSD [Parti social-démocrate] –, avait une majorité relative, parce que les suffrages antiaustérité étaient répartis entre plusieurs listes. Mais il n'avait aucun moyen de constituer une coalition parlementaire favorable à la poursuite des politiques d'austérité qui provoquaient la dépression.) Une des raisons de l'attitude du président était peut-être qu'il refusait, au mépris de la démocratie, que le pays change de cap. Mais elle s'expliquait peut-être aussi, en partie, par une inquiétude authentique : si le nouveau gouvernement essayait vraiment de mettre

en œuvre des politiques cohérentes avec ses promesses électorales, qu'allait-il se passer? Peut-être le président redoutait-il la vengeance de l'Europe. Heureusement, le Portugal était sorti de son programme de la Troïka, donc celle-ci avait beaucoup moins d'emprise sur le pays pour l'étrangler. Mais nombre de responsables portugais étaient tout à fait conscients des sautes d'humeur du marché : même si le Portugal agissait de façon irréprochable, les sentiments des marchés des capitaux peuvent être très instables, et s'il en était à nouveau exclu, quelles options aurait-il?

Interpréter les résultats électoraux est toujours difficile : souvent, ils ne sont pas seulement influencés par les politiques suivies et les sentiments politiques, mais aussi par les personnalités et les événements du moment. L'élection qui a suivi pour la présidence du Portugal a été gagnée en janvier 2016 par le candidat du parti de centre droit, avec 52 % des voix. Simultanément, en février 2016, les Irlandais, qui avaient apparemment accepté avec résignation les politiques d'austérité qu'on leur avait infligées, ont voté contre le gouvernement qui les leur avait imposées, même si, finalement, après des mois de négociations confuses, le Premier ministre Enda Kenny a réussi à former un fragile gouvernement minoritaire et à rester au pouvoir.

9. Stiglitz *et al.*, *Rewriting the Rules of the American Economy*, *op. cit.*

10. Les dirigeants de la zone euro montrent souvent leur compassion en s'engageant à mettre en place un filet de sécurité. Mais à quel niveau? C'est toute la question. Selon moi, un filet de sécurité qui laisse dans la pauvreté une part importante de la population et encore plus importante des enfants est inadapté, et très éloigné de l'idée de croissance inclusive. Celui qui figure dans le programme grec n'est pas un filet de sécurité adéquat.

11. Voir « Europe : The Current Situation and the Way Forward », Conférence des dirigeants dans l'économie mondiale, Université Columbia, 15 avril 2015, en ligne à l'adresse <http://www.bundesfinanzministerium.de/Content/EN/Reden/2015/2015-04-15-columbia-university.html>. Dans cette conférence, il a laissé transparaître un positionnement social plus général. Afin d'expliquer la Grande Récession, il a répété une idée populaire dans les cercles ultraconservateurs du monde entier : « Les décideurs politiques des États-Unis avaient essayé d'encourager l'accession à la propriété chez les travailleurs non qualifiés en assouplissant les pratiques de crédit. » Cette thèse a été

rejetée avec force par la commission d'enquête bipartisane sur la crise financière. La culpabilité d'acteurs du secteur privé est d'ailleurs devenue de plus en plus claire, et il ne s'agissait pas seulement d'erreurs de jugement mais aussi de pratiques frauduleuses. Voir Commission nationale sur les causes de la crise économique et financière aux États-Unis, *The Financial Crisis Inquiry Report, op. cit.*

12. Comme on l'a vu au chapitre 2, ce n'est pas seulement une question d'idées sur le fonctionnement de l'économie ; c'est aussi une question de *valeurs*. Par exemple, nous avons évoqué dans ce livre la théorie et les données prouvant que que les économies qui ont moins d'inégalité et plus d'égalité des chances ont de meilleurs résultats. Leur croissance est plus rapide et plus durable. Mais la prospérité *partagée* est aussi une question de valeurs. On peut voir dans l'engagement pris à l'ONU sur les objectifs du développement durable, le 25 septembre 2015, un large consensus mondial autour des idées de croissance inclusive. (Voir « Transformer notre monde : le programme de développement durable à l'horizon 2030 », en ligne à l'adresse <http://www.un.org/fr/documents/view_doc.asp?symbol=A/RES/70/1>.)

13. De fait, la vie d'un paysan en 1700 n'était guère meilleure que deux mille ans plus tôt. Voir Stiglitz et Greenwald, *La Société de l'apprentissage, op. cit.*

14. L'Allemagne qualifie ces migrants de « migrants économiques », à distinguer des « migrants humanitaires », notamment ceux qui fuient la guerre en Syrie. Mais un « migrant économique » dont le seul choix est d'émigrer ou de regarder sa famille mourir de faim voit les choses tout autrement.

15. À cet égard, l'union monétaire est différente de l'intégration commerciale. La plupart des économistes estiment que les accords de commerce passés ont rapporté globalement de modestes gains – mais leurs effets négatifs sur la répartition submergent souvent ces gains, si bien que la situation d'une partie importante de la population se détériore. (Comme nous le verrons, les tout derniers projets de traités commerciaux sont comme l'union monétaire : ils ne produisent peut-être même pas de bénéfices globaux.)

16. L'ISDS (*investor state dispute settlement*, mécanisme de règlement des différends entre investisseurs et États) permet aux entreprises de poursuivre les États pour l'adoption de toute réglementation qui réduit les profits qu'elles attendaient – quelle que soit l'ampleur des

nuisances que la réalisation de ces profits impose à d'autres. Voir ma tribune libre avec Adam Hersh, «The Trans-Pacific Free-Trade Charade», Project Syndicate, 2 octobre 2015, en ligne à l'adresse <https://www.project-syndicate.org/commentary/trans-pacific-partnership-charade-by-joseph-e--stiglitz-and-adam-s--hersh-2015-10>.

17. Voir chapitre 8.

18. Voir l'analyse du chapitre 1.

POSTFACE

1. Le Conseil européen est l'instance suprême de prise de décision dans l'Union européenne. Il est composé des chefs de gouvernement des pays-membres. La Commission européenne assure la gestion quotidienne de l'Union européenne. Les commissaires sont nommés par le Conseil. Chaque commissaire a un ensemble de responsabilités analogues à celles d'un ministre: il y a par exemple un commissaire à la Concurrence, un commissaire à l'Environnement, etc. En pratique, chaque pays de l'Union européenne peut nommer un commissaire. Il n'existe qu'un seul lien direct entre les électeurs et l'Union européenne: l'élection du Parlement européen, qui se réunit tantôt à Bruxelles, tantôt à Strasbourg. Initialement, le Parlement européen avait des pouvoirs très limités, mais il s'est efforcé de les élargir au fil du temps.

2. Au Danemark et en Suède, nous l'avons dit.

3. En Norvège, comme on l'a vu.

4. En France et aux Pays-Bas.

5. Pew Research Center, «Euroskepticism Beyond Brexit», juin 2016; en ligne à l'adresse <http://www.pewglobal.org/2016/06/07/euroskepticism-beyond-brexit>.

6. De fait, l'euro a chuté de plus de 4 % par rapport au dollar dans les premières heures suivant le vote en faveur du Brexit, même s'il a ensuite légèrement rebondi.

7. «Le Royaume-Uni devra accepter d'être considéré comme un État tiers, qu'on ne caressera pas dans le sens du poil», a déclaré Juncker, dans un commentaire typique de sa pensée, un mois avant le référendum. «Si les Britanniques quittent l'Europe, il faudra en tirer les conclusions, nous comme eux.» Voir l'entretien de Jean-Claude Juncker au *Monde*, 20 mai 2016, partiellement en ligne à l'adresse <http://www.lemonde.fr/europe/article/2016/05/20/juncker-la-france-a-des-choses-a-dire-sur-l-europe-qu-elle-les-dise_4923015_3214.html>; et

Alastair MacDonald, «Juncker says on Brexit: British "deserters" to get no EU favour», Reuters, 20 mai 2016; en ligne à l'adresse <http://www.reuters.com/article/us-britain-eu-juncker-idUSKCN0YB1O3>.

8. D'autres forces ont joué aussi, par exemple un attachement aux droits de l'homme. Les deux logiques peuvent parfois entrer en conflit, en particulier en matière de droit du travail, où le néolibéralisme a eu pour effet d'affaiblir les protections des travailleurs, tandis que le souci des droits de l'homme poussait dans le sens opposé. Voir l'analyse ci-dessous.

9. Tableaux historiques sur le revenu de l'US Census H-6: <http://www.census.gov/data/tables/time-series/demo/income-poverty/historical-income-households.html>. Le chiffre le plus récent sur le revenu médian des ménages est celui de 2014. Le revenu médian de cette année-là, 53657 dollars, se situe entre celui de 1996 (53345 dollars) et celui de 1997 (54443 dollars). En 1989, le revenu médian des ménages était de 53306 dollars. (Tous ces chiffres sont en dollars réels – ajustés pour tenir compte de l'inflation –, sur la base des valeurs de 2014.)

10. Tableaux historiques sur le revenu de l'US Census P-36; en ligne à l'adresse <http://www.census.gov/data/tables/time-series/demo/income-poverty/historical-income-people.html>.

11. Anne Case et Angus Deaton, «Rising morbidity and mortality in midlife among white non-Hispanic Americans in the 21st century», *Proceedings of the National Academy of Sciences*, vol. 112, n° 49, 2015, p. 15078-15083.

12. Au Royaume-Uni, le revenu médian des travailleurs adultes d'âge actif est plus faible qu'il y a dix ans, mais plus élevé de 30 % qu'il y a vingt ans (Statistiques nationales du Royaume-Uni, Ménages au-dessous du revenu moyen, de 1994-1995 à 2014-2015).

13. Elle se trouve autour du 80e centile sur l'échelle mondiale des revenus. Au Royaume-Uni, on appelle généralement ce groupe social «classe ouvrière», alors qu'aux États-Unis on dit «classe moyenne». Voir Branko Milanović, *Global Inequality: A New Approach for the Age of Globalization*, Cambridge, MA, Belknap Press, 2016.

14. Les effets de la crise auraient été particulièrement durs sans la présence, dans la plupart des pays avancés, d'un système de protection sociale. Aux États-Unis, par exemple, 91 % des gains dans les trois premières années de la «reprise» sont allés au 1 % supérieur. L'OCDE parvient à cette conclusion générale: «Si on exclut l'effet modérateur que

l'État-providence, par le biais de la fiscalité et des transferts sociaux, a pu exercer sur ce phénomène, on constate que, pendant la période de trois ans qui s'est achevée fin 2010, les inégalités se sont creusées davantage qu'au cours des douze années précédentes. » Voir OCDE, « La crise amoindrit les revenus et retentit sur l'inégalité et la pauvreté », note d'information de mai 2013, en ligne à l'adresse <http://www.oecd.org/fr/els/soc/OCDE2013-La-crise-amoindrit-les-revenus-8p.pdf>.

15. Eurostat. Ce sont les chiffres les plus récents permettant de faire ces comparaisons à l'heure où j'écris.

16. Il a aussi bénéficié de la baisse des cours du pétrole, bien sûr.

17. C'est le thème central de mes livres *Le Prix de l'inégalité* et *La Grande Fracture*.

18. La politique des frais de scolarité de l'Angleterre a été nettement différente de celle de l'Écosse, qui les a maintenus beaucoup plus bas. Les prêts anglais remboursables en fonction du revenu suivent le modèle en vigueur depuis longtemps et avec un grand succès en Australie.

19. Voir Paul Samuelson, « International Trade and the Equalisation of Factor Prices », *Economic Journal*, vol. 58, n° 230, juin 1948, p. 163-184, et Wolfgang F. Stolper et Paul A. Samuelson, « Protection and Real Wages », *Review of Economic Studies*, vol. 9, n° 1, 1941, p. 58-73. Pour une analyse plus générale, voir le chapitre 3 d'*Un autre monde*, *op. cit.*

20. De nombreux économistes soutiennent que l'Occident a d'autres avantages « institutionnels », comme ceux qui sont liés à l'état de droit et à la protection des droits de propriété.

21. David H. Autor, David Dorn et Gordon H. Hanson, « The China Syndrome: Local Labor Market Effects of Import Competition in the United States », *American Economic Review*, vol. 103, n° 6, 2013, p. 2121-2168.

22. En fait, on peut supposer que ces effets y ont été encore plus forts, puisque le taux de chômage global est plus élevé.

23. Effectivement, dans un monde où les marchés du risque sont imparfaits – le monde réel où nous vivons –, le libre-échange et la libéralisation du commerce peuvent en fait détériorer la situation de la presque totalité des gens. La libéralisation des échanges les expose à une multitude de risques nouveaux. Voir David Newbery et J. E. Stiglitz, « Pareto Inferior Trade », *Review of Economic Studies*, vol. 51, n° 1, 1984, p. 1-12. (L'expression *Pareto Inferior*, « inférieur au sens de Pareto », signifie simplement que *tout le monde* vit plus mal.)

24. Ce sera le cas si les travailleurs qualifiés et non qualifiés sont complémentaires, c'est-à-dire si la productivité des travailleurs non qualifiés augmente lorsqu'il y a davantage de travailleurs qualifiés.

25. Voir <http://greece.greekreporter.com/2014/08/03/7500-doctors-have-left-greece-in-six-years>.

26. Mahathir Bin Mohamad, ancien Premier ministre de Malaisie, m'a dit que c'était le *vrai* vol de propriété intellectuelle.

27. Dans certains cas, l'ampleur de l'émigration a été énorme. En Bulgarie, par exemple, pays d'environ 9 millions d'habitants en 1985, plus de 800 000 personnes ont émigré après le début de la transition vers l'économie de marché. Aujourd'hui, la population n'est que de 7,2 millions d'habitants. (Source: Nations unies, base de données des Perspectives démographiques mondiales 2015; en ligne à l'adresse <https://esa.un.org/unpd/wpp>.)

28. Ils ont une page spéciale sur Wikipédia (voir <https://fr.wikipedia.org/wiki/Euromythe> et <https://en.wikipedia.org/wiki/Euromyth>). Mais en même temps, il est clair qu'il y a un vrai problème. Une dépêche de la BBC signale que «les normes obligatoires pour la mise en vente de 26 types de fruits et légumes ont été abrogées en novembre 2008», car il s'était avéré qu'«un cinquième de ces produits avaient été refusés par les magasins dans toute l'Union européenne parce qu'ils ne répondaient pas aux normes requises» (BBC News, «Attempt at EU-wide "wonky fruit and veg" ban fails», 25 mars 2010). Dans certains cas, comme celui des glaces, il semble que les normes récentes de l'Union européenne affaiblissent en fait les réglementations. Ainsi, un article de la revue *Eat Out* a soutenu que «l'avenir de la crème glacée traditionnelle au Royaume-Uni est menacé après la suppression par l'Union européenne de normes de qualité qui existaient de longue date» (16 décembre 2014).

29. Du moins tel que nous l'avons vu se manifester dans la zone euro. Mais le Royaume-Uni a ressenti les conséquences d'une nuée de réglementations applicables à toute l'Union européenne, et beaucoup de Britanniques ont eu le sentiment d'un déficit démocratique dans la façon dont elles étaient promulguées et dont on les faisait respecter.

30. Mais n'y accordons pas trop d'importance: en matière de prévision des futurs problèmes, les agences de notation ont un bilan déplorable; souvent, leurs notes suivent simplement l'opinion courante.

31. Il s'agit des taux de rendement sur les bons d'État allemands et américains à dix ans.

32. Puisque la nouvelle Première ministre Theresa May dit et répète que « Brexit signifie Brexit », ce scénario paraît de plus en plus improbable.

33. Beaucoup de Britanniques semblent croire que le Royaume-Uni décidera seul du moment où le délai va commencer à courir. Mais il est clair que les moyens dont dispose l'Union européenne pour l'amener à agir vite sont loin d'être négligeables, et, à l'heure où ce livre va sous presse, des éléments de plus en plus nombreux indiquent que le Royaume-Uni va subir d'énormes pressions pour invoquer l'article 50 rapidement.

34. La Commission du commerce international des États-Unis (USITC) estime que ce traité ajoutera 0,15 % au PIB annuel américain à l'horizon 2032, comparé à son scénario de base. Voir USITC, « Trans-Pacific Partnership Agreement : Likely Impact on the U.S. Economy and on Specific Industry Sectors », publication n° 4607, mai 2016. D'autres études ont indiqué des gains de PIB encore plus faibles ou plus ambigus. Voir, par exemple, Peter A. Petri et Michael G. Plummer, « The Economic Effects of the Trans-Pacific Partnership : New Estimates », document de travail du Peterson Institute 16-2, janvier 2016, en ligne à l'adresse <http://piie.com/publications/wp/wp16-2.pdf> ; Banque mondiale, « Potential Macroeconomic Implications of the Trans-Pacific Partnership », chapitre 4 de *Global Economic Prospects* [Perspectives de l'économie mondiale], janvier 2016, p. 219-255, en ligne à l'adresse <http://pubdocs.worldbank.org/en/847071452034669879/Global-Economic-Prospects-January-2016-Implications-Trans-Pacific-Partnership-Agreement.pdf> ; et Mary E. Burfisher *et al.*, « Agriculture in the Trans-Pacific Partnership », ERR-176, Département de l'Agriculture des États-Unis, service des Recherches économiques, octobre 2014, en ligne à l'adresse <http://www.ers.usda.gov/media/1692509/err176.pdf>. Le dernier rapport estime que le traité n'aura aucun effet réel sur le PIB à l'horizon 2025. Par contre, une étude de la Tufts University prédit une perte de PIB. Voir Jeronim Capaldo et Alex Izurieta, *coll.* Jomo Kwame Sundaram, « Trading Down : Unemployment, Inequality and Other Risks of the Trans-Pacific Partnership Agreement », document de travail du Global Development and Environment Institute n° 16-01, janvier 2016, en ligne à l'adresse <http://www.ase.tufts.edu/gdae/Pubs/

wp/16-01Capaldo-IzurietaTPP.pdf>. Comme nous l'avons expliqué, Adam Hersh et moi, dans les notes de synthèse que nous avons compilées pour le Roosevelt Institute, les calculs les plus crédibles sont ceux qui suggèrent que l'effet net sera probablement négatif. Voir «Tricks of the Trade Deal: Six Big Problems with the Trans-Pacific Partnership», 28 mars 2016, en ligne à l'adresse <http://rooseveltinstitute.org/tricks-trade-deal-six-big-problems-trans-pacific-partnership>.

35. Fonds monétaire international, «The Liberalization and Management of Capital Flows. An Institutional View», 14 novembre 2012.

36. Beaucoup de ces problèmes ont déjà fait l'objet de très nombreuses recherches dans la vaste littérature sur le fédéralisme budgétaire et la théorie des biens publics locaux. Il est clair que les hommes «pragmatiques» (c'étaient presque tous des hommes) qui ont créé l'Union européenne ont moins prêté attention qu'ils n'auraient peut-être dû le faire à cette littérature scientifique et à ses éclairages.

L'effet qu'a sur l'investissement une baisse du taux d'imposition des sociétés illustre bien le contraste entre l'idéologie néolibérale (selon laquelle plus le taux d'imposition est faible, mieux cela vaut) et la science économique. Puisque l'essentiel de l'investissement est financé par l'emprunt, et que, dans pratiquement tous les pays, les versements des intérêts d'emprunts sont déductibles des impôts, le taux d'imposition des sociétés réduit dans la même proportion le rendement marginal et le coût marginal de l'investissement, et il n'a donc aucune influence sur l'investissement, du moins dans le «monde parfait» du néolibéralisme, où les entreprises n'ont aucune contrainte de trésorerie. En fait, avec les provisions traditionnelles pour dépréciation, qui autorisent les entreprises à déduire de leurs profits au titre de la dépréciation de leurs usines et de leurs équipements une somme qui est supérieure à la dépréciation réelle (c'est-à-dire à déprécier leurs investissements plus vite qu'ils ne se déprécient vraiment), réduire les taux d'imposition peut aboutir en pratique à une baisse de l'investissement. Voir, par exemple, J. E. Stiglitz, «Taxation, Corporate Financial Policy and the Cost of Capital», *Journal of Public Economics*, vol. 2, nº 1, 1973, p. 1-34.

37. Les principes de base de l'analyse coûts-avantages de la diversité des produits ont aussi été examinés de façon très approfondie dans la littérature économique. Les gens accordent de l'importance à la diversité, et des gens différents préfèrent des biens différents. Mais cette diversité des produits peut avoir des coûts élevés. Et il n'est pas du

tout clair que les marchés, ou l'Union européenne, aient trouvé le juste équilibre. Voir, par exemple, Avinash Dixit et J. E. Stiglitz, « Monopolistic Competition and Optimum Product Diversity », *American Economic Review*, vol. 67, n° 3, juin 1977, p. 297-308 ; et J. E. Stiglitz, « Toward a More General Theory of Monopolistic Competition », *in* M. Peston et R. Quandt (éd.), *Prices, Competition, & Equilibrium*, Oxford, Philip Allan/ Barnes & Noble Books, 1986, p. 22-69.

38. La participation des jeunes au scrutin a fait l'objet d'une certaine controverse. Les premières informations suggéraient qu'elle avait été très faible ; une étude ultérieure a montré que ce n'était pas le cas, mais que les électeurs beaucoup plus âgés avaient voté encore plus massivement – pour le Brexit.

Table

Troisième partie

POLITIQUES INAPPROPRIÉES

Quatrième partie

Y A-T-IL UNE SOLUTION ?

Achevé d'imprimer sur Roto-Page en août 2016
par l'Imprimerie Floch à Mayenne
Dépôt légal : septembre 2016
N° impr. : 89995
Imprimé en France